FUSSBALL-WM 2014

ALLE SPIELE, ALLE TORE, ALLE SPIELER, ALLE FAKTEN UND DIE SCHÖNSTEN FOTOS DER WM

Deutschland ist Weltmeister: Torwart Manuel Neuer hält den Pokal auf der Ehrentribüne im Maracanã-Stadion fest in der rechten Hand. Skhodran Mustafi, Christoph Kramer, Sami Khedira, Ron-Robert Zieler (verdeckt neben Neuer), Roman Weidenfeller (hinter Neuer), Matthias Ginter (hinter Neuers linkem Arm), Benedikt Höwedes, Bastian Schweinsteiger, Miroslav Klose und Kevin Großkreutz (v. l.) sind am Ziel ihrer Träume. Nach 1954, 1974 und 1990 hat die Nationalmannschaft endlich wieder den Titel gewonnen

Die Sekunde der Entscheidung im Finale gegen Argentinien: Mario Götze überwindet Torwart Sergio Romero zum 1:0. Das goldene Tor in der 113. Spielminute, Innenverteidiger Martín Demichelis schaut entgeistert. Für Götze ist es eine der ersten nennenswerten Szenen in diesem Spiel überhaupt. Erst in der 88. Minute ist er für Miroslav Klose aufs Spielfeld gekommen, nun schießt er Deutschland zum WM-Titel

Verlag und Herausgeber bedanken sich
bei folgenden Fotografen:

Getty Images (101), DPA (79), AFP/Getty Images (35), Witters (32),
Imago (10), Reuters (2), FIFA/Getty Images (20),
Facebook

Das Werk einschließlich aller seiner Teile ist urheber-
rechtlich geschützt. Jede Verwendung außerhalb
des Urhebergesetzes ist ohne Zustimmung des Verlages
unzulässig und strafbar. Dies gilt insbesondere für
Vervielfältigungen, Übersetzungen, Mikroverfilmungen
und die Einspeicherung und Verarbeitung in
elektronischen Systemen.

© 2014 by Axel Springer SE
Alle Rechte vorbehalten
Im Buchhandelsvertrieb Hoffmann und Campe
Verlag, Hamburg.
www.hoca.de
Herausgeber: Alfred Draxler
Konzeption und redaktionelle Leitung:
Christian Tuchtfeldt
Autoren: Dirk Schlickmann, Gregor Derichs,
Christian Falk, Carsten Germann, Udo Muras,
Broder-Jürgen Trede
Layout & Produktion: Axel Beyer, Daniel Glage
Fotoredaktion: Dominique Kratz, Rainer Gootz
Schlussredaktion: Volker Roggatz, Andreas Kusel
Dokumentation: Mathias Janßen, Kai-Uwe Günther,
Dr. Udo Lindner, Thomas Wiedenhöfer
Statistik: Impire AG
Druck und Bindung: Mohn Media Mohndruck GmbH,
Gütersloh
Printed in Germany
ISBN 978-3-455-50337-1

VORWORT

Es war eine großartige WM – mit einem fantastischen Ende für uns. Deutschland erkämpfte und erspielte sich durch einen 1:0-Endspielsieg nach Verlängerung gegen den ewigen Rivalen Argentinien den vierten Weltmeister-Titel. Nach den Triumphen 1954, 1974 und 1990 glänzt nun endlich der vierte Stern auf dem Trikot unserer Nationalelf.

Weil es so wunderschön war, führt Sie dieses Buch noch einmal durch die 32 unvergesslichen Tage von Brasilien. Es beschreibt den Weg unserer Mannschaft bis hin zu dem Moment, als Kapitän Philipp Lahm im Maracanã-Stadion von Rio der ganzen Welt den goldenen WM-Pokal präsentieren konnte.

Sie erleben noch einmal die Gruppenspiele mit dem entscheidenden Sieg gegen die US-Boys von Jürgen Klinsmann. Das mühsame Achtelfinale gegen Algerien, als Fußball-Deutschland zu zweifeln begann. Den starken Sieg gegen Frankreich im Viertelfinale. Das historische, geradezu unglaubliche 7:1 gegen Gastgeber Brasilien. Und schließlich das dramatische Finale, das bis zum Tor von Mario Götze in der 113. Minute auf des Messers Schneide stand.

Dieses Buch zeigt die großen Helden dieser WM. Aber auch die großen Verlierer wie Spanien, England oder Italien. Sie erleben noch einmal alle Spiele, die wichtigsten Stars und die größten Überraschungen. Mit den spannenden Texten unserer Reporter und den spektakulären Bildern der besten Fotografen. Ich wünsche Ihnen viel Spaß mit dem WM-Buch von SPORT BILD!

Alfred Draxler, Chefredakteur SPORT BILD

INHALT

GRUPPE A
14 Auftakt
16 Der Star: Neymar
18 Foto der Gruppe

Spielberichte
20	Brasilien – Kroatien	3:1
22	Mexiko – Kamerun	1:0
24	Brasilien – Mexiko	0:0
26	Kamerun – Kroatien	0:4
28	Kamerun – Brasilien	1:4
30	Kroatien – Mexiko	1:3

GRUPPE B
32 Auftakt
34 Der Star: Arjen Robben
36 Foto der Gruppe

Spielberichte
38	Spanien – Holland	1:5
40	Chile – Australien	3:1
42	Australien – Holland	2:3
44	Spanien – Chile	0:2
46	Australien – Spanien	0:3
48	Holland – Chile	2:0

GRUPPE C
50 Auftakt
52 Der Star: James Rodríguez
54 Foto der Gruppe

Spielberichte
56	Kolumbien – Griechenland	3:0
58	Elfenbeinküste – Japan	2:1
60	Kolumbien – Elfenbeinküste	2:1
62	Japan – Griechenland	0:0
64	Japan – Kolumbien	1:4
66	Griechenland – Elfenbeinküste	2:1

GRUPPE D
68 Auftakt
70 Der Star: Luis Suárez
72 Foto der Gruppe

Spielberichte
74	Uruguay – Costa Rica	1:3
76	England – Italien	1:2
78	Uruguay – England	2:1
80	Italien – Costa Rica	0:1
82	Italien – Uruguay	0:1
84	Costa Rica – England	0:0

GRUPPE E
86 Auftakt
88 Der Star: Karim Benzema
90 Foto der Gruppe

Spielberichte
92	Schweiz – Ecuador	2:1
94	Frankreich – Honduras	3:0
96	Schweiz – Frankreich	2:5
98	Honduras – Ecuador	1:2
100	Honduras – Schweiz	0:3
102	Ecuador – Frankreich	0:0

GRUPPE F
104 Auftakt
106 Der Star: Lionel Messi
108 Foto der Gruppe

Spielberichte
110	Argentinien – Bosnien	2:1
112	Iran – Nigeria	0:0
114	Argentinien – Iran	1:0
116	Nigeria – Bosnien	1:0
118	Nigeria – Argentinien	2:3
120	Bosnien – Iran	3:1

GRUPPE G
122 Auftakt
124 Der Star: Thomas Müller
126 Foto der Gruppe

Spielberichte
128	Deutschland – Portugal	4:0
130	Ghana – USA	1:2
132	Deutschland – Ghana	2:2
134	USA – Portugal	2:2
136	USA – Deutschland	0:1
138	Portugal – Ghana	2:1

GRUPPE H
140 Auftakt
142 Der Star: Daniel van Buyten
144 Foto der Gruppe

Spielberichte
146	Belgien – Algerien	2:1
148	Russland – Südkorea	1:1
150	Südkorea – Algerien	2:4
152	Belgien – Russland	1:0
154	Südkorea – Belgien	0:1
156	Algerien – Russland	1:1

ACHTELFINALE
158 Auftakt und Analyse
160 Foto des Achtelfinals

Achtelfinal-Spiele
162 Brasilien – Chile	4:3 n. E.
164 Kolumbien – Uruguay	2:0
166 Holland – Mexiko	2:1
168 Costa Rica – Griechenland	6:4 n. E.
170 Frankreich – Nigeria	2:0
172 Deutschland – Algerien	2:1 n. V.
174 Argentinien – Schweiz	1:0 n. V.
176 Belgien – USA	2:1 n. V.

VIERTELFINALE
178 Auftakt und Analyse
180 Foto des Viertelfinals

Viertelfinal-Spiele
182 Frankreich – Deutschland	0:1
184 Brasilien – Kolumbien	2:1
186 Argentinien – Belgien	1:0
188 Holland – Costa Rica	4:3 n. E.

HALBFINALE
190 Auftakt und Analyse
192 Foto des Halbfinals

Halbfinal-Spiele
194 Brasilien – Deutschland	1:7
198 Holland – Argentinien	2:4 n. E.

FINALE
200 Auftakt

Das Finale
202 Deutschland – Argentinien	1:0 n. V.

Spiel um Platz drei
210 Brasilien – Holland	0:3

Statistik
212 Spiel-Telegramme, Tabellen, Stadien, WM-Historie, Fotos

VORRUNDE

GRUPPE A

Brasilien	**Brasilien – Kroatien**	**3:1 (1:1)**
	Donnerstag, 12. Juni, São Paulo	
Kroatien	**Mexiko – Kamerun**	**1:0 (0:0)**
	Freitag, 13. Juni, Natal	
Mexiko	**Brasilien – Mexiko**	**0:0**
	Dienstag, 17. Juni, Fortaleza	
Kamerun	**Kamerun – Kroatien**	**0:4 (0:1)**
	Donnerstag, 19. Juni, Manaus	
	Kamerun – Brasilien	**1:4 (1:2)**
	Montag, 23. Juni, Brasília	
	Kroatien – Mexiko	**1:3 (0:0)**
	Montag, 23. Juni, Recife	

GRUPPE B

Spanien	**Spanien – Holland**	**1:5 (1:1)**
	Freitag, 13. Juni, Salvador da Bahia	
Holland	**Chile – Australien**	**3:1 (2:1)**
	Samstag, 14. Juni, Cuiabá	
Chile	**Australien – Holland**	**2:3 (1:1)**
	Mittwoch, 18. Juni, Porto Alegre	
Australien	**Spanien – Chile**	**0:2 (0:2)**
	Mittwoch, 18. Juni, Rio de Janeiro	
	Australien – Spanien	**0:3 (0:1)**
	Montag, 23. Juni, Curitiba	
	Holland – Chile	**2:0 (0:0)**
	Montag, 23. Juni, São Paulo	

GRUPPE C

Kolumbien	**Kolumbien – Griechenland**	**3:0 (1:0)**
	Samstag, 14. Juni, Belo Horizonte	
Griechenland	**Elfenbeinküste – Japan**	**2:1 (0:1)**
	Sonntag, 15. Juni, Recife	
Elfenbeinküste	**Kolumbien – Elfenbeinküste**	**2:1 (0:0)**
	Donnerstag, 19. Juni, Brasília	
Japan	**Japan – Griechenland**	**0:0**
	Donnerstag, 19. Juni, Natal	
	Japan – Kolumbien	**1:4 (1:1)**
	Dienstag, 24. Juni, Cuiabá	
	Griechenland – Elfenbeinküste	**2:1 (1:0)**
	Dienstag, 24. Juni, Fortaleza	

GRUPPE D

Uruguay	**Uruguay – Costa Rica**	**1:3 (1:0)**
	Samstag, 14. Juni, Fortaleza	
Costa Rica	**England – Italien**	**1:2 (1:1)**
	Samstag, 14. Juni, Manaus	
England	**Uruguay – England**	**2:1 (1:0)**
	Donnerstag, 19. Juni, São Paulo	
Italien	**Italien – Costa Rica**	**0:1 (0:1)**
	Freitag, 20. Juni, Recife	
	Italien – Uruguay	**0:1 (0:0)**
	Dienstag, 24. Juni, Natal	
	Costa Rica – England	**0:0**
	Dienstag, 24. Juni, Belo Horizonte	

GRUPPE E

Schweiz	**Schweiz – Ecuador**	**2:1 (0:1)**
	Sonntag, 15. Juni, Brasília	
Ecuador	**Frankreich – Honduras**	**3:0 (1:0)**
	Sonntag, 15. Juni, Porto Alegre	
Frankreich	**Schweiz – Frankreich**	**2:5 (0:3)**
	Freitag, 20. Juni, Salvador da Bahia	
Honduras	**Honduras – Ecuador**	**1:2 (1:1)**
	Freitag, 20. Juni, Curitiba	
	Honduras – Schweiz	**0:3 (0:2)**
	Mittwoch, 25. Juni, Manaus	
	Ecuador – Frankreich	**0:0**
	Mittwoch, 25. Juni, Rio de Janeiro	

GRUPPE F

Argentinien	**Argentinien – Bosnien**	**2:1 (1:0)**
	Sonntag, 15. Juni, Rio de Janeiro	
Bosnien	**Iran – Nigeria**	**0:0**
	Montag, 16. Juni, Curitiba	
Iran	**Argentinien – Iran**	**1:0 (0:0)**
	Samstag, 21. Juni, Belo Horizonte	
Nigeria	**Nigeria – Bosnien**	**1:0 (1:0)**
	Samstag, 21. Juni, Cuiabá	
	Nigeria – Argentinien	**2:3 (1:2)**
	Mittwoch, 25. Juni, Porto Alegre	
	Bosnien – Iran	**3:1 (1:0)**
	Mittwoch, 25. Juni, Salvador da Bahia	

SPIELPLAN/WELTKARTE

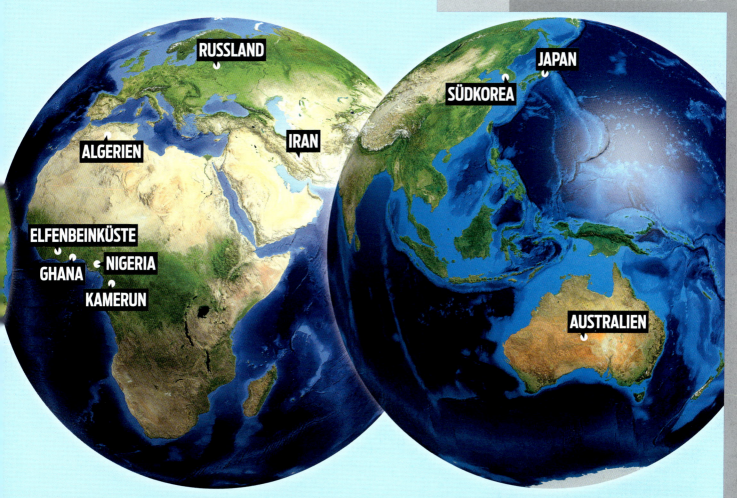

GRUPPE G

Deutschland – Portugal	4:0 (3:0)
Montag, 16. Juni, Salvador da Bahia	
Ghana – USA	1:2 (0:1)
Montag, 16. Juni, Natal	
Deutschland – Ghana	2:2 (0:0)
Samstag, 21. Juni, Fortaleza	
USA – Portugal	2:2 (0:1)
Samstag, 22. Juni, Manaus	
USA – Deutschland	0:1 (0:0)
Donnerstag 26. Juni, Recife	
Portugal – Ghana	2:1 (1:0)
Donnerstag 26. Juni, Brasília	

GRUPPE H

Belgien – Algerien	2:1 (0:1)
Dienstag, 17. Juni, Belo Horizonte	
Russland – Südkorea	1:1 (0:0)
Dienstag, 17. Juni, Cuiabá	
Belgien – Russland	1:0 (0:0)
Sonntag, 22. Juni, Rio de Janeiro	
Südkorea – Algerien	2:4 (0:3)
Sonntag, 22. Juni, Porto Alegre	
Südkorea – Belgien	0:1 (0:0)
Donnerstag, 26. Juni, São Paulo	
Algerien – Russland	1:1 (0:1)
Donnerstag, 26. Juni, Curitiba	

ACHTELFINALE

SPIEL 49
Brasilien – Chile	4:3 n. E. (1:1, 1:1, 1:1)
Samstag, 28. Juni, Belo Horizonte	

SPIEL 50
Kolumbien – Uruguay	2:0 (1:0)
Samstag, 28. Juni, Rio de Janeiro	

SPIEL 51
Holland – Mexiko	2:1 (0:0)
Sonntag, 29. Juni, Fortaleza	

SPIEL 52
Costa Rica – Griechenland	6:4 n. E. (1:1, 1:1, 0:0)
Sonntag, 29. Juni, Recife	

SPIEL 53
Frankreich – Nigeria	2:0 (0:0)
Montag, 30. Juni, Brasília	

SPIEL 54
Deutschland – Algerien	2:1 n. V. (0:0, 0:0)
Montag, 30. Juni, Porto Alegre	

SPIEL 55
Argentinien – Schweiz	1:0 n. V. (0:0)
Dienstag, 1. Juli, São Paulo	

SPIEL 56
Belgien – USA	2:1 n. V. (0:0, 0:0)
Dienstag, 1. Juli, Salvador da Bahia	

VIERTELFINALE

SPIEL 57
Frankreich – Deutschland	0:1 (0:1)
Freitag, 4. Juli, 18.00 Uhr, Rio de Janeiro	

SPIEL 58
Brasilien – Kolumbien	2:1 (1:0)
Freitag, 4. Juli, 22.00 Uhr, Fortaleza	

SPIEL 59
Argentinien – Belgien	1:0 (1:0)
Samstag, 5. Juli, 18.00 Uhr, Brasília	

SPIEL 60
Holland – Costa Rica	4:3 n. E. (0:0, 0:0, 0:0)
Samstag, 5. Juli, 22.00 Uhr, Salvador da Bahia	

HALBFINALE

SPIEL 61
Brasilien – Deutschland	1:7 (0:5)
Dienstag, 8. Juli, 22.00 Uhr, Belo Horizonte	

SPIEL 62
Holland – Argentinien	2:4 n. E. (0:0, 0:0, 0:0)
Mittwoch, 9. Juli, 22.00 Uhr, São Paulo	

SPIEL UM PLATZ 3

SPIEL 63
Brasilien – Holland	0:3 (0:2)
Samstag, 12. Juli, 22.00 Uhr, Brasília	

FINALE

SPIEL 64
Deutschland – Argentinien	1:0 n. V. (0:0)
Sonntag, 13. Juli, 21.00 Uhr, Rio de Janeiro	

Eine Weltmeisterschaft für Deutschland

Es war ein Turnier der Superstars. Aber die Superstars holten keinen Titel. Den gewann die beste Mannschaft

Philipp Lahm hat diese Geschichte einige Male erzählt. 1990, er war damals gerade sechs Jahre alt, erlebte er seine erste Weltmeisterschaft. Er war hingerissen, wie Lothar Matthäus nach dem 1:0-Finalsieg gegen Argentinien den Weltpokal in den Abendhimmel von Rom stemmte. Dutzende Male habe er diese Szene später noch als Video gesehen und davon geträumt, als Fußballer einmal so einen Triumph zu erleben.

Es war schon einige Minuten nach Mitternacht deutscher Zeit und der 14. Juli in Mitteleuropa bereits angebrochen, als Lahm seinen Traum verwirklichte. Im Fußballtempel Maracanã nahm der deutsche Kapitän aus den Händen von Brasiliens Präsidentin Dilma Rousseff den WM-Pokal entgegen. Goldlametta regnete vom Tribünendach, als er die Trophäe 24 Jahre nach Lothar Matthäus in den Himmel über Rio de Janeiro stieß. Wieder nach einem 1:0-Sieg gegen Argentinien, wenn auch dieses Mal nach Verlängerung.

Endlich waren Lahm und die sogenannte goldene Generation am Ziel. Nach Platz drei bei der WM 2006, Platz zwei bei der EM 2008, Platz drei bei der WM 2010 und dem verlorenen EM-Halbfinale 2012 gewannen sie für Deutschland die vierte Weltmeisterschaft. 1954, 1974, 1990, 2014.

Die WM war ein Turnier der Superstars: Brasilien hatte Neymar. Argentinien Lionel Messi, der im Finale so großartig aufspielte und die deutsche Mannschaft in Angst und Schrecken versetzte, wenn er am Ball war. Aber diesmal machte er nicht den berühmten Unterschied. Und Holland hatte Arjen Robben. Wenn er traf, siegte auch seine Mannschaft. Als er nicht mehr aus dem Spiel heraus traf, schied Holland aus.

Steven Gerrard brachte es vielleicht am besten mit seinem Tweet auf den Punkt: „Brasilien hat Neymar. Argentinien hat Messi. Portugal hat Ronaldo. Deutschland hat eine Mannschaft!" Englands Kapitän hatte ja genügend Zeit, die WM vor dem Fernseher zu studieren. Das Mutterland des Fußballs verabschiedete

---

»Argentinien hat Messi, Brasilien Neymar, Deutschland ein Team«

---

sich ebenso in der Vorrunde wie Italien, der Weltmeister von 2006. Und Titelverteidiger Spanien. Für das Team von Trainer Vicente del Bosque bedeutete die zweite Niederlage im zweiten Spiel das Ende einer goldenen Ära. Iker Casillas, Xavi, Xabi Alonso und Andrés Iniesta, die Helden in den EM-Endspielen 2008 und 2012 und im WM-Finale 2010, traten geistig und körperlich erschöpft die Heimreise an. Da wuchs die deutsche Mannschaft überhaupt erst richtig zusammen.

In Brasilien wurden neue Stars geboren. Der Kolumbianer James Rodríguez schoss nicht nur sechs Tore, sondern belebte den Mythos der Spielmacher-Nummer 10 wieder. Kolumbien zeigte den schönsten Fußball der ersten zweieinhalb Wochen, bis im Viertelfinale das Aus gegen Brasilien kam (1:2).

Mexikos Guillermo Ochoa fiel nicht nur wegen seines Lockenkopfes, sondern vor allem durch glänzende Paraden auf. Wie Keylor Navas, Torwart der Überraschungsmannschaft schlechthin in Brasilien: Costa Rica.

Die Mittelamerikaner bewiesen in einer Gruppe mit England, Italien und Uruguay, dass Leidenschaft und mannschaftliche Geschlossenheit noch immer gewinnbringend sind. Wie bei Deutschland. Gegen die haushohen Favoriten holte Costa Rica zwei Siege und ein Unentschieden und wurde sensationell Gruppensieger. Aus dem homogenen Team stachen neben Navas noch Bryan Ruiz und Joel Campbell heraus.

Neymars Bruch eines Querfortsatzes am dritten Lendenwirbel im Viertelfinale gegen Kolumbien bedeutete den Bruch im Spiel der Brasilianer. Das 1:7 im Halbfinale gegen Deutschland ging in die WM-Geschichte ein, Neymar verfolgte das Spiel vom Krankenbett aus. Danach stand

Brasilien geschlossen hinter dem Gastgeber-Besieger Deutschland. Weil in der Mannschaft jeder für jeden da war, was die Fans bei ihrer Seleção vermisst hatten. Und ganz nebenbei zeigte die Mannschaft von Joachim Löw beim Kantersieg gegen Brasilien noch den „jogo bonito", den schönen Fußball, den die Brasilianer so lieben, aber selbst nie zeigten.

Es war eben vor allem eine WM für Deutschland.

Zum vierten Mal in Folge stand das DFB-Team im WM-Halbfinale. Das gelang noch nie einer Nation. Und zum vierten Mal gewann Deutschland die Weltmeisterschaft, Brasilien hat jetzt nur noch einen Titel mehr.

Miroslav Klose löste mit seinen Treffern 15 und 16 den Brasilianer Ronaldo (15 Tore) an der Spitze der ewigen WM-Torschützenliste ab. Und mit Thomas Müller, diesmal Zweiter in der Torschützenliste, gibt es bereits einen Mann, der Kloses Rekord schon 2018 in Russland pulverisieren kann.

Der auf seinem Gebiet beste Fußballer der Welt allerdings stand im deutschen Tor: Manuel Neuer. Und der betonte in seinen ersten Worten nur die Gemeinschaft: „Wir hatten alle einen unglaublichen Zusammenhalt schon seit der Vorbereitung, als wir ein paar Rückschläge hatten und Spieler wie die Benders oder Marco Reus verloren haben, die aber auch Weltmeister sind." Genau so ist es. ●

24 Jahre nach Lothar Matthäus: Philipp Lahm zeigt stolz das Objekt der Begierde, den WM-Pokal. Flankiert wird er von Lukas Podolski (l.), Thomas Müller (r.), Mesut Özil (hinten) und Ron-Robert Zieler (links oben)

GRUPPE A

- **BRASILIEN** 🇧🇷
- **KROATIEN** 🇭🇷
- **MEXIKO** 🇲🇽
- **KAMERUN** 🇨🇲

Donnerstag, 12. Juni, São Paulo
Brasilien – Kroatien   3:1   (1:1)

Freitag, 13. Juni, Natal
Mexiko – Kamerun   1:0   (0:0)

Dienstag, 17. Juni, Fortaleza
Brasilien – Mexiko   0:0

Donnerstag, 19. Juni, Manaus
Kamerun – Kroatien   0:4   (0:1)

Montag, 23. Juni, Brasília
Kamerun – Brasilien   1:4   (1:2)

Montag, 23. Juni, Recife
Kroatien – Mexiko   1:3   (0:0)

	Brasilien	Kroatien	Mexiko	Kamerun
Brasilien		3:1	0:0	4:1
Kroatien	1:3		1:3	4:0
Mexiko	0:0	3:1		1:0
Kamerun	1:4	0:4	0:1	

Mannschaft	G	U	V	Tore	Pkte
1. Brasilien	2	1	0	7:2	7
2. Mexiko	2	1	0	4:1	7
3. Kroatien	1	0	2	6:6	3
4. Kamerun	0	0	3	1:9	0

Der Bann ist gebrochen: Altmeister Rafael Márquez (o.) gewinnt das Duell gegen Vedran Corluka (Nr. 5) und Dejan Lovren (Nr. 6) und köpft in der 72. Minute das 1:0 gegen Kroatien. Mexikos Weg ins Achtelfinale ist frei. Die Mittelamerikaner gewinnen das letzte Vorrundenspiel schließlich 3:1 und werden punktgleich mit Brasilien Zweiter der Gruppe A

NEYMAR
Stark und doch zerbrechlich

Torschütze, Hoffnungsträger, Superstar. Er reißt schwerfällige Brasilianer mit, bis das Glück zerplatzt

Fast hatte es in diesen für Brasilien so bedeutsamen Wochen der Weltmeisterschaft den Anschein, als gäbe es nur einen einzigen Spieler: Neymar da Silva Santos Júnior, gerade 22 Jahre jung.

Er warb in Fernseh-Spots für jegliche Produkte, füllte die Titelseiten aller Zeitungen und die Sportsendungen im TV. Sein Torjubel und seine Musikvideos sind ohnehin absolute Klick-Hits im Internet.

Schon Wochen vor dem WM-Start fokussierte sich der Druck einer ganzen Nation auf das schmächtige, nur 1,75 m große und 65 Kilo schwere Bürschchen. Neymar, Brasiliens bester Fußballer der Gegenwart, trug alle Hoffnungen auf den Gewinn des sechsten WM-Titels nach 1958, 1962, 1970, 1994 und 2002.

Das Erstaunliche: Nicht ein einziges Mal zermürbte die ungeheure Last den zerbrechlichen Heiland. Schon der 3:1-Arbeitssieg gegen Kroatien im Eröffnungsspiel wurde zur Neymar-Show. Er drehte mit zwei Toren beinahe im Alleingang die Partie. Die brasilianische Zeitung „O Globo" jubelte hernach: „So eine WM-Premiere hatten noch nicht einmal Pelé und Ronaldo."

„Wir hatten Pelé, wir hatten Ronaldo, wir hatten Romário, Rivaldo und Ronaldinho, aber einen wie Neymar hatten wir noch nie", sah ihn Brasiliens Nationaltrainer Luiz Felipe Scolari auf dem Weg zum Fußball-Olymp.

Neymar begegnete diesem gigantischen Rummel um seine Person mit unglaublicher Lockerheit. Er gibt ohnehin gern den Superstar zum Anfassen. So stellte er sich in der Halbzeitpause des dritten Spiels mit Kameruns Teambetreuern zum Erinnerungsfoto auf. Und dann schenkte er sein gelbes Trikot mit der magischen Nummer 10 feixend Alex Song, seinem Mitspieler beim FC Barcelona. Als sei es für Neymar nur ein bloßes Souvenir.

Doch es gibt auch Momente, in denen Neymar an die Grenzen der Leichtigkeit stößt. Dann wirkt der Sonnyboy plötzlich wie ein ehrfürchtiger kleiner Junge. Vor dem zweiten Vorrundenspiel gegen Mexiko (0:0) wurde er von der unglaublichen Atmosphäre in Fortaleza überwältigt. Neymar weinte während der von Zehntausenden von Fans in der Arena intonierten brasilianischen Nationalhymne.

Im Vorrundenfinale gegen Kamerun (4:1) brachte er die

»Was er braucht, ist Freude. Und das Gefühl, dass ihm alle helfen«

Brasilianer erneut mit einem Doppelpack auf Kurs, riss das mitunter lethargisch wirkende Team mit und bestätigte ungewollt das Hauptargument vieler Kritiker: Brasiliens Auswahl sei zu sehr von Neymars Offensiv-Qualitäten und seiner Spiellaune abhängig. „Neymar ist Brasiliens wichtigster Mann, allerdings kann er alleine nicht gewinnen", kommentierte sein nicht für die WM berücksichtigter Nationalmannschafts-Kollege Rafinha.

Neymar verstand es in der Anfangsphase des Turniers sehr gut, seine Chefrolle herunterzuspielen. „Es gibt nur das Team, keinen einzigen wichtigen Mann", betonte er unmittelbar nach dem Erreichen des Achtelfinals.

Für Insider wie Carlos Alberto Parreira, Brasiliens Weltmeister-Trainer von 1994 und Teammanager 2014, machen seine überragende Technik, aber auch sein Gespür für spielerische Improvisation den Fußballkünstler Neymar aus. Parreira: „Es ist seine Kunst, etwas aus dem Stegreif zu machen. Bei Neymar weiß man nie, was er im nächsten Moment vorhat."

Seine körperlichen Defizite und fehlende Robustheit gleicht er durch sein Tempospiel und perfekte Schusstechnik aus. Nach Ende der Gruppenphase konnte Neymar auf die Traumquote von 35 Toren in 52 Länderspielen blicken. „Was er braucht", sagt Scolari, „ist nur Freude am Spiel und das Gefühl, dass ihm alle helfen."

Wie zerbrechlich das Glück ist, musste Neymar allerdings im Viertelfinale gegen Kolumbien (2:1) schmerzlich erfahren. In der Schlussphase des Spiels sprang ihm Juan Zúñiga mit voller Wucht und angezogenem Knie in den Rücken. Neymar musste vom Platz getragen werden. Als seine Mitspieler den Einzug ins Halbfinale feierten, lag er im Krankenhaus. Die brutale Diagnose nach einem brutalen Foul: Fraktur des Querfortsatzes im dritten Lendenwirbel. Das Aus bei der WM.

ANALYSE GRUPPE A
Starke Mexikaner die Überraschung

Brasilien tat sich in den drei Spielen viel schwerer als weltweit von den Experten erwartet. Gegen Kroatien (3:1) benötigte die Mannschaft die Mithilfe von Schiedsrichter Nishimura, der erst mit seinem Elfmeterpfiff den WM-Gastgeber auf die Siegerstraße führte. Gegen Mexiko prallten alle Angriffsbemühungen am großartigen Torwart Guillermo Ochoa ab, das torlose Unentschieden ernüchterte. Und das 4:1 über insgesamt schwache Kameruner täuschte über einige Unzulänglichkeiten hinweg. Brasilien lebte allein vom Können eines Mannes: Neymar. Auffällig: die anfällige Abwehr und die Harmlosigkeit der anderen Offensivkräfte. Die Überraschung waren die starken Mexikaner, die Brasilien am Ende sogar noch aufgrund des besseren Torverhältnisses abfangen konnten. Während frühere mexikanische Teams in der Schlussphase einbrachen, zeigte diese Elf beeindruckendes Stehvermögen: Im entscheidenden Spiel gegen Kroatien (3:1) erzielte Mexiko zwischen der 72. und 82. Minute die drei Tore. Diese Klasse ließen die kroatischen Stars, viele von ihnen Leistungsträger bei europäischen Top-Teams, nach guten Auftritten gegen Brasilien und Kamerun vermissen. Platz drei war die logische Konsequenz.

Erstes Tor von Neymar (r.): In der 29. Minute erzielt er das 1:1 gegen Kroatien

STAR DER GRUPPE A

Vier Tore in der Gruppenphase und dennoch auf dem Boden geblieben: Neymar gibt den Superstar zum Anfassen

SCORER-LISTE GRUPPE A

	Tore	Torvorlagen	Scorer-Punkte
Neymar (BRA)	4	–	4
Ivan Perisic (KRO)	2	1	3
Oscar (BRA)	1	2	3
Mario Mandzukic (KRO)	2	–	2
Rafael Márquez (MEX)	1	1	2
Oribe Peralta (MEX)	1	1	2
Fred (BRA)	1	1	2
Giovani dos Santos (MEX)	–	1	1
Marcelo (BRA)	–	1	1
David Luiz (BRA)	–	1	1
Ivica Olic (KRO)	1	–	1
Ivan Rakitic (KRO)	–	1	1
Allan Nyom (KAM)	–	1	1
Luiz Gustavo (BRA)	–	1	1
Nikica Jelavic (KRO)	–	1	1
Joel Matip (KAM)	1	–	1
Ramires (BRA)	–	1	1
Eduardo (KRO)	–	1	1
Javier Hernández (MEX)	1	–	1
Danijel Pranjic (KRO)	–	1	1
Fernandinho (BRA)	1	–	1
Héctor Herrera (MEX)	–	1	1
Andrés Guardado (MEX)	1	–	1

Nur ein Tor in drei Spielen: Fred erzielte das 3:1 gegen Kamerun, enttäuschte aber

DAS FOTO DER GRUPPE A

Gänsehaut-Atmosphäre und emotionaler Höhepunkt jedes Brasilien-Spiels: Die Spieler marschieren geschlossen auf den Rasen, singen dann Arm in Arm so inbrünstig und laut wie keine andere Mannschaft die Nationalhymne. Gemeinsam mit den Fans auch noch a cappella, als die Musik schon lange beendet ist. Von links: Neymar, Dani Alves, Oscar, Hulk, Luiz Gustavo, Fred, Paulinho, Marcelo, David Luiz, Júlio César und Kapitän Thiago Silva

Skandal-Elfmeter entscheidet Spiel

Eigentor erstmals erster Treffer in einem WM-Turnier

Das 0:1 in der 11. Minute. Marcelo (r.) lenkt den Ball ins eigene Netz

Seit 1966 gibt es ein offizielles WM-Eröffnungsspiel. Mit der dritten Teilnahme ist Brasilien nun gemeinsam mit Deutschland Rekordhalter. Und mit dem 3:1 sorgten die Südamerikaner dafür, dass der Gastgeber zum feierlichen Auftakt weiter ungeschlagen bleibt. Erstmals dagegen war ein Eigentor der erste Turniertreffer. Der bislang äußerst dürftige Torschnitt von 1,42 im Eröffnungsspiel wurde deutlich übertroffen. 1966, 1970, 2006, 2010 und 2014 eröffnete der Gastgeber das Turnier, von 1974 bis 2002 der Titelverteidiger.

Alle Eröffnungsspiele:
1966: England – Uruguay 0:0
1970: Mexiko – Sowjetunion 0:0
1974: Brasilien – Jugoslawien 0:0
1978: Deutschland – Polen 0:0
1982: Argentinien – Belgien 0:1
1986: Italien – Bulgarien 1:1
1990: Argentinien – Kamerun 0:1
1994: Deutschland – Bolivien 1:0
1998: Brasilien – Schottland 2:1
2002: Frankreich – Senegal 0:1
2006: Deutschland – Costa Rica 4:2
2010: Südafrika – Mexiko 1:1
2014: Brasilien – Kroatien 3:1

Dank eines Geschenks des Schiedsrichters gerät Brasilien auf die Siegerstraße. Neymar trifft zweimal

Niko Kovac mochte sich gar nicht mehr beruhigen. Stinksauer war er, der Trainer der kroatischen Mannschaft. „Wir hören besser auf und fahren nach Hause", wetterte Kovac nach dem Spiel. „Das Fifa-Logo ist Respekt, und zwar für beide Teams. Wir haben heute keinen erfahren. Von der ersten bis zur 90. Minute haben wir ein großes Spiel gegen einen großen Gegner gezeigt. Aber der Elfmeter war lächerlich. Wenn das einer war, wird es bei dieser WM 100 Elfmeter geben, dann sind wir bald im Zirkus."

Kovac sprach jene skandalträchtige Szene in der 69. Minute an, die beim Stand von 1:1 den Lauf des Spiels entscheidend beeinflusste. Brasiliens Mittelstürmer Fred, der ansonsten kaum auffiel, sackte nach einem harmlosen Zweikampf mit Verteidiger Dejan Lovren so theatralisch zu Bo-

»Ich habe die Szene zehnmal gesehen. Es war ein Elfmeter«

den, als sei er von einer Abrissbirne erwischt worden. Dabei hatte er nur eine zarte Berührung an seiner linken Schulter verspürt. Doch der japanische Schiedsrichter Yuichi Nishimura fiel auf Fred herein und zeigte zum Erschrecken der Kroaten auf den Elfmeterpunkt. Neymar verwandelte glücklich zum 2:1 und brachte den WM-Gastgeber auf die Siegerstraße. Torwart Stipe Pletikosa hatte die Finger zwar an seinen halbhoch und unplatziert geschossenen Ball be-

kommen, konnte die Flugbahn aber nicht mehr verändern. Oscar erhöhte in der Nachspielzeit noch auf 3:1.

„Betrug und Raub in São Paulo! Was für ein unverschämter Schiedsrichter", titelte die kroatische Zeitung „Jutarnji" am Folgetag. Tatsächlich hätte Brasilien ohne das Schiedsrichter-Geschenk wohl einen Fehlstart in das Turnier hingelegt.

Voller Inbrunst hatten die brasilianischen Zuschauer und die elf Spieler in den gelben Trikots die Nationalhymne gesungen. Doch der immense Druck hemmte die Elf, bereits in der 7. Minute verpasste Ivica Olic per Kopf nur knapp die Führung. In der 11. Minute verfiel dann das ganze Land in Schockstarre: Nach einer flachen Hereingabe von Olic lenkte Linksverteidiger Marcelo den Ball ins eigene Tor – 0:1. Erst ab der 20. Minute gelang es den Brasilianern, Druck auf das kroatische Tor auszuüben. Vor allem Neymar und Oscar traten positiv in Erscheinung. Neymar war es dann auch, der in der 29. Minute mit einem Linksschuss aus 20 Metern den 1:1-Ausgleich erzielte.

Nach dem Seitenwechsel plätscherte das Spiel dahin – bis zum unsäglichen Elfmeterpfiff. Für Kopfschütteln sorgte Brasiliens Trainer Luiz Felipe Scolari später, als er sagte: „Ich habe die Szene jetzt zehnmal gesehen, und ich bin sicher, es war ein Elfmeter."

BRASILIEN – KROATIEN

 3:1 (1:1)

BRASILIEN-DATEN

Torhüter	Min.	Schüsse gehalten (von)	Flanken/ Ecken abgefangen	Glanz- taten	Schwere Fehler	Lange Pässe angekommen (von)	Note
César	90	75 % (4)	0	0	0	0 % (0)	3

Spieler	Ball- kontakte in Min.	Zweik. gew. (von)	Fouls/ gefoult worden	Pässe angek. (von)	Schüsse/ Schuss- vorlagen	Tore/ Torvor- lagen	Note
Alves	98 in 90	64 % (22)	0/0	85 % (61)	2/0	0/0	4 –
Silva	74 in 90	55 % (11)	0/1	92 % (65)	0/1	0/0	3 –
David Luiz	71 in 90	71 % (14)	0/1	84 % (56)	2/0	0/0	3
Marcelo	72 in 90	64 % (25)	0/5	84 % (44)	0/1	0/0	3
Paulinho	27 in 62	33 % (9)	1/1	95 % (21)	2/1	0/0	3
Hernanes	12 in 28	57 % (7)	0/1	71 % (7)	0/0	0/0	4
1. L. Gustavo	71 in 90	55 % (29)	2/3	100 % (51)	0/0	0/0	3
Hulk	22 in 67	41 % (17)	0/1	36 % (11)	2/0	0/0	4
Bernard	13 in 23	14 % (7)	0/0	89 % (9)	0/0	0/0	4
Oscar	67 in 90	56 % (34)	1/3	81 % (36)	2/3	1/1	2 +
1. Neymar	63 in 87	45 % (20)	1/2	72 % (39)	4/5	2/0	2
Ramires	2 in 3	67 % (3)	0/0	0 % (0)	0/1	0/1	–
Fred	20 in 90	50 % (20)	0/2	83 % (6)	0/1	0/1	5 +

12. JUNI, 22.00 UHR, SÃO PAULO

Schiedsrichter: Yuichi Nishimura (Japan).
Assistenten: Toru Sagara, Toshiyuki Nagi (beide Japan).
Tore: 0:1 Marcelo (11./Eigentor), 1:1 Neymar (29.), 2:1 Neymar (71./Foulelfmeter), 3:1 Oscar (90.+1).
Einwechslungen: Hernanes für Paulinho (63.), Bernard für Hulk (68.), Ramires für Neymar (88.) – Brozovic für Kovacic (61.), Rebic für Jelavic (78.).
Zuschauer: 62 103 (ausverkauft).
Wetter: 24 Grad, sonnig, 63 % Luftfeuchte.

KROATIEN-DATEN

Torhüter	Min.	Schüsse gehalten (von)	Flanken/ Ecken abgefangen	Glanz- taten	Schwere Fehler	Lange Pässe angekommen (von)	Note
Pletikosa	90	50 % (6)	0	0	0	60 % (5)	3

Spieler	Ball- kontakte in Min.	Zweik. gew. (von)	Fouls/ gefoult worden	Pässe angek. (von)	Schüsse/ Schuss- vorlagen	Tore/ Torvor- lagen	Note
Srna	45 in 90	65 % (20)	2/1	67 % (15)	0/0	0/0	3 –
1. Corluka	34 in 90	55 % (11)	2/0	82 % (22)	1/0	0/0	3
1. Lovren	27 in 90	47 % (17)	3/1	75 % (12)	1/0	0/0	3
Vrsaljko	69 in 90	58 % (19)	2/1	81 % (26)	0/0	0/0	4 +
Modric	65 in 90	50 % (14)	0/2	93 % (55)	1/4	0/0	3
Rakitic	53 in 90	53 % (19)	2/0	95 % (40)	0/1	0/0	2 –
Perisic	31 in 90	47 % (32)	3/0	77 % (13)	2/3	0/0	3
Kovacic	26 in 60	38 % (13)	0/0	87 % (15)	1/0	0/0	4 +
Brozovic	21 in 30	40 % (10)	1/0	85 % (13)	2/1	0/0	4
Olic	41 in 90	33 % (39)	2/0	54 % (13)	1/2	0/0	3 +
Jelavic	18 in 77	40 % (20)	2/0	67 % (6)	2/1	0/1	4 +
Rebic	9 in 13	20 % (5)	1/0	75 % (4)	0/0	0/0	–

① Theatralisch reißt Fred (r.) beide Arme nach oben und fällt nach leichter Berührung von Lovren. Links: Corluka.

② Schiedsrichter Nishimura zeigt auf den Elfmeterpunkt, Fred lächelt verschmitzt, Corluka (l.) ist wütend, Lovren ratlos.

③ Das 2:1 durch Neymar. Torwart Pletikosa berührt noch den Ball.

Mexiko erzielt drei reguläre Tore

Finke sechster Deutscher mit ausländischem Team

Verdorbenes WM-Debüt: Volker Finke stand das ganze Spiel im Regen

Ein Deutscher als Trainer einer ausländischen WM-Mannschaft – nun darf sich auch Volker Finke neben US-Trainer Jürgen Klinsmann zu diesem exklusiven Zirkel zählen. Neben den neun DFB-Übungsleitern Otto Nerz (1934), Sepp Herberger (1938 bis 1962), Helmut Schön (1966 bis 1978), Jupp Derwall (1982), Franz Beckenbauer (1986, 1990), Berti Vogts (1994, 1998), Rudi Völler (2002), Jürgen Klinsmann (2006) und Joachim Löw (2010, 2014) sowie DDR-Auswahltrainer Georg Buschner (1974) gelang vor diesem Turnier nur fünf anderen deutschen Trainern die Teilnahme: Sepp Piontek erreichte 1986 mit Dänemark das Achtelfinale, Winfried Schäfer (2002 mit Kamerun), Otto Pfister (2006 mit Togo), Otto Rehhagel (2010 mit Griechenland) und Ottmar Hitzfeld (2010 mit der Schweiz) ereilte das Aus jeweils schon in der Vorrunde.
2014 stellte Deutschland neben Finke und Klinsmann mit Joachim Löw und Ottmar Hitzfeld (Schweiz) gleich vier der 32 Endrunden-Trainer.

Aber nur eines wird von den Schiedsrichtern aus Kolumbien anerkannt. Kamerun enttäuscht bitter

Schon vier Stunden vor dem Anpfiff setzte in Natal der große Regen ein, und er blieb das Spiel über. Es herrschten bei einer Luftfeuchtigkeit von 85 Prozent beinahe irreguläre Bedingungen in der Partie zwischen Mexiko und Kamerun. Der äußere Rahmen war bezeichnend, auch sportlich ging es nicht ganz mit rechten Dingen zu.

Wie beim Eröffnungsspiel geriet das Schiedsrichter-Gespann in den Fokus heftiger Debatten. Doch auch Wilmar Roldán und sein Assistent Humberto Clavijo konnten nicht verhindern, dass am Ende die Gerechtigkeit siegte. Und nichts war gerechter als Mexikos 1:0.

Vielleicht lag es auch an der reibungslosen Vorbereitung. Kameruns Spieler waren wie bei Afrikanern nicht ungewöhnlich erst nach heftigem Prämienstreit und einer Boy-

---

»Fehler passieren nun einmal. Das wir es immer wieder geben«

---

kott-Androhung nach Brasilien geflogen – einen Tag später als geplant. Trainer Volker Finke bemühte sich dennoch um Gelassenheit: „Wir sollten respektieren, wie es in Afrika funktioniert. Das ist nichts Neues und sollte auch nicht von außen beurteilt werden."

Und Kapitän Samuel Eto'o bat in einem offenen Brief an seine Landsleute um Verständnis: „Ich habe für etwas gekämpft, das ich für legitim halte: das Recht meiner Mitspieler auf ihre Prämien."

Nach der erpressten Einigung, die weit über dem Verbands-Angebot von 68 000 Euro pro Kopf gelegen haben soll, versprach Eto'o, dass er und seine Kollegen nun alles geben werden. Auf dem Platz war davon allerdings herzlich wenig zu sehen. Während die Mexikaner flüssig kombinierten und sich viele Chancen erarbeiteten, musste ihr Torwart Guillermo Ochoa nur einmal eingreifen: bei einem Kopfball von Benjamin Moukandjo. Da lief schon die Nachspielzeit.

Kamerun enttäuschte und blieb bis auf einen Pfostenschuss von Eto'o (21.) komplett harmlos. Finke stand im Regen, sah dem Treiben mit starrer Miene und verschränkten Armen zu. Sein Kommentar: „Wir haben erst zu spät zu einem besseren Spiel gefunden."

Dass Mexiko nur mit 1:0 gewann, lag an den Unparteiischen. Gleich zwei Treffer von Giovani dos Santos (12., 30.) wurden zu Unrecht wegen Abseits aberkannt. Beeindruckend war, wie gleichmütig die Mexikaner die haarsträubenden Fehlentscheidungen wegsteckten und weiter angriffen. Als Oribe Peralta nach Schuss von dos Santos den Abpraller zum 1:0 verwandelte (61.), hatten auch die Herren Roldán und Clavijo keine Einwände mehr.

So konnte Mexikos Trainer Miguel Herrera sogar versöhnliche Worte formulieren: „Fehler passieren nun einmal. Das ist menschlich und wird es immer wieder geben." ●

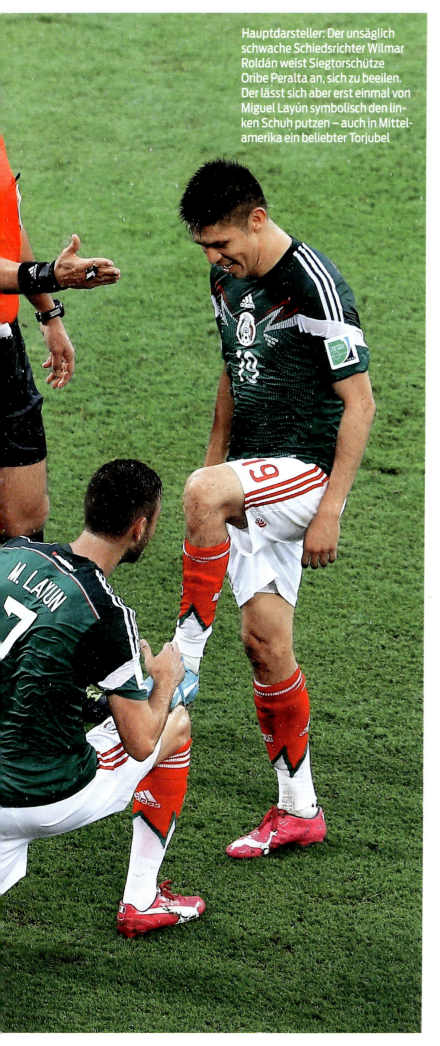

Hauptdarsteller: Der unsäglich schwache Schiedsrichter Wilmar Roldán weist Siegtorschütze Oribe Peralta an, sich zu beeilen. Der lässt sich aber erst einmal von Miguel Layún symbolisch den linken Schuh putzen – auch in Mittelamerika ein beliebter Torjubel

MEXIKO – KAMERUN

 1:0 (0:0)

MEXIKO-DATEN

Torhüter	Min.	Schüsse gehalten (von)	Flanken/ Ecken abgefangen	Glanz- taten	Schwere Fehler	Lange Pässe angekommen (von)	Note
Ochoa	90	100 % (1)	0	0	0	0 % (1)	3

Spieler	Ball- kontakte in Min.	Zweik. gew. (von)	Fouls gefoult worden	Pässe angek. (von)	Schüsse/ Schuss- vorlagen	Tore/ Torvor- lagen	Note
Aguilar	51 in 90	36 % (22)	1/3	75 % (24)	0/0	0/0	3
Márquez	68 in 90	78 % (9)	0/0	82 % (50)	1/0	0/0	3
Maza	85 in 90	62 % (13)	0/0	94 % (62)	0/0	0/0	3 +
Layún	48 in 90	56 % (9)	0/0	93 % (27)	2/2	0/0	3
Vázquez	67 in 90	45 % (22)	2/1	96 % (55)	0/1	0/0	3 –
1. Moreno	74 in 90	33 % (18)	1/0	90 % (61)	0/0	0/0	3
Herrera	59 in 89	37 % (27)	3/1	80 % (40)	1/1	0/0	3 –
Salcido	2 in 1	0 % (0)	0/0	100 % (1)	0/0	0/0	–
Guardado	34 in 68	56 % (16)	1/2	88 % (24)	1/1	0/0	4 +
Fabián	23 in 22	43 % (7)	0/1	80 % (20)	0/0	0/0	4
Dos Santos	32 in 90	56 % (16)	0/2	91 % (23)	1/3	0/1	3 +
Peralta	22 in 73	33 % (15)	1/1	91 % (11)	2/0	1/0	2
Hernández	8 in 17	25 % (4)	1/0	67 % (3)	1/1	0/0	4

13. JUNI, 18.00 UHR, NATAL

Schiedsrichter: Wilmar Roldán (Kolumbien).
Assistenten: Humberto Clavijo, Eduardo Díaz (beide Kolumbien).
Tor: 1:0 Peralta (61.).
Einwechslungen: Fabián für Guardado (69.), Hernández für Peralta (74.), Salcido für Herrera (90.+1.) – Nounkeu für Djeugoué (46.), Webó für Song (79.).
Zuschauer: 39 216.
Wetter: 27 Grad, starker Regen, 85 % Luftfeuchte.

KAMERUN-DATEN

Torhüter	Min.	Schüsse gehalten (von)	Flanken/ Ecken abgefangen	Glanz- taten	Schwere Fehler	Lange Pässe angekommen (von)	Note
Itandje	90	75 % (4)	0	1	0	25 % (4)	2 –

Spieler	Ball- kontakte in Min.	Zweik. gew. (von)	Fouls gefoult worden	Pässe angek. (von)	Schüsse/ Schuss- vorlagen	Tore/ Torvor- lagen	Note
Djeugoué	14 in 45	33 % (3)	0/0	44 % (9)	0/0	0/0	4 –
1. Nounkeu	36 in 45	50 % (6)	1/0	95 % (19)	0/0	0/0	4 –
N'koulou	29 in 90	67 % (12)	1/1	80 % (20)	0/0	0/0	4
Chedjou	36 in 90	67 % (15)	0/0	100 % (17)	2/0	0/0	4
Assou-Ekotto	63 in 90	88 % (16)	1/1	55 % (31)	3/3	0/0	3
Song	37 in 78	36 % (11)	2/2	100 % (27)	0/4	0/0	3 –
Webó	5 in 12	71 % (7)	0/0	100 % (1)	0/1	0/0	–
Mbia	42 in 90	50 % (26)	1/4	96 % (28)	1/2	0/0	5.4
Enoh	28 in 90	47 % (15)	3/1	100 % (19)	1/1	0/0	4
Moukandjo	37 in 90	35 % (20)	1/0	67 % (18)	1/1	0/0	3 –
Choupo-Moting	37 in 90	54 % (26)	1/0	76 % (17)	2/0	0/0	4
Eto'o	28 in 90	52 % (21)	0/1	77 % (13)	2/0	0/0	4

Der Held auf Mexikos Torlinie

Die Nationalhymne – Brasiliens Symbol für Geschlossenheit

Weinte vor Rührung und wischte sich nach der Hymne die Tränen ab: Neymar

Die bewegendsten Szenen spielten sich schon vor dem Anpfiff ab – beim Abspielen der brasilianischen Hymne. Die elf Spieler, ihr Trainer, die Ersatzspieler und die große Mehrheit der über 60 000 Zuschauer im Stadion sangen die „Hino Nacional Brasileiro" inbrünstig und mit überwältigender Hingabe. Als die Musik endete, sangen und schrien alle den Text a cappella weiter. Ein Ritual vor jedem Länderspiel, das seinen Ursprung am 19. Juni 2013 hat. In Fortaleza. Auch damals hieß der Gegner in diesem Stadion Mexiko, in der Vorrunde des Confed-Cups gewannen die Brasilianer allerdings 2:0. Das Intonieren der Nationalhymne wurde zum Symbol der Geschlossenheit, die Nationalspieler verbündeten sich mit ihren unzufriedenen Landsleuten, die gegen Korruption und wirtschaftliche Missstände demonstrieren und die Milliarden-Ausgaben für die WM anprangern. In der Nationalhymne besingen die Brasilianer die Schönheit ihres Vaterlandes. Der Refrain: Ó Pátria amada, Idolatrada, Salve! Salve! (Sei gegrüßt, liebe Heimat, hochverehrte, sei gegrüßt).

Guillermo Ochoa erlebt eine Sternstunde seines Fußballerlebens und rettet im Alleingang den Punkt

Der Freistoß kam von links vor das Tor und segelte durch den Fünfmeter-Raum. Guillermo Ochoa, Mexikos Torwart, machte keine Anstalten, die Flanke abzufangen. Er klebte auf der Linie, und wenn es ein Tor geworden wäre, hätten alle Reporter ihre Kritiken noch einmal korrigieren müssen. Doch es kam in jener 86. Minute anders, weil es offenbar so sein sollte an diesem denkwürdigen Tag in Fortaleza.

Thiago Silva, Brasiliens Abwehrchef, rammte den Ball mit der Stirn aus vier Metern freistehend auf Mexikos Tor. Es war das, was man eine hundertprozentige Chance nennt. Aber Ochoa riss reflexartig die Hände hoch und wehrte auch diesen Ball ab. Spätestens jetzt wussten alle Brasilianer: Es sollte heute nicht sein. Nicht gegen diese Mexikaner – und nicht gegen diesen Teufelskerl

»Die Mexikaner sind wie ein Stein in unserem Schuh«

im Tor. Guillermo Ochoa, gerade in Frankreich mit Ajaccio in die 2. Liga abgestiegen, wurde zum „Man of the Match" gewählt.

Die Statistiker zählten 14:13 Torschüsse, wobei die der Mexikaner wie von einer magischen Macht gesteuert nahezu ausnahmslos wenige Zentimeter über das brasilianische Tor strichen. Die Brasilianer hingegen fanden in schöner Regelmäßigkeit in Ochoa ihren Meister: Neymar mit einem eigentlich unhaltbaren Kopfball in der 27. Minute, Paulinho aus zwei Metern Distanz in der 44. Minute, noch einmal Neymar in der 69. Minute, schließlich Thiago Silva.

Und so hatte das intensive Spiel, das keine Ruhepause kannte, von einigen Verletzungsunterbrechungen abgesehen, keinen anderen Sieger verdient gehabt als Ochoa.

Mexikos Torwart ließ sich für das 0:0 von den 10 000 Landsleuten im Stadion lautstark feiern.

Dabei wollte eigentlich Brasiliens Superstar Neymar wieder in die Heldenrolle schlüpfen, doch er konnte sich nicht oft wirkungsvoll in Szene setzen. Zwar gehörte Neymar zu den stärksten Spielern, doch fand er keine Spielpartner: Trainer Luis Felipe Scolari verzichtete auf den leicht angeschlagenen Hulk, wechselte dessen Vertreter Ramires und später auch Fred aus. Beide enttäuschten. Wer außer Neymar Brasiliens Tore schießen soll, das beantwortete auch die zweite Partie des Gastgebers nicht. Scolari, der vor Mexiko gewarnt hatte („Sie sind ein Stein in unserem Schuh"), versuchte, die Skeptiker zu beruhigen: „Ich bin zufrieden, es war ein gutes Spiel. Und wir dürfen nicht übersehen, dass auch die anderen Mannschaften gut sind."

Das 0:0 bedeutete auch das Ende von Scolaris Serie. Im neunten WM-Spiel unter seiner Führung, sieben davon 2002, gewannen die Brasilianer erstmals nicht.

Die 44. Minute: Völlig frei kommt Paulinho (r.) vor Mexikos Tor an den Ball – und findet in Guillermo Ochoa seinen Meister. Der wehrt den Schuss mit der Brust ab

BRASILIEN – MEXIKO

 0:0

BRASILIEN-DATEN

Torhüter	Min.	Schüsse gehalten (von)	Flanken/ Ecken abgefangen	Glanz- taten	Schwere Fehler	Lange Pässe angekommen (von)	Note
César	90	100 % (3)	0	0	0	0 % (1)	3

Spieler	Ball- kontakte in Min.	Zweik. gew. (von)	Fouls/ gefoult worden	Pässe angek. (von)	Schüsse/ Schuss- vorlagen	Tore/ Torvor- lagen	Note
Alves	68 in 90	48 % (23)	2/2	80 % (46)	0/2	0/0	3 −
1. Silva	49 in 90	60 % (15)	1/1	93 % (30)	1/3	0/0	2 −
David Luiz	47 in 90	56 % (16)	2/0	86 % (37)	1/0	0/0	3 +
Marcelo	79 in 90	30 % (20)	0/0	76 % (58)	1/0	0/0	4
Paulinho	30 in 90	40 % (15)	2/0	85 % (20)	1/1	0/0	4
Gustavo	50 in 90	56 % (27)	1/4	93 % (30)	1/0	0/0	4 +
1. Ramires	14 in 45	45 % (11)	2/1	78 % (9)	0/0	0/0	4 −
Bernard	22 in 45	67 % (9)	1/1	77 % (13)	0/2	0/0	4
Neymar	53 in 90	52 % (27)	1/5	88 % (26)	3/5	0/0	3
Oscar	61 in 83	45 % (29)	0/1	81 % (37)	2/0	0/0	4 −
Willian	6 in 7	60 % (5)	1/1	100 % (2)	1/0	0/0	−
Fred	19 in 67	44 % (16)	0/1	45 % (11)	2/0	0/0	4 −
Jô	8 in 23	40 % (5)	0/0	50 % (4)	1/0	0/0	4

17. JUNI, 21.00 UHR, FORTALEZA

Schiedsrichter: Cuneyt Cakir (Türkei).
Assistenten: Bahattin Duran, Tarik Ongun (beide Türkei).
Einwechslungen: Bernard für Ramires (46.), Jô für Fred (68.), Willian für Oscar (84.) – Hernández für Peralta (74.), Fabián für Herrera (76.), Jiménez für dos Santos (84.).
Zuschauer: 60 342 (ausverkauft).
Wetter: 28 Grad, bewölkt, 66 % Luftfeuchte.

Aufstellung:
- CÉSAR
- SILVA, DAVID LUIZ
- ALVES, MARCELO
- PAULINHO, L. GUSTAVO
- RAMIRES, NEYMAR, OSCAR
- FRED
- PERALTA
- DOS SANTOS
- LAYÚN, GUARDADO, HERRERA, AGUILAR
- VÁZQUEZ
- MORENO, MÁRQUEZ, MAZA
- OCHOA

MEXIKO-DATEN

Torhüter	Min.	Schüsse gehalten (von)	Flanken/ Ecken abgefangen	Glanz- taten	Schwere Fehler	Lange Pässe angekommen (von)	Note
Ochoa	90	100 % (6)	0	1	0	50 % (4)	1

Spieler	Ball- kontakte in Min.	Zweik. gew. (von)	Fouls/ gefoult worden	Pässe angek. (von)	Schüsse/ Schuss- vorlagen	Tore/ Torvor- lagen	Note
Maza	38 in 90	65 % (17)	2/0	91 % (22)	0/0	0/0	2 −
Márquez	36 in 90	65 % (17)	0/2	79 % (24)	0/1	0/0	2 −
Moreno	45 in 90	73 % (15)	0/0	81 % (26)	0/0	0/0	3 +
1. Vázquez	40 in 90	47 % (17)	2/1	90 % (29)	2/0	0/0	3
1. Aguilar	43 in 90	56 % (18)	3/3	68 % (28)	0/1	0/0	3
Herrera	61 in 75	43 % (30)	2/0	93 % (43)	2/3	0/0	2
Fabián	9 in 15	56 % (9)	1/0	100 % (7)	0/0	0/0	−
Guardado	47 in 90	35 % (23)	3/2	71 % (31)	3/2	0/0	4 +
Layún	44 in 90	44 % (16)	1/1	71 % (24)	2/2	0/0	3 −
dos Santos	34 in 83	44 % (16)	1/1	78 % (23)	2/0	0/0	4 +
Jiménez	3 in 7	63 % (8)	0/0	0 % (0)	1/1	0/0	−
Peralta	22 in 73	43 % (23)	2/0	90 % (10)	0/1	0/0	4
Hernández	9 in 17	67 % (9)	0/3	67 % (3)	1/1	0/0	4

Kamerun schlägt, Kroatien trifft

Eine Etage höher: Mario Mandzukic (M.) gewinnt das Kopfballduell gegen Alex Song. Der revanchiert sich in dem verbissenen Zweikampf später: Im Laufduell rammt er Mandzukic den Ellenbogen ins Kreuz. „Ich denke, es war Absicht", meinte Mandzukic

Song sieht nach Ellenbogenschlag Rot, Assou-Ekotto stößt mit dem Kopf, Bundesliga-Asse erzielen alle Tore

Kamerun sieht fast schon obligatorisch Rot

Schiedsrichter Proença verweist Alex Song des Platzes. Zuschauer: Ivan Rakitic

Die Tätlichkeit von Alex Song in der 40. Minute war nicht nur ein schmerzhafter Schlag ins Kreuz von Mario Mandzukic, sondern auch für Kameruns Mannschaft. Mal wieder. Dass sich die „unzähmbaren Löwen" bei einer WM durch ihre undisziplinierte und überharte Spielweise selbst dezimieren, hat Tradition. Im 22. WM-Auftritt kassierten die Afrikaner schon zum siebten Mal glatt Rot. Fast wäre in der Nachspielzeit noch Hinausstellung Nummer acht hinzugekommen, doch das Schiedsrichterteam übersah den Frust-Kopfstoß von Benoît Assou-Ekotto.

Kameruns Sünderkartei
1990: André Kana-Biyik (grobes Foulspiel) und Benjamin Massing (wiederholtes Foulspiel) gegen Argentinien.
1994: Rigobert Song (grobes Foul) gegen Brasilien.
1998: Raymond Kalla (grobes Foul) gegen Italien, Rigobert Song (Ellenbogencheck) und Lauren Étamé (grobes Foul) gegen Chile.
2014: Alex Song (Tätlichkeit) gegen Kroatien.

Übrigens: Rigobert Song ist der Cousin von Alex Song und war Kameruns Teammanager in Brasilien.

Es war ein Debakel für Volker Finke, sogar einer der bittersten Momente seiner langen Trainerlaufbahn. Die Mannschaft des Deutschen lag 0:4 gegen Kroatien zurück, es waren noch wenige Sekunden zu spielen, das WM-Aus Kameruns war besiegelt. Da kam es zu einem Zwischenfall, den Finke später so kommentierte: „Das ist eine Schande. Ich hasse es, so etwas zu sehen."

In der 91. Minute ließ sich Benoît Assou-Ekotto gegen seinen Teamkollegen Benjamin Moukandjo zu einem Kopfstoß hinreißen. Das unrühmliche Ende einer unrühmlichen Partie von Kamerun.

Im Mai 2013 war Volker Finke voller Hoffnung Nationaltrainer geworden. An diesem Abend in Manaus stand er vor einem Scherbenhaufen. Denn bereits nach 40 Minuten war Alex Song wegen eines Ellbogenschlages auf den Rücken von Mario Mandzukic vom Platz geflogen.

»Die drei Bundesliga-Jungs sind die Crème de la Crème«

Nach dem Skandalauftritt waren nicht nur die Spieler Zielscheibe scharfer Kritik, die Journalisten aus Kamerun nahmen auch Finke in die Mangel. Sie warfen ihm verfehlte Personalpolitik vor und Verrat am ganzen Volk. Die Attacken gipfelten in der Frage: „Herr Finke, glauben Sie, dass Sie selbst das Niveau für so eine WM haben?" In einem Mix aus Englisch und Französisch wehrte Finke die Angriffe ab: „Lassen Sie mir eine Nacht Zeit, die Geschehnisse hier sacken zu lassen."

Jubel herrschte naturgemäß auf der anderen Seite, die Kroaten hatten sich vom 1:3 gegen Brasilien bestens erholt. Es waren vor allem die Bundesliga-Profis, die überzeugten: In der elften Minute erzielte Ivica Olic nach toller Vorarbeit seines Wolfsburger Kollegen Ivan Perisic das 1:0. In der 48. Minute nutzte Perisic einen misslungenen Befreiungsschlag von Kameruns Torhüter Charles Itandje zu einem 40-Meter-Solo mit Torabschluss zum 2:0, in der 61. Minute traf Mario Mandzukic per Kopf zum 3:0, in der 73. Minute staubte er nach Abpraller von Itandje zum 4:0-Endstand ab. „Wir sind nicht gut in die Partie gestartet, aber dann haben wir mehr Kontrolle über das Spiel bekommen. Vor dem Tor hat es uns nicht an Effizienz gemangelt. Wenn Kamerun es nicht geschafft hat, sein volles Potenzial abzurufen, dann lag das teilweise an uns", erklärte Trainer Niko Kovac zufrieden und schwärmte nach Ende der Serie von fünf WM-Spielen ohne Sieg: „Die drei Jungs da vorn aus der Bundesliga, das ist die Crème de la Crème."

Und Doppeltorschütze Mandzukic, im Auftaktspiel gegen Brasilien noch gesperrt (Rot in der Qualifikation) und schwer vermisst, behauptete: „Unser ganzes Land ist sehr stolz auf uns." Damit lag er nicht einmal falsch.

KAMERUN – KROATIEN

 0:4 (0:1)

KAMERUN-DATEN

Torhüter	Min.	Schüsse gehalten (von)	Flanken/ Ecken abgefangen	Glanz- taten	Schwere Fehler	Lange Pässe angekommen (von)	Note
Itandje	90	60 % (10)	0	1	1	40 % (10)	5

Spieler	Ball- kontakte in Min.	Zweik. gew. (von)	Fouls/ gefoult worden	Pässe angek. (von)	Schüsse/ Schuss- vorlagen	Tore/ Torvor- lagen	Note
Mbia	56 in 90	57 % (14)	1/1	81 % (27)	3/1	0/0	4 –
N'Koulou	37 in 90	36 % (11)	0/0	87 % (23)	0/1	0/0	4
Chedjou	24 in 45	60 % (10)	1/0	81 % (16)	0/0	0/0	5
Nounkeu	14 in 45	50 % (6)	1/0	86 % (7)	2/1	0/0	4 –
Assou-Ekotto	46 in 90	50 % (12)	1/0	83 % (24)	0/3	0/0	5
Matip	33 in 90	60 % (20)	2/1	89 % (19)	0/1	0/0	3 –
1. Song	27 in 39	33 % (9)	1/1	79 % (19)	1/1	0/0	6
Enoh	32 in 90	40 % (20)	3/2	90 % (20)	1/1	0/0	4 +
Moukandjo	41 in 90	40 % (20)	1/3	90 % (20)	1/4	0/0	3
Choupo-Moting	21 in 74	35 % (17)	0/0	83 % (12)	2/0	0/0	4 +
Salli	10 in 16	67 % (6)	0/0	50 % (4)	0/2	0/0	–
Aboubakar	29 in 69	41 % (22)	0/1	85 % (13)	5/0	0/0	3
Webó	7 in 21	22 % (9)	0/0	100 % (4)	2/1	0/0	4

18. JUNI, 24 UHR, MANAUS

Schiedsrichter: Pedro Proença (Portugal).
Assistenten: Bertino Miranda, José Trigo (beide Portugal).
Tore: 0:1 Olic (11.), 0:2 Perisic (48.), 0:3 Mandzukic (61.), 0:4 Mandzukic (73.)
Einwechslungen: Nounkeu für Chedjou (46.), Webó für Aboubakar (70.), Salli für Choupo-Moting (75.) – Eduardo für Olic (69.), Kovacic für Sammir (72.), Rebic für Perisic (78.).
Zuschauer: 39 982.
Wetter: 27 Grad, Regen, 86 % Luftfeuchte.

Aufstellung:
- ITANDJE
- N'KOULOU, CHEDJOU, MBIA, ASSOU-EKOTTO
- MATIP, SONG, ENOH
- MOUKANDJO, CHOUPO-MOTING
- ABOUBAKAR
- MANDZUKIC
- OLIC, SAMMIR, PERISIC
- RAKITIC, MODRIC
- PRANJIC, LOVREN, CORLUKA, SRNA
- PLETIKOSA

KROATIEN-DATEN

Torhüter	Min.	Schüsse gehalten (von)	Flanken/ Ecken abgefangen	Glanz- taten	Schwere Fehler	Lange Pässe angekommen (von)	Note
Pletikosa	90	100 % (2)	0	0	0	60 % (5)	3

Spieler	Ball- kontakte in Min.	Zweik. gew. (von)	Fouls/ gefoult worden	Pässe angek. (von)	Schüsse/ Schuss- vorlagen	Tore/ Torvor- lagen	Note
Srna	62 in 90	39 % (18)	1/1	87 % (30)	3/2	0/0	3 +
Corluka	49 in 90	80 % (10)	0/0	94 % (34)	0/0	0/0	3
Lovren	46 in 90	69 % (13)	1/0	95 % (37)	0/1	0/0	3
Pranjic	53 in 90	33 % (9)	1/0	91 % (32)	0/1	0/1	4 +
Modric	60 in 90	55 % (20)	2/2	92 % (48)	1/1	0/0	3
Rakitic	71 in 90	82 % (11)	0/0	86 % (57)	2/1	0/0	3 +
Perisic	31 in 77	56 % (18)	0/4	75 % (12)	3/3	1/1	2
Rebic	8 in 13	50 % (6)	0/0	60 % (5)	1/0	0/0	–
Sammir	31 in 71	33 % (15)	2/1	90 % (21)	2/3	0/0	3
Kovacic	17 in 19	67 % (3)	0/0	100 % (13)	0/1	0/0	3
Olic	37 in 68	56 % (25)	0/0	78 % (18)	3/1	1/0	2
Eduardo	6 in 22	0 % (2)	0/0	100 % (6)	1/2	0/1	3
Mandzukic	32 in 90	59 % (27)	2/3	87 % (15)	4/2	2/0	2 +

Neymar berauscht sich und die Fans

Brasilien zum neunten Mal in Folge Gruppensieger

Ebnete den Weg zu Platz eins: Neymar (M.) erzielt das 1:0 gegen Kamerun

Mit dem 4:1-Erfolg gegen Kamerun sicherte sich Brasilien zum neunten Mal in Folge bei einer WM den Gruppensieg. Seit Einführung der Gruppenphase 1950 schaffte Brasilien sogar 13-mal als Erster den Einzug in die nächste Runde. Nur dreimal (1954, 1974, 1978) qualifizierte sich die Seleção als Zweiter für die K.o.-Phase, einmal (1966) schied sie vorher aus. Die einzige Nationalmannschaft, die vergleichbar starke Gruppenphasen spielt, ist die deutsche. Sie beendete zum siebten Mal in Folge (seit 1990) die Vorrunde als Erster. Seit 1954 gelang das insgesamt 13-mal. 1974 belegte auch die DDR bei ihrer einzigen WM-Teilnahme Platz eins – vor der Bundesrepublik. Und: Nie schied eine deutsche Mannschaft in der Vorrunde aus. Vergleicht man diese Statistik mit anderen großen Fußballnationen wie Italien und England, sieht man den klaren Unterschied: Beide wurden seit 1954 jeweils erst fünfmal Gruppensieger.

Mit seinen Turniertoren drei und vier schießt er Brasilien zum Gruppensieg. Nur ein Trick misslingt

In der 62. Spielminute wurde der kleine, große Neymar übermütig. An der Torauslinie sah er sich Gegenspieler Allan Nyom gegenüber. Neymar klemmte den Ball zwischen seine Füße, sprang beidbeinig ab und versuchte, ihn hinter seinem Rücken über sich und Nyom zu heben. Die Zirkusnummer misslang gänzlich. Der Ball trudelte ins Aus, Nyom fühlte sich provoziert und gab Neymar einen vorwurfsvollen Klaps.

Es war so ziemlich die einzige Aktion an diesem Abend in Brasília, in der Neymar patzte. Der Superstar der Brasilianer war in der Partie gegen Kamerun erneut der alles überragende Spieler der Seleção. Fast jeder seiner Ballkontakte wurde von den Zuschauern mit einem entzückten Kreischen bedacht. Nach seinen beiden Toren beim 4:1 verstand keiner mehr sein ei-

»Das war unsere bisher beste Leistung bei dieser WM«

genes Wort, so laut war es in der Arena.

Mit druckvollem Powerplay starteten die Brasilianer in die Partie, als wollten sie das Gerede über die zuvor nicht überzeugenden Auftritte ein für alle Mal beenden. Schüsse von Paulinho und Gustavo wurden erst im letzten Augenblick geblockt. In der 17. Minute hatte dann Neymar seinen ersten großen Auftritt: Nach einer flachen Hereingabe von Luiz Gustavo schoss er den Ball direkt ins rechte untere Eck – 1:0 für Brasilien und das insgesamt 100. Tor bei dieser Weltmeisterschaft.

Kurz darauf scheiterten Neymar (20.) und Fred (21.) an Torwart Charles Itandje, dann kippte in der 26. Minute die Stimmung: Nachdem Joel Matip zunächst nach einer Ecke den Ball an die Latte geköpft hatte, setzte sich Nyom auf der linken Seite gegen Dani Alves durch und passte in die Mitte. Matip, unbehelligt von Innenverteidiger David Luiz, schob den Ball zum 1:1 über die Linie. Sein erstes Länderspieltor.

Wieder war es Neymar, der den Stimmungspegel nur neun Minuten später auf Höchstwerte drehte. Nach Pass von Marcelo dribbelte er in Richtung Strafraumgrenze, zog ab und traf – 2:1 (35.).

Nach dem Wechsel hatte sogar Fred, der zuvor so enttäuschende Stürmer, sein persönliches Erfolgserlebnis: In der 49. Minute köpfte er nach Flanke von David Luiz aus kurzer Distanz zum 3:1 ein. Fortan schonten die Brasilianer ihre Kräfte, Neymar verließ in der 71. Minute unter tosendem Beifall das Feld.

Den Schlusspunkt setzte der eingewechselte Fernandinho: In der 84. Minute vollendete er nach einer schönen Kombination über Fred und Oscar ganz unbrasilianisch mit der Pike zum 4:1.

„Das war unsere bisher beste Leistung bei dieser WM", freute sich Neymar. „Wir gehen jetzt mit viel mehr Selbstvertrauen ins nächste Spiel."

Der Mann für gute Stimmung: Neymar kostet vor seinen Fans den verdienten Applaus aus. Sein 1:0 ist das 100. Tor dieser Weltmeisterschaft

KAMERUN – BRASILIEN

 1:4 (1:2)

KAMERUN-DATEN

Torhüter	Min.	Schüsse gehalten (von)	Flanken/ Ecken abgefangen	Glanz- taten	Schwere Fehler	Lange Pässe angekommen (von)	Note
Itandje	90	56 % (9)	0	0	0	23 % (13)	3

Spieler	Ball- kontakte in Min.	Zweik. gew. (von)	Fouls/ gefoult worden	Pässe angek. (von)	Schüsse/ Schuss- vorlagen	Tore/ Torvor- lagen	Note
Nyom	41 in 90	78 % (9)	0/1	87 % (23)	1/1	0/1	3
N'Koulou	45 in 90	70 % (10)	0/0	88 % (33)	1/0	0/0	4 +
Matip	34 in 90	54 % (13)	0/0	70 % (23)	1/0	1/0	3
Bedimo	45 in 90	62 % (21)	1/3	95 % (20)	0/3	0/0	4
N'Guémo	55 in 90	79 % (24)	2/6	86 % (37)	2/0	0/0	4
1. Mbia	52 in 90	43 % (23)	4/3	92 % (37)	0/0	0/0	4
1. Enoh	38 in 90	39 % (18)	3/1	92 % (26)	2/0	0/0	4
Choupo-Moting	33 in 80	33 % (21)	0/0	65 % (20)	2/2	0/0	3 –
Makoun	5 in 10	100 % (2)	0/2	80 % (5)	0/2	0/0	-
Moukandjo	22 in 57	40 % (15)	1/1	71 % (7)	1/3	0/0	4
1. Salli	17 in 33	33 % (9)	2/2	88 % (8)	0/0	0/0	4
Aboubakar	23 in 71	27 % (15)	0/0	93 % (14)	1/0	0/0	4 -
Webó	6 in 19	0 % (4)	1/0	25 % (4)	0/0	0/0	4

23. JUNI, 22.00 UHR, BRASÍLIA

Schiedsrichter: Jonas Eriksson (Schweden).
Assistenten: Mathias Klasenius, Daniel Warnmark (beide Schweden).
Tore: 0:1 Neymar (17.), 1:1 Matip (26.), 1:2 Neymar (35.), 1:3 Fred (49.), 1:4 Fernandinho (84.).
Einwechslungen: Salli für Moukandjo (58.), Webó für Aboubakar (72.), Makoun für Choupo-Moting (81.) – Fernandinho für Paulinho (46.), Ramires für Hulk (63.), Willian für Neymar (71.).
Zuschauer: 69 112 (ausverkauft).
Wetter: 24 Grad, bewölkt, 57 % Luftfeuchte.

BRASILIEN-DATEN

Torhüter	Min.	Schüsse gehalten (von)	Flanken/ Ecken abgefangen	Glanz- taten	Schwere Fehler	Lange Pässe angekommen (von)	Note
César	90	0 % (1)	0	0	0	50 % (2)	3

Spieler	Ball- kontakte in Min.	Zweik. gew. (von)	Fouls/ gefoult worden	Pässe angek. (von)	Schüsse/ Schuss- vorlagen	Tore/ Torvor- lagen	Note
Alves	68 in 90	65 % (26)	2/3	90 % (39)	1/1	0/0	4 +
Silva	50 in 90	80 % (5)	0/0	82 % (39)	0/0	0/0	3
David Luiz	64 in 90	56 % (18)	2/0	85 % (47)	0/1	0/1	3
Marcelo	48 in 90	88 % (8)	1/1	90 % (30)	1/4	0/1	4
L. Gustavo	50 in 90	52 % (25)	4/2	97 % (34)	1/3	0/1	2
Paulinho	13 in 45	29 % (14)	1/0	88 % (8)	1/1	0/0	4 -
Fernandinho	20 in 45	63 % (8)	1/1	82 % (17)	1/1	1/0	2
Oscar	33 in 90	35 % (23)	4/1	77 % (22)	1/1	0/1	3
Hulk	25 in 62	33 % (18)	1/3	88 % (8)	3/3	0/0	3 –
Ramires	10 in 28	56 % (9)	1/0	80 % (5)	0/0	0/0	3
Neymar	51 in 70	50 % (18)	1/3	77 % (26)	4/0	2/0	1
Willian	9 in 20	0 % (1)	0/0	83 % (6)	1/1	0/0	4
Fred	26 in 90	36 % (11)	1/0	75 % (12)	4/1	1/0	3

Derwisch mit der grünen Krawatte

Kroatiens Medien rechnen mit der Mannschaft ab

Gefallene Helden (v. l.): Mandzukic, Lovren, Srna, Perisic und Olic

Allein stand Niko Kovac auf Höhe der Mittellinie und spendete den Mexikanern Applaus, bedankte sich dann noch einmal bei den kroatischen Fans für die Unterstützung. Aber wer Kovac in diesem Moment in die Augen sah, fühlte, wie sehr das Aus nach der Gruppenphase an dem Nationaltrainer nagte. Zum dritten Mal nach 2002 und 2006 verpasste Kroatien den Einzug ins WM-Achtelfinale. Kapitän Darijo Srna, Torjäger Mario Mandzukic, Spielmacher Luka Modric, Edeltechniker Ivan Rakitic und Außenstürmer Ivica Olic hatten ausgerechnet im wichtigsten Spiel ihre schwächste Vorstellung gezeigt. „Adios, die Rot-Weiß-Karierten sind gegen Mexiko abgestürzt", fasste der Fernsehsender „24Sata" den ideenlosen Auftritt zusammen. „Das Debakel einer Generation", schrieb das Internetportal „Index.hr" und urteilte: „Seit Jahren hören wir, dass Kroatien am besten spielt, wenn es am meisten darauf ankommt. Diese hohle Phrase kann endgültig in den Mülleimer der Geschichte geworfen werden. Als es am meisten darauf ankam, spielte Kroatien sein schlechtestes Match." „Jutarnji List" schließlich kommentierte: „Eine Katastrophe."

Mexikos Trainer Herrera erlebt die elf schönsten Minuten seiner Laufbahn und zelebriert das ausgiebig

Die Coachingzone ist sein Revier. Jeden Meter bearbeitet Miguel Herrera während eines Spiels, er schimpft, flucht, brüllt, hadert, gestikuliert, legt sich mit jedem an, der nicht seiner Meinung ist. Und wenn es etwas zu feiern gibt, lebt Mexikos Trainer in dem Kreide-Rechteck und auch außerhalb seine Emotionen aus. So wie am Abend des 23. Juni hat ihn aber noch keiner gesehen.

Nach jedem Tor seiner Mannschaft hüpfte Miguel Herrera, von Scheitel bis Sohle nur 1,68 Meter groß und sichtlich übergewichtig, wie ein Derwisch an der Seitenlinie, bis ihm die Gesichtszüge entgleisten. Einmal fiel er im Freudentaumel sogar hin, die grüne Krawatte wickelte sich dabei um den Hals. Herrera erlebte, wie er später freimütig erzählte, „einen der glücklichsten Tage in meinem Leben".

»Wir sind von Minute zu Minute immer besser geworden«

Vor der WM war er wegen seiner Personalpolitik in Mexiko in die Kritik geraten und hatte es nicht geschafft, die Spieler zusammenzuschweißen. Nun genoss er in vollen Zügen die Erlebnisse. Mit dem grandiosen 3:1 gegen Kroatien zog seine Mannschaft ins Achtelfinale ein.

Mit Wucht drängte „El Tri", so benannt wegen der drei mexikanischen Nationalfarben Grün, Weiß und Rot, in die K.o.-Runde. Der Frust, die eigene Chance nicht ergriffen zu haben, hielt sich beim Verlierer denn auch in Grenzen. Zu deutlich war Mexikos Überlegenheit. „Am Ende sah das Ergebnis natürlich schlimmer aus, als das Spiel war. Mexiko stand in der Defensive sehr kompakt, und wir haben kein richtiges Mittel dagegen gefunden. Wir müssen nach Hause fahren, aber das Leben geht weiter", gestand Kroatiens Trainer Niko Kovac.

Der zweite Held Mexikos stand an diesem Abend auf dem Rasen: Rafael Márquez, 35 Jahre alt und ein Star in seinem Land – der mexikanische Miroslav Klose. Als in der 72. Minute die intensiv betriebene Partie noch immer offen war und auch die Kroaten auf den Einzug ins Achtelfinale hoffen konnten, rückte Mexikos Kapitän, ein sehr kopfballstarker Innenverteidiger, beim achten Eckball wieder mit auf. Márquez sprang am höchsten und traf per Kopf zum 1:0. Es war der Auftakt der schönsten elf Minuten in der mexikanischen Fußball-Geschichte. Drei Minuten später kam der Ball nach einer schönen Kombination zu Andrés Guardado, der Mittelfeldspieler schoss unhaltbar zum 2:0 ein. Dann erhöhte Javier „Chicharito" Hernández nach einem Eckball per Kopf noch auf 3:0 (82.), ehe Ivan Perisic der Ehrentreffer gelang (87.). Auch Rafael Márquez war beseelt: „Wir sind von Minute zu Minute immer besser geworden. Wir sind als Kollektiv sehr stark."

So sieht unbändige Freude aus: Mexikos Trainer Miguel Herrera schreit seinen Jubel heraus, Haare und Krawatte fliegen wild, die Fäuste sind geballt

KROATIEN – MEXIKO

 1:3 (0:0)

KROATIEN-DATEN

Torhüter	Min.	Schüsse gehalten (von)	Flanken/ Ecken abgefangen	Glanz- taten	Schwere Fehler	Lange Pässe angekommen (von)	Note
Pletikosa	90	0 % (3)	0	0	0	60 % (5)	3 –

Spieler	Ball- kontakte in Min.	Zweik. gew. (von)	Fouls/ gefoult worden	Pässe angek. (von)	Schüsse/ Schuss- vorlagen	Tore/ Torvor- lagen	Note
Srna	64 in 90	82 % (11)	1/1	76 % (37)	1/1	0/0	3 –
Corluka	60 in 90	68 % (19)	1/2	89 % (44)	0/1	0/0	4
Lovren	54 in 90	64 % (11)	2/1	88 % (41)	0/0	0/0	4 –
Vrsaljko	45 in 57	45 % (11)	2/0	86 % (29)	0/0	0/0	4 +
Kovacic	25 in 33	40 % (10)	0/1	77 % (22)	0/0	0/0	4 –
1. Rakitic	74 in 90	55 % (20)	1/0	91 % (54)	0/3	0/1	4 –
Pranjic	36 in 73	38 % (8)	0/1	86 % (22)	1/0	0/0	5 +
Jelavic	8 in 17	29 % (7)	2/0	29 % (7)	0/0	0/0	4
Modric	53 in 90	47 % (19)	1/3	78 % (40)	0/0	0/0	4
Perisic	44 in 90	68 % (19)	0/1	78 % (27)	6/3	1/0	3 –
Olic	30 in 68	45 % (20)	3/0	69 % (16)	1/1	0/0	4
1. Rebic	8 in 22	50 % (6)	2/0	100 % (4)	1/0	0/0	6
Mandzukic	16 in 90	29 % (21)	1/0	91 % (11)	0/1	0/0	5

23. JUNI, 22.00 UHR, RECIFE

Schiedsrichter: Rawschan Irmatow (Usbekistan).
Assistenten: Abduxamidullo Rasulow (Usbekistan), Bakhadyr Kotschkarow (Kirgisistan).
Tore: 0:1 Márquez (72.), 0:2 Guardado (75.), 0:3 Hernández (82.), 1:3 Perisic (87.).
Einwechslungen: Kovacic für Vrsaljko (58.), Rebic für Olic (69.), Jelavic für Pranjic (74.) – Hernández für dos Santos (62.), Peña für Peralta (79.), Fabián für Guardado (84.).
Zuschauer: 41 212.
Wetter: 26 Grad, bewölkt, 82 % Luftfeuchte.

MEXIKO-DATEN

Torhüter	Min.	Schüsse gehalten (von)	Flanken/ Ecken abgefangen	Glanz- taten	Schwere Fehler	Lange Pässe angekommen (von)	Note
Ochoa	90	50 % (2)	0	0	0	38 % (8)	2 –

Spieler	Ball- kontakte in Min.	Zweik. gew. (von)	Fouls/ gefoult worden	Pässe angek. (von)	Schüsse/ Schuss- vorlagen	Tore/ Torvor- lagen	Note
Maza	40 in 90	62 % (21)	0/0	86 % (21)	0/0	0/0	2 –
1. Márquez	51 in 90	76 % (17)	2/2	78 % (36)	2/1	1/1	1 –
Moreno	33 in 90	46 % (13)	1/1	94 % (16)	0/0	0/0	3 +
Aguilar	46 in 90	65 % (20)	0/2	70 % (27)	0/1	0/0	2
Layún	37 in 90	29 % (17)	0/2	73 % (22)	1/1	0/0	3 +
2. Vázquez	45 in 90	31 % (13)	2/1	85 % (39)	1/1	0/0	3 –
Herrera	63 in 90	48 % (21)	2/3	78 % (40)	1/3	0/1	2
Guardado	41 in 83	50 % (8)	1/1	76 % (25)	2/1	1/0	2
Fabián	3 in 7	33 % (3)	0/0	100 % (1)	1/0	0/0	–
dos Santos	17 in 61	11 % (9)	1/0	83 % (12)	0/0	0/0	4
Hernández	12 in 29	50 % (8)	0/2	60 % (5)	1/0	1/0	2
Peralta	25 in 78	37 % (27)	2/1	69 % (13)	1/2	0/1	3
Peña	3 in 12	80 % (5)	0/1	0 % (1)	0/0	0/0	–

GRUPPE B

SPANIEN	🇪🇸
HOLLAND	🇳🇱
CHILE	🇨🇱
AUSTRALIEN	🇦🇺

Freitag, 13. Juni, Salvador da Bahia
Spanien – Holland 1:5 (1:1)

Samstag, 14. Juni, Cuiabá
Chile – Australien 3:1 (2:1)

Mittwoch, 18. Juni, Porto Alegre
Australien – Holland 2:3 (1:1)

Mittwoch, 18. Juni, Rio de Janeiro
Spanien – Chile 0:2 (0:2)

Montag, 23. Juni, Curitiba
Australien – Spanien 0:3 (0:1)

Montag, 23. Juni, São Paulo
Holland – Chile 2:0 (0:0)

	Spanien	Holland	Chile	Australien
Spanien	■	1:5	0:2	3:0
Holland	5:1	■	2:0	3:2
Chile	2:0	0:2	■	3:1
Australien	0:3	2:3	1:3	■

Mannschaft	G	U	V	Tore	Pkte
1. Holland	3	0	0	10:3	9
2. Chile	2	0	1	5:3	6
3. Spanien	1	0	2	4:7	3
4. Australien	0	0	3	3:9	0

Der Schlusspunkt einer starken Vorrunde von Holland: Memphis Depay (M.) schließt einen wunderbaren Angriff in der Nachspielzeit gegen Chile mit dem Treffer zum 2:0 ab, Torwart Claudio Bravo fliegt vergebens, Marcelo Díaz grätscht ins Leere. Holland holt im dritten Spiel seinen dritten Sieg und wird souverän vor Chile Gruppenerster

ARJEN ROBBEN

Er schreibt seine Geschichte um

Gegen Spanien verarbeitet Hollands Superstar endlich sein Trauma. Das währte vier Jahre lang

Die Szene wollte einfach nicht aus seinem Kopf. Es lief die 62. Spielminute im WM-Finale von 2010. Holland gegen Spanien. Spielstand 0:0. Nach genialem Pass von Wesley Sneijder rennt Arjen Robben allein auf Torwart Iker Casillas zu. Der Augenblick, ein Held zu werden. Oder auch nicht. Robben schießt, Casillas bekommt noch eine Fußspitze an den Ball. Ecke. In der Verlängerung erzielt Andrés Iniesta das 1:0 und macht Spanien zum Weltmeister.

„Es ist ein Film in meinem Kopf geworden. Einer, der sich immer und immer wieder abspielt", sagte Robben vor der WM in Brasilien. „Die Szene sucht mich immer noch heim."

Erst recht, seit im vergangenen Dezember die WM-Vorrundengruppen ausgelost wurden. Das Schicksal wollte es so, dass es in der Gruppe B gleich zu Beginn zur Neuauflage des Endspiels von 2010 kam. Holland gegen Spanien. Robben gegen Casillas. Robben gegen sein Trauma.

Diesmal versagte er nicht. Die 53. Minute: Robben setzt an zu einem seiner gefürchteten Slalomläufe im Höchsttempo, lässt Gerard Piqué und Sergio Ramos ins Leere laufen und vollendet zur 2:1-Führung. Holland spielt sich in einen Rausch – angetrieben vom überragenden Robben. In der 80. Minute sprintet er nach Pass von Sneijder über das halbe Spielfeld, schüttelt Ramos wie eine lästige Fliege ab, erreicht eine Spitzengeschwindigkeit von 37 Stundenkilometern; der schnellste jemals von der Fifa gemessene Wert. Vor dem Tor von Casillas angekommen, dreht sich Robben um die eigene Achse, zieht nach innen. Der Torwart, Robbens Schrecken von 2010, krabbelt hilflos auf allen vieren hinter ihm her. Gnadenlos jagt Robben den Ball in die Maschen – 5:1. Der Schlusspunkt eines denkwürdigen Fußballabends in Salvador.

Nein, eine Revanche für 2010 war das nicht, ließ Robben später wissen. „Das war ein Gruppenspiel und kein Finale." Aber die Genugtuung war trotzdem da. „Für solche Momente spielt man Fußball. Da kriegt man Gänsehaut."

Robben schrieb in der Vorrunde seine eigene Geschichte weiter um. Denn da war nicht nur dieses WM-Trauma von 2010. Auch beim FC Bayern musste der Holländer einige Fehlschüsse verarbeiten. 2012

> »Für solche Momente spielt man Fußball. Man kriegt Gänsehaut«

verschoss er im Bundesliga-Spitzenspiel bei Borussia Dortmund einen Elfmeter und vergab eine weitere Großchance. Der BVB gewann 1:0, wurde Deutscher Meister.

Im Champions-League-Finale knapp sechs Wochen später gegen Chelsea verschoss Robben beim Stand von 1:1 in der Verlängerung erneut einen Strafstoß. Bayern unterlag nach Elfmeterschießen 4:5. Robben wurde von den gegnerischen Fans verhöhnt. „Ein Schuss, kein Tor, der Robben", hallte es von den Tribünen. BVB-Fans benannten sogar eine Facebook-Seite so.

Doch Robben ließ sich nicht unterkriegen. Unter Mithilfe des Bayern-Arztes Dr. Hans-Wilhelm Müller-Wohlfahrt und seines persönlichen Fitness-Trainers Hub Westhovens arbeitete er kontinuierlich an seinem Muskel- und Bänderapparat. Der „Mann aus Glas" wurde robust, blieb von Verletzungen verschont – und wie bei der WM im entscheidenden Moment treffsicher. 2013 erzielte Robben im DFB-Pokal-Viertelfinale den 1:0-Siegtreffer gegen Borussia Dortmund. Noch wichtiger war sein Tor am 25. Mai 2013 gegen den BVB: Im Champions-League-Finale traf er in der 89. Minute zum siegbringenden 2:1. Aus dem tragischen Verlierer war ein strahlender Sieger geworden.

„Seit jenem Champions-League-Finale ist Robben ein anderer Mensch", sagt Ex-Bayern-Profi Mehmet Scholl. Wie selbstverständlich schoss Robben auch in der Verlängerung des Pokalfinals 2014 den spielentscheidenden Führungstreffer zum 1:0 – wieder gegen Dortmund.

Das neue Selbstbewusstsein brachte er mit zur Nationalmannschaft, wurde neben Robin van Persie Anführer der „Elftal". Auch als es nach dem furiosen Auftakt gegen Spanien im zweiten Gruppenspiel gegen Australien bei den Holländern nicht lief, war Robben zur Stelle und erzielte die 1:0-Führung. Wieder hatte er in seiner unnachahmlichen Art die Hälfte des Spielfeldes im Solo-Sprint zurückgelegt. ●

ANALYSE GRUPPE B

Spanier gegen Chile und Holland hilflos

Die 43. Minute im ersten Spiel gegen Holland war die entscheidende für Spanien. Hätte David Silva seine Riesenchance genutzt und den Ball frei vor Jasper Cillessen über den Torwart gelupft und nicht gegen dessen Hände, wäre Spanien 2:0 in Führung gegangen. Die wahrscheinliche Folge: Die Elf hätte das Spiel locker über die Zeit gebracht. So aber brach der Europameister von 2008 und 2012 und Weltmeister von 2010 mit dem 1:1-Ausgleich wenig später in sich zusammen, erlebte ein 1:5-Debakel und geriet in einen Abwärtsstrudel, der mit dem 0:2 gegen Chile schon das Vorrunden-Aus brachte. Die größte Sensation der Gruppenphase. Was sich in beiden Spielen ganz deutlich zeigte: Die Spanier hatten kein Gegenmittel gegen überfallartige Angriffe Hollands und das aggressive Pressing der Chilenen. Nur in der ersten Halbzeit gegen Robben und Co. liefen die gefürchteten Ballstaffetten, das Tiki-Taka, ziemlich reibungslos. Die Ära der weltbesten Mannschaft seit 2008 endete in Brasilien abrupt. Der große Gewinner der Gruppe B: Hollands Trainer Louis van Gaal. Vor Beginn der WM war er wegen seiner Personalpolitik und Taktik in der Heimat kritisiert worden, nach dem ersten Spiel schon ein Held.

David Silva (l.) scheitert frei vor Jasper Cillessen. Der lenkt den Ball zur Ecke

STAR DER GRUPPE B

Fingerzeig: Arjen Robben feiert sein 1:0 gegen Australien, sein drittes Tor bei dieser WM. Nach der Gruppenphase führt er die Scorerliste der Gruppe B an

SCORER-LISTE GRUPPE B

	Tore	Torvorlagen	Scorer-Punkte
Arjen Robben (HOL)	3	1	4
Memphis Depay (HOL)	2	1	3
Daley Blind (HOL)	–	3	3
Robin van Persie (HOL)	3	–	3
Alexis Sánchez (CHI)	1	2	3
Tim Cahill (AUS)	2	–	2
Wesley Sneijder (HOL)	–	2	2
Eduardo Vargas (CHI)	1	1	2
Charles Aránguiz (CHI)	1	1	2
Jorge Valdívia (CHI)	1	–	1
David Villa (SPA)	1	–	1
Fernando Torres (SPA)	1	–	1
Andrés Iniesta (SPA)	–	1	1
Juan Mata (SPA)	1	–	1
Ryan McGowan (AUS)	–	1	1
Xabi Alonso (SPA)	1	–	1
Diego Costa (SPA)	–	1	1
Jonath. de Guzman (HOL)	–	1	1
Leroy Fer (HOL)	1	–	1
Daryl Janmaat (HOL)	–	1	1
Cesc Fàbregas (SPA)	–	1	1
Mauricio Pinilla (CHI)	–	1	1
Mile Jedinak (AUS)	1	–	1
Juanfran (SPA)	–	1	1
Jean Beausejour (CHI)	1	–	1
Stefan de Vrij (HOL)	1	–	1
Oliver Bozanic (AUS)	–	1	1
Ivan Franjic (AUS)	–	1	1

Führte Chile mit zwei Toren ins Achtelfinale: Alexis Sánchez

Der Anfang vom Ende. In der 20. Minute schließt Eduardo Vargas (l.) einen wunderbaren Konter der Chilenen zum 1:0 ab. Eine Demütigung für den Titelverteidiger. Denn die Spanier sind im eigenen Strafraum in Überzahl, zudem umkurvt Vargas Torhüter-Legende Iker Casillas (r.) noch und spitzelt den Ball im Fallen über die Torlinie. Sergio Ramos kommt wieder einmal einen Schritt zu spät – wie so oft in diesem Turnier. Spanien verliert schließlich 0:2 und verpasst bereits im zweiten Vorrunden-Spiel das Achtelfinale. Das Ende einer Ära

Üble Pleite für den Weltmeister

Spanien – Holland: 4. Finalrevanche bei nächster WM

Iker Casillas krabbelt auf dem Boden, Arjen Robben trifft zum 5:1

Vor dem Anpfiff wollte Arjen Robben nichts von einer Revanche für das 0:1 gegen Spanien im WM-Endspiel 2010 wissen: „Das ist nicht vergleichbar. Damals war Finale, jetzt ist Vorrunde." Nach dem Abpfiff jedoch äußerte sich der überragende Doppeltorschütze so, als hätte er gerade den Pokal gewonnen: „Für diese Momente lebt man, für diese Momente spielt man Fußball. Das muss man genießen, genießen, genießen!"
Hollands denkwürdiges 5:1 markiert den höchsten WM-Sieg über einen amtierenden Titelträger. Es war überhaupt erst das vierte Mal in der Turniergeschichte, dass zwei Finalgegner bei der nachfolgenden Endrunde erneut aufeinandertrafen. Stets war zuvor die DFB-Auswahl beteiligt, und immer konnte sich der vorherige Verlierer rehabilitieren.

Die Duelle:
30. Juli 1966, Finale in London: England – Deutschland 4:2 n. V.
15. Juli 1970, Viertelfinale in Mexiko: England – Deutschland 2:3 n. V.
7. Juli 1974, Finale in München: Deutschland – Holland 2:1.
18. Juni 1978, 2. Finalrunde in Argentinien: Deutschland – Holland 2:2.
29. Juni 1986, Finale in Mexiko-Stadt: Argentinien – Deutschland 3:2.
8. Juli 1990, Finale in Italien: Argentinien – Deutschland 0:1.

Holland führt Spanien nach 0:1-Rückstand vor. Robin van Persie und Arjen Robben treffen jeweils zweimal

Kurz vor der Mittellinie, noch in der eigenen Hälfte, setzte Arjen Robben seinen Sprint an. Die 80. Spielminute lief im Stadion von Salvador da Bahia, als Wesley Sneijder den Bayern-Profi mit einem Steilpass bediente. Unnachahmlich zog Robben davon, aufrechter Körper, den Ball eng am linken Fuß.
Den spanischen Verteidiger Sergio Ramos, nach dem Champions-League-Sieg mit Real Madrid von einigen als weltbester Defensivspieler gepriesen, hängte er lässig ab. Vor dem Tor von Iker Casillas angekommen, drehte sich Arjen Robben um die eigene Achse, ließ auch den hinzueilenden Gerard Piqué wie einen Anfänger stehen, drängte noch einige Schritte in die Mitte und schoss den Ball ins Tor. 5:1 – der Höhepunkt eines denkwürdigen Spiels.

»Louis van Gaal ist einfach ein Weltklassetrainer«

Für die Spanier wurde die Neuauflage des Endspiels von 2010 zum Albtraum. Dabei schien alles zunächst seinen geregelten Gang zu nehmen. Der Titelverteidiger, angetreten mit sieben Finalhelden aus Südafrika, ließ den Ball laufen und kam in der 27. Minute zu einem zweifelhaften Elfmeter. Stürmer Diego Costa nutzte den Fuß von Stefan de Vrij als Stolperstein, Schiedsrichter Nicola Rizzoli pfiff, Xabi Alonso verwandelte sicher unten links zum 1:0. In der 43. Minute hatte David Silva die Riesenchance zum 2:0 auf dem Fuß, scheiterte aber per Lupfer an Torwart Jasper Cillessen. Nur eine Minute später kippte die Partie: Eine lange Linksflanke von Daley Blind senkte sich in den spanischen Strafraum, Robin van Persie flog, allein gelassen, heran und köpfte den Ball über Casillas hinweg ins Tor.
Was folgte, war historisch. Noch nie wurde ein amtierender Weltmeister so vorgeführt. Robben nach schönem Solo (53.), de Vrij mit einem allerdings irregulären Kopfballtreffer (65.), nachdem van Persie Casillas in der Luft weggerammt hatte, van Persie (72.) nach einem Casillas-Fehler und eben Robben nach seinem furiosen Solo sorgten für das 5:1. Georginio Wijnaldum und Sneijder hatten nach Konterangriffen sogar noch das 6:1 und 7:1 auf dem Fuß, vergaben aber ihre Möglichkeiten.
Der Stolz im Gesicht des holländischen Nationaltrainers Louis van Gaal war nach dem Spiel unverkennbar, obwohl er sich davor hütete, zu große Töne zu spucken. „Wir haben noch nichts erreicht", mahnte er nur.
Im Vorfeld der WM hatte van Gaal in Holland reichlich Kritik einstecken müssen wegen seiner vermeintlich defensiv orientierten Spielweise und der Wahl seines Personals. „Das Spiel hat van Gaal recht gegeben", meinte Kapitän van Persie nach dem Kantersieg lapidar, „er ist einfach ein Weltklassetrainer."

Zwei Männer im Freudentaumel: Trainer Louis van Gaal (l.) und sein Kapitän Robin van Persie feiern den zwischenzeitlichen 1:1-Ausgleich

SPANIEN – HOLLAND

 1:5 (1:1)

SPANIEN-DATEN

Torhüter	Min.	Schüsse gehalten (von)	Flanken/ Ecken abgefangen	Glanz- taten	Schwere Fehler	Lange Pässe angekommen (von)	Note
1. Casillas	90	50 % (10)	0	0	1	0 % (0)	5

Spieler	Ball- kontakte in Min.	Zweik. gew. (von)	Fouls/ gefoult worden	Pässe angek. (von)	Schüsse/ Schuss- vorlagen	Tore/ Torvor- lagen	Note
Azpilicueta	59 in 90	56 % (16)	0/0	88 % (40)	0/1	0/0	5
Piqué	73 in 90	63 % (16)	0/1	89 % (57)	0/0	0/0	5
Ramos	76 in 90	41 % (17)	0/1	89 % (61)	2/0	0/0	5 –
Alba	65 in 90	54 % (13)	0/2	91 % (44)	0/0	0/0	5
Alonso	56 in 62	62 % (13)	1/2	85 % (52)	1/1	1/0	4 +
Pedro	18 in 28	50 % (8)	1/2	82 % (11)	1/2	0/0	4 –
Busquets	64 in 90	73 % (11)	0/2	97 % (61)	0/0	0/0	4 –
Silva	55 in 77	50 % (16)	0/1	84 % (43)	2/2	0/0	5
Fàbregas	6 in 13	100 % (3)	0/0	80 % (5)	0/0	0/0	–
Xavi	84 in 90	43 % (7)	1/0	91 % (75)	0/2	0/0	5
Iniesta	82 in 90	42 % (26)	1/4	88 % (58)	2/1	0/0	4
Costa	27 in 62	35 % (17)	0/2	79 % (14)	2/1	0/1	5
Torres	11 in 28	50 % (10)	0/0	100 % (2)	0/0	0/0	4

13. JUNI, 21.00 UHR, SALVADOR DA BAHIA

Schiedsrichter: Nicola Rizzoli (Italien).
Assistenten: Renato Faverani, Andrea Stefani (beide Italien).
Tore: 1:0 Alonso (27.), 1:1 van Persie (44.), 1:2 Robben (53.), 1:3 de Vrij (65.), 1:4 van Persie (72.), 1:5 Robben (80.).
Einwechslungen: Torres für Costa (62.), Pedro für Alonso (62.), Fàbregas für Silva (78.) – Wijnaldum für de Guzman (62.), Veltman für de Vrij (77.), Lens für van Persie (79.).
Zuschauer: 48 173.
Wetter: 27 Grad, bewölkt, 87 % Luftfeuchte.

HOLLAND-DATEN

Torhüter	Min.	Schüsse gehalten (von)	Flanken/ Ecken abgefangen	Glanz- taten	Schwere Fehler	Lange Pässe angekommen (von)	Note
Cillessen	90	75 % (4)	0	0	0	53 % (17)	2

Spieler	Ball- kontakte in Min.	Zweik. gew. (von)	Fouls/ gefoult worden	Pässe angek. (von)	Schüsse/ Schuss- vorlagen	Tore/ Torvor- lagen	Note
Vlaar	37 in 90	73 % (11)	1/0	88 % (25)	0/0	0/0	3 +
1. de Vrij	41 in 76	52 % (21)	3/0	88 % (25)	1/0	1/0	3 +
Veltman	9 in 14	40 % (5)	2/0	83 % (6)	0/0	0/0	–
Martins Indi	43 in 90	57 % (14)	1/0	85 % (33)	0/0	0/0	3
Janmaat	38 in 90	67 % (15)	2/0	83 % (24)	0/1	0/0	2 –
Blind	59 in 90	64 % (14)	0/0	83 % (42)	0/4	0/2	2
1. de Guzman	27 in 61	38 % (16)	2/0	72 % (18)	0/0	0/0	4 +
Wijnaldum	12 in 29	57 % (7)	0/1	88 % (8)	1/0	0/0	3
de Jong	39 in 90	67 % (9)	1/1	80 % (30)	0/0	0/0	3
Sneijder	37 in 90	25 % (16)	1/1	84 % (25)	3/3	0/2	3 +
Robben	41 in 90	33 % (24)	1/1	78 % (18)	3/2	2/0	1
1. van Persie	31 in 78	42 % (19)	2/0	74 % (19)	4/0	2/0	1
Lens	6 in 12	33 % (3)	1/0	67 % (3)	0/1	0/0	–

Erlösung in der Nachspielzeit

Tim Cahill: Viertes Tor in seinem dritten WM-Turnier

Tim Cahill (r.) überspringt Gary Medel im Luftduell und köpft zum 1:2 ein

Chile zittert trotz früher 2:0-Führung um den Sieg und offenbart gegen den Außenseiter erstaunliche Schwächen

Ein Fußball-Opa belebt den Außenseiter. Mit dem 1:2 gegen Chile erzielte der 34 Jahre alte Stürmer Tim Cahill auch bei seinem dritten WM-Turnier wieder ein Tor. Es war sein 33. im 70. Länderspiel. Bei der 2:3-Niederlage gegen Holland am zweiten Vorrunden-Spieltag legte Cahill in seinem 71. Länderspiel noch einen drauf, machte sein 34. Tor und baute damit seinen Vorsprung als australischer Rekordtorschütze aus. Bei der WM 2006 in Deutschland hatte er zum 1:1 und 2:1 beim 3:1-Vorrundensieg gegen Japan getroffen, 2010 zum 1:0 beim 2:1-Vorrundensieg über Serbien. Beim Turnier in Südafrika machte Cahill indes auch Negativ-Schlagzeilen: Im Spiel gegen Deutschland (0:4) sah er nach grobem Foul an Bastian Schweinsteiger in der 56. Minute Rot.

Nach einer Viertelstunde schien die Partie entschieden. Ein Schützenfest lag in der schwülen Luft von Cuiabá. Chile führte nach Toren von Alexis Sánchez, der nach Kopfballvorlage von Eduardo Vargas am schnellsten reagiert und aus sechs Metern getroffen hatte (12.), und Jorge Valdivia nicht einmal zwei Zeigerumdrehungen später mit 2:0. Doch der Doppelschlag gegen die zu diesem Zeitpunkt überforderten und desorientierten Australier verlieh den Chilenen erstaunlicherweise keine Sicherheit.

Dank engagiert geführter Zweikämpfe im Mittelfeld sammelten die Spieler aus „Down Under" neues Selbstvertrauen und arbeiteten sich zurück in die Partie. „Am Anfang hatten wir zu viel Respekt, doch wir haben die Köpfe nicht hängen lassen", konstatierte Trainer Ange Postecoglou. Nach und nach griff sein Matchplan, das mit im Schnitt 1,76 Metern kleinste WM-Team durch Konter über die Außenpositionen und Flanken in Bedrängnis zu bringen.

Nach einigen Annäherungsversuchen nutzte Verteidiger Ivan Franjic seinen Platz rechts, flankte präzise an den Fünfmeterraum, wo Cahill seinen Größenvorteil gegen Innenverteidiger Gary Medel nutzte und wuchtig zum Anschlusstreffer einköpfte (35.). Wie zuvor auf der Gegenseite wäre auch dem Außenseiter beinahe der Doppelschlag binnen zwei Minuten gelungen, doch Torwart Claudio Bravo rettete in der 37. Minute gegen Cahill stark per Fußabwehr.

Auch im zweiten Spielabschnitt blieb Cahill für seine Mitspieler eine stets lohnende Anspielstation, für Chile hingegen ein permanent nervender Unruheherd. Erst setzte Cahill einen Kopfballaufsetzer ganz knapp neben den Pfosten (51.), dann versagte das Schiedsrichtergespann seinem vermeintlichen zweiten Treffer wegen Abseits die Anerkennung (53.). Zu Recht.

Dem Offensivspiel der Südamerikaner, die anfangs kombinationsstark und taktisch äußerst flexibel ihr 3-5-2-System interpretierten, fehlte es zunehmend an Tempo und Präzision. Und die oft weit aufgerückten Abwehrspieler offenbarten in ihrer Defensivarbeit riesige Lücken. Mehrfach hatten die Australier den Ausgleich auf dem Fuß: Mittelfeldspieler Mark Bresciano scheiterte mit einer Doppelchance erst an Schlussmann Bravo, dann drosch er den Ball ans Außennetz (60.), ein weiterer Cahill-Kopfball landete zehn Minuten später auf dem Tornetz.

Erst in der Nachspielzeit gelang dem eingewechselten Jean Beausejour mit strammem Flachschuss das schmeichelhafte 3:1 (90.+2). „Chile leidet", titelte die Zeitung „El Mercurio". „La Tercera" schrieb: „Was zählt, sind die drei Punkte." ●

> »Chile leidet. Was zählt, sind nur die drei Punkte«

Da war die Welt noch in Ordnung: Alexis Sánchez (l.) findet in der 12. Minute die Lücke zwischen Pfosten, Verteidiger Matthew Spiranovic (2. v. l.) und Torwart Mathew Ryan. Das 1:0 ist perfekt

CHILE – AUSTRALIEN

 3:1 (2:1)

CHILE-DATEN

Torhüter	Min.	Schüsse gehalten (von)	Flanken/ Ecken abgefangen	Glanz- taten	Schwere Fehler	Lange Pässe angekommen (von)	Note
Bravo	90	67 % (3)	0	1	0	35 % (17)	3 +

Spieler	Ball- kontakte in Min.	Zweik. gew. (von)	Fouls/ gefoult worden	Pässe angek. (von)	Schüsse/ Schuss- vorlagen	Tore/ Torvor- lagen	Note
Isla	81 in 90	67 % (18)	2/2	92 % (53)	1/1	0/0	3
Medel	78 in 90	64 % (11)	1/2	98 % (66)	0/0	0/0	3 –
Jara	85 in 90	43 % (14)	0/1	91 % (74)	0/0	0/0	4
Mena	80 in 90	48 % (21)	1/2	82 % (56)	0/0	0/0	4
Díaz	78 in 90	62 % (13)	0/1	89 % (64)	1/0	0/0	3
1. Aránguiz	54 in 90	58 % (12)	1/1	92 % (48)	0/1	0/0	3 +
Vidal	41 in 59	63 % (8)	1/1	76 % (34)	1/0	0/0	4
Gutiérrez	24 in 31	33 % (6)	1/1	90 % (20)	0/0	0/0	4 –
Sánchez	54 in 90	52 % (27)	0/6	80 % (35)	2/3	1/1	2
Vargas	41 in 87	6 % (16)	0/0	90 % (30)	1/3	0/1	3
Pinilla	2 in 3	100 % (1)	0/0	0 % (0)	1/1	0/1	–
Valdivia	41 in 67	43 % (14)	1/1	71 % (34)	2/0	1/0	3 +
Beausejour	16 in 23	50 % (6)	0/0	71 % (7)	1/1	1/0	3

13. JUNI, 24 UHR, CUIABÁ

Schiedsrichter: Noumandiez Doué (Elfenbeinküste).
Assistenten: Songuifolo Yeo (Elfenbein- küste), Jean Claude Birumushahu (Burundi).
Tore: 1:0 Sánchez (12.), 2:0 Valdivia (14.), 2:1 Cahill (35.), 3:1 Beausejour (90.+2).
Einwechslungen: Gutiérrez für Vidal (60.), Beausejour für Valdivia (68.), Pinilla für Vargas (88.) – McGowan für Franjic (49.), Halloran für Oar (68.), Troisi für Bresciano (78.).
Zuschauer: 40 275.
Wetter: 29 Grad, klar, 55 % Luftfeuchte.

AUSTRALIEN-DATEN

Torhüter	Min.	Schüsse gehalten (von)	Flanken/ Ecken abgefangen	Glanz- taten	Schwere Fehler	Lange Pässe angekommen (von)	Note
Ryan	90	40 % (5)	0	0	0	67 % (9)	4

Spieler	Ball- kontakte in Min.	Zweik. gew. (von)	Fouls/ gefoult worden	Pässe angek. (von)	Schüsse/ Schuss- vorlagen	Tore/ Torvor- lagen	Note
Franjic	29 in 48	82 % (11)	0/0	69 % (16)	0/1	0/1	3 –
McGowan	18 in 42	67 % (9)	0/0	83 % (6)	0/0	0/0	4
Wilkinson	30 in 90	78 % (9)	0/0	81 % (16)	0/0	0/0	3 –
Spiranovic	34 in 90	71 % (7)	1/0	83 % (23)	0/1	0/0	4
Davidson	64 in 90	56 % (16)	1/3	68 % (37)	0/3	0/0	4 –
1. Jedinak	40 in 90	55 % (22)	4/2	79 % (29)	0/0	0/0	4
1. Milligan	53 in 90	47 % (17)	2/0	86 % (37)	1/0	0/0	4 –
Leckie	40 in 90	48 % (23)	2/1	83 % (29)	2/3	0/0	3 +
Bresciano	40 in 77	44 % (9)	2/0	78 % (32)	2/0	0/0	3
Troisi	8 in 13	40 % (5)	0/1	67 % (6)	0/0	0/0	–
Oar	30 in 67	27 % (15)	0/1	41 % (17)	2/1	0/0	5 +
Halloran	9 in 23	40 % (5)	0/1	80 % (5)	1/0	0/0	4
1. Cahill	31 in 90	33 % (18)	4/0	80 % (10)	4/2	1/0	2

Torwartfehler entscheidet Spiel

Hollands erster Sieg überhaupt gegen die „Socceroos"

Mile Jedinak (l.) verwandelt in der 54. Minute den Elfmeter zum 2:1 für Australien

Premiere: Das 3:2 war der erste Sieg einer holländischen Fußball-Nationalmannschaft gegen Australien – im vierten Länderspiel zwischen beiden Nationen. 2006 kam Holland zu Hause zu einem 1:1 gegen Australien, 2008 gab es ein 1:2, 2009 in Australien ein 0:0 (alles Freundschaftsspiele). Nach dem umkämpften 3:2 gegen die „Socceroos" erklärte Kapitän Robin van Persie erleichtert: „Die WM ist das größte Turnier mit den besten Spielern der Welt. Da hat man es schwer, auch gegen Australien."

Auf der Tribüne wischte sich Hollands König Willem-Alexander nach dem Schlusspfiff mit einer symbolischen Geste erleichtert den Schweiß von der Stirn. Zusammen mit Gattin Máxima stattete er der Mannschaft im Anschluss einen Besuch in der Kabine ab. Arjen Robben berichtete später: „Der König hat uns gesagt, dass er stolz ist. Er hat das Spiel gegen Spanien genossen, heute sei es schwieriger gewesen. Aber Hauptsache, wir haben gewonnen."

Starke Australier bedrängen Holländer, bringen sich in 22 Sekunden aber um das verdiente Unentschieden

Die 68. Minute entschied das dramatische Spiel in Porto Alegre. Es stand 2:2, als Tommy Oar in halb linker Position völlig frei vor dem holländischen Torwart Jasper Cillessen auftauchte. Doch statt selbst den Abschluss zu suchen, flankte er in die Mitte zu Mathew Leckie. Nicht auf den Kopf, nicht auf den Fuß, nein halbhoch.

Das war die erste Fehlentscheidung, die Leckie aber noch hätte korrigieren können, wenn er den Ball aus sechs Metern mit dem Kopf aufs Tor gewuchtet hätte. Er wählte die Brust. Heraus kam eine bessere Rückgabe. Cillessen fing den Ball im Nachfassen, leitete den Konter ein, und 22 Sekunden später lag er im Tor der Australier.

Der eingewechselte Memphis Depay hatte aus 25 Metern abgezogen und markierte unter gütiger Mithilfe von Tor-

»Ich hoffe, dieses Spiel inspiriert die Kids daheim in Australien«

wart Mathew Ryan den 3:2-Siegtreffer. Erst jetzt erlahmte der Widerstand der Australier zusehends.

In der ersten Halbzeit hatte der krasse Außenseiter den Favoriten von einer Verlegenheit in die andere gestürzt. Auch von Robbens Führungstreffer (20.) nach einem Sprint über das halbe Spielfeld, bei dem er vier Gegner abschüttelte, ließen sich die Australier nicht beirren. Nur eine Minute später jagte Tim Cahill nach Flanke von Ryan McGowan den Ball volley von der Strafraumgrenze unter die Latte (21.) – ein Traumtor zum verdienten 1:1. Der Treffer beflügelte die tapferen Australier noch mehr. Mark Bresciano (31.) und Matthew Spiranovic (32.) kamen zu weiteren Großchancen.

Die nächste bereitete der algerische Schiedsrichter Djamel Haimoudi vor. In der 54. Minute entschied er auf Handelfmeter, nachdem Oliver Bozanic im Strafraum Daryl Janmaat angeschossen hatte. Ein überaus zweifelhafter Pfiff. Mile Jedinak verwandelte unbeirrt unten links zum 2:1.

Holland war plötzlich in größter Not, doch wiederum fiel postwendend der Ausgleich. Nach herrlichem Pass von Memphis Depay drosch Robin van Persie den Ball aus fünf Metern unter die Latte – das 2:2 (58.). Nigel de Jong (74.), van Persie (79.) und Jeremain Lens (90.+3) ließen noch beste Gelegenheiten zum 4:2 aus.

Nach dem furiosen 5:1 gegen Spanien kehrte bei den Holländern trotz des Sieges Ernüchterung ein: „Heute ging es wieder bei null los, wir waren überhaupt nicht im Spiel, das war sehr, sehr schlecht", bilanzierte Robben.

Ein Australier schwärmte trotz des vorzeitigen WM-Ausscheidens: „Ich hoffe, dieses Spiel inspiriert die Kids daheim in Australien", sagte Cahill. Nationaltrainer Ange Postecoglou widersprach: „Ich kann jetzt direkt nach dem Spiel nicht zufrieden sein."

Die letzte Aktion in der sagenhaften 68. Minute: Memphis Depay zieht aus 20 Meter Distanz ab und erzielt unter Mithilfe des australischen Torhüters Mathew Ryan, der den Ball über die Hände gleiten lässt, den 3:2-Siegtreffer. Beobachtet wird Depay von Mittelfeldspieler Matthew McKay

AUSTRALIEN – HOLLAND

 2:3 (1:1)

AUSTRALIEN-DATEN

Torhüter	Min.	Schüsse gehalten (von)	Flanken/Ecken abgefangen	Glanz-taten	Schwere Fehler	Lange Pässe angekommen (von)	Note
Ryan	90	70 % (10)	0	1	1	42 % (12)	4 –

Spieler	Ball-kontakte in Min.	Zweik. gew. (von)	Fouls/ gefoult worden	Pässe angek. (von)	Schüsse/ Schuss-vorlagen	Tore/ Torvor-lagen	Note
McGowan	70 in 90	44 % (16)	1/1	83 % (41)	0/2	0/1	3 –
Wilkinson	57 in 90	26 % (19)	2/0	86 % (50)	0/0	0/0	4 –
Spiranovic	61 in 90	60 % (10)	3/3	96 % (48)	1/0	0/0	3 –
Davidson	58 in 90	67 % (21)	3/2	74 % (31)	0/0	0/0	3
Jedinak	56 in 90	60 % (15)	0/0	77 % (31)	2/0	1/0	3 +
McKay	42 in 90	50 % (18)	2/1	81 % (32)	0/1	0/0	3 –
Leckie	42 in 90	38 % (29)	2/5	89 % (19)	2/3	0/0	3
Bresciano	31 in 50	47 % (15)	1/2	95 % (21)	2/0	0/0	4
Bozanic	21 in 40	73 % (11)	0/3	69 % (13)	1/1	0/1	3
Oar	24 in 76	50 % (10)	1/2	40 % (10)	0/2	0/0	4
Taggart	4 in 14	0 % (4)	0/0	0 % (0)	0/0	0/0	–
2. Cahill	23 in 68	33 % (18)	2/1	87 % (15)	2/0	1/0	2
Halloran	11 in 22	56 % (9)	0/1	60 % (5)	0/1	0/0	4 +

18. JUNI, 18.00 UHR, PORTO ALEGRE

Schiedsrichter: Djamel Haimoudi (Algerien).
Assistenten: Redouane Achik (Marokko), Abdelhak Etchiali (Algerien).
Tore: 0:1 Robben (20.), 1:1 Cahill (21.), 2:1 Jedinak (54./Handelfmeter), 2:2 van Persie (58.), 2:3 Depay (68.).
Einwechslungen: Bozanic für Bresciano (51.), Halloran für Cahill (69.), Taggart für Oar (77.) – Depay für Martins Indi (45.+3), Wijnaldum für de Guzman (78.), Lens für van Persie (87.).
Zuschauer: 42.877.
Wetter: 14 Grad, bewölkt, 65 % Luftfeuchte.

HOLLAND-DATEN

Torhüter	Min.	Schüsse gehalten (von)	Flanken/Ecken abgefangen	Glanz-taten	Schwere Fehler	Lange Pässe angekommen (von)	Note
Cillessen	90	50 % (4)	0	0	0	20 % (15)	3 –

Spieler	Ball-kontakte in Min.	Zweik. gew. (von)	Fouls/ gefoult worden	Pässe angek. (von)	Schüsse/ Schuss-vorlagen	Tore/ Torvor-lagen	Note
de Vrij	72 in 90	75 % (12)	0/1	84 % (56)	0/0	0/0	3
Vlaar	53 in 90	67 % (15)	0/0	83 % (36)	1/0	0/0	3 +
Martins Indi	29 in 44	60 % (10)	2/3	76 % (25)	0/0	0/0	3 –
Depay	35 in 46	42 % (19)	2/1	86 % (21)	1/2	1/1	2
Janmaat	54 in 90	47 % (15)	3/0	93 % (29)	0/0	0/0	4 +
Blind	67 in 90	71 % (17)	2/2	90 % (40)	0/2	0/1	3
de Guzman	33 in 77	40 % (10)	1/0	100 % (26)	0/2	0/1	3 –
Wijnaldum	5 in 13	42 % (12)	3/1	100 % (1)	0/0	0/0	–
de Jong	51 in 90	78 % (18)	2/1	83 % (30)	1/0	0/0	3 +
Sneijder	53 in 90	29 % (14)	2/0	80 % (44)	2/2	0/0	4 +
2. van Persie	31 in 86	46 % (26)	3/3	60 % (10)	3/1	1/0	2
Lens	5 in 4	83 % (6)	0/2	0 % (0)	1/0	0/0	–
Robben	33 in 90	33 % (21)	1/3	86 % (14)	5/3	1/0	3

Historischer Zeitenwechsel

Pressestimmen: „Der Weltmeister der Peinlichkeit"

Die Entscheidung: Charles Aránguiz erzielt das 2:0 nach Fehler von Iker Casillas

Marca (Spanien): „Die ruhmreichste Zeit in der Geschichte der ‚La Roja' nimmt klägliches Ende."

El Mundo (Spanien): „Das Imperium, das sechs Jahre lang den Weltfußball dominiert hat, zerfällt nun ebenso, wie die großen Reiche in der Geschichte untergegangen sind. Das Maracanã-Stadion wird zu einem Friedhof der Könige."

ABC (Spanien): „Das Maracanã-Stadion hat einen weiteren Grabstein. Hier ruht das weltmeisterliche Spanien, das nach Brasilien kam, dort aber nicht Fußball spielte."

El País (Spanien): „Spanien war die Titanic."

Corriere dello Sport (Italien): „Sensationell: Das ist das Ende eines Zyklus, das Ende von Tiki-Taka."

Corriere della Sera (Italien): „Der Fall der Götter."

Daily Mirror (England): „Wenn die Mächtigsten fallen, scheint die ganze Erde zu beben."

De Telegraaf (Holland): „Chile isst Spanien auf. Weltmeister werden ist eine Leistung. Aber Weltmeister bleiben ist eine Kunst."

Kronen Zeitung (Österreich): „Der Weltmeister der Peinlichkeit, das ist die größte Blamage der Geschichte."

Blesk (Tschechien): „Eine berühmte Generation ist am Ende. Der Tiki-Taka-Stil ist aber noch nicht tot."

Denkwürdiger 18. Juni in Spanien: König Juan Carlos tritt ab – die Könige des Welt-Fußballs tun es ihm gleich

Endstation Maracanã. Unter diesem Motto stand Spaniens Brasilien-Reise, denn natürlich wollte der Titelverteidiger am 13. Juli im Finale dabei sein. Doch das Ende kam schon viel früher – so früh wie nur einmal zuvor in der WM-Historie.

Das mythische Stadion von Rio de Janeiro sah schon im zweiten Vorrundenspiel das Aus des amtierenden Weltmeisters, was zuletzt 1950 den Italienern passiert war – auch in Brasilien. Die Titelverteidiger Brasilien (1966), Frankreich (2002) und Italien (2010) erwischte es erst im letzten Vorrundenspiel.

Die Ära von Spanien, dem Europameister von 2008 und 2012 und Weltmeister 2010, endete abrupt an diesem 18. Juni. Die Könige des Weltfußballs traten nach sechs Jahren Herrschaft ab, Spaniens König Juan Carlos hatte bereits wenige Stunden zuvor nach fast 40 Jahren Regentschaft abgedankt und die Geschäfte seinem Sohn Felipe übertragen.

Spaniens Aus kam alles andere als zufällig. Chile rechtfertigte alle Vorschusslorbeeren und zog dank des verdienten 2:0 ins Achtelfinale ein. Früher hatte Spaniens unverwechselbarer, oft ermüdender Ballbesitz-Fußball irgendwann zu einem Tor geführt, die Chilenen erstickten die Versuche des Weltmeisters dank aggressiver und wuchtiger Spielweise im Keim. Tiki-Taka kam nicht mehr zur Aufführung.

„Es gibt keine Entschuldigung. Es ist ein sehr trauriger Tag. Wir wollten den Ball nicht", sagte ein gefasster Trainer Vicente del Bosque, der einen seiner vorzüglichsten Ballschlepper, Xavi, auf der Ersatzbank gelassen hatte. Erstmals seit 2008 fehlte Xavi bei einem WM- oder EM-Spiel.

Ein ums andere Mal brachen die entfesselt aufspielenden Chilenen durch. Vor dem 1:0 (20.) waren die Spanier zwar in Überzahl, aber so desorganisiert, dass Eduardo Vargas noch den neuen spanischen WM-Rekordspieler Iker Casillas (17 Spiele) umkurven und im Fallen einspitzeln konnte. Das Tor lähmte die Spanier, Torchancen blieben Mangelware. Del Bosque befand: „Von dem Schlag des ersten Gegentors haben wir uns nicht mehr erholt." Als Casillas seine schlimme WM mit einem weiteren Fehler noch schlimmer

> »Es gibt keine Entschuldigung. Es ist ein sehr trauriger Tag«

machte, einer Faustabwehr im Stile eines Schülertorwarts, erzielte Charles Aránguiz mit der Pike das 2:0 (43.).

In der zweiten Halbzeit erspielte sich Spanien nur wenige gute Torchancen, die beste vergab Sergio Busquets nach 53 Minuten – aus vier Metern und freistehend. Er traf den Ball nur mit dem Schienbein.

Irgendwie typisch für diesen schwarzen 18. Juni. „Wir sind mit unserem Stil gestorben", sagte Fernando Torres. Keiner widersprach. ●

Abgang der Helden: Mittelfeld-Stratege Andrés Iniesta, Torwart Iker Casillas und Torjäger Fernando Torres (v. l.) verlassen den Platz in Rio de Janeiro. 2008 und 2012 gewannen sie zusammen die Europameisterschaft, 2010 den WM-Titel. Nun sind sie nach erst zwei Spielen am Ende aller Träume

SPANIEN – CHILE

 0:2 (0:2)

SPANIEN-DATEN

Torhüter	Min.	Schüsse gehalten (von)	Flanken/ Ecken abgefangen	Glanz- taten	Schwere Fehler	Lange Pässe angekommen (von)	Note
Casillas	90	50 % (4)	0	0	0	50 % (10)	5

Spieler	Ball- kontakte in Min.	Zweik. gew. (von)	Fouls/ gefoult worden	Pässe angek. (von)	Schüsse/ Schuss- vorlagen	Tore/ Torvor- lagen	Note
Azpilicueta	78 in 90	61% (23)	2/0	84 % (44)	0/0	0/0	5
Martínez	55 in 90	53% (15)	1/1	93 % (42)	0/0	0/0	5
Ramos	77 in 90	68% (25)	2/1	79 % (57)	4/0	0/0	4 –
Alba	95 in 90	50% (18)	1/1	75 % (60)	2/0	0/0	5
Busquets	59 in 90	44% (16)	0/0	96 % (49)	1/1	0/0	5
1. Alonso	48 in 45	64% (11)	2/0	91 % (33)	2/0	0/0	4 –
Koke	64 in 45	58% (12)	0/0	94 % (54)	1/0	0/0	4
Pedro	35 in 75	43% (14)	1/3	83 % (24)	0/1	0/0	5
Cazorla	25 in 15	25% (4)	0/0	93 % (14)	2/2	0/0	4 –
D. Silva	77 in 90	39% (33)	0/2	89 % (57)	0/6	0/0	4
Iniesta	65 in 90	57% (30)	2/4	91 % (43)	1/3	0/0	4
Costa	15 in 63	19% (21)	1/0	83 % (6)	3/2	0/0	6
Torres	21 in 27	67% (18)	2/1	73 % (11)	0/1	0/0	5

18. JUNI, 21.00 UHR, RIO DE JANEIRO

Schiedsrichter: Mark W. Geiger (USA).
Assistenten: Mark Sean Hurd (USA), Joe Fletcher (Kanada).
Tore: 0:1 Vargas (20.), 0:2 Aránguiz (43.).
Einwechslungen: Koke für Alonso (46.), Torres für Costa (64.), Cazorla für Pedro (76.) – Gutiérrez für Aránguiz (64.), Valdivia für Vargas (85.), Carmona für Vidal (88.).
Zuschauer: 74 101.
Wetter: 26 Grad, bewölkt, 74 % Luftfeuchte.

```
                CASILLAS
         MARTÍNEZ    RAMOS
AZPILICUETA               ALBA
         BUSQUETS ALONSO
   PEDRO    D. SILVA    INIESTA
              COSTA

         VARGAS     SÁNCHEZ
              VIDAL
         ARÁNGUIZ  DÍAZ
   MENA                    ISLA
         JARA  MEDEL  F. SILVA
                BRAVO
```

CHILE-DATEN

Torhüter	Min.	Schüsse gehalten (von)	Flanken/ Ecken abgefangen	Glanz- taten	Schwere Fehler	Lange Pässe angekommen (von)	Note
Bravo	90	100 % (6)	0	0	0	25 % (16)	3

Spieler	Ball- kontakte in Min.	Zweik. gew. (von)	Fouls/ gefoult worden	Pässe angek. (von)	Schüsse/ Schuss- vorlagen	Tore/ Torvor- lagen	Note
F. Silva	43 in 90	57% (21)	2/1	84 % (31)	0/0	0/0	2 –
Medel	51 in 90	68% (22)	0/2	92 % (26)	0/0	0/0	2
Jara	50 in 90	50% (12)	1/1	83 % (41)	1/0	0/0	2
Isla	60 in 90	60% (15)	0/2	69 % (32)	1/0	0/0	2 –
1. Mena	45 in 90	52% (21)	1/0	80 % (20)	1/1	0/0	2 –
Díaz	37 in 90	41% (22)	3/0	89 % (27)	0/0	0/0	3
Aránguiz	19 in 63	44% (16)	0/1	82 % (11)	1/1	1/1	2 +
Gutiérrez	16 in 27	60% (10)	0/1	56 % (9)	1/1	0/0	3
1. Vidal	43 in 87	45% (33)	4/2	81 % (27)	0/0	0/0	2
Carmona	2 in 3	0% (1)	0/0	100 % (1)	0/0	0/0	–
Sánchez	51 in 90	39% (41)	2/2	71 % (24)	1/3	0/1	2
Vargas	32 in 84	40% (20)	0/0	80 % (20)	2/1	1/0	1 –
Valdivia	5 in 6	50% (4)	0/0	100 % (1)	0/0	0/0	–

Nur fünf Helden in der Startelf

Nur 2 Weltmeister konnten den Titel verteidigen

Spaniens letztes Tor in Brasilien: Juan Mata (r.) tunnelt Mathew Ryan

Schon wenige Stunden nach dem 3:0 gegen Australien bestieg die spanische Auswahl das Flugzeug Richtung Heimat. Geschlagen, desillusioniert. Die „Furia Roja" verbreitete in Brasilien keinen Schrecken mehr. Zum insgesamt fünften Mal schied damit ein amtierender Weltmeister beim Folgeturnier bereits nach der Vorrunde aus.

Das Abschneiden des Titelverteidigers seit 1934

Nicht angetreten: Uruguay (1934).

Aus in der Vorrunde: Italien (1950), Brasilien (1966), Frankreich (2002), Italien (2010), Spanien (2014).

Aus im Achtelfinale: Italien (1986).

Aus im Viertelfinale: England (1970), Deutschland (1994), Brasilien (2006).

Aus in 2. Finalrunde: Brasilien (1974), Deutschland (1978), Argentinien (1982).

Aus im Halbfinale: Uruguay (1954), Deutschland (1958).

Finalteilnahme: Argentinien (1990), Brasilien (1998).

Titelverteidigung: Italien (1938), Brasilien (1962).

Gegen Australien probt Spanien schon den personellen Neubeginn. David Villa erzielt sein letztes Tor

Bei seiner Auswechslung in der 56. Minute fiel David Villa Trainer Vicente del Bosque mit Tränen in den Augen um den Hals, weinte auf der Ersatzbank hemmungslos. Später erklärte der spanische Rekordtorschütze (59 Tore in 97 Spielen), der vor der WM schon seinen Rücktritt angekündigt hatte und im letzten Länderspiel noch einmal ein Tor erzielte: „Am liebsten würde ich noch mit 55 Jahren für Spanien spielen, aber das ist leider nicht möglich. Das Team war und ist meine große Leidenschaft."

Auch Vicente del Bosque gab sich ungewöhnlich ernst, schüttelte jedem seiner Spieler die Hand und sagte nur: „Es wird weitergehen."

Düstere Abschiedsstimmung prägte den sportlich unbedeutenden letzten Auftritt des entthronten Weltmeisters gegen die ebenfalls vorzeitig ausgeschiedenen Australier. Die pas-

> »Wir sind hergekommen, um drei Weltklasse-Teams zu ärgern«

send zum traurigen Turnierverlauf in schwarzen Trikots angetretenen Spanier wollten sich mit einem Sieg verabschieden. „Das hier ist eine WM, und das ist genügend Motivation", sagte Verteidiger Raúl Albiol vor der Partie. Ein lockeres Auslaufen, womit der ramponierte Ruf gänzlich ruiniert wäre, werde es nicht geben. „Wir repräsentieren unser Land, unser Trikot. Es geht um unseren Stolz."

Für die „Mission Wiedergutmachung" hatte del Bosque seine Elf auf sieben Positionen umgestellt. Von den gefallenen Helden der großen spanischen Ära durften neben Villa nur noch Fernando Torres, Xabi Alonso, Sergio Ramos und Andrés Iniesta von Beginn an auflaufen. Der große Regisseur Xavi saß mit muskulären Problemen ebenso traurig auf der Bank wie der „heilige" Iker Casillas, für den Ersatztorwart Pepe Reina spielte.

Der angepeilte würdige Abschied gelang einigermaßen. Spanien agierte souverän, aber viel zu selten blitzte die hochgepriesene Fußball-Kunst auf. Wenn, dann wurde es allerdings sofort gefährlich. Etwa beim 1:0, als Iniesta mit einem herrlichen Steilpass den aufgerückten Verteidiger Juanfran bediente, dessen flache Hereingabe Villa in der Mitte frech per Hackentrick verwertete (36.). Auch am zweiten Treffer war Jubilar Iniesta, der in seinem 100. Länderspiel ansonsten kaum in Erscheinung trat, maßgeblich beteiligt. Sein feiner Pass durch die Schnittstelle der australischen Abwehr setzte Torres in Szene, der sich die Chance nicht entgehen ließ (69.). Juan Mata legte noch das dritte Tor nach (82.).

Australiens Trainer Ange Postecoglou war anders als nach den engagierten Partien gegen Chile und Holland unzufrieden: „Wir sind hergekommen, um drei Weltklasse-Teams zu ärgern. Das ist uns auch gelungen. Schade nur, dass wir das Turnier heute so beendet haben." ⬢

AUSTRALIEN – SPANIEN

 0:3 (0:1)

AUSTRALIEN-DATEN

Torhüter	Min.	Schüsse gehalten (von)	Flanken/ Ecken abgefangen	Glanz- taten	Schwere Fehler	Lange Pässe angekommen (von)	Note
Ryan	90	40 % (5)	0	0	0	43 % (7)	4

Spieler	Ball- kontakte in Min.	Zweik. gew. (von)	Fouls/ gefoult worden	Pässe angek. (von)	Schüsse/ Schuss- vorlagen	Tore/ Torvor- lagen	Note
McGowan	41 in 90	43 % (23)	2/0	60 % (20)	0/0	0/0	4 –
1. Spiranovic	46 in 90	20 % (5)	1/0	100 % (40)	1/1	0/0	4
Wilkinson	60 in 90	56 % (9)	2/0	89 % (46)	0/0	0/0	4
Davidson	68 in 90	61 % (18)	1/0	80 % (40)	0/0	0/0	5
2. Jedinak	64 in 90	39 % (18)	2/2	83 % (52)	0/0	0/0	4 –
McKay	63 in 90	50 % (20)	1/1	80 % (51)	1/0	0/0	4
Bozanic	45 in 71	44 % (16)	1/1	74 % (35)	0/1	0/0	4
Bresciano	18 in 19	40 % (5)	0/0	93 % (15)	0/0	0/0	4
Leckie	26 in 90	17 % (23)	1/0	94 % (16)	1/0	0/0	4 –
Oar	22 in 60	25 % (16)	0/1	43 % (7)	0/0	0/0	4 –
Troisi	16 in 30	45 % (11)	0/1	63 % (8)	1/0	0/0	4
Taggart	9 in 45	0 % (7)	0/0	50 % (6)	0/0	0/0	6
Halloran	23 in 45	29 % (17)	1/2	67 % (12)	0/0	0/0	4

23. JUNI, 18.00 UHR, CURITIBA

Schiedsrichter: Nawaf Shukralla (Bahrain).
Assistenten: Yaser Tulefat, Ebrahim Saleh (beide Bahrain).
Tore: 0:1 Villa (36.), 0:2 Torres (69.), 0:3 Mata (82.).
Einwechslungen: Halloran für Taggart (46.), Troisi für Oar (61.), Bresciano für Bozanic (72.) – Mata für Villa (56.), Fàbregas für Cazorla (68.), Silva für Alonso (83.).
Zuschauer: 39 375.
Wetter: 18 Grad, sonnig, 73 % Luftfeuchte.

SPANIEN-DATEN

Torhüter	Min.	Schüsse gehalten (von)	Flanken/ Ecken abgefangen	Glanz- taten	Schwere Fehler	Lange Pässe angekommen (von)	Note
Reina	90	0 % (0)	0	0	0	50 % (4)	3

Spieler	Ball- kontakte in Min.	Zweik. gew. (von)	Fouls/ gefoult worden	Pässe angek. (von)	Schüsse/ Schuss- vorlagen	Tore/ Torvor- lagen	Note
Juanfran	71 in 90	65 % (20)	1/1	77 % (43)	0/1	0/1	2 –
Albiol	51 in 90	100 % (8)	0/0	89 % (35)	0/0	0/0	3
1. Ramos	64 in 90	65 % (17)	2/0	84 % (45)	1/0	0/0	3
Alba	88 in 90	86 % (28)	0/1	91 % (64)	1/0	0/0	3
Alonso	65 in 82	47 % (15)	2/0	96 % (55)	0/0	0/0	3 –
Silva	6 in 8	100 % (3)	0/2	75 % (4)	1/1	0/0	–
Koke	79 in 90	70 % (23)	0/2	82 % (60)	1/1	0/0	3
Cazorla	57 in 67	47 % (17)	0/2	91 % (45)	1/0	0/0	3 –
Fàbregas	34 in 23	50 % (6)	1/0	87 % (31)	0/2	0/1	3
Iniesta	98 in 90	33 % (18)	0/0	87 % (87)	0/2	0/1	3
Villa	35 in 55	53 % (15)	1/2	67 % (24)	2/2	1/0	2 –
Mata	35 in 35	33 % (6)	1/0	93 % (28)	2/1	1/0	2 –
Torres	29 in 90	64 % (11)	0/2	71 % (14)	2/0	1/0	3

Kunststück zum Abschied: David Villa erzielt per Hackentrick das 1:0 gegen Australien. Torwart Mathew Ryan ist so überrascht, dass er viel zu spät reagiert (kleines Foto). Es ist Villas 59. und letztes Tor für Spaniens Nationalmannschaft.

Maues Spiel ohne Superstars

Trotz Achtelfinale: Cruyff hetzt gegen Erzfeind van Gaal

Daumen hoch: Louis van Gaal genießt den dritten Vorrunden-Sieg

Robin van Persie fehlt Holland unübersehbar, Arturo Vidal den Chilenen. Dann beweist Louis van Gaal Geschick

Blitzstarter: Zwei Minuten nach seiner Einwechslung köpft Leroy Fer die 1:0-Führung. Stefan de

Hollands Bondscoach Louis van Gaal gab nach dem 2:0 gegen Chile in gewohnter Manier den unantastbaren Trainer-General. Vorwürfe, wonach seine Mannschaft zu defensiv agiert hatte, wies er pikiert zurück. „Definieren Sie bitte Angriffsfußball", provozierte van Gaal in der Pressekonferenz nach der Partie die anwesenden Journalisten mit Gegenfragen. „Ich glaube, dass ich eine erfolgreiche Strategie gefunden haben, sonst hättet ihr mir doch den Kopf abgerissen." In die Debatte um Taktik bei der WM mischte sich auch van Gaals Erzfeind, Hollands Fußball-Denkmal Johan Cruyff, ein. „Die Qualifikation für das Achtelfinale ist ein enormer Erfolg, aber der Fußball ist dürftig", stellte Cruyff in seiner WM-Kolumne in der Tageszeitung „De Telegraaf" seinem Intimfeind van Gaal kein gutes Zwischenzeugnis aus – trotz Platz eins in der Gruppe und drei Siegen. Der Vize-Weltmeister von 1974 forderte sogar die Rückkehr zum traditionell kultivierten 4-3-3-System der Holländer. Die Diskussionen darüber seien „lächerlich", hetzte Cruyff, nur mit drei Spitzen könne die „Elftal" auch fußballerisch überzeugen.

Der Kapitän saß im weißen Polohemd auf der Ehrentribüne. Robin van Persie war nach seiner Gelbsperre im Spiel gegen Australien zum Zuschauen verdammt. Durch seine Abstinenz machte „RvP" die Partie gegen Chile ungewollt zu einem besonderen Spiel in der holländischen Verbandsgeschichte: Erstmals seit 18 Jahren und 221 Länderspielen fand sich weder in der Startelf noch auf der Reservebank ein Spieler mit dem Namenszusatz „van".

Der Mannschaft fehlten gleichwohl auch die Inspiration und Treffsicherheit ihres Torjägers. Die Holländer gefielen lediglich durch konsequentes Positionsspiel, ließen allerdings die Chilenen immer wieder weit in ihre Hälfte vorstoßen. Das gefürchtete Tempospiel lief so fast ausnahmslos über Arjen Robben, zumal sich van Persies Vertreter Jeremain Lens in Chiles Deckung immer wieder festlief.

»Oranje spielte nicht schön, lieferte nur ein Ergebnis«

Auch die Südamerikaner waren im Angriff berechenbar: Trainer Jorge Sampaoli ließ seinen mit Gelb vorbelasteten Star Arturo Vidal mit Blick auf das bereits gesicherte Achtelfinale auf der Bank, vermied jegliches Risiko. Ohne Vidals Unterstützung über die rechte Seite sorgte Alexis Sánchez nur selten für Torgefahr. Erst in der 65. Minute tunnelte Sánchez nahe der Grundlinie den zurückgeeilten Angreifer Lens und scheiterte aus kurzer Distanz an Hollands Torhüter Jasper Cillessen.

Trotz dieses Warnschusses hielten die Holländer an ihrer defensiven Ausrichtung fest. Mit ihrer fast aufreizend zurückhaltenden Spielweise brachten sie das Publikum in São Paulo gegen sich auf – und Trainer Louis van Gaal in Rage. Er schimpfte, gestikulierte – und tätigte schließlich die spielentscheidenden Wechsel. Van Gaal brachte Memphis Depay für den schwachen Lens (69.) und Leroy Fer (75.) für den farblosen Spielmacher Wesley Sneijder.

Zwei Minuten nach seiner Einwechslung erlöste Fer die Oranje-Fans mit dem 1:0. Nach einer Linksflanke von Daryl Janmaat köpfte er aus fünf Metern mustergültig ein.

Arjen Robben leitete in der Nachspielzeit die Entscheidung ein, als sich wieder einmal kraftvoll und blitzschnell auf der linken Seite durchsetzte. Seinen Querpass verwertete Depay aus vier Metern zum 2:0. „Beide Tore waren Weltklasse", jubelte van Gaal. Seine beiden Joker genossen das Bad in der Menge bei den holländischen Fans: Leroy Fer war zuvor von Louis van Gaal zweimal auf der Bank belassen worden, Depay hatte nur einen Kurzeinsatz gegen Australien, aber den 3:2-Siegtreffer erzielt.

„Oranje spielte nicht schön, sondern lieferte nur ein Ergebnis", bilanzierte die Zeitung „De Volkskrant".

Vrij, erst festgehalten von Jean Beausejour, eilt begeistert dem Torschützen hinterher

HOLLAND – CHILE

 2:0 (0:0)

HOLLAND-DATEN

Torhüter	Min.	Schüsse gehalten (von)	Flanken/ Ecken abgefangen	Glanz- taten	Schwere Fehler	Lange Pässe angekommen (von)	Note
Cillessen	90	100% (1)	0	0	0	33% (6)	3

Spieler	Ball- kontakte in Min.	Zweik. gew. (von)	Fouls/ gefoult worden	Pässe angek. (von)	Schüsse/ Schuss- vorlagen	Tore/ Torvor- lagen	Note
Janmaat	31 in 90	71% (14)	0/0	63% (16)	0/2	0/1	3 +
Vlaar	24 in 90	50% (8)	0/0	57% (14)	0/0	0/0	3
de Vrij	25 in 90	58% (12)	0/0	80% (15)	1/0	0/0	3
1. Blind	33 in 90	48% (21)	7/1	76% (17)	0/0	0/0	3 –
de Jong	34 in 90	53% (17)	4/2	83% (24)	0/0	0/0	3 +
Wijnaldum	18 in 90	50% (16)	0/0	54% (13)	1/0	0/0	3
Kuyt	47 in 88	70% (10)	2/0	63% (30)	0/2	0/0	3 +
Kongolo	3 in 2	100% (1)	0/0	0% (0)	0/0	0/0	–
Sneijder	25 in 74	40% (5)	1/1	63% (19)	2/2	0/0	4
Fer	5 in 16	67% (3)	0/0	100% (2)	1/0	1/0	2
Robben	40 in 90	59% (27)	1/5	78% (18)	3/5	0/1	2 +
Lens	18 in 68	35% (26)	6/3	71% (7)	2/1	0/0	5
Depay	9 in 22	100% (3)	0/1	60% (5)	2/0	1/0	2

23. JUNI, 18.00 UHR, SÃO PAULO

Schiedsrichter: Bakary Gassama (Gambia).
Assistenten: Evanist Menkouande (Kamerun), Felicien Kabanda (Ruanda).
Tore: 1:0 Fer (77.), 2:0 Depay (90.+2).
Einwechslungen: Depay für Lens (69.), Fer für Sneijder (75.), Kongolo für Kuyt (89.) – Beausejour für Gutiérrez (46.), Valdivia für Silva (70.), Pinilla für Vargas (81.).
Zuschauer: 62 996 (ausverkauft).
Wetter: 20 Grad, bewölkt, 53 % Luftfeuchte.

Aufstellung:
CILLESSEN
JANMAAT – VLAAR – DE VRIJ – BLIND
DE JONG – WIJNALDUM – KUYT
SNEIJDER
ROBBEN – LENS
VARGAS – SÁNCHEZ
GUTIÉRREZ
DÍAZ – ARÁNGUIZ
MENA – ISLA
JARA – SILVA – MEDEL
BRAVO

CHILE-DATEN

Torhüter	Min.	Schüsse gehalten (von)	Flanken/ Ecken abgefangen	Glanz- taten	Schwere Fehler	Lange Pässe angekommen (von)	Note
Bravo	90	60 % (5)	0	0	0	33 % (3)	3

Spieler	Ball- kontakte in Min.	Zweik. gew. (von)	Fouls/ gefoult worden	Pässe angek. (von)	Schüsse/ Schuss- vorlagen	Tore/ Torvor- lagen	Note
Medel	112 in 90	50% (16)	1/2	95% (102)	2/0	0/0	2 –
1. Silva	67 in 69	43% (14)	3/4	76% (59)	0/0	0/0	4 +
Valdivia	16 in 21	67% (3)	0/1	79% (14)	0/0	0/0	4
Jara	62 in 90	50% (16)	4/0	86% (49)	0/1	0/0	3 –
Isla	58 in 90	33% (9)	1/1	74% (34)	1/0	0/0	4 +
Mena	39 in 90	75% (8)	0/1	81% (21)	0/1	0/0	3 –
Aránguiz	43 in 90	45% (11)	0/2	78% (36)	0/1	0/0	4 +
Díaz	54 in 90	31% (13)	2/0	90% (42)	1/2	0/0	4 +
Gutiérrez	22 in 45	30% (10)	0/0	94% (16)	2/0	0/0	4
Beausejour	15 in 45	25% (8)	0/0	56% (9)	0/0	0/0	4
Sánchez	64 in 90	53% (36)	2/9	62% (34)	2/3	0/0	3
Vargas	15 in 80	36% (11)	0/1	80% (5)	2/0	0/0	4
Pinilla	5 in 10	100% (2)	0/0	100% (3)	0/1	0/0	–

GRUPPE C

KOLUMBIEN	
GRIECHENLAND	
ELFENBEINKÜSTE	
JAPAN	

Samstag, 14. Juni, Belo Horizonte
Kolumbien – Griechenland 3:0 (1:0)

Sonntag, 15. Juni, Recife
Elfenbeinküste – Japan 2:1 (0:1)

Donnerstag, 19. Juni, Brasília
Kolumbien – Elfenbeinküste 2:1 (0:0)

Donnerstag, 19. Juni, Natal
Japan – Griechenland 0:0

Dienstag, 24. Juni, Cuiabá
Japan – Kolumbien 1:4 (1:1)

Dienstag, 24. Juni, Fortaleza
Griechenland – Elfenbeinküste 2:1 (1:0)

	Kolumbien	Griechenland	Elfenbeinküste	Japan
Kolumbien		3:0	2:1	4:1
Griechenland	0:3		2:1	0:0
Elfenbeinküste	1:2	1:2		2:1
Japan	1:4	0:0	1:2	

Mannschaft	G	U	V	Tore	Pkte
1. Kolumbien	3	0	0	9:2	9
2. Griechenland	1	1	1	2:4	4
3. Elfenbeinküste	1	0	2	4:5	3
4. Japan	0	1	2	2:6	1

Boubacar Barry ahnt die richtige Ecke, doch gegen den platzierten Elfmeter von Giorgos Samaras hat der gute Torhüter der Elfenbeinküste keine Abwehrmöglichkeit. Für Barry bricht wenig später eine Welt zusammen. Bis zum Strafstoß in der Nachspielzeit (90. + 3) fühlt er sich schon im Achtelfinale, dann schießt Samaras seine Griechen mit dem 2:1 erstmals in der Geschichte des Landes in die K.o.-Runde einer WM

JAMES RODRÍGUEZ

Kolumbien liebt Anti-Valderrama

Jung, unbekümmert, ohne Star-Allüren. Der Spielmacher ist die neue Kontrastfigur zum Fußball-Exzentriker

ANALYSE GRUPPE C
Auch ohne Falcao ein Spitzenteam

Als Radamel Falcao kurz vor der Weltmeisterschaft tränenreich eingestehen musste, er werde nach seinem Kreuzbandriss nicht mehr rechtzeitig fit, trauerten viele in Kolumbien. Die Hoffnungen auf ein gutes Turnier ohne ihren Weltklasse-Torjäger sanken rapide. Aus einem Geheimfavoriten schien plötzlich ein Mitläufer geworden zu sein. Doch schon im ersten Spiel gegen Griechenland (3:0) kam die unverhoffte Wende zum Guten. Zwei andere spielten sich in der Vordergrund: die offensiven Mittelfeldspieler James Rodríguez und Juan Cuadrado. Mit ihrer Fußballkunst veredelten sie die Leistung einer von Tor bis Sturm kompakten Elf. Kolumbien spazierte leichtfüßig durch die Vorrunde. Die Torverhinderer aus Griechenland kassierten gegen die Südamerikaner drei ihrer vier Gegentreffer, kaum einer gab ihnen eine Chance auf das Weiterkommen, erst recht nicht nach dem trostlosen Remis gegen schwache Japaner. Doch im entscheidenden Gruppenspiel gegen die Elfenbeinküste bewiesen die Griechen, dass sie durchaus effektiv angreifen können. Sie verdienten sich das Achtelfinale – auch wenn das erst durch einen Foulelfmeter in letzter Sekunde perfekt gemacht wurde.

Gegen Griechenland im Stadion: der verletzte Torjäger Radamel Falcao

Dieser Tanz gehörte ihm. Nach seinem Führungstreffer gegen die Elfenbeinküste zeigte James Rodríguez auch beim Torjubel Kreativität. Mit seinen Mitspielern und den Reservisten legte er vor der brodelnden kolumbianischen Fankurve in Brasília eine schwungvolle Tanzeinlage hin. Das Echo der rund 50 000 Landsleute im Stadion war gewaltig: Immer wieder skandierten sie seinen Namen.

Am Ende der Partie wurde Rodríguez – wie schon nach dem 3:0-Auftaktsieg gegen Griechenland – zum zweiten Mal zum „Man of the Match" gekürt. Nach seiner Leistungsexplosion gegen die Elfenbeinküste (2:1) verfiel der Mann, der seinen Vornamen James auf dem Rücken trägt, rasch wieder in die ihm nachgesagte Bescheidenheit.

Schüchtern, beinahe mit der Aura eines Klosterschülers, unterhielt er sich im kolumbianischen Quartier bei São Paulo mit Reportern. „Das Einzige, was ich will, ist, der Mannschaft beim Gewinnen zu helfen", spielte Rodríguez seinen Anteil an Kolumbiens erstem Achtelfinal-Einzug seit 1990 herunter. Aber wenn Siege „mit meinen Toren gelingen, ist das umso besser".

Mit drei Treffern und zwei Torvorlagen in der Gruppenphase sorgte der offensive Mittelfeldspieler für einen regelrechten Hype um seine Person. Mehr noch: James Rodríguez steht für einen Imagewandel bei den Kolumbianern. Die Südamerikaner waren bei ihren bisherigen Endrundenauftritten fast ausschließlich auf ihren exzentrischen Spielmacher und dreimaligen WM-Teilnehmer Carlos Valderrama reduziert worden. Der Mann mit dem wilden Haarwuchs galt als genialer Fußballer. Aber auch als launisch und lauffaul.

Bei der WM 1990 zog sich Valderrama im Gruppenspiel gegen Deutschland (1:1) den Zorn der Zuschauer zu, als er sich nach einer angeblichen Verletzung mit der Trage vom Platz bringen ließ und wenig später putzmunter ins Spiel zurückkam. Und: Valderrama saß unter anderem wegen Widerstands gegen die Staatsgewalt in Haft.

Für Rodríguez ist Valderrama trotz dieser Eskapaden das große fußballerische Vorbild: „Er war mein Held, und ich bin stolz, seine Rückennummer 10 zu tragen." Valderrama indes schwärmt von seinem

»Er hat alles, was es für eine Welt-Karriere braucht«

Nachfolger: „James ist der Spieler, der Kolumbien über viele Jahre gefehlt hat. Er ist talentiert, spielt konstant und bringt große Leidenschaft mit. Er kann einer der besten Spieler der Welt werden."

Das Geheimnis ist seine Vielseitigkeit: Er ist Torjäger und Ideengeber, hilft in der Defensive aus und versteht es, sich komplett in den Dienst der Mannschaft zu stellen. Kolumbiens Trainer José Pekerman weiß sein spielerisches Potenzial optimal einzusetzen.

„Es ist großartig, einen Spieler wie James im Team zu haben. Es ist unsere Pflicht, ihm zu helfen und die Bälle und die Räume zu geben, die er braucht." Pekerman ließ seinen neuen Star in der Vorrunde als hängende Spitze und Rechtsaußen agieren, gab ihm alle Freiheiten.

Das Spiel der „Cafeteros" erlangte dadurch einen Schuss Unberechenbarkeit. Bis zum Start ins WM-Jahr 2014 war es sehr stark auf Torjäger und Werbe-Ikone Radamel Falcao angelegt. Doch der populäre Torjäger zog sich einen Kreuzbandriss zu. „El Tigre" schaffte es nicht mehr, in WM-Form zu kommen.

Mit dem verletzten Falcao auf der Tribüne freute sich ganz Kolumbien über den ersten WM-Treffer von Rodríguez. „James!! Spektakulär!!!", twitterte die im kolumbianischen Barranquilla geborene Pop-Diva Shakira nach seiner Gala gegen Griechenland. Die Sängerin gilt als großer Fan des auch als „Schwiegermutterliebling" apostrophierten Rodríguez, der in Kolumbien „El Pibe Nuevo" (Das neue Kind) genannt wird.

Rodríguez (23) ist aber bereits in festen Händen, Ehefrau Daniela ist die Schwester von Nationaltorwart David Ospina. Töchterchen Salomé kam 2013 zur Welt.

Nach der fabulösen Vorrunde sah Trainer Pekerman seinen Schützling erst am Anfang seiner Weiterentwicklung. „Er ist bei diesem Turnier als Spieler und Mensch gereift", sagt der Argentinier, „er hat alles, was es für eine Welt-Karriere braucht."

Da blitzen die weißen Zähne: James Rodríguez nimmt vor der Fankurve der Kolumbianer die Ovationen entgegen. Im Hintergrund: Juan Cuadrado, mit vier Scorerpunkten in der Vorrunde kongenialer Mitspieler

STAR DER GRUPPE C

SCORER-LISTE GRUPPE C

	Tore	Torvorlagen	Scorer-Punkte
James Rodríguez (KOL)	3	2	5
Juan Cuadrado (KOL)	1	3	4
Gervinho (CIV)	2	1	3
Giorgos Samaras (GRI)	1	1	2
Adrián Ramos (KOL)	–	2	2
Teófilo Gutiérrez (KOL)	1	1	2
Serge Aurier (CIV)	–	2	2
Keisuke Honda (JAP)	1	1	2
Jackson Martínez (KOL)	2	–	2
Wilfried Bony (CIV)	2	–	2
Shinji Okazaki (JAP)	1	–	1
Pablo Armero (KOL)	1	–	1
Arthur Boka (CIV)	–	1	1
Juan Quintero (KOL)	1	–	1
Andreas Samaris (GRI)	1	–	1
Yuto Nagatomo (JAP)	–	1	1
Abel Aguilar (KOL)	–	1	1

Zwei Tore, eine Torvorlage: Das Aus der Ivorer konnte Gervinho aber nicht verhindern

Zeit für ein Tänzchen finden die Kolumbianer nach jedem Tor – und immer mit anderer Choreografie, ausgesucht vom Torschützen. Hier gibt Spielmacher James Rodríguez (Nr. 10) nach seinem Kopfball zum 1:0 gegen die Elfenbeinküste den Takt an. Locker schwingen (v. l.) Teófilo Gutiérrez, Abel Aguilar, Ersatztorwart Faryd Mondragón, Carlos Sánchez (Nr. 6), Pablo Armero, Juan Zúñiga, Juan Cuadrado, die Ersatzspieler Adrián Ramos und Aldo Ramírez sowie Juan Quintero das Bein. Quintero, der Mann mit der Nummer 20, darf später auch noch die Choreografie bestimmen. Er schießt das 2:0 – danach wiegen seine Mitspieler ein fiktives Baby

DAS FOTO DER GRUPPE C

Erster WM-Sieg nach 16 Jahren

Griechenland: Dritte WM, drittes Gegentor in ersten Minuten

Pablo Armero (l.) trifft zum 1:0 für Kolumbien. Rechts: Dimitrios Salpingidis

Auch bei ihrer dritten Teilnahme an einer WM-Endrunde waren die griechischen Fußballer zum Turnierstart nicht richtig wach – und produzierten so einen unrühmlichen Hattrick. Wie bereits 1994 und 2010 kassierten sie ein sehr frühes Gegentor, rannten verzweifelt und vergeblich diesem Rückstand hinterher und verloren schließlich ihr Auftaktspiel.

Die drei Akte der griechischen Tragödie

21. Juni 1994 in Boston (USA): Knapp zwei Minuten hält Griechenland das torlose Remis, dann erzielt Gabriel Batistuta das 1:0 für Argentinien. Griechenland unterliegt 0:4.

12. Juni 2010 in Port Elizabeth (Südafrika): Diesmal hält sich Griechenland fast sieben Minuten schadlos, gerät dann gegen Südkorea in Rückstand. Torschütze: Jung-Soo Lee. Endstand: 0:2.

14. Juni 2014 in Belo Horizonte (Brasilien): Pablo Armero trifft in der fünften Minute zum 1:0 für Kolumbien.

Angetrieben vom überragenden Spielmacher James Rodríguez löst sich bei Kolumbien früh die Anspannung

Die größten Ovationen erntete erst mal ein Zuschauer: Kolumbiens Stürmerstar Radamel Falcao. Als der nach einem Kreuzbandriss nicht rechtzeitig in Wettkampfform gekommene Angreifer auf der Video-Leinwand eingeblendet wurde, brauste der Jubel der mehr als 50 000 mitgereisten kolumbianischen Fans auf. Kurz danach feierten Tribünengast Falcao und die Anhänger der „Cafeteros" schon gemeinsam.

Bereits nach fünf Minuten erzielte Pablo Armero das 1:0. Der aufgerückte Außenverteidiger traf nach Zuspiel von Juan Cuadrado mit einem vom griechischen Verteidiger Konstantinos Manolas leicht abgefälschten, aber harmlosen Schuss aus zwölf Metern.

Vor der Partie hatten das Fehlen von Falcao und die Defensiv-Taktik der Griechen, die im wenig variablen 4-4-2-System aufliefen, die Südamerikaner noch in Sorge versetzt, nun löste sich alle Anspannung in einem vom Torschützen initiierten Jubeltanz vor der Reservebank.

Die frühe Führung gab Kolumbien beim WM-Comeback nach 16 Jahren Selbstvertrauen. Die Mannschaft des argentinischen Trainers José Pékerman setzte Griechenlands Defensivkünstler weiter unter Druck, verpasste aber eine frühe Vorentscheidung. So kamen die Griechen noch vor der Pause zu zwei guten Chancen. Vasilios Torosidis köpfte in der 28. Minute knapp daneben, eine Minute vor dem Halbzeitpfiff lenkte Kolumbiens Torwart David Ospina einen Schuss von Panagiotis Kone reaktionsschnell zur Ecke.

Kolumbiens Defensive wurde immer dann vor Probleme gestellt, wenn Griechenland den höheren Ballbesitzanteil nutzte und über Kone oder Joannis Maniatis den schnellen Weg ins Mittelfeld suchte. „Mit diesen Nadelstichen ist Kolumbien überhaupt nicht zurechtgekommen", analysierte der ehemalige holländische Nationalspieler Clarence Seedorf, Stadiongast in Belo Horizonte.

Die Vorentscheidung fiel nach einer Standardsituation: Nach einer Ecke des überragenden Spielmachers James Rodríguez verlängerte Abel Aguilar auf Teófilo Gutiérrez, der aus kurzer Distanz zum 2:0 vollendete (58.). Noch einmal hätte das Spiel eine Wendung nehmen können, doch Theofanis Gekas köpfte eine Rechtsflanke von Torosidis unbedrängt aus fünf Metern an die Querlatte (63.). In der Nachspielzeit erzielte Rodríguez noch das 3:0.

Der überzeugende Auftritt versetzte Fans und Medien in Euphorie. „Kolumbien erklimmt gleich im ersten Spiel den Olymp", titelte die Zeitung „El Heraldo". Pékerman sah es weitaus nüchterner: „Entscheidend war, dass jeder seinen Job gemacht hat."

> »Entscheidend war, dass jeder seinen Job gemacht hat«

Turmbau: Juan Cuadrado (o.) ist Juan Zúñiga auf den Rücken gesprungen, der wiederum wird von James Rodríguez getragen. Gemeinsam feiern sie das 3:0 von Rodríguez

KOLUMBIEN – GRIECHENLAND

 3:0 (1:0)

KOLUMBIEN-DATEN

Torhüter	Min.	Schüsse gehalten (von)	Flanken/ Ecken abgefangen	Glanz- taten	Schwere Fehler	Lange Pässe angekommen (von)	Note
Ospina	90	100 % (4)	0	0	0	50 % (2)	2

Spieler	Ball- kontakte in Min.	Zweik. gew. (von)	Fouls/ gefoult worden	Pässe angek. (von)	Schüsse/ Schuss- vorlagen	Tore/ Torvor- lagen	Note
Zúñiga	69 in 90	60 % (15)	2/3	94 % (47)	0/0	0/0	3
Zapata	33 in 90	100 % (4)	0/0	81 % (27)	0/0	0/0	3
Yepes	31 in 90	75 % (8)	1/1	90 % (20)	0/0	0/0	3 –
Armero	35 in 73	57 % (7)	1/1	72 % (18)	0/0	1/0	2
Arias	17 in 17	50 % (4)	0/0	91 % (11)	0/0	0/0	4
Aguilar	28 in 67	40 % (10)	2/0	95 % (22)	0/3	0/1	2
Mejía	14 in 23	40 % (5)	0/0	100 % (12)	0/0	0/0	3 –
1. Sánchez	37 in 90	56 % (16)	2/0	82 % (28)	0/1	0/0	3 +
Cuadrado	50 in 90	36 % (22)	2/1	91 % (34)	2/2	0/2	2
Rodríguez	76 in 90	50 % (20)	1/4	89 % (44)	6/1	1/0	2 +
Ibarbo	39 in 90	38 % (21)	4/3	81 % (26)	0/2	0/0	3
Gutiérrez	37 in 75	19 % (16)	1/0	79 % (24)	1/1	1/0	2 –
Martínez	12 in 15	50 % (8)	1/1	57 % (7)	0/1	0/0	–

14. JUNI, 18.00 UHR, BELO HORIZONTE

Schiedsrichter: Mark W. Geiger (USA).
Assistenten: Mark Sean Hurd (USA), Joe Fletcher (Kanada).
Tore: 1:0 Armero (5.), 2:0 Gutiérrez (58.), 3:0 Rodríguez (90.+3).
Einwechslungen: Mejía für Aguilar (69.), Arias für Armero (74.), Martínez für Gutiérrez (76.) – Fetfatzidis für Salpingidis (57.), Mitroglou für Gekas (64.), Karagounis für Kone (78.).
Zuschauer: 57 174.
Wetter: 24 Grad, bewölkt, 51 % Luftfeuchte.

GRIECHENLAND-DATEN

Torhüter	Min.	Schüsse gehalten (von)	Flanken/ Ecken abgefangen	Glanz- taten	Schwere Fehler	Lange Pässe angekommen (von)	Note
Karnezis	90	50 % (6)	0	0	0	50 % (2)	3

Spieler	Ball- kontakte in Min.	Zweik. gew. (von)	Fouls/ gefoult worden	Pässe angek. (von)	Schüsse/ Schuss- vorlagen	Tore/ Torvor- lagen	Note
Torosidis	68 in 90	50 % (18)	1/2	76 % (37)	2/4	0/0	3
Manolas	45 in 90	80 % (10)	0/1	85 % (33)	0/0	0/0	4
1. Sokratis	49 in 90	77 % (13)	2/2	88 % (32)	0/0	0/0	4
Holebas	56 in 90	63 % (16)	0/0	88 % (32)	1/1	0/0	5
Katsouranis	73 in 90	75 % (12)	0/1	91 % (55)	0/1	0/0	3
Maniatis	62 in 90	65 % (17)	2/3	89 % (47)	2/0	0/0	4 +
Kone	46 in 77	27 % (11)	1/0	78 % (36)	3/1	0/0	4
Karagounis	13 in 13	43 % (7)	2/2	100 % (9)	0/1	0/0	–
1. Salpingidis	15 in 56	10 % (10)	2/1	67 % (9)	1/1	0/0	5
Fetfatzidis	21 in 34	50 % (4)	1/0	92 % (12)	0/0	0/0	4 –
Samaras	47 in 90	56 % (27)	2/5	77 % (26)	2/3	0/0	4
Gekas	19 in 63	13 % (8)	0/0	50 % (12)	1/1	0/0	5
Mitroglou	13 in 27	33 % (3)	1/0	75 % (12)	1/0	0/0	4

Zwei exzellente Minuten reichen

Drogba weckt seine Mitspieler auf – und hadert trotzdem

Ungewohnte Rolle als Reservist: Drogba (M.) kam in der 62. Minute ins Spiel

Didier Drogba wusste lange nach Spielschluss noch nicht, ob er sich nun freuen sollte – oder hadern ob seiner Reservistenrolle. Jedenfalls fühlte der bullige Mittelstürmer jede Menge Genugtuung, auch wenn er seinen 29-Minuten-Einsatz nur so umschrieb: „Vielleicht konnte ich unsere Blockade lösen. Natürlich war ich enttäuscht. Wer sitzt schon gern bei einem WM-Spiel draußen. Aber individuelle Enttäuschung spielt keine Rolle, es geht um die Mannschaft."

Wegen einer hartnäckigen Oberschenkelverletzung hatte Trainer Sabri Lamouchi den 36-Jährigen zunächst nicht berücksichtigt, aber mit dessen Einwechslung in der 62. Minute „zwei, drei Spieler aufgeweckt". Die Achse mit Abwehrchef Didier Zokora und Mittelfeldchef Yaya Touré gewann mehr Rückhalt, die Präsenz von Drogba verlieh den Angriffsaktionen der Ivorer mehr Durchschlagskraft.

Schon in der ersten Halbzeit hatten Zuschauer wiederholt seinen Namen skandiert, darunter auch viele Brasilianer. Sehr zur Freude von Drogba: „Es war unglaublich, die Liebe der Fans zu spüren. Ich habe mich gefühlt wie bei einem Heimspiel in der Elfenbeinküste."

In der 64. und 66. Minute drehen die Ivorer mit zwei Kopfballtoren das Spiel. Japans Trainer patzt

Lange 62 Minuten saß der angeschlagene Leitbulle der Elefanten, wie die ivorische Elf von ihren Fans genannt wird, auf der Ersatzbank. Didier Drogba musste mit ansehen, wie sich seine Kollegen im Regen von Recife quälten. Die Elfenbeinküste lag nach einem strammen Linksschuss von Keisuke Honda (16.) gegen Japan 0:1 zurück, dann endlich gab Trainer Sabri Lamouchi dem Topstar das Zeichen zur Einwechslung.

Die Wende in der Partie, auch wenn Drogba an den Toren nicht direkt beteiligt war. Nur zwei Minuten später köpfte Wilfried Bony nach einer Flanke von Serge Aurier das 1:1. In der 66. Minute folgte in einer Kopie der Szene der 2:1-Siegtreffer durch einen Kopfball von Gervinho.

„Wir haben schlecht begonnen, und Japan hat einen unserer Fehler ausgenutzt. Aber

»Wir konnten Rhythmus und Druck nicht aufrechterhalten«

wir sind zurückgekommen und haben verdient gewonnen", analysierte Lamouchi und kam dann auf den entscheidenden Spieler zu sprechen: „Man braucht so jemanden wie Drogba, um ein Spiel zu drehen."

Die mit vier Deutschland-Profis in der Startelf angetretenen Japaner präsentierten sich sehr kampfstark: Atsuto Uchida (Schalke), Makoto Hasebe (Nürnberg), Shinji Okazaki (Mainz) und Yuya Osako (1860 München) trugen dazu bei, dass das Team des italienischen Trainers Alberto Zaccheroni mit konsequent geführten Zweikämpfen zunächst Vorteile errang. Das herrliche Tor von Honda war eine logische Folge der überlegenen Spielführung. Selbst Reservisten der Ivorer klatschten Beifall.

Nach nur 54 Minuten beorderte Zaccheroni jedoch überraschend seinen Kapitän Hasebe vom Feld. Ein taktischer Fehler, denn mit Hasebes Abgang wurde der bis dahin feste Abwehrwall der Japaner brüchig.

Enttäuschend agierte zudem Shinji Kagawa. Der frühere Dortmunder Spielgestalter konnte seinen Anspruch, bei der WM viel bessere Leistungen als bei Manchester United zu zeigen, nicht erfüllen.

Bei den offensiv immer stärker auftretenden Ivorern, die auch körperlich nun deutlich überlegen waren, kamen in der zweiten Halbzeit nach Arthur Boka vom VfB Stuttgart zwei weitere Bundesliga-Spieler zum Einsatz: der Hannoveraner Ya Konan und der Frankfurter Constant Djakpa, der Boka ablöste. Zu dem Zeitpunkt hatten die Fans der Ivorer, größtenteils fantasievoll verkleidet, schon ihre Feierlichkeiten begonnen und tanzten auf den Rängen. Der Sieg geriet nie mehr ernsthaft in Gefahr, was Zaccheroni später bemängelte: „Wir konnten unseren Rhythmus und den Druck nicht aufrechterhalten. Wir haben nicht so gespielt, wie wir es können." ●

Der Ball beult das Netz aus – 2:1 für die Elfenbeinküste. Besten Blick auf die entscheidende Szene hat Wilfried Bony, Schütze zum 1:1-Ausgleich zwei Minuten zuvor

ELFENBEINKÜSTE – JAPAN

 2:1 (0:1)

ELFENBEINKÜSTE-DATEN

Torhüter	Min.	Schüsse gehalten (von)	Flanken/ Ecken abgefangen	Glanz- taten	Schwere Fehler	Lange Pässe angekommen (von)	Note
Barry	90	50 % (2)	0	0	0	17 % (6)	3

	Spieler	Ball- kontakte in Min.	Zweik. gew. (von)	Fouls/ gefoult worden	Pässe angek. (von)	Schüsse/ Schuss- vorlagen	Tore/ Torvor- lagen	Note
	Aurier	65 in 90	50 % (22)	2/0	90 % (30)	1/4	0/2	2
1.	Zokora	62 in 90	64 % (11)	0/0	92 % (50)	0/0	0/0	3
1.	Bamba	67 in 90	71 % (7)	0/0	90 % (59)	0/0	0/0	3
	Boka	45 in 74	88 % (8)	0/0	79 % (29)	3/2	0/0	2 –
	Djakpa	10 in 16	33 % (3)	0/0	100 % (8)	0/0	0/0	4
	Tioté	74 in 90	62 % (21)	2/1	93 % (60)	0/0	0/0	3 –
	Die	48 in 61	46 % (13)	0/2	100 % (39)	0/2	0/0	3 +
	Drogba	25 in 29	53 % (19)	2/3	70 % (10)	2/0	0/0	3
	Touré	55 in 90	47 % (17)	0/2	88 % (40)	2/3	0/0	3 –
	Kalou	47 in 90	31 % (32)	3/0	85 % (26)	3/3	0/0	4
	Gervinho	40 in 90	38 % (16)	1/2	95 % (20)	5/3	1/0	2 –
	Bony	33 in 77	29 % (14)	0/0	93 % (14)	4/2	1/0	2 –
	Ya Konan	11 in 13	60 % (5)	0/1	100 % (3)	0/0	0/0	–

15. JUNI, 3.00 UHR, RECIFE

Schiedsrichter: Enrique Osses (Chile).
Assistenten: Carlos Astroza, Sergio Roman (beide Chile).
Tore: 0:1 Honda (16.), 1:1 Bony (64.), 2:1 Gervinho (66.).
Einwechslungen: Drogba für Die (62.), Djakpa für Boka (75.), Ya Konan für Bony (78.) – Endo für Hasebe (54.), Okubo für Osako (67.), Kakitani für Kagawa (86.).
Zuschauer: 40 267.
Wetter: 26 Grad, Regen, 77 % Luftfeuchte.

JAPAN-DATEN

Torhüter	Min.	Schüsse gehalten (von)	Flanken/ Ecken abgefangen	Glanz- taten	Schwere Fehler	Lange Pässe angekommen (von)	Note
Kawashima	90	60 % (5)	0	0	0	60 % (5)	4

	Spieler	Ball- kontakte in Min.	Zweik. gew. (von)	Fouls/ gefoult worden	Pässe angek. (von)	Schüsse/ Schuss- vorlagen	Tore/ Torvor- lagen	Note
	Uchida	43 in 90	80 % (20)	0/3	83 % (23)	1/1	0/0	3 +
1.	Yoshida	35 in 90	75 % (16)	1/1	75 % (24)	0/0	0/0	3
1.	Morishige	34 in 90	57 % (14)	2/1	96 % (24)	0/0	0/0	4 –
	Nagatomo	32 in 90	33 % (21)	2/0	75 % (12)	1/1	0/1	4
	Yamaguchi	47 in 90	55 % (11)	0/0	76 % (41)	1/0	0/0	4
	Hasebe	32 in 53	80 % (10)	0/1	89 % (18)	1/0	0/0	3 +
	Endo	27 in 37	11 % (9)	3/0	83 % (23)	0/0	0/0	4
	Okazaki	26 in 90	40 % (20)	2/1	57 % (14)	0/0	0/0	4 –
	Honda	64 in 90	50 % (22)	0/1	74 % (42)	3/3	1/0	3 +
	Kagawa	53 in 85	36 % (22)	1/1	85 % (41)	0/1	0/0	4
	Kakitani	1 in 5	0 % (0)	0/0	0 % (0)	0/0	0/0	–
	Osako	20 in 66	56 % (18)	0/1	89 % (9)	0/0	0/0	4
	Okubo	4 in 24	40 % (5)	0/0	100 % (3)	0/0	0/0	4

Drogba kommt, sieht und verliert

Der eingewechselte Weltstar soll die Elfenbeinküste zum Sieg schießen – und verschuldet das 0:1

20 Jahre nach Andrés Escobar: wieder ein Toter

Die Kolumbianer feiern in Bogotá frenetisch das 2:1 gegen die Elfenbeinküste

In ganz Kolumbien feierten die Menschen den ersten WM-Achtelfinaleinzug ihrer Nationalelf seit 24 Jahren. Zu einem tragischen Unfall kam es in der Millionenstadt Cali: Ein 14-jähriges Mädchen wurde von einer Pistolenkugel am Kopf getroffen und starb. Mehrere Motorradfahrer hatten wahllos in die Luft geschossen, ein Querschläger traf das Mädchen. Der Unfall fiel zusammen mit einem traurigen Jahrestag: Fast auf den Tag genau vor 20 Jahren, am 2. Juli 1994, wurde der kolumbianische Nationalspieler Andrés Escobar (links) auf einem Parkplatz in Medellín erschossen. Die genauen Umstände sind bis heute unklar. Bei der WM in den USA hatte Escobar im Vorrundenspiel gegen den Gastgeber durch ein Eigentor das 0:1 verschuldet. Kolumbien, damals als Geheimfavorit gehandelt, verlor 1:2 und verpasste den Einzug ins Achtelfinale. Zehn Tage später wurde Escobar erschossen, der Schütze rief laut Zeugenaussagen bei der Tat laut „Goooool!" (Tooooor!). Wütende Drogenbosse sollen den Mord an Escobar in Auftrag gegeben haben, weil sie bei Wetten viel Geld verloren hatten – so lautet eine Theorie. Bewiesen ist sie jedoch nicht. Möglicherweise war auch ein enttäuschter Fan der Mörder.

Dieses Mal war in der 60. Minute der große Augenblick gekommen: Didier Drogba wurde vom ivorischen Trainer Sabri Lamouchi beim Stand von 0:0 eingewechselt. Wieder sollte es wie schon gegen Japan das Signal sein, das Spiel noch zugunsten der Elfenbeinküste zu drehen.

Nach mäßiger erster Halbzeit spielten die Afrikaner nun gegen Kolumbien auf Sieg. Und der Weltstar, inzwischen 36 Jahre alt, sollte es in der verbleibenden halben Stunde richten. Voller Tatendrang und zu Gott betend lief Drogba auf den Platz.

Doch was gegen Japan noch so wunderbar funktioniert hatte, klappte nicht. Vier Minuten nach Drogbas Einwechslung geriet die Elfenbeinküste in Rückstand. Nach einer Ecke von Juan Cuadrado köpfte James Rodríguez den Ball zum verdienten 1:0 für

»Zu meiner Situation und Rolle will ich nichts sagen«

Kolumbien ins Netz (64.). Das entscheidende Kopfballduell gewann der 1,80 Meter große Spielmacher gegen den 1,89-Meter-Hünen Drogba, einen ausgewiesenen Könner des Kopfballspiels.

In der 70. Minute kam es noch schlimmer: Verteidiger Serey Die vertändelte im Mittelfeld den Ball. Teófilo Gutiérrez passte auf den eingewechselten Juan Quintero, der lief noch ein paar Schritte und schob den Ball an Torwart Boubacar Barry vorbei zum 2:0 ein. Die kolumbianischen Spieler tanzten auf dem Rasen wie nach jedem ihrer Tore, ihre Fans auf der Tribüne.

Ins Stocken gerieten die Feierlichkeiten in der 73. Minute. Gervinho dribbelte auf der linken Angriffsseite an drei kolumbianischen Gegnern vorbei und schloss sein Solo mit dem Anschlusstreffer ab.

Aus einem lahmen Spiel wurde durch drei Tore in neun Minuten plötzlich eine packende Partie. In der Schlussphase kam die Elfenbeinküste noch zu zwei Chancen: Mathis Bolly köpfte knapp übers Tor (84.), Salomon Kalou scheiterte mit einem Schuss von der Strafraumgrenze (85.). Nur ein Tor fiel nicht mehr.

Aufseiten der Elfenbeinküste flossen wieder Tränen. Serey Die, der schon vor lauter Ergriffenheit beim Abspielen der Hymne hemmungslos geheult hatte, saß fassungslos auf der Auswechselbank und weinte. Weil er mit seinem Fehler das zweite Gegentor eingeleitet hatte. Fassungslos war auch Didier Drogba. Schon nach dem 0:2 hatte er wutentbrannt eine Wasserflasche zu Boden geworfen, nach dem Spiel verschwand er wortkarg in der Kabine. Einziger Kommentar: „Zu meiner Situation und Rolle will ich nichts sagen."

Exklusiv hatte der ivorische Trainer Lamouchi nach dem Spiel seine Einschätzung: „Die glücklichere Mannschaft hat am Ende gewonnen", sagte er doch glatt. Nein, die bessere. ●

Entscheidender Fehler: Didier Drogba (Nr. 11) verliert das Kopfballduell gegen den wesentlich kleineren James Rodríguez und leistet Vorschub für das 0:1. Hinten sind Serge Aurier (Nr. 17) und Teófilo Gutiérrez interessierte Zuschauer, vorn begeht Didier Zokora (Nr. 5) einen Stellungsfehler

60

KOLUMBIEN – ELFENBEINKÜSTE

 2:1 (0:0)

KOLUMBIEN-DATEN

Torhüter	Min.	Schüsse gehalten (von)	Flanken/Ecken abgefangen	Glanztaten	Schwere Fehler	Lange Pässe angekommen (von)	Note
Ospina	90	67 % (3)	0	0	0	33 % (3)	3

Spieler	Ballkontakte in Min.	Zweik. gew. (von)	Fouls/gefoult worden	Pässe angek. (von)	Schüsse/Schussvorlagen	Tore/Torvorlagen	Note
Zúñiga	41 in 90	50 % (8)	0/2	84 % (25)	0/0	0/0	4 +
Zapata	43 in 90	78 % (9)	1/1	85 % (26)	0/0	0/0	3 +
Yepes	41 in 90	63 % (16)	0/1	9 % (22)	1/0	0/0	2
Armero	39 in 71	67 % (9)	1/1	62 % (21)	0/0	0/0	3 –
Arias	11 in 19	63 % (8)	1/0	100 % (5)	0/1	0/0	5
Aguilar	34 in 78	36 % (11)	2/0	88 % (25)	0/0	0/0	4 +
Mejía	2 in 12	50 % (4)	0/0	0 % (0)	0/0	0/0	–
Sánchez	42 in 90	58 % (12)	0/1	81 % (26)	1/0	0/0	3
Cuadrado	43 in 90	71 % (24)	1/5	89 % (18)	2/4	0/1	2 +
Rodríguez	62 in 90	42 % (24)	3/0	73 % (40)	2/2	1/0	2 +
Ibarbo	16 in 52	20 % (15)	0/1	83 % (6)	0/0	0/0	4
Quintero	18 in 38	100 % (1)	0/0	92 % (12)	2/2	1/0	2
Gutiérrez	30 in 90	29 % (24)	1/1	71 % (17)	3/2	0/1	3 –

19. JUNI, 18.00 UHR, BRASÍLIA

Schiedsrichter: Howard Webb (England).
Assistenten: Michael Mullarkey, Darren Cann (beide England).
Tore: 1:0 Rodríguez (64.), 2:0 Quintero (70.), 2:1 Gervinho (73.).
Einwechslungen: Quintero für Ibarbo (53.), Arias für Armero (72.), Mejía für Aguilar (79.) – Drogba für Bony (60.), Kalou für Gradel (67.), Bolly für Die (73.).
Zuschauer: 68 748.
Wetter: 26 Grad, bewölkt, 48 % Luftfeuchte.

Aufstellung:
OSPINA
ZÚÑIGA – ZAPATA – YEPES – ARMERO
AGUILAR – SÁNCHEZ
CUADRADO – RODRÍGUEZ – IBARBO
GUTIÉRREZ

BONY
GRADEL – TOURÉ – GERVINHO
DIE – TIOTÉ
BOKA – BAMBA – ZOKORA – AURIER
BARRY

ELFENBEINKÜSTE-DATEN

Torhüter	Min.	Schüsse gehalten (von)	Flanken/Ecken abgefangen	Glanztaten	Schwere Fehler	Lange Pässe angekommen (von)	Note
Barry	90	67 % (6)	0	1	0	33 % (3)	3

Spieler	Ballkontakte in Min.	Zweik. gew. (von)	Fouls/gefoult worden	Pässe angek. (von)	Schüsse/Schussvorlagen	Tore/Torvorlagen	Note
Aurier	53 in 90	78 % (18)	0/2	83 % (23)	2/1	0/0	3 +
Zokora	54 in 90	44 % (9)	1/0	95 % (42)	0/0	0/0	4 +
Bamba	46 in 90	58 % (12)	0/1	89 % (36)	0/1	0/0	3 –
Boka	48 in 90	22 % (9)	1/0	76 % (25)	0/1	0/1	4
Tioté	70 in 90	65 % (20)	3/2	91 % (53)	2/0	0/0	3 –
Die	52 in 72	35 % (17)	3/0	93 % (41)	1/1	0/0	5
Bolly	7 in 18	50 % (6)	0/0	100 % (4)	1/0	0/0	3 –
Gervinho	38 in 90	50 % (12)	0/1	84 % (25)	1/2	1/0	2 –
Touré	67 in 90	67 % (15)	1/1	78 % (50)	3/2	0/0	4 +
Gradel	26 in 66	43 % (14)	2/2	63 % (8)	1/2	0/0	4
Kalou	10 in 24	40 % (5)	0/0	100 % (8)	1/0	0/0	4
Bony	12 in 59	36 % (14)	1/1	86 % (7)	0/1	0/0	4
Drogba	12 in 31	27 % (15)	1/1	33 % (3)	1/1	0/0	4 –

Japaner mutlos – ihr Trainer zürnt

Internationale Leichtgewichte: Atsuto Uchida fliegt in hohem Bogen über den stämmigen Griechen Giorgos Samaras, Yoshito Okubo duckt sich ängstlich weg

Die WM in Japan: Spielbeginn morgens um 7 Uhr

Frühstücks-Fernsehen in Tokio: Die Fans fiebern in blauen Nationaltrikots mit

6 Uhr morgens war es in Tokio, als sich in den Bars und Restaurants im angesagten Stadtteil Shibuya die Gäste ablösten. Die Nachtschwärmer gingen, die Frühaufsteher kamen, um die Liveübertragung aus Natal ab 7 Uhr zu sehen. Auf der anderen Seite des Globus war es gerade erst 19 Uhr, Japan schon einen halben Tag weiter. „Die WM schlaucht, die Tage sind unheimlich anstrengend", klagte Ryo Yamagishi, ein Angestellter, der sofort nach dem Abpfiff um kurz vor 9 Uhr ins Büro hastete. „Aber heute geht es ja noch, das Spiel gegen Kolumbien wird schon um 5 Uhr morgens angestoßen." Das 0:0 gegen Griechenland bedrückte alle Gäste. „Sie treffen nur das Außennetz. Japan braucht einen Suárez oder Müller", meinte Grafikdesignerin Kazu Maeda. „Unsere Spieler schaffen es noch nicht mal gegen zehn. Und ich muss mit Energydrinks über den Tag kommen, um nicht einzuschlafen." Übrigens: Die Polizei hat die Shibuya-Kreuzung abgesperrt, damit im Gewühl von Hunderten blau gekleideter Fans und ankommenden Pendler nichts passiert.

Selbst gegen zehn Gegner kommen sie 52 Minuten lang kaum zu Chancen. Griechen agieren noch kümmerlicher

Alberto Zaccheroni nahm kein Blatt vor den Mund. Er rechnete schonungslos mit seinen Spielern ab und präsentierte ihnen die Mängelliste: „Sie sind nicht kreativ genug, um Lösungen zu finden. Es fehlt der Mut, so zu spielen, wie wir uns als weltweit erste Mannschaft für Brasilien qualifiziert haben."

Das 0:0 seiner Japaner gegen Griechenland hatte den massiven Frust von „Zac" ausgelöst. Enttäuscht waren auch 39 485 Zuschauer, die die Arena in Natal verließen. Das trostlose Spiel zwischen dem Asienmeister und dem Europameister von 2004 war eines der schwächsten der WM-Gruppenphase. Keine der beiden Mannschaften gab eine ernsthafte Bewerbung für das Achtelfinale ab.

Griechenlands Trainer, der Portugiese Fernando Santos, haderte wie Zaccheroni mit

»Ohne den Platzverweis hätten wir gewinnen können«

der Vorstellung seiner Elf, die Kapitän Konstantinos Katsouranis in der 38. Minute durch Gelb/Rot noch dezimierte. Innerhalb von elf Minuten hatte er im Mittelfeld Yuya Osako und Makoto Hasebe gefoult.

„Katsouranis hat für drei Fouls zweimal eine Karte gesehen. Das ist ärgerlich. Ohne den Platzverweis hätten wir gewinnen können. Japan war in der zweiten Halbzeit dominierend, aber wir haben uns gewehrt", erklärte Santos selbstbewusst.

Da Schiedsrichter Joel Aguilar kleinlich pfiff, reagierte Japans Trainer zur Halbzeit und nahm seinen mit Gelber Karte vorbelasteten Kapitän Hasebe aus der Mannschaft. Yasuhito Endo kam, aber mit Endo gewann Japan nichts an Effektivität im entscheidenden Spieldrittel. Dabei hatte Zaccheroni seine Schützlinge im 4-2-3-1-System mit durchaus offensiven Absichten auf den Rasen geschickt.

Die Griechen agierten mit ihren neun verbliebenen Feldspielern vor dem eigenen Strafraum, organisierten einen Abwehrriegel der Marke Otto Rehhagel. So fanden die körperlich unterlegenen Japaner trotz einer Ballbesitzquote von 68 Prozent selten ein Durchkommen.

Und auch die Topquote bei den angekommenen Pässen (570:144) nutzte nichts. Zu oft suchten sie Spielmacher Keisuke Honda und machten ihr Spiel berechenbar. Auch der eingewechselte Shinji Kagawa konnte die Darbietung nicht beleben.

Die Durchschlagskraft ging gegen Null, die teilweise gefälligen Kombinationen blieben erfolglose Kunst. Die größte Chance vergab Yoshito Okubo in der 68. Minute, als er völlig frei am langen Eck den Ball in den Nachthimmel von Natal drosch.

Die Griechen spielten bei Temperaturen um 30 Grad noch kümmerlicher, blieben aber immerhin 52 Minuten in Unterzahl ohne Gegentreffer. ●

JAPAN – GRIECHENLAND

 0:0

JAPAN-DATEN

Torhüter	Min.	Schüsse gehalten (von)	Flanken/ Ecken abgefangen	Glanz- taten	Schwere Fehler	Lange Pässe angekommen (von)	Note
Kawashima	90	100 % (4)	0	1	0	0 % (1)	2

Spieler	Ball- kontakte in Min.	Zweik. gew. (von)	Fouls/ gefoult worden	Pässe angek. (von)	Schüsse/ Schuss- vorlagen	Tore/ Torvor- lagen	Note
Uchida	67 in 90	56 % (16)	1/1	93 % (44)	1/1	0/0	3 +
Yoshida	57 in 90	61 % (18)	3/0	82 % (45)	1/0	0/0	3 –
Konno	68 in 90	43 % (7)	3/0	91 % (65)	0/1	0/0	3
Nagatomo	70 in 90	46 % (13)	1/1	88 % (42)	1/3	0/0	4
1. Hasebe	41 in 45	11 % (9)	2/1	94 % (36)	0/0	0/0	4
Endo	60 in 45	44 % (9)	0/0	92 % (50)	2/1	0/0	4
Yamaguchi	82 in 90	50 % (12)	1/0	94 % (72)	1/1	0/0	3
Okubo	42 in 90	45 % (20)	4/5	100 % (25)	4/5	0/0	3
Honda	83 in 90	52 % (21)	3/5	87 % (55)	3/1	0/0	2 –
Okazaki	29 in 90	46 % (13)	1/2	90 % (20)	1/1	0/0	4
Osako	12 in 56	25 % (16)	3/2	80 % (5)	2/0	0/0	4
Kagawa	26 in 34	83 % (6)	1/1	90 % (21)	0/0	0/0	3 –

19. JUNI, 24 UHR, NATAL

Schiedsrichter: Joel Aguilar (El Salvador).
Assistenten: William Torres, Juan Zumba (beide El Salvador).
Einwechslungen: Endo für Hasebe (46.), Kagawa für Osako (57.) – Gekas für Mitroglou (35.), Karagounis für Fetfatzidis (41.), Salpingidis für Kone (81.).
Zuschauer: 39 485.
Wetter: 30 Grad, bewölkt, 65 % Luftfeuchte.

GRIECHENLAND-DATEN

Torhüter	Min.	Schüsse gehalten (von)	Flanken/ Ecken abgefangen	Glanz- taten	Schwere Fehler	Lange Pässe angekommen (von)	Note
Karnezis	90	100 % (4)	0	0	0	50 % (4)	3

Spieler	Ball- kontakte in Min.	Zweik. gew. (von)	Fouls/ gefoult worden	Pässe angek. (von)	Schüsse/ Schuss- vorlagen	Tore/ Torvor- lagen	Note
1. Torosidis	34 in 90	69 % (13)	2/1	73 % (15)	2/0	0/0	2 –
Manolas	22 in 90	67 % (12)	0/2	75 % (4)	0/0	0/0	3
Sokratis	29 in 90	58 % (12)	2/2	56 % (9)	0/0	0/0	3
Holebas	35 in 90	45 % (20)	4/1	60 % (15)	1/0	0/0	3
1. Katsouranis	14 in 37	0 % (4)	3/0	75 % (8)	0/0	0/0	4 –
Maniatis	25 in 90	67 % (15)	1/1	71 % (17)	0/1	0/0	4
Kone	26 in 80	56 % (16)	2/4	80 % (10)	2/1	0/0	3 +
Salpingidis	4 in 10	67 % (3)	0/1	33 % (3)	0/0	0/0	–
Fetfatzidis	13 in 40	38 % (8)	1/1	100 % (6)	0/0	0/0	4 –
Karagounis	26 in 50	67 % (12)	0/3	100 % (5)	0/4	0/0	2 –
1. Samaras	30 in 90	48 % (33)	3/7	100 % (9)	0/0	0/0	4
Mitroglou	4 in 34	25 % (4)	0/0	50 % (2)	0/0	0/0	4
Gekas	12 in 56	29 % (7)	0/0	86 % (7)	1/1	0/0	3 –

Martínez drängt in die Startelf

Nutzt seine Chance in der Startformation: Jackson Martínez (l.) erzielt die Tore zum 2:1 und 3:1 und läuft in die offenen Arme von Pablo Armero

43 Jahre und drei Tage: Mondragón ältester WM-Spieler

Löste Roger Milla als Altersrekordler ab: Kolumbiens Torwart Faryd Mondragón

Als Ersatztorwart Faryd Mondragón in der 85. Minute für David Ospina eingewechselt wurde, schrieb er WM-Geschichte. Mit seinem Sechs-Minuten-Einsatz schenkte ihm Trainer José Pekerman eine Bestleistung: Mondragón hält nun den Altersrekord für Spieler. In den Top 5 sind außer Stürmer Roger Milla alle Torhüter.

Die WM-Oldies

1. Faryd Mondragón (Kolumbien):
43 Jahre, 3 Tage
24. Juni 2014 gegen Japan (4:1)

2. Roger Milla (Kamerun)
42 Jahre, 1 Monat, 8 Tage
28. Juni 1994 gegen Russland (1:6)

3. Pat Jennings (Nordirland)
41 Jahre (spielte am Geburtstag)
12. Juni 1986 gegen Brasilien (0:3)

4. Peter Shilton (England)
40 Jahre, 9 Monate, 19 Tage
7. Juli 1990 gegen Italien (1:2)

5. Dino Zoff (Italien)
40 Jahre, 4 Monate, 13 Tage
11. Juli 1982 gegen Deutschland (3:1)

Ältester deutscher WM-Spieler

Fritz Walter
37 Jahre, 7 Monate, 24 Tage
24. Juni 1958 gegen Schweden (1:3)

Kolumbiens Trainer Pekerman ist begeistert von seiner Mannschaft. Die zaubert auch mit ihrer B-Elf

Die kolumbianische Zeitung „El Tiempo" schrieb nach dem 4:1 gegen Japan vom „Karneval in Brasilien" und traf damit genau die Stimmungslage der feiernden Fans in Cuiabá. Das Blatt „El País" sah die Nationalelf des Landes auf einem „historischen Weg". Deutlich reservierter blickte Kolumbiens Trainer José Pekerman auf den dritten Sieg im dritten Spiel zurück.

„Wir sind natürlich sehr zufrieden. Wir haben auch das schwierige Spiel in guter Manier gewonnen", sagt Pekerman und lobte erstmals die Reaktion seiner Spieler nach dem Ausfall von Topstürmer Radamel Falcao vor der WM: „Wie sie damit umgegangen sind, war sehr positiv. Mir beweist das, dass sie einen starken Charakter haben."

Gegen die B-Elf Kolumbiens mit acht neuen Spielern in der Startelf begannen die

> »Es ist unfassbar enttäuschend. Aber es ist Realität«

Japaner ordentlich, gerieten aber früh in Rückstand: Yasuyuki Konno brachte Adrián Ramos bei einer ungeschickten Attacke im eigenen Strafraum zu Fall, Juan Cuadrado verwandelte den fälligen Foulelfmeter sicher (17.). In der Nachspielzeit der ersten Hälfte war Shinji Okazaki endlich einmal so erfolgreich, wie er die gesamte Saison für Mainz bestritten hatte. Per Kopfball gelang ihm das 1:1 (45.+1).

Nach der Pause erhöhte Kolumbien den Druck. Der eingewechselte James Rodríguez hatte die erste große Chance zur erneuten Führung, auch der ebenfalls ins Spiel gekommene Carlos Carbonero verfehlte aus kurzer Distanz das von Eiji Kawashima gehütete Tor nur um Haaresbreite.

Trotzdem dauerte es nur bis zur 55. Minute, ehe Kolumbien erneut in Führung ging. Nach Zuspiel von Rodríguez traf Jackson Martínez zum 2:1 (55.). Eine längere Drangperiode der Japaner, die Trainer Alberto Zaccheroni mit geschickten Spielerwechseln initiiert hatte, blieb diesmal erfolglos. Wie gegen Griechenland mangelte es an offensiver Kreativität und Wucht. So entschied Jackson Martínez mit seinem zweiten Treffer, wieder nach Vorarbeit von Rodríguez, die Partie mit dem 3:1 (82.). Den Schlusspunkt setzte Rodríguez nach feiner Einzelleistung (90.).

Japans Trainer Zaccheroni war nach nur einem Punkt aus drei Auftritten am Boden zerstört. Er bot dem japanischen Fußball-Verband seinen Rücktritt an. „Wir haben versagt. Als Trainer fühle ich mich dafür verantwortlich. Das Team hätte sehr, sehr viel mehr erreichen können", sagte Zaccheroni. „Ich habe eine Mannschaft nach Brasilien gebracht, die dazu in der Lage war. Leider haben wir das nicht geschafft." Spielmacher Keisuke Honda, der vor dem Turnier sogar vom Titelgewinn gesprochen hatte, stammelte: „Es ist unfassbar enttäuschend. Aber es ist Realität." ●

64

JAPAN – KOLUMBIEN

 1:4 (1:1)

JAPAN-DATEN

Torhüter	Min.	Schüsse gehalten (von)	Flanken/ Ecken abgefangen	Glanz- taten	Schwere Fehler	Lange Pässe angekommen (von)	Note
Kawashima	90	0 % (4)	0	0	0	33 % (3)	4

Spieler	Ball- kontakte in Min.	Zweik. gew. (von)	Fouls/ gefoult worden	Pässe angek. (von)	Schüsse/ Schuss- vorlagen	Tore/ Torvor- lagen	Note
Uchida	40 in 90	50 % (4)	0/0	74 % (27)	1/2	0/0	4
Yoshida	65 in 90	76 % (29)	1/3	80 % (40)	1/1	0/0	3 –
1. Konno	64 in 90	53 % (15)	2/1	85 % (48)	1/0	0/0	5
Nagatomo	51 in 90	47 % (19)	3/0	92 % (24)	2/3	0/0	4 +
Aoyama	40 in 61	45 % (20)	2/0	74 % (31)	1/0	0/0	4
Yamaguchi	21 in 29	100 % (3)	0/0	75 % (16)	0/0	0/0	3 –
Hasebe	81 in 90	59 % (27)	0/3	79 % (67)	1/6	0/0	3 –
Okazaki	13 in 68	45 % (20)	1/4	60 % (5)	2/1	1/0	3
Kakitani	7 in 22	40 % (5)	0/0	50 % (2)	1/0	0/0	4
Honda	55 in 90	48 % (25)	0/4	81 % (31)	4/4	0/1	3
Kagawa	60 in 84	46 % (24)	0/2	87 % (39)	6/5	0/0	3 –
Kiyotake	3 in 6	0 % (0)	0/0	100 % (2)	0/0	0/0	–
Okubo	27 in 90	31 % (16)	0/1	76 % (17)	5/2	0/0	4

24. JUNI, 22.00 UHR, CUIABÁ

Schiedsrichter: Pedro Proença (Portugal).
Assistenten: Bertino Miranda, José Trigo (beide Portugal).
Tore: 0:1 Cuadrado (17.), 1:1 Okazaki (45.+1), 1:2 Martínez (55.), 1:3 Martínez (82.), 1:4 Rodríguez (90.).
Einwechslungen: Yamaguchi für Aoyama (62.), Kakitani für Okazaki (69.), Kiyotake für Kagawa (85.) – Carbonero für Cuadrado (46.), Rodríguez für Quintero (46.), Mondragón für Ospina (85.).
Zuschauer: 40 340.
Wetter: 31 Grad, sonnig, 30 % Luftfeuchte.

KOLUMBIEN-DATEN

Torhüter	Min.	Schüsse gehalten (von)	Flanken/ Ecken abgefangen	Glanz- taten	Schwere Fehler	Lange Pässe angekommen (von)	Note
Ospina	84	83 % (6)	0	0	0	33 % (6)	3
Mondragón	6	100 % (1)	0	0	0	0 % (0)	–

Spieler	Ball- kontakte in Min.	Zweik. gew. (von)	Fouls/ gefoult worden	Pässe angek. (von)	Schüsse/ Schuss- vorlagen	Tore/ Torvor- lagen	Note
Arias	45 in 90	89 % (9)	0/0	91 % (22)	2/1	0/0	3 –
Valdés	36 in 90	47 % (19)	2/0	79 % (14)	0/0	0/0	3 –
Balanta	31 in 90	63 % (16)	2/0	83 % (18)	0/0	0/0	3
Armero	40 in 90	56 % (18)	2/0	90 % (20)	0/0	0/0	3
Mejía	26 in 90	47 % (19)	3/0	83 % (18)	0/0	0/0	3
1. Guarín	35 in 90	43 % (23)	3/1	73 % (22)	0/0	0/0	3
Cuadrado	21 in 45	50 % (6)	1/0	67 % (15)	1/0	1/0	2 –
Carbonero	28 in 45	50 % (20)	2/3	83 % (18)	1/0	0/0	3
Quintero	17 in 45	33 % (6)	0/0	58 % (12)	1/0	0/0	4 +
Rodríguez	29 in 45	59 % (17)	1/2	87 % (15)	2/6	1/2	1
Ramos	37 in 90	40 % (35)	2/2	69 % (16)	2/5	0/2	2 –
Martínez	34 in 90	21 % (19)	0/1	95 % (20)	4/1	2/0	2 +

Größtes Helden-Epos seit Rehhagel

Vom Prügelknaben zur großen Überraschung

Das 1:0: Andreas Samaris (M.) überwindet Torwart Boubacar Barry

Mit einem gemeinsamen Sirtaki am Mittelkreis feierten Griechenlands Spieler ihren historischen 2:1-Erfolg gegen die Elfenbeinküste. Es war der vorläufige Höhepunkt einer stetigen Steigerung des Europameisters von 2004 bei Weltmeisterschaften. Bei der Premiere in den USA 1994 wurde die Mannschaft erst belächelt, dann deklassiert. Griechenland fuhr ohne Punkt und Tor und mit zehn Gegentoren nach der Vorrunde nach Hause. Auch 2010 in Südafrika scheiterten die letztmals vom deutschen Trainer Otto Rehhagel betreuten Griechen in der Gruppenphase, landeten am 17. Juni 2010 in Bloemfontein aber den ersten Sieg bei einer WM: das 2:1 gegen Nigeria. Torschütze Dimitrios Salpingidis stand auch 2014 im Kader. Mit dem überhaupt erst zweiten Sieg gelang nun der Sprung ins Achtelfinale. „Griechenland hat sein Ziel mit Leidenschaft und dank seiner Niemals-Aufgeben-Mentalität erreicht", jubelte die Zeitung „Ekathimerini".

Mit dem letzten Schuss im Spiel trifft Giorgos Samaras zum 2:1. Erinnerungen an die EM 2004 werden wach

Giorgos Samaras zeigte Herz. Unmittelbar nach dem Schlusspfiff und seinem historischen Treffer zum 2:1 gegen die Elfenbeinküste tröstete der Matchwinner den weinenden ivorischen Torhüter Boubacar Barry. Es war das traurige Schlussbild einer Weltmeisterschaft, die für die Elfenbeinküste unter keinem guten Stern stand.

Die Nachricht vom Krebstod von Ibrahim Touré, dem Bruder der beiden Nationalspieler Kolo und Yaya Touré, fünf Tage vor der Partie gegen Griechenland hatte die Spieler in Schockstarre versetzt. Die Aussicht auf die erste Achtelfinal-Teilnahme bei ihrer dritten WM-Endrunde in Folge geriet in den Hintergrund. „Wir haben die Chance, Geschichte zu schreiben, aber ich möchte meine Spieler damit nicht belasten", fiel es Trainer Sabri Lamouchi schwer, seine Mannschaft zu motivieren.

»Wir haben zu viele Fehler gemacht, waren nie im Spiel«

Die Anspannung und die Trauer um den im Alter von 28 Jahren verstorbenen Fußballprofi standen den Stars um Didier Drogba beim Einmarsch ins Stadion ins Gesicht geschrieben. Die Ivorer taten sich in einer fußballerisch enttäuschenden Partie denn auch schwer mit den griechischen Defensivkünstlern. Die operierten aus einer von Sokratis glänzend organisierten Abwehr heraus und zeigten, dass sie auch offensiv einiges zu bieten haben. Die Führung verdankten sie allerdings einem haarsträubenden Fehler von Cheik Tioté: Samaras jagte dem leichtfertigen Mittelfeldspieler den Ball ab und setzte Andreas Samaris mit einem schönen Pass in Szene, der bei seinem WM-Debüt aus elf Metern zum 1:0 (42.) einschoss.

„Wir hatten unser Schicksal selbst in der Hand, aber wir haben zu viele Fehler gemacht und waren nie im Spiel", ärgerte sich Gervinho über den unkonzentrierten Auftritt.

Der beste Spielzug seiner Elf führte Mitte der zweiten Halbzeit zum Ausgleich. Nach energischem Einsatz von Gervinho auf der linken Seite traf der eingewechselte Wilfried Bony aus zwölf Metern (74.).

Als sich Drogba in der 78. Minute unter tosendem Applaus verabschiedete, schien alles auf ein Happy End für die Elfenbeinküste hinzudeuten, die zu diesem Zeitpunkt für das Achtelfinale qualifiziert war. Aber in der Nachspielzeit nahm die Partie dramatische Züge an – und kippte: Samaras verwandelte einen von Giovanni Sio (90. + 3) an ihm selbst verschuldeten Foulelfmeter und schoss Griechenland mit der letzten Ballberührung des Spiels erstmals in ein WM-Achtelfinale. Der größte Moment der griechischen Fußball-Geschichte seit dem Titelgewinn bei der EM 2004 unter Otto Rehhagel.

Stürmer Dimitrios Salpingidis schwärmte: „Wir haben es allen Kritikern gezeigt." ◆

So eng liegen Leid und Glück beieinander: Arthur Boka schlägt die Hände über dem Kopf zusammen, Vasilios Torosidis (r.) herzt Giorgos Samaras, der den Elfmeter in der letzten Sekunde des Spiels herausgeholt hat. Ein paar Momente später verwandelt Samaras selbst vom Punkt, und Griechenland statt der Elfenbeinküste ist für das Achtelfinale qualifiziert

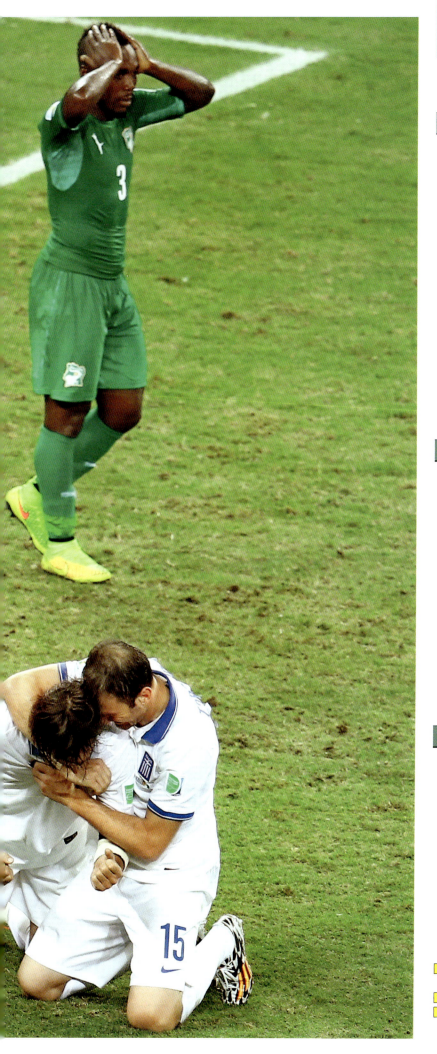

GRIECHENLAND – ELFENBEINKÜSTE

 2:1 (2:0)

GRIECHENLAND-DATEN

Torhüter	Min.	Schüsse gehalten (von)	Flanken/ Ecken abgefangen	Glanz- taten	Schwere Fehler	Lange Pässe angekommen (von)	Note
Karnezis	23	0 % (0)	0	0	0	0 % (0)	3
Glykos	67	75 % (4)	0	0	0	50 % (6)	3

Spieler	Ball- kontakte in Min.	Zweik. gew. (von)	Fouls/ gefoult worden	Pässe angek. (von)	Schüsse/ Schuss- vorlagen	Tore/ Torvor- lagen	Note
Torosidis	50 in 90	31 % (13)	3/1	72 % (29)	1/2	0/0	4 +
Manolas	27 in 90	50 % (14)	2/2	83 % (18)	0/0	0/0	3 +
Sokratis	31 in 90	47 % (15)	0/1	83 % (18)	0/0	0/0	2 –
Holebas	33 in 90	60 % (20)	3/2	72 % (18)	1/1	0/0	2
Karagounis	35 in 77	43 % (7)	1/0	89 % (18)	3/1	0/0	3 +
Gekas	1 in 13	0 % (1)	0/0	0 % (1)	0/0	0/0	–
Maniatis	41 in 90	60 % (15)	1/1	97 % (29)	0/0	0/0	3
Lazaros	36 in 90	65 % (17)	0/2	90 % (21)	4/2	0/0	2 –
Kone	3 in 11	100 % (1)	0/1	0 % (0)	0/0	0/0	–
Samaris	43 in 79	81 % (16)	0/3	93 % (29)	1/0	1/0	2 –
Samaras	38 in 90	52 % (21)	0/3	85 % (20)	1/3	1/1	2
Salpingidis	36 in 90	35 % (26)	1/3	81 % (21)	1/1	0/0	3

24. JUNI, 22.00 UHR, FORTALEZA

Schiedsrichter: Carlos Vera (Ecuador).
Assistenten: Christian Lescano, Byron Romero (beide Ecuador).
Tore: 1:0 Samaris (42.), 1:1 Bony (74.), 2:1 Samaras (90.+3).
Einwechslungen: Samaris für Kone (12.), Glykos für Karnezis (24.), Gekas für Karagounis (78.) – Bony für Tioté (61.), Diomandé für Drogba (78.), Sio für Gervinho (83.).
Zuschauer: 59 095.
Wetter: 29 Grad, sonnig, 58 % Luftfeuchte.

Aufstellung Griechenland: KARNEZIS – TOROSIDIS, MANOLAS, SOKRATIS, HOLEBAS – KARAGOUNIS – MANIATIS, CHRISTODOULOPOULOS – KONE, SALPINGIDIS, SAMARAS

Aufstellung Elfenbeinküste: BARRY – BOKA, BAMBA, K. TOURÉ, AURIER – DIE, TIOTÉ – GERVINHO, Y. TOURÉ, KALOU – DROGBA

ELFENBEINKÜSTE-DATEN

Torhüter	Min.	Schüsse gehalten (von)	Flanken/ Ecken abgefangen	Glanz- taten	Schwere Fehler	Lange Pässe angekommen (von)	Note
Barry	90	50 % (4)	0	0	0	0 % (0)	3

Spieler	Ball- kontakte in Min.	Zweik. gew. (von)	Fouls/ gefoult worden	Pässe angek. (von)	Schüsse/ Schuss- vorlagen	Tore/ Torvor- lagen	Note
Aurier	50 in 90	50 % (12)	2/2	94 % (31)	0/0	0/0	4
K. Touré	46 in 90	56 % (16)	1/2	78 % (32)	1/0	0/0	4
Bamba	41 in 90	50 % (8)	3/0	100 % (31)	1/0	0/0	4 –
Boka	50 in 90	63 % (16)	2/1	87 % (30)	2/1	0/0	4 +
Tioté	43 in 60	60 % (10)	0/0	85 % (34)	1/2	0/0	5
Bony	8 in 30	25 % (12)	2/0	0 % (1)	2/0	1/0	3
Die	62 in 90	45 % (22)	2/0	94 % (53)	0/0	0/0	4
Y. Touré	65 in 90	53 % (17)	0/1	95 % (42)	3/4	0/0	3
1. Kalou	33 in 90	50 % (18)	3/2	63 % (16)	2/2	0/0	4 +
Gervinho	32 in 82	33 % (15)	0/0	90 % (20)	1/2	0/1	3
1. Sio	6 in 8	25 % (4)	2/1	75 % (4)	0/0	0/0	–
1. Drogba	21 in 77	40 % (15)	3/1	69 % (16)	0/1	0/0	5 +
Diomandé	2 in 13	0 % (0)	0/0	50 % (2)	0/0	0/0	–

GRUPPE D

URUGUAY	
COSTA RICA	
ENGLAND	
ITALIEN	

Samstag, 14. Juni, Fortaleza
Uruguay – Costa Rica   1:3   (1:0)

Samstag, 14. Juni, Manaus
England – Italien   1:2   (1:1)

Donnerstag, 19. Juni, São Paulo
Uruguay – England   2:1   (1:0)

Freitag, 20. Juni, Recife
Italien – Costa Rica   0:1   (0:1)

Dienstag, 24. Juni, Natal
Italien – Uruguay   0:1   (0:0)

Dienstag, 24. Juni, Belo Horizonte
Costa Rica – England   0:0

	Uruguay	Costa Rica	England	Italien
Uruguay		1:3	2:1	1:0
Costa Rica	3:1		0:0	1:0
England	1:2	0:0		1:2
Italien	0:1	0:1	2:1	

Mannschaft	G	U	V	Tore	Pkte
1. Costa Rica	2	1	0	4:1	7
2. Uruguay	2	0	1	4:4	6
3. Italien	1	0	2	2:3	3
4. England	0	1	2	2:4	1

Gianluigi Buffon hat den Ball genau im Fokus. Doch das nützt dem italienischen Torhüter gar nichts. Unerreichbar prallt er von Diego Godíns linker Schulter, nicht etwa seinem Kopf, unerreichbar ins Tor. Das 1:0 für Uruguay in der 81. Minute und das zweite Vorrunden-Aus für Italien bei einer WM in Folge. Das Land verfällt in tiefe Trauer, Uruguay feiert seine Überflieger Godín, Martin Cáceres, Arévalo Ríos und Christian Stuani (v. l.). Die Südamerikaner stehen im Achtelfinale

LUIS SUÁREZ

Das böse Ich tief im Menschen

Der Stürmerstar aus Uruguay kann seine Emotionen nicht zügeln und beißt zu. Er ist Wiederholungstäter

ANALYSE GRUPPE D
Pomadige Gegner stärken Costa Rica

Kein Experte gab Costa Rica vor WM-Beginn eine Chance, die Wettanbieter versprachen die höchsten Quoten für einen Einzug ins Achtelfinale. Das schlichte Indiz für die Aussichtslosigkeit des Teams. Nach dem 0:1-Halbzeitrückstand im ersten Spiel gegen Uruguay schossen die Quoten sogar in astronomische Höhen. Doch dann begann der wundersame Aufstieg der größten Überraschung in dieser WM-Vorrunde: Costa Rica, angetrieben von seinen Stars Bryan Ruiz und Joel Campbell, drehte das Spiel und siegte 3:1. Auch wenn die Elf mit erfrischenden Spielzügen selbst die neutralen Fans begeisterte, sie profitierte von den Schwächen der pomadigen Uruguayer. Die Italiener zogen anders als das fortan kämpferisch auftretende Team aus Uruguay aus dieser Begegnung keine Lehren und unterlagen Costa Rica nach einem unengagierten Auftritt ebenso (0:1). Der Anfang vom Ende der als Mitfavorit gestarteten Mannschaft. Zum zweiten Mal in Folge überstand Italien nicht die WM-Vorrunde. Den Engländern schließlich fehlte nach zwei respektablen, aber knapp verlorenen Spielen gegen Italien und Uruguay (jeweils 1:2) im bedeutungslosen Spiel einfach die Klasse, um Costa Rica zu bezwingen.

Schaffte mit seinem Team eine Sensation: Costa Ricas Trainer Jorge Luis Pinto

Es lief die 79. Spielminute zwischen Uruguay und Italien. Die Südamerikaner brauchten unbedingt ein Tor, um den Sprung ins Achtelfinale zu schaffen. Da brannten bei Luis Suárez, der zuvor kaum in Erscheinung getreten war, die Sicherungen durch. Von hinten schlich er sich an den italienischen Verteidiger Giorgio Chiellini heran und biss zu. In die linke Schulter.

Chiellini war außer sich, zog das Trikot hinunter und zeigte Schiedsrichter Marco Rodríguez die Zahnabdrücke. Den Mexikaner interessierte das nicht. Er hatte die Attacke nicht gesehen, ließ das Spiel weiterlaufen. Suárez saß derweil auf dem Rasen und richtete sich den Oberkiefer. Er habe Schmerzen gehabt, behauptete er später, er sei unabsichtlich in Chiellini gerannt.

Die Fernsehkameras hatten die Beißattacke eingefangen und den Täter schnell entlarvt. Ein Sturm der Entrüstung tobte über Suárez – und weltweiter Spott: Hannibal Lecter, Dracula, Bulldogge, der weiße Hai des Weltfußballs – das waren nur einige Bezeichnungen für Uruguays Stürmerstar.

Suárez ist Wiederholungstäter. Ende 2010, in Diensten von Ajax Amsterdam, hatte er Otman Bakkal von PSV Eindhoven in die Schulter gebissen. Der holländische Verband sperrte ihn für sieben Pflichtspiele. Im April 2013, nun beim FC Liverpool, biss er Branislav Ivanovic vom FC Chelsea in den Unterarm – zehn Spiele Sperre. Damals entstand ein neuer Spitzname für den „Pistolero", wie er in Anspielung auf seine Torgefährlichkeit auch genannt wird: „Der Kannibale".

Nun der Biss gegen Chiellini. Urplötzlich wurde aus dem WM-Helden Suárez der Bösewicht. Seine beiden Tore beim 2:1-Sieg gegen England hatten reichlich Stoff geliefert für die Geschichte des wiederauferstandenen Ausnahmestürmers. Eines vermeintlich geläuterten Mannes, bis das böse Ich wieder hervortrat.

Vier Wochen zuvor war der Torschützenkönig der englischen Premier League 2013/14 am Meniskus operiert worden, im Rollstuhl hatte er das Krankenhaus verlassen und gegen England sein Comeback auf dem Rasen geschafft. In der 39. Minute traf er mit dem Kopf zur 1:0-Führung, fünf Minuten vor Spielende zum 2:1.

»Warum schickt man ihn nicht gleich nach Guantánamo?«

Zwei Minuten nach seinem Biss traf Diego Godín für Uruguay – der 1:0-Sieg. Doch Suárez konnte nicht richtig jubeln über den Einzug ins Achtelfinale. Die Fifa sprach eine Sperre von neun Pflicht-Länderspielen sowie eine viermonatige Klubspiel-Sperre aus. Zudem musste Suárez umgerechnet 82 000 Euro Strafe zahlen. Das Achtelfinale von Uruguay gegen Kolumbien (0:2) erlebte Suárez bei seiner Mutter vor dem Fernseher.

José Mujica, Staatspräsident von Uruguay, geißelte die Sperre als „ewige Schande für den Fußball". Selbst Beißopfer Chiellini fand sie zu hart: „In mir gibt es keine Gefühle wie Freude, Rache oder Wut. Ich glaube, dass diese Strafe übertrieben ist. Meine Gedanken gehen zu Luis und seiner Familie, denn ihnen steht eine sehr schwere Zeit bevor."

Und Fußball-Legende Diego Maradona fragte provokant: „Warum schickt man ihn nicht gleich nach Guantánamo? Wen hat er getötet? Das ist ein unglaubliches Mafia-Ding."

Fifa-Generalsekretär Jérôme Valcke riet Luis Suárez, sich psychologisch betreuen zu lassen: „Er muss einen Weg finden, dass er aufhört, solche Dinge zu tun. Er muss sich behandeln lassen."

Suárez, der Mann mit den zwei Gesichtern: hier der quirlige Stürmer mit dem phänomenalen Torriecher, dort der immer wieder auffällige Skandal-Profi. 2011 beleidigte er den dunkelhäutigen Patrice Evra von Manchester United rassistisch und wurde gesperrt. Ein Jahr später verweigerte er Evra den Handschlag. Suárez sei eine „Schande für Liverpool" eiferte sich Man-United-Teammanager Sir Alex Ferguson.

„Ihr könnt mir glauben, Luis hat sich weiterentwickelt, er ist ein anderer Mensch geworden", beteuerte Nationaltrainer Óscar Tabárez während der WM. Er täuschte sich.

167 Wettbegeisterte hatten dem Frieden sowieso nicht getraut. Sie setzten vor der Weltmeisterschaft auf eine erneute Beißattacke von Luis Suárez, die Quote betrug sagenhafte 1:175. Sie strichen einen tollen Gewinn ein.

STAR DER GRUPPE D

Kräftige Kauleiste: Luis Suárez hat Biss. Gegenspieler Giorgio Chiellini bekam es zu spüren

SCORER-LISTE GRUPPE D

	Tore	Torvorlagen	Scorer-Punkte
Luis Súarez (URU)	2	–	2
Wayne Rooney (ENG)	1	1	2
Edinson Cavani (URU)	1	1	2
Joel Campbell (CRC)	1	1	2
Bryan Ruiz (CRC)	1	–	1
Antonio Candreva (ITA)	–	1	1
Fernando Muslera (URU)	–	1	1
Diego Godín (URU)	1	–	1
Glen Johnson (ENG)	–	1	1
Christian Bolaños (CRC)	–	1	1
Diego Lugano (URU)	–	1	1
Claudio Marchisio (ITA)	1	–	1
Júnior Díaz (CRC)	–	1	1
Mario Balotelli (ITA)	1	–	1
Daniel Sturridge (ENG)	1	–	1
Cristian Gamboa (CRC)	–	1	1
Marco Ureña (CRC)	1	–	1
Gaston Ramírez (URU)	–	1	1
Marco Verratti (ITA)	–	1	1
Óscar Duarte (CRC)	1	–	1

Ein Tor und eine Vorlage in der Vorrunde: Uruguays Edinson Cavani

DAS FOTO DER GRUPPE D

Freier vor dem Tor kann ein Fußballer kaum mehr auftauchen, auf alle Fälle nicht dichter. Aus rund 50 Zentimeter Distanz kommt Wayne Rooney (l.) im Spiel gegen Uruguay nach einem Freistoß von Steven Gerrard zum Kopfball, trifft aber nur das Lattenkreuz (31.). Wieder ist es nichts mit dem ersten WM-Tor des englischen Superstars, sein Gegenspieler Martín Cáceres und Torwart Fernando Muslera können Sekunden später durchatmen. In der 75. Minute gelingt Rooney dann endlich sein erster Treffer bei einer Weltmeisterschaft – das 1:1. Und doch schleicht er nach Spielschluss enttäuscht vom Platz. Denn Luis Suárez (2. v. r.), hier noch unbeteiligt am Fünfmeterraum, erzielt noch das 2:1 – der Sieg

Campbell nimmt Heldenrolle ein

Gruß an die schwangere Freundin auf der Tribüne: Joel Campbell hat sich den Spielball unters Trikot gestopft und feiert seinen Treffer zum 1:1 ziemlich eigenwillig

Felix Brych 20. deutscher WM-Schiedsrichter

Guter Auftritt: Felix Brych (M.) mit Assistenten Mark Borsch (r.) und Stefan Lupp

Acht Monate nach dem Tiefpunkt, der fälschlichen Anerkennung des „Phantom-Tores" von Leverkusens Stefan Kießling beim Bundesliga-Spiel in Hoffenheim, folgte ein Höhepunkt in der Laufbahn des Schiedsrichters Dr. Felix Brych: Als 20. deutscher Unparteiischer durfte er ein WM-Spiel pfeifen – und agierte nahezu fehlerfrei. 16 Vorgänger Brychs entsandte der DFB, drei der DDR-Fußballverband DFV. Die meisten Spiele leitete Markus Merk (5), das wichtigste Rudi Glöckner mit dem Finale Brasilien – Italien 1970.

Die komplette Liste:
Alfred Birlem (Berlin; 2 Einsätze; 1934, 1938), Alois Beranek (Wien; 1938; 1), Emil Schmetzer (Mannheim; 1; 1954), Albert Dusch (K'lautern; 3; 1958, 1962), Rudolf Kreitlein (Stuttgart; 2; 1966), Kurt Tschenscher (Mannheim; 3; 1966-1974), Rudi Glöckner (Markranstädt; 3; 1970, 1974), Gerhard Schulenburg (Hamburg; 1; 1974), Hans-Joachim Weyland (Oberhausen; 1; 1974), Adolf Prokop (Erfurt; 2; 1978, 1982), Ferdinand Biwersi (Bliesransbach; 1; 1978), Walter Eschweiler (Bonn; 1; 1982), Volker Roth (Salzgitter; 2; 1986), Siegfried Kirschen (Frankfurt/Oder; 4; 1986, 1990), Aron Schmidhuber (Ottobrunn; 2; 1990), Hellmut Krug (Gelsenkirchen; 2; 1994), Bernd Heynemann (Magdeburg; 2; 1998), Markus Merk (K'lautern; 5; 2002, 2006), Wolfgang Stark (Ergolding; 3; 2010).

Costa Ricas Nachwuchsstürmer erzielt das 1:1 und leitet das 3:1 ein. Uruguay blamiert sich mit blutleerem Auftritt

Sein Gesicht hätte Luis Suárez am liebsten unter seinem himmelblauen Trikot versteckt. Uruguays Stürmerstar vom FC Liverpool war mit der Empfehlung von 31 Toren in der englischen Premier League nach Brasilien gereist. Doch gegen den krassen Außenseiter Costa Rica war er nur eine Randerscheinung. Trainer Óscar Tabárez ließ den nach einer Knieoperation angeschlagenen Torjäger unbeirrt 90 Minuten auf der Bank.

Von dort musste Suárez mit ansehen, wie seine Kollegen nach anscheinend sicherer 1:0-Führung lustlos in eine Pleite stolperten. „Das ist ein hartes Ergebnis, das haben wir nicht erwartet", gestand Tabárez ein, „solche Tore haben wir seit Jahren nicht kassiert." Gemeint waren die Gegentreffer zum 1:1 und 1:3 nach zwei blitzsauberen Kontern.

»Uruguays tollkühne Buben bekommen ja gar keine Luft«

Die hochgelobte Defensive um Diego Godín und Diego Lugano wurde von den als klare Außenseiter titulierten „Ticos" lächerlich gemacht. Im Mittelfeld konnte der begnadete Dribbler Cristian Rodríguez kaum Impulse geben, ganz anders als Costa Ricas Spielmacher Bryan Ruiz. Und im Angriff enttäuschten Edinson Cavani und Diego Forlán.

Dabei hatte alles so gut begonnen: Nach 23 Minuten brachte Júnior Díaz Uruguays Kapitän Lugano mit einer Ringer-Einlage im Strafraum zu Fall, Cavani verwandelte den Elfmeter eiskalt zum 1:0 (24.).

Die blutleere Vorstellung von Cavani und Forlán rief vor allem bei Gruppengegner England die Spötter auf den Plan. „Forlán ist höchstens noch ein Mann für 20 Minuten", ätzte der ehemalige englische Nationalspieler Chris Waddle gegen den 35-jährigen Sturmveteranen. Und beim Kurznachrichtendienst Twitter waren die eng geschnittenen Hemden der Uruguayer Zielscheibe der Ironie. „Die tollkühnen Buben vom Rio de la Plata bekommen in diesen Trikots ja gar keine Luft", war noch einer der harmloseren Kommentare.

Die Heldenrolle, die eigentlich Suárez, Forlán und Cavani einnehmen wollten, war Costa Ricas Nachwuchsstürmer Joel Campbell, der während des Turniers 22 Jahre alt wurde, vorbehalten. In der 54. Minute schloss er einen schnellen Angriff über Christian Bolaños mit einem wuchtigen Schuss zum 1:1 ab. Nur drei Minuten später köpfte Óscar Duarte eine Freistoßflanke von Bolaños gegen die Laufrichtung des wiederum chancenlosen Torhüters Fernando Muslera zum 2:1 ins lange Eck. Den Schlusspunkt leitete Campbell mit feinem Steilpass ein, der kurz zuvor eingewechselte Marcos Ureña vollendete zum 3:1 (84.). Der größte Tag in Costa Ricas WM-Geschichte war perfekt: „Die Nationalelf elektrisiert", kommentierte die Zeitung „La Nación" überschwänglich.

URUGUAY – COSTA RICA

 1:3 (1:0)

URUGUAY-DATEN

Torhüter	Min.	Schüsse gehalten (von)	Flanken/ Ecken abgefangen	Glanz- taten	Schwere Fehler	Lange Pässe angekommen (von)	Note
Muslera	90	25 % (4)	0	0	0	50 % (4)	4

Spieler	Ball- kontakte in Min.	Zweik. gew. (von)	Fouls/ gefoult worden	Pässe angek. (von)	Schüsse/ Schuss- vorlagen	Tore/ Torvor- lagen	Note
1. Pereira	70 in 90	56 % (18)	2/1	81 % (36)	0/0	0/0	5
1. Lugano	52 in 90	75 % (12)	1/4	74 % (42)	0/1	0/1	4 −
Godín	50 in 90	77 % (22)	1/3	79 % (29)	0/0	0/0	4 −
1. Cáceres	72 in 90	33 % (9)	2/3	77 % (43)	1/2	0/0	4 −
1. Gargano	38 in 59	36 % (11)	2/0	82 % (38)	0/0	0/0	5
González	18 in 31	33 % (9)	0/0	88 % (16)	0/1	0/0	4
Arévalo	60 in 90	26 % (19)	4/0	90 % (50)	1/0	0/0	4
Stuani	31 in 90	48 % (25)	4/2	76 % (17)	0/0	0/0	4
Rodríguez	37 in 75	59 % (29)	1/5	83 % (24)	0/4	0/0	4 +
Hernández	2 in 15	0 % (1)	0/0	100 % (1)	0/0	0/0	−
Forlán	33 in 59	33 % (6)	0/0	80 % (20)	3/2	0/0	5
Lodeiro	30 in 31	67 % (3)	0/0	93 % (15)	0/0	0/0	4
Cavani	28 in 90	22 % (9)	3/0	82 % (17)	5/0	1/0	4 −

14. JUNI, 21.00 UHR, FORTALEZA

Schiedsrichter: Felix Brych (Deutschland).
Assistenten: Mark Borsch, Stefan Lupp (beide Deutschland).
Tore: 1:0 Cavani (24.), 1:1 Campbell (54.), 1:2 Duarte (57.), 1:3 Ureña (84.).
Einwechslungen: Lodeiro für Forlán (60.), González für Gargano (60.), Hernández für Rodríguez (76.) – Cubero für Tejeda (74.), Ureña für Ruiz (83.), Barrantes für Bolaños (89.).
Zuschauer: 58 679.
Wetter: 30 Grad, bewölkt, 58 % Luftfeuchte.

COSTA RICA-DATEN

Torhüter	Min.	Schüsse gehalten (von)	Flanken/ Ecken abgefangen	Glanz- taten	Schwere Fehler	Lange Pässe angekommen (von)	Note
Navas	90	67 % (3)	0	1	0	0 % (5)	2 +

Spieler	Ball- kontakte in Min.	Zweik. gew. (von)	Fouls/ gefoult worden	Pässe angek. (von)	Schüsse/ Schuss- vorlagen	Tore/ Torvor- lagen	Note
Duarte	59 in 90	59 % (17)	3/1	81 % (42)	3/0	1/0	2
González	32 in 90	71 % (7)	0/1	79 % (24)	2/0	0/0	3 +
Umaña	45 in 90	63 % (8)	0/1	87 % (30)	0/0	0/0	3
Gamboa	53 in 90	50 % (24)	3/2	62 % (26)	0/2	0/1	2
Tejeda	36 in 73	50 % (14)	2/1	67 % (27)	0/0	0/0	3
Cubero	4 in 17	0 % (1)	0/0	100 % (2)	0/0	0/0	−
Borges	53 in 90	64 % (11)	0/1	89 % (38)	1/1	0/0	3
Díaz	53 in 90	46 % (24)	3/3	82 % (22)	0/0	0/0	3 −
Ruiz	41 in 82	44 % (16)	3/2	84 % (25)	2/3	0/0	1
Ureña	5 in 8	40 % (5)	1/0	0 % (0)	1/0	1/0	−
Bolaños	31 in 88	27 % (15)	1/0	85 % (13)	0/4	0/1	2
Barrantes	2 in 2	50 % (2)	1/1	0 % (1)	0/0	0/0	−
Campbell	42 in 90	55 % (29)	1/7	90 % (21)	4/1	1/1	1

Balotelli sticht Rooney aus

Ohne Blickkontakt: Mit geschlossenen Augen gehen Englands Stürmerstar Wayne Rooney, Marco Parolo und Giorgio Chiellini (v. l.) ins Kopfballduell. Wie es ausgeht, kann keiner sehen. Rooney aber fühlt es zumindest. Er gewinnt trotz Unterzahl

Bei tropischer Hitze entscheidet der italienische Stürmerstar mit seinem Kopfball die Partie

Lange Zeit wurde vor dem Spiel gerätselt, mit welcher Sturmspitze die italienische Mannschaft gegen England in die WM starten würde. Ciro Immobile, Neuzugang von Borussia Dortmund? Oder doch Mario Balotelli, der eigenwillige Deutschland-Schreck? Trainer Cesare Prandelli gab schließlich Balotelli den Vorzug – eine goldrichtige Entscheidung.

Bei 30 Grad und 61 Prozent Luftfeuchtigkeit im nicht ausverkauften Stadion Amazônia in Manaus begannen beide Mannschaften vorsichtig. Sie belauerten sich im Mittelfeld, ohne die Defensive zu entblößen. Bis sich die Engländer aus der Deckung wagten. In der 24. Minute kamen sie zu einer Riesenchance, als Danny Welbeck rechts durchbrach und Daniel Sturridge seine Hereingabe nur knapp verpasste. Andrea Barzagli fabrizierte fast ein Eigentor.

»Es war ein unglaubliches Spiel, eine Partie für die Ewigkeit«

Es war aber vor allem ein Mann, der im weißen Trikot der Engländer glänzte: Mit seinen mutigen Dribblings brachte Raheem Sterling, die Entdeckung des Jahres auf der Insel, die italienische Abwehr wiederholt in Verlegenheit. Doch in der 35. Minute stellten die Italiener den Spielverlauf auf den Kopf: Nach einer kurz ausgeführten Ecke ließ Spielmacher Andrea Pirlo den Ball geschickt durch die Beine rollen, Claudio Marchisio verwandelte die Vorlage aus 20 Metern mit einem ebenso harten wie präzisen Flachschuss zum 1:0. Englands Torwart Joe Hart war machtlos.

Nur zwei Minuten später aber durfte auch Hart jubeln. Da tauchte der ansonsten blasse Wayne Rooney auf dem linken Flügel auf und schlug eine hohe Flanke auf den am langen Pfosten lauernden Sturridge. Der Stürmer nahm den Ball direkt und bugsierte ihn zum 1:1-Ausgleich in das von Salvatore Sirigu gehütete Tor. Stammtorwart Gianluigi Buffon war beim Abschlusstraining umgeknickt und konnte nicht auflaufen.

Noch vor der Halbzeitpause kamen Matteo Darmian, Balotelli und Antonio Candreva mit einem Pfostenschuss zu guten Torchancen. Den besten Auftritt hatte Balotelli allerdings erst kurz nach der Halbzeit. In der 50. Minute köpfte er eine Flanke von Candreva aus kurzer Distanz ins Netz – das 2:1. Der Endstand. In der Nachspielzeit traf der famose Andrea Pirlo mit direktem Freistoß noch die Latte des englischen Tores.

„Es war ein unglaubliches Spiel, eine Partie für die Ewigkeit", schwärmte der italienische Trainer Prandelli hinterher. Sein Sonderlob galt Balotelli: „Sein Potenzial ist enorm. Er muss so weitermachen, wie er heute gespielt hat."

Auch die englische „Daily Mail" titelte treffend: „Mario, der Gnadenlose, bestraft die schlampige Abwehr."

Physiotherapeut Lewin kurzfristig für tot erklärt

Gary Lewin wird auf der sargartigen Trage aus dem Stadion transportiert

Die Freude auf der englischen Bank über Daniel Sturridges Ausgleich zum 1:1 war riesig. Auch bei Physiotherapeut Gary Lewin. Doch dessen ausgelassene Jubelsprünge endeten äußerst schmerzhaft. Lewin landete unglücklich auf einer Wasserflasche, renkte sich dabei das Fußgelenk aus, wurde vor laufenden TV-Kameras minutenlang behandelt und dann abtransportiert. Lag es an Lewins regloser Haltung oder der sargartigen Trage, auf der er aus dem Stadion geschleppt wurde? In der digitalen Welt jedenfalls schlug die Verletzung des Physiotherapeuten, der in England so bekannt ist wie hierzulande Bayern- und DFB-Arzt Hans-Wilhelm Müller-Wohlfahrt, (zu) hohe Wellen: Zunächst wurde angesichts der schwülheißen Temperaturen in Manaus über Kreislaufprobleme spekuliert, dann sogar der Tod des 50-Jährigen vermeldet. Um kurz vor Mitternacht änderte ein eifriger User im Online-Lexikon Wikipedia den biografischen Eintrag des Betreuers: „Gary Lewin (geboren am 16. Mai 1964 in East Ham, London; gestorben am 15. Juni 2014 in Manaus, Brasilien) war der Physiotherapeut der englischen Fußballnationalmannschaft", hieß es dort. Nur vier Minuten später erfolgte glücklicherweise die Korrektur, und Lewin stand im Netz von den Toten auf.

ENGLAND – ITALIEN

 1:2 (1:1)

ENGLAND-DATEN

Torhüter	Min.	Schüsse gehalten (von)	Flanken/ Ecken abgefangen	Glanz- taten	Schwere Fehler	Lange Pässe angekommen (von)	Note
Hart	90	33 % (3)	0	0	0	100 % (1)	4 +

Spieler	Ball- kontakte in Min.	Zweik. gew. (von)	Fouls/ gefoult worden	Pässe angek. (von)	Schüsse/ Schuss- vorlagen	Tore/ Torvor- lagen	Note
Johnson	77 in 90	67 % (12)	1/2	87 % (55)	2/2	0/0	4 +
Cahill	46 in 90	38 % (8)	2/1	97 % (35)	0/1	0/0	4 –
Jagielka	47 in 90	100 % (3)	0/0	97 % (39)	0/0	0/0	3 –
Baines	58 in 90	75 % (8)	0/0	95 % (41)	1/2	0/0	4
Henderson	54 in 72	38 % (8)	1/1	87 % (47)	2/2	0/0	3 –
Wilshere	13 in 18	25 % (4)	0/0	90 % (10)	0/0	0/0	4
Gerrard	75 in 90	80 % (5)	0/0	92 % (64)	1/1	0/0	4
Welbeck	37 in 60	57 % (14)	0/0	89 % (27)	1/0	0/0	3
Barkley	17 in 30	50 % (4)	0/0	100 % (14)	1/2	0/0	3
Rooney	41 in 90	20 % (15)	1/1	93 % (30)	3/3	0/1	3 –
1. Sterling	50 in 90	48 % (31)	3/2	91 % (33)	4/1	0/0	2
Sturridge	34 in 79	57 % (14)	0/2	84 % (19)	3/2	1/0	2 –
Lallana	10 in 11	50 % (4)	0/1	50 % (8)	0/1	0/0	–

14. JUNI, 24 UHR, MANAUS

Schiedsrichter: Björn Kuipers (Holland).
Assistenten: Sander van Roekel, Erwin Zeinstra (beide Holland).
Tore: 0:1 Marchisio (35.), 1:1 Sturridge (37.), 1:2 Balotelli (50.).
Einwechslungen: Barkley für Welbeck (61.), Wilshere für Henderson (73.), Lallana für Sturridge (80.) – Motta für Verratti (57.), Immobile für Balotelli (73.), Parolo für Candreva (79.).
Zuschauer: 39 800.
Wetter: 30 Grad, bewölkt, 61 % Luftfeuchte.

Aufstellung:
- England: Hart; Johnson, Cahill, Jagielka, Baines; Henderson, Gerrard; Welbeck, Rooney, Sterling; Sturridge.
- Italien: Sirigu; Chiellini, Paletta, Barzagli, Darmian; Marchisio, Pirlo, De Rossi, Verratti, Candreva; Balotelli.

ITALIEN-DATEN

Torhüter	Min.	Schüsse gehalten (von)	Flanken/ Ecken abgefangen	Glanz- taten	Schwere Fehler	Lange Pässe angekommen (von)	Note
Sirigu	90	80 % (5)	0	0	0	50 % (2)	3 +

Spieler	Ball- kontakte in Min.	Zweik. gew. (von)	Fouls/ gefoult worden	Pässe angek. (von)	Schüsse/ Schuss- vorlagen	Tore/ Torvor- lagen	Note
Darmian	51 in 90	33 % (9)	1/0	85 % (40)	2/1	0/0	3
Barzagli	57 in 90	43 % (7)	1/0	98 % (49)	0/1	0/0	3 –
Paletta	51 in 90	50 % (10)	0/0	92 % (38)	0/0	0/0	4 +
Chiellini	71 in 90	71 % (28)	1/3	95 % (44)	1/0	0/0	3 –
De Rossi	109 in 90	31 % (13)	3/0	94 % (100)	0/1	0/0	2 –
Verratti	67 in 56	53 % (17)	1/1	98 % (54)	0/2	0/1	3 –
Motta	29 in 34	67 % (3)	0/1	96 % (27)	0/2	0/0	3 –
Pirlo	113 in 90	60 % (10)	1/1	93 % (103)	1/2	0/0	2 +
Candreva	50 in 78	29 % (7)	1/0	89 % (36)	4/1	0/1	2 –
Parolo	10 in 12	75 % (4)	0/1	88 % (8)	0/0	0/0	–
Marchisio	44 in 90	10 % (10)	3/0	86 % (37)	1/2	1/0	3 –
Balotelli	27 in 72	75 % (8)	0/1	87 % (15)	4/1	1/0	2 –
Immobile	9 in 18	0 % (4)	1/0	100 % (4)	0/0	0/0	3 –

Pistolero Suárez erschießt England

Zum 19. Mal bei einer WM: England scheitert nach 0:1

Nur Zwischenstand: das 1:1 von Wayne Rooney, Fernando Musera ist chancenlos

Nach seiner Verletzungspause kehrt der Stürmer triumphal zurück und beschert Uruguay den Sieg

❶ Das 1:0 von Luis Suárez. In der 39. Minute köpft er nach Traumflanke von Edinson Cavani seinen ersten WM-Treffer. Gegen die Laufrichtung von Torhüter Joe Hart. ❷ Suárez kann sein Glück nicht fassen. ❸ Das 2:1. Nach Abschlag von Fernando Musera und unfreiwilliger Kopfballverlängerung von Steven Gerrard erzielt Suárez den Siegtreffer (85.). Links: Gary Cahill.

Bei der Nationalhymne sangen die englischen Fußballer noch voller Inbrunst: „God Save the Queen!" – „God Save the Goal" wäre vielleicht ein wenig hilfreicher gewesen. Denn gegen Uruguay kassierte England zum 20. Mal seit seiner Turnier-Premiere 1950 das 0:1. Lediglich einmal schafften die „Three Lions" nach diesem Spielstand noch die Wende. Die erschütternde Statistik: 13 Partien gingen direkt verloren. Drei weitere Male rettete man sich ins Elfmeterschießen, was – für Engländer typisch – ebenfalls im Desaster endete. Und immerhin dreimal erkämpfte sich England noch ein Unentschieden, doch das liegt schon mehr als ein halbes Jahrhundert zurück: 1954 (4:4 n. V. gegen Belgien) sowie 1958 (jeweils 2:2 gegen die Sowjetunion und Österreich).

In dieser schwarzen Serie gibt es nur eine einzige Ausnahme. Die indes markiert den bis heute größten Triumph des englischen Fußballs: Im Finale der Heim-WM 1966 wandelte die Mannschaft um den Dreifach-Torschützen Geoff Hurst in Wembley das 0:1 gegen Deutschland (Tor: Helmut Haller) noch in einen 4:2-Sieg um.

Drei Wochen vor der WM saß Luis Suárez noch im Rollstuhl. Nach einer Meniskus-Operation war fraglich, ob der Stürmer überhaupt noch fit wird für das Turnier in Brasilien. Auch sein Trainer Óscar Tabárez hatte erhebliche Zweifel und setzte Suárez im Auftaktspiel gegen Costa Rica (1:3) gar nicht erst ein.

Gegen England stand er nun in der Startelf. Denn die Not war groß bei Uruguay, nach der Auftaktpleite musste unbedingt ein Sieg her. Der Stürmerstar des FC Liverpool, Torschützenkönig in der Premier League 2013/14, war gegen seine Freunde von der Insel auf einmal der beste Mann für diesen Job.

Zunächst stand allerdings Wayne Rooney im Mittelpunkt. In der 10. Minute zirkelte der englische Stürmer einen Freistoß aus 20 Metern haarscharf am Tor von Fernan-

»Luis war heute so tödlich wie eh und je«

do Musera vorbei. Noch knapper war es in der 31. Minute: Nach einem Freistoß von Steven Gerrard köpfte Rooney den Ball aus rund einem halben Meter ans Lattenkreuz. Immer noch, in seinem zehnten WM-Spiel, wartete er auf seinen ersten WM-Treffer.

Effektiver machte es Uruguay in der 39. Minute: Edinson Cavani flankte über die gesamte englische Abwehr hinweg auf Suárez, der den Ball gegen den Lauf von Torwart Joe Hart zum 1:0 ins lange Eck köpfte. Wie entfesselt stürmte der mit Pistolero-Geste jubelnde Suárez auf seinen Physiotherapeuten Walter Ferreira zu. Ein besonderer Dank für besondere medizinische Hilfe.

Nach einer vergebenen Riesenchance von Cavani (52.) hatte Rooney den Ausgleich auf dem Fuß, doch in der 54. Minute schoss er aus kurzer Distanz Torwart Musera an.

Der Bann brach endlich in der 75. Minute: Liverpools Daniel Sturridge schickte nach feinem Dribbling Klubkollegen Glen Johnson steil, dieser drang in den Strafraum ein und passte vor das Tor, wo Rooney den Ball über die Linie schob. Das 1:1 war sein erstes WM-Tor nach insgesamt 759 Minuten und 30 Torschüssen.

Doch die Heldenrolle an diesem Abend war Suárez vorbehalten: Nach einem weiten Abschlag von Musera verlängerte Gerrard den Ball unglücklich mit dem Kopf in den Lauf von Suárez, und der hämmerte ihn unter die Latte – 2:1 (85.). Der Mann des Spiels bewies auch nach den 90 plus 5 Spielminuten Größe: Als Suárez seinen Liverpooler Klubkollegen Gerrard konsterniert und mit leerem Blick dastehen sah, nahm er ihn in den Arm. „Steven ist der beste Spieler, mit dem ich je zusammengespielt habe", sagte Suárez hinterher. Den englischen Kapitän konnte das wenig trösten, ganz Gentleman gab er das Lob aber zurück: „Luis war heute so tödlich wie eh und je."

URUGUAY – ENGLAND

2:1 (1:0)

URUGUAY-DATEN

Torhüter	Min.	Schüsse gehalten (von)	Flanken/ Ecken abgefangen	Glanz- taten	Schwere Fehler	Lange Pässe angekommen (von)	Note
Muslera	90	80 % (5)	0	0	0	100 % (1)	3

Spieler	Ball- kontakte in Min.	Zweik. gew. (von)	Fouls/ gefoult worden	Pässe angek. (von)	Schüsse/ Schuss- vorlagen	Tore/ Torvor- lagen	Note
Cáceres	48 in 90	50 % (20)	2/2	68 % (22)	0/0	0/0	4 +
Giménez	20 in 90	60 % (15)	1/1	57 % (7)	0/0	0/0	3 –
1. Godín	18 in 90	57 % (14)	2/1	50 % (6)	0/0	0/0	3 –
Pereira	48 in 90	69 % (26)	0/2	62 % (21)	0/0	0/0	2 –
Arévalo	31 in 90	53 % (17)	1/1	88 % (17)	0/0	0/0	3
González	39 in 78	41 % (22)	1/1	59 % (22)	1/1	0/0	3
Fucile	2 in 12	0 % (2)	1/0	0 % (0)	0/0	0/0	–
Rodríguez	32 in 90	53 % (19)	1/2	83 % (18)	1/0	0/0	2
Lodeiro	37 in 66	53 % (19)	2/0	64 % (28)	0/2	0/0	3 +
Stuani	9 in 24	36 % (11)	1/0	75 % (4)	0/0	0/0	4
Suárez	48 in 87	33 % (21)	3/1	67 % (18)	3/1	2/0	1 –
Coates	1 in 3	0 % (1)	0/0	0 % (0)	0/0	0/0	–
Cavani	32 in 90	21 % (19)	1/0	87 % (23)	2/2	0/1	2 –

19. JUNI, 21.00 UHR, SÃO PAULO

Schiedsrichter: Carlos Velasco Carballo (Spanien).
Assistenten: Roberto Alonso Fernández, Juan Yuste (beide Spanien).
Tore: 1:0 Suárez (39.), 1:1 Rooney (75.), 2:1 Suárez (85.).
Einwechslungen: Stuani für Lodeiro (67.), Fucile für González (79.), Coates für Suárez (88.) – Barkley für Sterling (64.), Lallana für Welbeck (71.), Lambert für Henderson (87.).
Zuschauer: 62 575.
Wetter: 12 Grad, bewölkt, 77 % Luftfeuchte.

ENGLAND-DATEN

Torhüter	Min.	Schüsse gehalten (von)	Flanken/ Ecken abgefangen	Glanz- taten	Schwere Fehler	Lange Pässe angekommen (von)	Note
Hart	90	0 % (2)	0	0	0	17 % (6)	3

Spieler	Ball- kontakte in Min.	Zweik. gew. (von)	Fouls/ gefoult worden	Pässe angek. (von)	Schüsse/ Schuss- vorlagen	Tore/ Torvor- lagen	Note
Johnson	88 in 90	56 % (18)	0/1	85 % (59)	0/3	0/1	2 –
Cahill	57 in 90	92 % (13)	1/2	94 % (32)	0/1	0/0	3
Jagielka	52 in 90	76 % (17)	0/1	91 % (33)	1/0	0/0	3 –
Baines	76 in 90	43 % (21)	2/1	86 % (42)	0/2	0/0	4
1. Gerrard	58 in 90	65 % (17)	2/1	81 % (37)	1/1	0/0	4
Henderson	63 in 86	64 % (14)	0/0	90 % (48)	0/1	0/0	3 –
Lambert	1 in 4	33 % (3)	1/0	0 % (0)	0/0	0/0	–
Sterling	34 in 63	28 % (25)	3/1	91 % (22)	0/0	0/0	4
Barkley	17 in 27	36 % (11)	0/0	89 % (9)	0/0	0/0	4
Rooney	50 in 90	56 % (27)	2/4	82 % (28)	5/2	1/0	2
Welbeck	33 in 70	40 % (15)	1/2	67 % (21)	0/1	0/0	4
Lallana	17 in 20	20 % (5)	0/0	100 % (11)	0/0	0/0	4
Sturridge	41 in 90	50 % (20)	0/3	70 % (20)	5/1	0/0	3

Italiener klagen und straucheln

Buffon dritter Spieler mit fünf WM-Turnieren

Mit 36 Jahren die Nr. 1 im italienischen Tor: Jubilar Gianluigi Buffon

„Eine WM ist die größte Ehre für einen Spieler", sagt Gianluigi Buffon. Dem italienischen Torwart wurde diese besondere Auszeichnung mit der Nominierung fürs Turnier in Brasilien schon zum fünften Mal zuteil. Das schafften zuvor lediglich zwei Spieler: Antonio Carbajal, der bei den Endrunden von 1950 bis 1966 stets Mexikos Tor hütete, sowie Lothar Matthäus, bei den Turnieren von 1982 bis 1998 im DFB-Kader. Zum Auftakt gegen England musste Buffon wegen einer Knöchelblessur noch passen, das 0:1 gegen Costa Rica verdarb Italiens Kapitän dann das Jubiläum. Buffon debütierte im Oktober 1997 als 19-Jähriger in der Nationalmannschaft. Bei der WM 1998 in Frankreich war er dritter Mann hinter Gianluca Pagliuca und Francesco Toldo, blieb ohne Einsatz. Danach avancierte er zum unumstrittenen Stammspieler und feierte als Höhepunkt 2006 den Gewinn des WM-Titels (6:4 n. E. gegen Frankreich). Neben Andrea Pirlo, Daniele De Rossi und Andrea Barzagli war Buffon, mittlerweile 36 Jahre alt, einer von nur vier Weltmeistern, die in Brasilien noch zum Kader zählten.

Die Spieler schieben die Niederlage auf die Mittagshitze. Costa Rica macht den Einzug ins Achtelfinale perfekt

Es gibt doch noch Gerechtigkeit im Fußball. Als diese Erkenntnis in Jorge Luis Pinto, Trainer von Costa Rica, in der 44. Minute reifte, schaute er ergriffen gen Himmel. Linksverteidiger Júnior Díaz hatte eine wunderbare Flanke auf den langen Pfosten geschlagen, Bryan Ruiz den Ball an die Unterkante der Latte geköpft, von wo aus er hinter die Linie prallte und wieder aus dem Tor – das 1:0 gegen den Favoriten Italien.

Eine Minute zuvor hatte der schwache Schiedsrichter Enrique Osses (Chile) den famos aufspielenden Mittelamerikanern einen klaren Elfmeter verweigert. Der robuste Joel Campbell war im Strafraum von Giorgio Chiellini umgestoßen worden – ungeahndet. Pinto tobte an der Seitenlinie, bis wenige Sekunden später seine Wut in Jubel umschlug.

»Wir waren von der Dynamik und vom Kopf her überragend«

Von Anfang an stellten die physisch starken und taktisch disziplinierten Costa Ricaner die behäbigen Italiener vor Probleme. Die Mittagshitze von über 30 Grad und 70 Prozent Luftfeuchtigkeit in Recife lähmten die Spieler. Allein zwei Traumpässe von Andrea Pirlo hinter die Fünfer-Abwehrkette von Costa Rica brachten Mario Balotelli in torgefährliche Position (31. und 33.). Doch zunächst verhungerte der Heber des Stürmers auf halber Strecke, dann entschärfte Torwart Keylor Navas dessen Schuss von der Strafraumgrenze.

In der zweiten Halbzeit wechselte Trainer Cesare Prandelli mit Antonio Cassano, Lorenzo Insigne und Alessio Cerci drei neue Offensivkräfte ein, doch der von ihnen erhoffte Schwung blieb aus. Im Gegenteil: Je länger das Spiel dauerte, desto träger wurden die Italiener. In der Nachspielzeit erzielte Randall Brenes mit einem Schlenzer sogar fast noch das 2:0.

„Ich habe in meiner Mannschaft viele Spieler gesehen, die sehr müde waren. Wir hatten zu wenig Tempo im Spiel", klagte Prandelli. „Wenn man gegen ein Team spielt, das physisch stärker ist, braucht man die bessere Ordnung. Doch auch die hatten wir leider nicht."

Mittelfeldspieler Thiago Motta erklärte die Niederlage mit den äußeren Bedingungen: „Das grundlegende Problem war die Hitze. Das ist keine Ausrede, das ist die Wahrheit." Die Costa Ricaner dagegen feierten ihren sensationellen Einzug ins Achtelfinale. „Wir waren taktisch, von der Dynamik und vom Kopf her überragend. Ich empfinde Glück und Stolz, ein historischer Tag für unser Land", sagte Trainer Pinto, den Tränen nah. Mittelfeldspieler Celso Borges schwärmte: „Wir wollten uns unsterblich machen. Wie schön, dass wir den Kindern Costa Ricas diese Erinnerung schenken können." ●

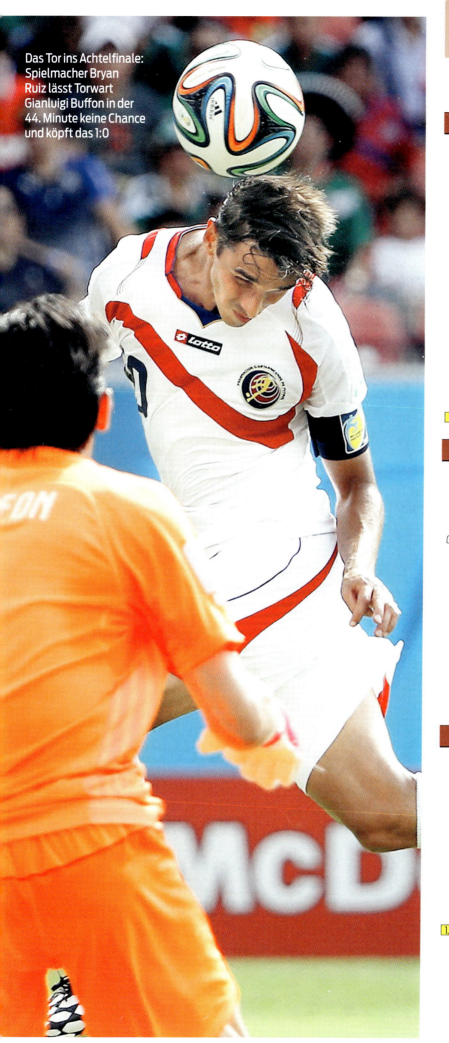

Das Tor ins Achtelfinale: Spielmacher Bryan Ruiz lässt Torwart Gianluigi Buffon in der 44. Minute keine Chance und köpft das 1:0

ITALIEN – COSTA RICA

 0:1 (0:1)

ITALIEN-DATEN

Torhüter	Min.	Schüsse gehalten (von)	Flanken/ Ecken abgefangen	Glanz- taten	Schwere Fehler	Lange Pässe angekommen (von)	Note
Buffon	90	80 % (5)	0	0	0	0 % (1)	3

Spieler	Ball- kontakte in Min.	Zweik. gew. (von)	Fouls/ gefoult worden	Pässe angek. (von)	Schüsse/ Schuss- vorlagen	Tore/ Torvor- lagen	Note
Abate	44 in 90	60 % (20)	3/1	93 % (27)	0/0	0/0	4
Barzagli	81 in 90	90 % (10)	0/1	99 % (69)	0/0	0/0	3 –
Chiellini	90 in 90	75 % (20)	0/2	89 % (70)	0/0	0/0	3 –
Darmian	45 in 90	73 % (11)	1/3	91 % (33)	1/0	0/0	4
De Rossi	108 in 90	71 % (14)	0/2	91 % (96)	0/1	0/0	4 +
Pirlo	97 in 90	53 % (15)	1/3	87 % (85)	1/2	0/0	3 +
Motta	43 in 45	56 % (9)	0/1	94 % (32)	1/2	0/0	4
Cassano	36 in 45	70 % (10)	0/3	54 % (24)	2/1	0/0	4
Candreva	23 in 56	67 % (3)	0/0	69 % (16)	1/0	0/0	4
Insigne	21 in 34	40 % (5)	0/0	71 % (14)	0/0	0/0	4
Marchisio	39 in 68	64 % (14)	1/4	73 % (33)	0/0	0/0	4 +
Cerci	14 in 22	20 % (10)	0/0	100 % (6)	0/2	0/0	4
1. Balotelli	21 in 90	19 % (21)	4/0	100 % (10)	3/0	0/0	5 +

20. JUNI, 18.00 UHR, RECIFE

Schiedsrichter: Enrique Osses (Chile).
Assistenten: Carlos Astroza, Sergio Roman (beide Chile).
Tor: 0:1 Ruiz (44.).
Einwechslungen: Cassano für Motta (46.), Insigne für Candreva (57.), Cerci für Marchisio (69.) – Cubero für Tejeda (68.), Ureña für Campbell (74.), Brenes für Ruiz (81.).
Zuschauer: 40 285.
Wetter: 31 Grad, bewölkt, 70 % Luftfeuchte.

COSTA RICA-DATEN

Torhüter	Min.	Schüsse gehalten (von)	Flanken/ Ecken abgefangen	Glanz- taten	Schwere Fehler	Lange Pässe angekommen (von)	Note
Navas	90	100 % (4)	0	0	0	17 % (6)	2

Spieler	Ball- kontakte in Min.	Zweik. gew. (von)	Fouls/ gefoult worden	Pässe angek. (von)	Schüsse/ Schuss- vorlagen	Tore/ Torvor- lagen	Note
Duarte	39 in 90	30 % (10)	1/1	94 % (33)	1/0	0/0	3
González	38 in 90	85 % (20)	1/2	76 % (17)	1/0	0/0	2
Umaña	34 in 90	57 % (7)	1/0	88 % (25)	0/1	0/0	3
Gamboa	37 in 90	62 % (13)	1/1	70 % (20)	0/0	0/0	3
Tejeda	38 in 67	47 % (15)	2/0	74 % (31)	0/0	0/0	3
1. Cubero	5 in 23	50 % (2)	1/0	60 % (5)	0/0	0/0	3 –
Borges	53 in 90	75 % (4)	0/0	85 % (46)	2/1	0/0	3 +
Díaz	65 in 90	55 % (20)	2/3	79 % (39)	0/2	0/1	2
Ruiz	50 in 80	28 % (18)	5/0	83 % (42)	2/2	1/0	2 +
Brenes	11 in 10	50 % (4)	0/0	67 % (3)	1/0	0/0	–
Bolaños	57 in 90	14 % (21)	4/2	78 % (40)	2/2	0/0	3
Campbell	23 in 73	14 % (21)	1/1	71 % (14)	0/0	0/0	3 –
Ureña	4 in 17	29 % (7)	1/0	0 % (0)	0/1	0/0	3 –

Uruguay beißt Italien weg

Der viermalige Weltmeister erlebt drei Tiefpunkte: Rot für Marchisio, die Attacke von Suárez und das WM-Aus

Presse: „Italien wie ein Ball, dem die Luft ausgeht"

Bankdrücker: Italiens Spieler sinnieren über das WM-Aus. Rechts: Balotelli

Corriere dello Sport (Italien):
„Wir waren Fußballmeister, jetzt sind wir die Klassenletzten."

Tuttosport (Italien):
„Italien im Chaos. Eine Katastrophen-WM für Balotelli und Cassano."

La Stampa (Italien):
„Die Azzurri in Stücke zerrissen. Im Kampf mit den Vampiren bleiben sie ausgeblutet zurück. Italien niedergemacht von den Zähnen eines Suárez und der geschwenkten Roten Karte eines Schiedsrichters mit dem Spitznamen Dracula. Dessen Fehler beim Pfeifen sind aber kein Alibi."

Corriere della Sera (Italien):
„Es reicht jetzt mit den Alibis, geändert werden muss die Art, wie Fußball gespielt wird. Die Elf spiegelt die Periode eines Landes ohne Selbstvertrauen wider."

La Repubblica (Italien):
„Unser Fußball ist wie ein Ball, dem die Luft ausgeht."

L'Equipe (Frankreich):
„Die Elefanten stürzen vom Olymp."

Blick (Schweiz):
„Italien nach Witzrot und Beißattacke draußen."

Basler Zeitung (Schweiz):
„Italiens Fußball steht vor einem Trümmerhaufen, und das war die eigentliche Überraschung dieses Tages."

Le Soir (Belgien):
„Italien geht ruhmlos."

Aus den Worten von Cesare Prandelli sprach Verachtung. „Ich habe die Bissspuren bei Chiellini gesehen, es ist eine Schande", kommentierte der italienische Nationaltrainer die hässlichste Szene dieser WM. In der 79. Minute hatte sich Uruguays Stürmer Luis Suárez von hinten an Verteidiger Giorgio Chiellini herangeschlichen und ihm dann in die linke Schulter gebissen – auf dem Platz noch ungeahndet.

Den eigentlichen Tiefpunkt erlebte Prandelli aber erst gut 16 Minuten später: Mit dem 0:1 gegen Uruguay schied Italien aus. Die schwache Leistung seiner Mannschaft vermochte Prandelli, der unmittelbar nach der Partie seinen Rücktritt bekannt gab, nicht zu erklären. „Wir hatten nicht viele Torchancen, vielleicht lag das an unseren technischen Grenzen oder an der fehlenden Qualität", mutmaßte er.

Andrea Pirlo nach der Partie und 112 Einsätzen mit einer Ansprache aus der Nationalelf vorerst verabschiedete, saß der Exzentriker bereits entrückt im Mannschaftsbus.

Doch auch Uruguays hochkarätiger Angriff mit Edinson Cavani und Suárez enttäuschte auf ganzer Linie. Beide Angreifer mussten viel Defensivarbeit verrichten, hatten vor der Pause nur eine torgefährliche Szene: Suárez scheiterte nahe der Grundlinie an Italiens Torhüter Gianluigi Buffon.

Nach der Pause verteidigte Italien mit einer sehr defensiven 3-6-1-Formation das so wichtige Unentschieden. Die Rote Karte für Mittelfeldspieler Claudio Marchisio, der Egidio Arevalo nach Meinung des mexikanischen Schiedsrichters Marco Rodríguez mit purer Verletzungsabsicht am Knie traf (59.), trieb Italien vollends in die Defensive. Prandelli sprach hinterher von „Schadensbegrenzung" in dieser Spielphase. Uruguays Abwehrchef Diego Godín durchkreuzte die Pläne mit dem 1:0-Siegtreffer (81.). Nach einer Ecke von Gastón Ramírez schraubte sich Godín am höchsten und lenkte den Ball mit der linken Schulter aus sechs Metern an Buffon vorbei ins Netz.

„Die Rote Karte hat uns beeinträchtigt, aber man kann nicht immer die Schuld bei anderen suchen", übte Buffon Selbstkritik, „man muss sich auch mal unterlegen geben: Wir haben viele Fehler gemacht."

> »Schuld bei anderen? Man muss sich auch mal unterlegen geben«

Vor allem in der Offensive fehlte der Elf in der richtungsweisenden Partie jegliche Durchschlagskraft. Ciro Immobile, Torschützenkönig der italienischen Serie A, blieb bei seinem ersten Startelf-Einsatz blass. Der mit Gelb vorbelastete Mario Balotelli rammte im ersten Durchgang im Mittelfeld völlig unmotiviert Álvaro Pereira um, kassierte die nächste Gelbe Karte und wurde zur Pause ausgewechselt. Typisch Balotelli: Als sich

❶ Die Wende zum Bösen: Claudio Marchisio sieht Rot von Schiedsrichter Rodríguez, José Giménez applaudiert in der 59. Minute höhnisch.

❷ Diego Godín überragt den schwachen Mario Balotelli um Längen, wird später zum Matchwinner.

❸ Wutenbrannt zeigt Giorgio Chiellini seine Bisswunde an der linken Schulter, Schiedsrichter Rodríguez lässt das kalt. Übeltäter Luis Suárez fasst sich nach der Beißattacke an den Oberkiefer, täuscht eine Verletzung vor.

ITALIEN – URUGUAY

 0:1 (0:0)

ITALIEN-DATEN

Torhüter	Min.	Schüsse gehalten (von)	Flanken/ Ecken abgefangen	Glanz- taten	Schwere Fehler	Lange Pässe angekommen (von)	Note
Buffon	90	75 % (4)	0	0	0	0 % (1)	2

Spieler	Ball- kontakte in Min.	Zweik. gew. (von)	Fouls/ gefoult worden	Pässe angek. (von)	Schüsse/ Schuss- vorlagen	Tore/ Torvor- lagen	Note
Barzagli	71 in 90	63 % (16)	2/0	81 % (59)	1/0	0/0	3
Bonucci	52 in 90	67 % (9)	0/1	89 % (35)	0/0	0/0	3
Chiellini	83 in 90	77 % (22)	0/3	90 % (68)	0/0	0/0	3 +
Verratti	52 in 74	54 % (24)	1/3	95 % (42)	0/1	0/0	3 +
Motta	25 in 16	100 % (3)	0/1	90 % (21)	0/0	0/0	3 –
1. Marchisio	37 in 59	22 % (9)	3/1	68 % (28)	1/0	0/0	4
Darmian	39 in 90	43 % (14)	2/1	71 % (17)	0/0	0/0	4
Pirlo	82 in 90	64 % (11)	0/5	93 % (60)	3/2	0/0	3
1. de Sciglio	48 in 90	50 % (14)	2/0	79 % (24)	0/1	0/0	4 +
Immobile	20 in 70	19 % (16)	2/1	73 % (11)	1/1	0/0	4
Cassano	17 in 20	40 % (5)	0/0	50 % (12)	0/0	0/0	4
2. Balotelli	16 in 45	38 % (13)	3/2	89 % (9)	1/2	0/0	6
Parolo	28 in 45	42 % (19)	0/0	77 % (13)	1/0	0/0	4 +

24. JUNI, 18.00 UHR, NATAL

Schiedsrichter: Marco Rodríguez (Mexiko).
Assistenten: Marvin Torrentera, Marcos Quintero (beide Mexiko).
Tor: 0:1 Godín (81.).
Einwechslungen: Parolo für Balotelli (46.), Cassano für Immobile (71.), Motta für Verratti (75.) – M. Pereira für Lodeiro (46.), Stuani für Á. Pereira (63.), Ramírez für Rodríguez (78.).
Zuschauer: 39 706.
Wetter: 33 Grad, bewölkt, 45 % Luftfeuchte.

Aufstellung: BUFFON; BARZAGLI, BONUCCI, CHIELLINI; VERRATTI, MARCHISIO, DARMIAN, PIRLO, DE SCIGLIO; IMMOBILE, BALOTELLI — CAVANI, SUÁREZ, LODEIRO, RODRÍGUEZ, GONZÁLES, ARÉVALO, Á. PEREIRA, CÁCERES, GODÍN, GIMÉNEZ; MUSLERA.

URUGUAY-DATEN

Torhüter	Min.	Schüsse gehalten (von)	Flanken/ Ecken abgefangen	Glanz- taten	Schwere Fehler	Lange Pässe angekommen (von)	Note
1. Muslera	90	100 % (1)	0	0	0	100 % (1)	3 +

Spieler	Ball- kontakte in Min.	Zweik. gew. (von)	Fouls/ gefoult worden	Pässe angek. (von)	Schüsse/ Schuss- vorlagen	Tore/ Torvor- lagen	Note
Cáceres	61 in 90	55 % (11)	2/1	86 % (43)	2/1	0/0	3 +
Giménez	37 in 90	58 % (12)	1/1	77 % (22)	0/0	0/0	3 +
Godín	37 in 90	87 % (15)	0/1	100 % (20)	1/0	1/0	2 +
Á. Pereira	39 in 62	58 % (12)	2/3	75 % (24)	0/0	0/0	3
Stuani	11 in 28	27 % (11)	1/0	50 % (6)	0/0	0/0	3 –
González	43 in 90	45 % (22)	1/1	83 % (29)	2/1	0/0	3
1. Arévalo	31 in 90	55 % (11)	1/3	92 % (25)	0/0	0/0	3 –
Rodríguez	54 in 77	65 % (20)	2/1	80 % (40)	1/1	0/0	3
Ramírez	14 in 13	40 % (5)	2/1	89 % (9)	0/1	0/1	–
Lodeiro	26 in 45	36 % (11)	1/0	82 % (17)	1/1	0/0	4
M. Pereira	30 in 45	58 % (12)	1/1	65 % (17)	0/0	0/0	4 +
Suárez	44 in 90	21 % (19)	3/1	78 % (23)	4/4	0/0	3
Cavani	38 in 90	29 % (14)	1/1	89 % (27)	2/1	0/0	3 –

Im Sparmodus zum Gruppensieg

Kapitäns-Sache: Costa Ricas Bryan Ruiz (r.) schirmt den Ball vor Frank Lampard ab und bremst Englands Ersatz-Spielführer aus. Der müht sich in seinem 106. Länderspiel vergebens, Ordnung ins Spiel zu bringen

Costa Rica will nicht mehr, England kann nicht mehr. Und Trainer Jorge Luis Pinto platzt schier vor Stolz

Engländer wüten: „Verbrauchte Kraft im Weltfußball"

Englands Spieler verabschieden sich nach dem trostlosen 0:0 von den Fans

Nach dem dritten Vorrunden-Aus in der englischen WM-Geschichte sah Trainer Roy Hodgson trotzdem Positives: „Wir haben tolle junge Spieler. Auf dieser Basis müssen wir aufbauen. Auch andere Länder mussten schon durch schwierige Zeiten gehen. Wichtig ist, dass wir jetzt die richtigen Schlüsse ziehen. Unser Verband investiert eine Menge in unsere Zukunft." Worte, die die englischen Kommentatoren nicht besänftigen konnten. Sie rechneten gnadenlos ab:

Daily Express: „R.I.P. England (Ruhe in Frieden). Kein Herz, kein Können, keine Seele. England ohne Biss gegen Costa Rica im düsteren letzten WM-Spiel."

The Times: „England verlässt die WM in aller Stille mit bereits gepackten Koffern. Gescheitert nach der schlechtesten Leistung seit 50 Jahren."

Daily Mail: Hodgsons Flops schleichen nach Hause, als verbrauchte Kraft im Weltfußball."

The Sun: „Erbärmliches England meldet sich von der WM ab – mit einem miserablen Unentschieden."

The Guardian: „Englands größte Namen haben nicht gezündet. Schon wieder eine WM, schon wieder ein England-Flop."

Erstmals überhaupt standen sich England und Costa Rica bei einer WM gegenüber. Das war die eine Premiere. Die zweite betraf nur die Engländer: Noch nie hatten sie vorher bei einer WM ein Vorrundenspiel ausgetragen, vor dem sie schon ausgeschieden waren.

Trainer Roy Hodgson war im Zwiespalt. Einerseits wollte er eine Totalblamage verhindern, andererseits die Reservisten für ihre bisherige Geduld belohnen. Er entschied sich für die zweite Lösung und formierte seine Startelf auf neun Positionen um. Allein: Besserung brachte das auch nicht. Bezeichnend war die letzte Szene des Spiels: Der eingewechselte Steven Gerrard schlug aus dem Halbfeld eine Freistoßflanke in den Strafraum, die Wayne Rooney, ebenfalls neu in der Partie, deutlich verfehlte. So blieb es beim trostlosen 0:0.

der Mittagssonne bei angenehmen 24 Grad.

Höhepunkt der ersten Hälfte war ein Freistoß von Costa Ricas Celso Borges, der auf die Latte tropfte (23.). Kurz danach beschwerten sich die Engländer, weil ein Rempler gegen Daniel Sturridge im Strafraum nicht geahndet wurde. Zu Recht.

Der Dribbler aus Liverpool war der auffälligste Spieler. Nur er und Abwehrchef Gary Cahill waren von der Totalrotation verschont geblieben. Sturridge dankte es Hodgson mit Umtriebigkeit. Beinahe wäre ihm sogar ein Kopfballtor gelungen (35.), in der 65. Minute übersah er aber den freistehenden Raheem Sterling, schlenzte am Tor vorbei.

Wie es sich für eine clevere Mannschaft gehört, sparten Costa Ricas Spieler Kräfte für das Achtelfinale – und sicherten sich im Sparmodus letztlich sogar den Gruppensieg.

Daran hatte niemand geglaubt, auch der stets optimistische Trainer Jorge Luis Pinto nicht. Vor der WM hatte er gesagt: „Wir werden nicht die beste Mannschaft der Gruppe sein, aber die am besten vorbereitete." Als er nach dem Schlusspfiff merkte, dass Teil eins seiner Aussage falsch war, platzte er schier vor Stolz: „Manche haben uns diesen Weg hier in Brasilien nicht zugetraut. Ich widme diesen Triumph allen Menschen, die an uns geglaubt haben. Und auch all jenen, die nicht an uns geglaubt haben."

»Ich widme den Triumph allen, die nicht an uns geglaubt haben«

Die Worte von Frank Lampard, bis zum Anpfiff Edelreservist und dann in seinem 106. Länderspiel Kapitän, waren da schon lange Makulatur: „Dieses Spiel ist dazu da, den Stolz zu zeigen, das englische Trikot tragen zu dürfen."

Die Engländer waren zwar in allen Statistiken besser, gewannen knapp 60 Prozent der Zweikämpfe, traten mehr Ecken, schossen öfter aufs, aber eben nie ins Tor. Beide Teams neutralisierten sich in

COSTA RICA – ENGLAND

 0:0

COSTA RICA-DATEN

Torhüter	Min.	Schüsse gehalten (von)	Flanken/Ecken abgefangen	Glanztaten	Schwere Fehler	Lange Pässe angekommen (von)	Note
Navas	90	100 % (1)	0	0	0	50 % (2)	3 +

Spieler	Ballkontakte in Min.	Zweik. gew. (von)	Fouls gefoult worden	Pässe angek. (von)	Schüsse/Schussvorlagen	Tore/Torvorlagen	Note
Gamboa	46 in 90	48 % (25)	1/3	70 % (23)	0/0	0/0	3
Duarte	45 in 90	36 % (14)	2/0	78 % (37)	0/0	0/0	4 +
1. González	23 in 90	67 % (6)	1/0	69 % (16)	0/0	0/0	3
Miller	55 in 90	71 % (17)	2/1	65 % (37)	0/0	0/0	3
Díaz	57 in 90	54 % (24)	0/2	80 % (30)	0/0	0/0	3 +
Borges	27 in 77	50 % (12)	1/0	83 % (23)	1/0	0/0	3
Barrantes	14 in 13	0 % (3)	1/0	85 % (13)	0/0	0/0	–
Ruiz	54 in 90	29 % (28)	2/2	79 % (39)	0/1	0/0	3 –
Tejeda	65 in 90	50 % (18)	1/0	85 % (55)	0/0	0/0	3 –
Brenes	17 in 58	0 % (5)	1/0	88 % (8)	1/1	0/0	4
Bolaños	20 in 32	18 % (11)	3/1	85 % (13)	1/0	0/0	4
Campbell	35 in 64	38 % (16)	2/4	79 % (19)	1/1	0/0	4 +
Ureña	8 in 26	13 % (8)	0/1	100 % (5)	0/0	0/0	4

24. JUNI, 18.00 UHR, BELO HORIZONTE

Schiedsrichter: Djamel Hamoudi (Algerien).
Assistenten: Radouane Achik (Marokko), Abdelhak Etchiali (Algerien).
Einwechslungen: Bolaños für Brenes (59.), Ureña für Campbell (65.), Barrantes für Borges (78.) – Sterling für Lallana (62.), Gerrard für Wilshere (73.), Rooney für Milner (76.).
Zuschauer: 57 823.
Wetter: 24 Grad, sonnig, 44 % Luftfeuchte.

ENGLAND-DATEN

Torhüter	Min.	Schüsse gehalten (von)	Flanken/Ecken abgefangen	Glanztaten	Schwere Fehler	Lange Pässe angekommen (von)	Note
Foster	90	100 % (2)	0	0	0	50 % (4)	3

Spieler	Ballkontakte in Min.	Zweik. gew. (von)	Fouls gefoult worden	Pässe angek. (von)	Schüsse/Schussvorlagen	Tore/Torvorlagen	Note
Jones	68 in 90	67 % (18)	2/3	82 % (38)	0/1	0/0	3 –
Cahill	77 in 90	88 % (8)	1/0	92 % (59)	1/0	0/0	3 +
Smalling	50 in 90	75 % (20)	3/1	87 % (39)	0/0	0/0	4
Shaw	67 in 90	81 % (21)	1/3	89 % (45)	1/0	0/0	4
Lampard	87 in 90	70 % (23)	1/2	90 % (67)	1/2	0/0	4
Wilshere	43 in 72	47 % (15)	0/2	84 % (31)	0/2	0/0	4
Gerrard	16 in 18	0 % (2)	1/0	73 % (11)	0/1	0/0	4
Milner	38 in 75	41 % (22)	1/0	78 % (18)	0/0	0/0	4 –
Rooney	11 in 15	60 % (5)	0/1	100 % (6)	1/0	0/0	–
1. Barkley	55 in 90	33 % (18)	1/1	83 % (40)	1/1	0/0	4
1. Lallana	25 in 61	65 % (17)	2/1	78 % (9)	0/0	0/0	4 +
Sterling	20 in 29	33 % (9)	0/0	92 % (12)	0/0	0/0	4
Sturridge	27 in 90	33 % (9)	1/2	61 % (18)	4/1	0/0	3 –

GRUPPE E

SCHWEIZ
ECUADOR
FRANKREICH
HONDURAS

Sonntag, 15. Juni, Brasília
Schweiz – Ecuador 2:1 (0:1)

Sonntag, 15. Juni, Porto Alegre
Frankreich – Honduras 3:0 (1:0)

Freitag, 20. Juni, Salvador da Bahia
Schweiz – Frankreich 2:5 (0:3)

Freitag, 20. Juni, Curitiba
Honduras – Ecuador 1:2 (1:1)

Mittwoch, 25. Juni, Manaus
Honduras – Schweiz 0:3 (0:2)

Mittwoch, 25. Juni, Rio de Janeiro
Ecuador – Frankreich 0:0

	Schweiz	Ecuador	Frankreich	Honduras
Schweiz		2:1	2:5	3:0
Ecuador	1:2		0:0	2:1
Frankreich	5:2	0:0		3:0
Honduras	0:3	1:2	0:3	

Mannschaft	G	U	V	Tore	Pkte
1. Frankreich	2	1	0	8:2	7
2. Schweiz	2	0	1	7:6	6
3. Ecuador	1	1	1	3:3	4
4. Honduras	0	0	3	1:8	0

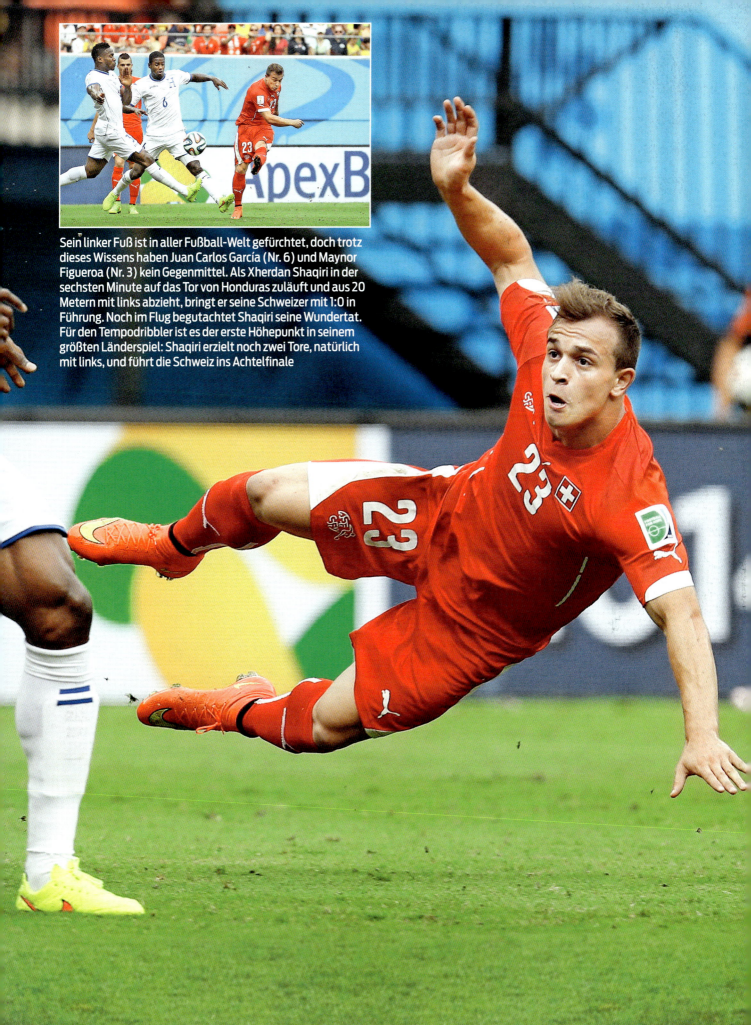

Sein linker Fuß ist in aller Fußball-Welt gefürchtet, doch trotz dieses Wissens haben Juan Carlos García (Nr. 6) und Maynor Figueroa (Nr. 3) kein Gegenmittel. Als Xherdan Shaqiri in der sechsten Minute auf das Tor von Honduras zuläuft und aus 20 Metern mit links abzieht, bringt er seine Schweizer mit 1:0 in Führung. Noch im Flug begutachtet Shaqiri seine Wundertat. Für den Tempodribbler ist es der erste Höhepunkt in seinem größten Länderspiel: Shaqiri erzielt noch zwei Tore, natürlich mit links, und führt die Schweiz ins Achtelfinale

KARIM BENZEMA

Neuer Anführer der Franzosen

Nach dem Ausfall von Franck Ribéry übernimmt der Torjäger die Rolle. Erinnerungen an Zidane werden wach

ANALYSE GRUPPE E
Deschamps vereint zerstrittene Spieler

Mit Schaudern erinnern sich noch viele Franzosen an die skandalösen Szenen bei der WM 2010. Die Spieler waren untereinander zerstritten, keiner gönnte dem anderen das Schwarze unter dem Fingernagel, sie revoltierten gegen ihren Trainer Raymond Domenech und schieden mit nur einem Remis schändlich aus. Laurent Blanc übernahm die Mannschaft, gab sie im Juli 2012 wieder ab. Gescheitert. Didier Deschamps folgte, und der Weltmeister von 1998 schaffte etwas, womit keiner gerechnet hatte: Er warf die Quertreiber wie Samir Nasri, einen mit allen Fähigkeiten ausgestatteten Fußballer, raus, schuf einen neuen Teamgeist und reduzierte Allüren und Egoismen. Das Ergebnis: Frankreich hat wieder eine Mannschaft, die sich Mannschaft nennen darf. Die Basis für eine tolle Vorrunde. Bezeichnend war die 5:2-Gala gegen die Schweiz, als die Ersatzspieler am ausgiebigsten jubelten. Die Schweiz profitierte allein von ihrem späten 2:1-Sieg im Auftaktspiel gegen Ecuador und rettete ihren Punktevorsprung nach einer Berg-und-Tal-Fahrt ins Ziel. Ecuador war keinesfalls schlechter, agierte nur unglücklicher. Das Pech der Südamerikaner: Ihr Starspieler Antonio Valencia versagte.

Meist stiller Beobachter auf Frankreichs Trainerbank: Didier Deschamps

Karim Benzema musste warten. Erst einige Sekunden nachdem Torwart Noel Valladares den Ball über die Torlinie gedrückt und dann schnell wieder rausgeholt hatte, konnte er zum Jubellauf ansetzen. Die erstmals bei einer Weltmeisterschaft eingesetzte Torlinientechnik löste die undurchsichtige Situation auf und sorgte für die Verzögerung.

Dass die Fifa das kuriose Tor zum 2:0 dem Torwart aus Honduras zuschrieb, ärgerte Benzema. Denn er hatte schließlich mit seiner Direktabnahme das Eigentor von Valladares provoziert. „Ich weiß nicht, ob so eine Technik gut für den Fußball ist", erklärte er trotzig. Trotz dieses Makels: Benzemas Einstand mit zwei regulären Toren zum 3:0-Sieg gegen Honduras war für die verunsichert nach Brasilien gereiste „Équipe Tricolore" wie eine Befreiung.

Kurz vor dem Turnierstart hatte Frankreich den verletzungsbedingten Ausfall seines Superstars und Ideengebers Franck Ribéry hinnehmen müssen. Für Ribéry rückte Karim Benzema in die Rolle des Führungsspielers im Team von Nationaltrainer Didier Deschamps. Benzema ging nach dem Champions-League-Sieg mit Real Madrid und acht Toren aus den letzten sieben Länderspielen vor der WM mit riesigem Selbstvertrauen ins Turnier. „Er weiß um die Gelegenheit, die sich für ihn bei dieser Weltmeisterschaft bietet", erklärte Torwart Hugo Lloris. „Dieses Turnier ist für Karim die perfekte Plattform, um es allen zu zeigen."

Mit seinen 26 Jahren kam Benzema vergleichsweise spät zu seinem WM-Debüt. Für die aus französischer Sicht desaströse Weltmeisterschaft 2010 mit der Spielermeuterei gegen Trainer Raymond Domenech war der Angreifer nicht nominiert worden – ein Glücksfall aus heutiger Sicht.

In Frankreich hatte er jahrelang vergeblich gegen seinen Ruf als ewiges Talent angekämpft, der trotz der vier Meisterschaften mit Olympique Lyon und zwei Auszeichnungen zu Frankreichs „Fußballer des Jahres" (2011 und 2012) an ihm haftete. Die Skepsis seiner Landsleute verflog mit jedem Spiel in Brasilien mehr.

Nach der Tor-Gala gegen die Schweiz (5:2) jubelte RTL France: „Benzema hat sein Meisterstück abgeliefert. Wenn er diese Effektivität konserviert, wird er der WM seinen Stempel aufdrücken."

»Zinédine Zidane hat Benzemas Selbstvertrauen gestärkt«

Gleichwohl verpasste Benzema in dem Spiel den Sprung an die Spitze der Torjägerliste: Erst verschoss er einen Elfmeter, dann stahl ihm Björn Kuipers ein Tor. Der holländische Schiedsrichter pfiff die Partie Sekundenbruchteile vor Benzemas zweitem erfolgreichen Torschuss ab – es wäre das 6:2 gewesen.

Der Rummel um seine Person wurde dem als scheu geltenden Benzema schnell zu viel. „Es geht nicht um mich", erklärte er nach dem Erreichen des Achtelfinals, „es sind alle, die diese Mannschaft nach oben ziehen. Wir sind jetzt ein echtes Team." Das waren sie bei der WM 2010 nicht.

Nationaltrainer Deschamps schätzt neben Benzemas Integrität vor allem seine robuste Spielweise: „Sein Durchsetzungsvermögen und seine Beweglichkeit sind erstklassig."

Die Leistungsexplosion schreibt Vater Hafid Benzema auch einem Fußball-Exzentriker zu. „Es war Cristiano Ronaldo, der Karim geholfen hat", verriet Benzema sr. in einem Interview mit einer brasilianischen TV-Show. „Sie sind gemeinsam in Madrid angekommen und Freunde geworden." Für Reals Trainer Carlo Ancelotti hat noch ein anderer Einfluss auf die Formkurve: Frankreichs Fußball-Idol Zinédine Zidane.

Wie Zidane, inzwischen Reals Teammanager, ist auch Benzema algerischer Abstammung. „Zidane hat Benzemas Selbstvertrauen gestärkt", sagt Ancelotti, „er hat fantastisch mit ihm gearbeitet, sehr viel mit ihm gesprochen, ihn motiviert."

Der furiose WM-Start ließ die kritische französische Öffentlichkeit schnell Parallelen zum WM-Triumph 1998 im eigenen Land ziehen. Mit Benzema führte wieder ein Spieler mit algerischen Wurzeln das Team. In ihrer Euphorie vergaßen die Franzosen jedoch ein kleines Detail. Damals fieberte Benzema nicht mit Zidane. Er saß beim Finale gegen Brasilien im Trikot seines Idols Ronaldo vor dem Fernseher. ●

STAR DER GRUPPE E

Hand aufs Herz: Karim Benzema blüht in der Vorrunde auf, erzielt drei von Frankreichs acht Toren und erlebt die beste Zeit seiner Karriere in der „Équipe Tricolore"

SCORER-LISTE GRUPPE E

	Tore	Torvorlagen	Scorer-Punkte
Karim Benzema (FRA)	3	3	6
Xherdan Shaqiri (CH)	3	1	4
Enner Valencia (ECU)	3	–	3
Walter Ayoví (ECU)	–	2	2
Mathieu Valbuena (FRA)	1	1	2
Ricardo Rodríguez (CH)	–	2	2
Olivier Giroud (FRA)	1	1	2
Josip Drmic (CH)	–	2	2
Paul Pogba (FRA)	–	2	2
Patrice Evra (FRA)	–	1	1
Blerim Dzemaili (CH)	1	–	1
Gökhan Inler (CH)	–	1	1
Haris Seferovic (CH)	1	–	1
Stephan Lichtsteiner (CH)	–	1	1
Granit Xhaka (CH)	1	–	1
Moussa Sissoko (FRA)	1	–	1
Admir Mehmedi (CH)	1	–	1
Blaise Matuidi (FRA)	1	–	1
Juan Carlos Paredes (ECU)	–	1	1
Brayan Beckeles (HON)	–	1	1
Carlo Costly (HON)	1	–	1

Drei Tore in drei Gruppenspielen: Ecuadors neuer Star Enner Valencia

DAS FOTO DER GRUPPE E

In dieser 17. Minute springt Olivier Giroud zweimal. Erst nach einem Eckball von Mathieu Valbuena am höchsten. Dann mit großem Anlauf ziemlich weit in die Arme seiner Kollegen am Spielfeldrand. Er hat etwas zu feiern: Nach seinem Kopfballtor führt Frankreich 1:0 gegen die Schweiz. Es ist der erste WM-Treffer des Mittelstürmers und eine Empfehlung an seinen Trainer Didier Deschamps. Der hatte Giroud in der Auftaktpartie gegen Honduras 77 Minuten auf der Bank schmoren lassen und erst gegen die Schweiz in die Startelf beordert. Mit dem 1:0 eröffnet Giroud einen Sturmlauf, der nach dem zwischenzeitlichen 5:0 beendet ist. Giroud erzielt zwar kein Tor mehr, verdient sich aber Bestnoten

20 Sekunden Fußball-Geschichte

In der Nachspielzeit vermeiden die Schweizer mit Glück den Rückstand und erzielen im direkten Konter das 2:1

Erste Joker-Tore für die Schweiz im 30. WM-Spiel

Köpft in der 48. Minute mit der ersten Ballberührung das 1:1: Admir Mehmedi (r.)

Bei den WM-Turnieren 1994, 2006 und 2010 kamen 29 Schweizer Einwechselspieler zum Einsatz, keinem gelang ein Tor. Erst im insgesamt 30. WM-Spiel seit 1934 hatte Trainer Ottmar Hitzfeld eine glückliche Hand: Mit Admir Mehmedi wechselte er den Torschützen zum 1:1 zur zweiten Halbzeit ein, in der 75. Minute den Siegtorschützen Haris Seferovic. Mehmedi deutete nach seinem Treffer gen Himmel, widmete es seiner 2013 verstorbenen Großmutter. „Sie hat mir immer alles gegeben, was ich verlangt habe – Geld für Spielotheken, Flippern oder Playstation. Ich bin mir ganz sicher, dass sie im Himmel sehr stolz auf mich ist." Auch Seferovic hatte nach Spielschluss ein Rührstück parat, widmete sein Tor seinem Vater: „Der hat heute Geburtstag." Bei den ersten sechs Schweizer WM-Teilnahmen (1934 bis 1966) waren noch keine Auswechslungen erlaubt.

Das große Finale im Spiel: Haris Seferovic (r.) verwandelt die Linksflanke von Ricardo Rodríguez zum 2:1. Ecuadors Torwart Alexander Domínguez sieht das Unheil aus bester Perspektive

Die Uhr auf dem Bildschirm zeigte exakt 92 Minuten und 18 Sekunden Spielzeit an. Was in den nächsten 20 Sekunden im Stadion von Brasília dann passierte, beschrieb das Boulevardblatt „Blick" Stunden später als „eine der unglaublichsten Szenen der Schweizer Fußball-Geschichte".

Das war geschehen: Ecuadors Mittelfeldspieler Michael Arroyo hatte in aussichtsreicher Position an der Strafraumkante die große Chance zum 2:1-Siegtreffer, vertändelte den Ball aber leichtfertig. Valon Behrami blockte ab, startete zum Konter. Weit vor der Mittellinie wurde Behrami rüde gefoult, stürzte, rappelte sich wieder auf, lief weiter und bediente den mitgelaufenen Haris Seferovic an der rechten Außenlinie. Seferovic setzte mit einem Diagonalwechsel auf den linken Flügel Ricardo

»Wir waren am Ende zu sehr von den Gefühlen geleitet«

Rodríguez ein. Der Außenverteidiger lief noch ein paar Schritte, flankte flach vor das Tor, wo Seferovic den Ball aus drei Metern zum 2:1-Siegtreffer unter die Latte lenkte. Die Bildschirmuhr zeigte exakt 92:38 Minuten an, Schiedsrichter Rawschan Irmatow pfiff gar nicht mehr an.

Der Auslöser für pure Schweizer Glückseligkeit. Trainer Ottmar Hitzfeld tanzte im Rausch der Gefühle und beteuerte: „Unglaublich, dass wir das noch geschafft haben. Wir haben immer an den Sieg geglaubt." Sein Kollege Reinaldo Rueda von Ecuador beklagte dagegen: „Wir waren am Ende nicht sortiert und zu sehr von Gefühlen geleitet."

Das spektakuläre Finale eines Spiels, das schon vorher viel Gesprächsstoff geboten hatte: In Brasília standen sieben aktuelle, ein künftiger und ein ehemaliger Bundesliga-Spieler bei Anpfiff auf dem Platz. Auf der Bank saßen vier weitere bundesligaerfahrene Spieler und mit Hitzfeld gar ein Meistertrainer. Bis auf den Stuttgarter Carlos Gruezo trugen sie alle die Farben der Schweiz, und doch kamen sie gegen den Außenseiter ganz schön ins Trudeln und lagen nach 22 Minuten bereits in Rückstand: Enner Valencia kam nach einem von Walter Ayoví ausgeführten Freistoß im Fünfmeter-Raum ungedeckt zum Kopfball – 0:1.

Mit dem Freiburger Admir Mehmedi wechselte Hitzfeld nach der Pause den siebten aktuellen Bundesliga-Profi ein. Ein Glücksgriff: Mit seinem ersten Ballkontakt markierte Mehmedi das 1:1 (48.), ebenfalls per Kopf.

Als Josip Drmic in der 70. Minute traf, schien die Wende gekommen. Doch eine weitere Fehlentscheidung dieser WM brachte den Ex-Nürnberger und Neu-Leverkusener um seinen Lohn: Er stand nicht im Abseits. So mussten die Schweizer auf ihr Happy End bis zur dritten Minute der Nachspielzeit warten. ●

92

SCHWEIZ – ECUADOR

 2:1 (0:1)

SCHWEIZ-DATEN

Torhüter	Min.	Schüsse gehalten (von)	Flanken/Ecken abgefangen	Glanz-taten	Schwere Fehler	Lange Pässe angekommen (von)	Note
Benaglio	90	75 % (4)	0	0	0	50 % (6)	3

Spieler	Ballkontakte in Min.	Zweik. gew. (von)	Fouls/ gefoult worden	Pässe angek. (von)	Schüsse/ Schussvorlagen	Tore/ Torvorlagen	Note
Lichtsteiner	75 in 90	67 % (15)	3/1	93 % (46)	1/1	0/0	3
1. Djourou	70 in 90	67 % (12)	1/0	98 % (55)	0/0	0/0	4 +
von Bergen	50 in 90	87 % (15)	0/1	90 % (31)	0/0	0/0	3 –
Rodríguez	57 in 90	81 % (21)	0/2	90 % (29)	1/3	0/2	2
Behrami	89 in 90	50 % (20)	2/1	87 % (69)	1/1	0/0	3 +
Inler	75 in 90	50 % (22)	1/1	88 % (57)	2/2	0/0	3
Shaqiri	61 in 90	54 % (24)	1/6	88 % (33)	5/3	0/0	3
Xhaka	67 in 90	55 % (11)	0/1	98 % (50)	3/3	0/0	4 +
Stocker	13 in 45	36 % (11)	1/0	83 % (6)	1/0	0/0	4
Mehmedi	27 in 45	56 % (9)	0/1	84 % (19)	1/1	1/0	2
Drmic	15 in 74	50 % (8)	0/0	89 % (9)	0/1	0/0	4
Seferovic	9 in 16	0 % (3)	0/0	100 % (5)	1/0	1/0	2

15. JUNI, 18.00 UHR, BRASÍLIA

Schiedsrichter: Rawschan Irmatow (Usbekistan).
Assistenten: Abduxamidullo Rasulow (Usbekistan), Bakhadyr Kotschkarow (Kirgisistan).
Tore: 0:1 E. Valencia (22.), 1:1 Mehmedi (48.), 2:1 Seferovic (90.+3).
Einwechslungen: Mehmedi für Stocker (46.), Seferovic für Drmic (75.), – Arroyo für Caicedo (70.), Rojas für Montero (77.).
Zuschauer: 68 351.
Wetter: 24 Grad, bewölkt, 61 % Luftfeuchte.

Aufstellung Schweiz: Benaglio; Lichtsteiner, Djourou, von Bergen, Rodríguez; Behrami, Inler; Shaqiri, Xhaka, Stocker; Drmic.
Aufstellung Ecuador: Domínguez; W. Ayoví, Erazo, Guagua, Paredes; Noboa, Gruezo; Montero, Caicedo, A. Valencia; E. Valencia.

ECUADOR-DATEN

Torhüter	Min.	Schüsse gehalten (von)	Flanken/Ecken abgefangen	Glanz-taten	Schwere Fehler	Lange Pässe angekommen (von)	Note
Domínguez	90	67 % (6)	0	0	0	0 % (3)	3

Spieler	Ballkontakte in Min.	Zweik. gew. (von)	Fouls/ gefoult worden	Pässe angek. (von)	Schüsse/ Schussvorlagen	Tore/ Torvorlagen	Note
1. Paredes	46 in 90	43 % (21)	3/0	80 % (20)	0/0	0/0	4 –
Guagua	36 in 90	70 % (10)	0/1	82 % (17)	0/0	0/0	3 –
Erazo	32 in 90	63 % (8)	0/0	67 % (24)	1/0	0/0	4 +
W. Ayoví	74 in 90	31 % (13)	3/0	79 % (39)	1/2	0/1	3 –
Gruezo	22 in 90	31 % (16)	2/1	94 % (16)	1/0	0/0	4
Noboa	51 in 90	52 % (23)	2/1	68 % (38)	1/1	0/0	3
A. Valencia	36 in 90	25 % (12)	0/1	95 % (20)	1/1	0/0	4 –
Montero	39 in 76	38 % (13)	0/3	86 % (22)	2/3	0/0	3
Rojas	6 in 14	25 % (4)	1/0	100 % (4)	0/0	0/0	–
E. Valencia	36 in 90	34 % (29)	2/1	78 % (18)	2/0	1/0	2
Caicedo	17 in 69	35 % (20)	1/0	80 % (5)	0/2	0/0	3 –
Arroyo	13 in 21	67 % (3)	0/1	89 % (9)	1/0	0/0	4

Karim Benzema im Alleingang

Der Franzose schießt zwei Tore und erzwingt den dritten Treffer. Der wird als Eigentor des Torhüters gewertet

„Goal Control": Erster Videobeweis der WM-Geschichte

Torwart Valladares greift sich den Ball. Allerdings erst hinter der Linie, wie die Computergrafik zeigt

WM-Premiere: Zum ersten Mal kam beim Spiel Frankreich gegen Honduras die neu eingeführte Torlinien-Technologie zum Einsatz. Nach dem Schuss von Benzema in der 48. Minute war zunächst fraglich, ob der Ball vollständig hinter der Torlinie war. Doch die sieben Torkameras und der angeschlossene Hochleistungsrechner der Firma „Goal Control" aus dem nordrhein-westfälischen Würselen sorgten sofort für Klarheit: Der Ball war drin. Die Zuschauer im Stadion bekamen das Ergebnis auf der Videoleinwand zu sehen. Die Spezialkameras, die an den Tribünen hinter und neben dem Tor angebracht sind, produzieren 500 Einzelbilder pro Sekunde – eine TV-Kamera schafft nur 30. Überschreitet der Ball vollständig die Linie, sendet der Computer ein verschlüsseltes Signal (Vibration und Signalton) an die Empfängeruhr des Schiedsrichters („Goal"). Allerdings bleibt ein kleiner Unsicherheitsfaktor: „Goal Control" (Kosten: 200 000 Euro pro Stadion) ist nur auf 1,5 Zentimeter genau. Das letzte Wort hat nach wie vor der Schiedsrichter. Er könnte die Nachricht auf seiner Uhr überstimmen.

Lautstark: Karim Benzema (M.), der Mann des Spiels, schreit nach dem ersten Tor seine Freude in die Welt. Mathieu Valbuena (r.) brüllt mit, Patrice Evra (l.) gratuliert mit versteinerter Miene

Am Anfang war die große Stille. Die Spieler von Frankreich und Honduras hatten sich aufgestellt und warteten auf die Nationalhymnen. Doch es kam – nichts. Schuld war ein defektes Tonkabel. So musste es in Porto Alegre ohne musikalische Einstimmung losgehen, und die Franzosen gaben von Beginn an den Ton an.

Blaise Matuidi (15.) und Antoine Griezmann (23.) trafen jeweils die Latte, Karim Benzema köpfte in der 24. Minute knapp über das Tor. Kurz vor der Pause wurde Paul Pogba von Wilson Palacios im Strafraum stümperhaft umgerempelt. Der brasilianische Schiedsrichter Sandro Ricci zeigte sofort auf den Elfmeterpunkt und dem bulligen honduranischen Mittelfeldspieler Gelb/Rot. In der 28. Minute hatte Palacios nach einer Auseinandersetzung mit Pogba be-

»Ich will einfach nur meinen Fußball spielen, ohne Druck«

reits Gelb gesehen. Benzema trat zum Strafstoß an, drosch den Ball oben links zum verdienten 1:0 ins Netz (45.).

In der 48. Minute jubelte der Stürmer von Real Madrid, der sein erstes WM-Spiel absolvierte, zum zweiten Mal: Mit dem linken Fuß lenkte er den Ball nach Steilpass und im Sprung an den rechten Innenpfosten. Von dort prallte er parallel zur Torlinie auf die andere Seite, wo er von dem desorientierten Torwart Noel Valladares über die Torlinie bugsiert wurde und genauso schnell wieder heraus. Die neue Torlinientechnik bewies einwandfrei den Treffer. Er wurde als Eigentor gewertet.

Gegen zehn Gegner hatten die Franzosen fortan leichtes Spiel und kamen durch Benzema (55.), Mathieu Valbuena (56.) und Matuidi (64.) zu weiteren Großchancen. Erst in der 68. Minute erarbeiteten sich die Mittelamerikaner ihre erste und gleichzeitig letzte Torchance durch den eingewechselten Óscar Boniek García. Dessen Schuss verfehlte das Tor von Hugo Lloris jedoch deutlich.

Vier Minuten später krönte sich Benzema zum Mann des Spiels: Nach einem Fernschuss von Mathieu Debuchy ließ Valladares den Ball abprallen, Benzema staubte zum 3:0 ab. Nach dem Spiel gab sich der wortkarge Benzema, Sohn algerischer Einwanderer, gewohnt zurückhaltend: „Es war ein schöner Einstieg. Die Mannschaft kann zufrieden sein", sagte er. Seine ersten Turniertore – bei der EM 2008 und 2012 war er leer ausgegangen – kommentierte er so: „Ich will einfach nur meinen Fußball spielen, ohne dabei an irgendwelchen Druck zu denken." Pures Wunschdenken: Ohne den verletzten Franck Ribéry war Benzema schon im ersten Spiel wichtiger denn je für sein Team. Das unterstrich dann auch Trainer Didier Deschamps: „Karim ist der Mann, der die entscheidenden Tore schießt."

FRANKREICH – HONDURAS

 3:0 (1:0)

FRANKREICH-DATEN

Torhüter	Min.	Schüsse gehalten (von)	Flanken/ Ecken abgefangen	Glanztaten	Schwere Fehler	Lange Pässe angekommen (von)	Note
Lloris	90	100 % (1)	0	0	0	80 % (5)	3

Spieler	Ballkontakte in Min.	Zweik. gew. (von)	Fouls gefoult worden	Pässe angek. (von)	Schüsse/ Schussvorlagen	Tore/ Torvorlagen	Note
Debuchy	69 in 90	64 % (22)	2/1	86 % (43)	2/2	0/0	3 +
Varane	61 in 90	60 % (10)	0/0	96 % (55)	0/0	0/0	3 +
Sakho	85 in 90	36 % (11)	0/0	96 % (71)	0/0	0/0	3
1. Evra	68 in 90	43 % (14)	1/2	88 % (49)	0/6	0/1	2 –
1. Cabaye	75 in 64	63 % (8)	2/0	96 % (72)	2/2	0/0	3
Mavuba	26 in 26	0 % (3)	1/0	100 % (26)	0/0	0/0	4
1. Pogba	51 in 56	65 % (17)	1/3	91 % (46)	0/2	0/1	4 –
Sissoko	31 in 34	33 % (3)	0/0	82 % (28)	0/0	0/0	4
Matuidi	86 in 90	52 % (21)	2/2	96 % (72)	3/0	0/0	2 –
Valbuena	81 in 77	61 % (18)	2/3	91 % (54)	3/4	0/0	2 –
Giroud	3 in 13	50 % (4)	0/1	100 % (2)	0/0	0/0	–
Griezmann	48 in 90	45 % (11)	1/0	89 % (37)	3/2	0/0	2 –
Benzema	52 in 90	61 % (23)	1/0	77 % (35)	8/4	2/1	1

15. JUNI, 21.00 UHR, PORTO ALEGRE

Schiedsrichter: Sandro Ricci (Brasilien).
Assistenten: Emerson de Carvalho, Marcelo van Gasse (beide Brasilien).
Tor: 1:0 Benzema (45./ Foulelfmeter), 2:0 Valladares (48./ Eigentor), 3:0 Benzema (72.).
Einwechslungen: Sissoko für Pogba (57.), Mavuba für Cabaye (65.), Giroud für Valbuena (78.) – Ó. Chávez für Bernárdez (46.), Ó. B. García für Bengtson (46.), Claros für Najar (58.).
Zuschauer: 43 012.
Wetter: 18 Grad, bewölkt, 78 % Luftfeuchte.

HONDURAS-DATEN

Torhüter	Min.	Schüsse gehalten (von)	Flanken/ Ecken abgefangen	Glanztaten	Schwere Fehler	Lange Pässe angekommen (von)	Note
Valladares	90	50 % (6)	0	0	0	57 % (7)	4

Spieler	Ballkontakte in Min.	Zweik. gew. (von)	Fouls gefoult worden	Pässe angek. (von)	Schüsse/ Schussvorlagen	Tore/ Torvorlagen	Note
Beckeles	37 in 90	39 % (18)	2/0	75 % (24)	1/0	0/0	4
Bernárdez	18 in 45	40 % (5)	1/0	60 % (10)	0/0	0/0	4
O. Chávez	14 in 45	75 % (4)	0/1	100 % (4)	0/0	0/0	4
Figueroa	60 in 90	41 % (17)	2/1	75 % (36)	1/0	0/0	4
Izaguirre	49 in 90	21 % (14)	1/0	82 % (34)	0/0	0/0	5 +
1. Garrido	33 in 90	47 % (19)	1/0	96 % (24)	0/0	0/0	4
1. W. Palacios	19 in 43	67 % (12)	3/3	92 % (13)	1/1	0/0	5
Najar	11 in 57	40 % (5)	0/1	56 % (9)	0/0	0/0	4
Claros	15 in 33	80 % (5)	0/0	83 % (12)	0/0	0/0	3
Espinoza	32 in 90	39 % (23)	1/1	71 % (17)	0/0	0/0	4
Costly	27 in 90	45 % (22)	0/2	79 % (14)	0/0	0/0	4 –
Bengtson	21 in 45	33 % (9)	0/0	69 % (13)	0/0	0/0	4
1. Ó. B. García	16 in 45	67 % (12)	1/4	88 % (8)	1/1	0/0	4

Schiedsrichter stiehlt ein Tor

Frankreich zur Halbzeit so gut wie zuletzt 1930

Blaise Matuidi (r.) erzielt aus spitzem Winkel das 2:0. Links: Johan Djourou

Die bis dahin torreichste Partie der WM 2014 war auch historisch bedeutsam. Eine 3:0-Pausenführung hatten die Franzosen in zuvor 55 WM-Auftritten erst einmal gefeiert. Gleich im allerersten Spiel bei einer Weltmeisterschaft überhaupt, beim 4:1 gegen Mexiko am 13. Juli 1930 in Montevideo (Uruguay). Vor 84 Jahren trafen Lucien Laurent (19.), erster Torschütze der WM-Geschichte, Marcel Langiller (40.) und André Maschinot (43.). Dennoch schied Frankreich nach der Vorrunde als Gruppendritter aus. Parallel zur Begegnung Frankreich – Mexiko wurde 1930 noch die Partie USA – Belgien (3:0) ausgetragen, ein klassisches Eröffnungsspiel gab es damals nicht.
Übrigens: Für die Schweiz war das 2:5 gegen Frankreich das Spiel mit den meisten Gegentoren seit dem 0:5 zum WM-Auftakt 1966 gegen Deutschland. Duplizität der Ereignisse: Auch am 12. Juli 1966 lagen die Schweizer zur Halbzeit 0:3 zurück – nach Treffern von Sigi Held (15.), Helmut Haller (20.) und Franz Beckenbauer (39.).

Mit dem letzten Angriff erzielt Benzema das 6:2 für Frankreich. Vermeintlich. Kuipers hat schon abgepfiffen

Als es vorbei war, staunten die Zuschauer ein letztes Mal. Die unbegreifliche Partie zwischen der Schweiz und Frankreich schloss mit einem Moment maximaler Verwirrung. Karim Benzema schoss von der Strafraumgrenze ein herrliches Tor, die Franzosen feierten ausgelassen, aber auf der Anzeigetafel hieß es unverändert 2:5. Nicht 2:6. Mitten im Angriff hatte Schiedsrichter Björn Kuipers abgepfiffen und der Schweiz, der sonst rein gar nichts geschenkt wurde an diesem Tag, ein höheres Debakel erspart.

Das 2:5 bedeutete dennoch die höchste Pleite in der Ära Ottmar Hitzfeld. Dabei hatte der Trainer seine Spieler eindringlich vor den Franzosen gewarnt: „Sie haben unglaublich viel Selbstvertrauen, können schnell umschalten, sind flexibel und funktionieren wie eine Maschine." Davon konnte

»Der Doppelschlag hat uns das Genick gebrochen«

sich die ganze Welt in Salvador überzeugen.

Die Katastrophe begann für die Schweiz in der 8. Minute, als Frankreichs Mittelstürmer Olivier Giroud Verteidiger Steve von Bergen den Fuß ins Gesicht trat. Unabsichtlich zwar, aber mit verheerender Wirkung: Für von Bergen war nach einem Augenhöhlenbruch die WM beendet. Ausgerechnet Sünder Giroud, der nicht einmal Gelb sah, erzielte nach 17 Minuten per Kopf das 1:0, nur 66 Sekunden danach traf Blaise Matuidi nach Fehlern von Valon Behrami und Diego Benaglio aus spitzem Winkel zum 2:0. Das Spiel war entschieden, wie Hitzfeld anmerkte: „Der Doppelschlag hat uns das Genick gebrochen."

Selbst als Benaglio seinen Ruf als „Elfmeter-Killer" bestätigte und gegen Benzema parierte (32.), ging kein Ruck durch die Mannschaft. Im Gegenteil, sie ließ sich anfängerhaft auskontern: Mathieu Valbuena hatte leichtes Spiel und erhöhte auf 3:0 (40.).

Es war schon zur Pause nicht mehr die Frage, wer dieses Spiel gewinnen würde, sondern nur, wie viele Tore diese beiden Mannschaften dem Publikum noch präsentieren würden. In der 67. Minute erzielte Benzema das 4:0, diesmal hatte Philipp Senderos gepatzt. Und für Moussa Sissoko fühlte sich niemand verantwortlich, als er per Flachschuss auf 5:0 (73.) erhöhte. Die Ehrentreffer von Blerim Dzemaili (81.) und Granit Xhaka (87.) zum 2:5-Endstand machten das Debakel wenig erträglicher.

Frankreichs Trainer Didier Deschamps war stolz („Wir haben viel richtig gemacht"), Kollege Hitzfeld entsprechend bedient: „Wir haben einen rabenschwarzen Tag erwischt und nicht zu unserem Leistungspotenzial gefunden." Derbe war der Ausblick der Zeitung „Blick": „Wenn dir das Leben in den Arsch tritt, dann nutze den Schwung vorwärtszukommen." ●

Erster Akt in der Vorführung: Olivier Giroud (o.) köpft in der 17. Minute nach Vorlage von Mathieu Valbuena das 1:0. Verteidiger-Kollege Raphaël Varane (Nr. 4) bemüht sich vergeblich um den Ball, den Schweizer Valon Behrami drückt Giroud mit dem linken Arm runter

SCHWEIZ – FRANKREICH

 2:5 (0:3)

SCHWEIZ-DATEN

Torhüter	Min.	Schüsse gehalten (von)	Flanken/ Ecken abgefangen	Glanz- taten	Schwere Fehler	Lange Pässe angekommen (von)	Note
Benaglio	90	62 % (13)	0	1	1	50 % (6)	4 –

Spieler	Ball- kontakte in Min.	Zweik. gew. (von)	Fouls/ gefoult worden	Pässe angek. (von)	Schüsse/ Schuss- vorlagen	Tore/ Torvor- lagen	Note
Lichtsteiner	58 in 90	71 % (14)	1/2	85 % (41)	0/1	0/0	5
Djourou	54 in 90	14 % (7)	2/0	100 % (46)	0/0	0/0	5
von Bergen	3 in 8	100 % (1)	0/1	100 % (1)	0/0	0/0	–
Senderos	64 in 82	100 % (6)	0/0	89 % (55)	0/0	0/0	5
Rodríguez	74 in 90	65 % (17)	1/1	84 % (44)	1/2	0/0	4 –
Behrami	15 in 45	40 % (5)	1/0	85 % (13)	0/0	0/0	5
Dzemaili	53 in 45	45 % (11)	3/1	84 % (43)	2/3	1/0	4
Inler	78 in 90	58 % (24)	0/3	85 % (59)	2/3	0/1	4
Shaqiri	52 in 90	33 % (27)	2/2	90 % (31)	4/5	0/1	4
Xhaka	56 in 90	40 % (25)	1/1	88 % (43)	4/2	1/0	4
Mehmedi	54 in 90	59 % (34)	0/4	70 % (33)	2/1	0/0	5
Seferovic	24 in 68	31 % (16)	1/0	67 % (15)	2/0	0/0	5
Drmic	1 in 22	0 % (0)	0/0	100 % (1)	0/0	0/0	4

20. JUNI, 21.00 UHR, SALVADOR DA BAHIA

Schiedsrichter: Björn Kuipers (Holland).
Assistenten: Sander van Roekel, Erwin Zeinstra (beide Holland).
Tore: 0:1 Giroud (17.), 0:2 Matuidi (18.), 0:3 Valbuena (40.), 0:4 Benzema (67.), 0:5 Sissoko (73.), 1:5 Dzemaili (81.), 2:5 Xhaka (87.).
Einwechslungen: Senderos für von Bergen (9.), Dzemaili für Behrami (46.), Drmic für Seferovic (69.) – Pogba für Giroud (63.), Koscielny für Sakho (66.), Griezmann für Valbuena (82.).
Zuschauer: 51 003.
Wetter: 26 Grad, bewölkt, 69 % Luftfeuchte.

FRANKREICH-DATEN

Torhüter	Min.	Schüsse gehalten (von)	Flanken/ Ecken abgefangen	Glanz- taten	Schwere Fehler	Lange Pässe angekommen (von)	Note
Lloris	90	60 % (5)	0	0	0	38 % (8)	3

Spieler	Ball- kontakte in Min.	Zweik. gew. (von)	Fouls/ gefoult worden	Pässe angek. (von)	Schüsse/ Schuss- vorlagen	Tore/ Torvor- lagen	Note
Debuchy	54 in 90	43 % (28)	4/0	67 % (21)	0/0	0/0	3 –
Varane	34 in 90	100 % (6)	0/0	92 % (25)	0/1	0/0	3 +
Sakho	37 in 65	60 % (10)	0/0	93 % (27)	0/0	0/0	2 –
Koscielny	5 in 25	0 % (1)	1/0	100 % (4)	0/0	0/0	3
Evra	46 in 90	69 % (16)	0/0	95 % (19)	1/0	0/0	3
2. Cabaye	48 in 90	48 % (23)	2/3	82 % (33)	2/2	0/0	2 –
Sissoko	32 in 90	44 % (16)	2/0	77 % (22)	1/1	1/0	2
Matuidi	44 in 90	52 % (23)	1/2	100 % (29)	3/4	1/0	2 +
Valbuena	49 in 81	27 % (15)	2/0	80 % (30)	3/4	1/1	2 +
Griezmann	5 in 9	33 % (3)	0/0	100 % (2)	0/0	0/0	–
Benzema	39 in 90	42 % (12)	0/3	83 % (23)	8/7	1/2	2
Giroud	37 in 62	48 % (29)	2/2	57 % (14)	4/1	1/1	1 –
Pogba	19 in 28	80 % (5)	1/1	79 % (14)	0/1	0/1	3

Kleiner Valencia spielt groß auf

Kleiner Mann steigt am höchsten: Enner Valencia (M.) köpft in der 65. Minute das 2:1. Das historische Tor von Carlo Costly (Nr. 13) hat in diesem Moment nur noch statistischen Wert

Ungewöhnliche Freundschaft zweier Trainer

Zwei Kolumbianer: Rueda (l.) trainierte schon Honduras, Suárez Ecuador

Eine größere Nähe geht nicht: Ecuadors Trainer Reinaldo Rueda und Honduras' Trainer Luis Fernando Suárez sind beide Kolumbianer – und Freunde. Mehr noch: Von 2007 bis 2010 betreute Rueda die honduranische Nationalmannschaft, führte sie 2010 nach 28-jähriger Abstinenz wieder zu einer WM-Endrunde. Suárez trainierte Ecuador von 2004 bis 2007 und schaffte mit der Mannschaft gleich bei der WM-Premiere 2006 in Deutschland den Sprung ins Achtelfinale. Nun waren die beiden in vertauschten Rollen Gegner in Curitiba. Geheimniskrämerei? Fehlanzeige! Die Freundschaft der beiden Trainer ging vor dem Spiel so weit, dass ihre Teams sogar im gleichen Hotel übernachteten.
„Es ist ein Spiel, das ich lieber umgangen hätte", gestand Rueda vor der Partie, „denn ich mag die Menschen in Honduras sehr, und das wird immer so bleiben." Suárez ließ auf seinen ehemaligen Arbeitgeber ebenfalls nichts kommen: „Ich bin in Ecuador als Persönlichkeit gereift, und wir haben ein tolles Kapitel Fußballgeschichte geschrieben."

Ecuadors Doppel-Torschütze stiehlt seinem prominenten Namensvetter die Show. Erstes Tor für Honduras seit 1982

Diese Aufmunterung konnte Antonio Valencia nach seinem uninspirierten Auftritt gut gebrauchen. Auf einer eilig in eine Kamera gehaltenen Flagge dokumentierten einige Fans nach dem Schlusspfiff ihre „ewige Liebe" zu Ecuadors Superstar. In den vorangegangenen 90 Minuten war ihre Zuneigung für den Techniker indes auf eine harte Probe gestellt worden.
Valencia, mit einem Marktwert von 16 Millionen Euro fast so wertvoll wie der gesamte Kader von Honduras (21,1 Millionen Euro), wirkte wie ein Statist. Der Kapitän blieb ohne Torschuss und Vorlage, sah nach einem Foul an Óscar García die Gelbe Karte (57.). Zwei Minuten zuvor war er in aussichtsreicher Position am honduranischen Strafraum über den Ball gestolpert.

»Ich wollte keinen Mythos zerstören, nur ein Tor schießen«

Dass Ecuador diese Partie gewann, verdankte die Mannschaft dennoch Valencia – Enner Valencia (1,74 m), nicht verwandt und verschwägert mit Antonio (1,81 m). Der Torschützenkönig der mexikanischen Liga erzielte in der 34. Minute das 1:1 aus kurzer Distanz. Und in der 65. Minute köpfte er nach Freistoßflanke von links aus sechs Metern den 2:1-Siegtreffer. „Danke an Enner Valencia, wir leben noch bei dieser WM!", jubelte die Zeitung „El Universo". „Wir haben unsere Treffer zum richtigen Zeitpunkt erzielt", sah es Trainer Reinaldo Rueda etwas nüchterner. Die Tore fanden aus einem anderen Grund noch Eingang in die Annalen: Bei der dritten Endrunden-Teilnahme siegte Ecuador erstmals nach Rückstand.
Die Zuschauer sahen eine von der Spannung geprägte Partie mit überschaubarem taktischem Niveau. „Vergessen Sie Tiki-Taka, die falsche Neun und Diamanten im Mittelfeld", schrieb das Internet-Portal „Yahoo Sports" etwas spöttisch, „Ecuador und Honduras hielten das Spiel schlicht und feierten ein rustikales Fest."
Honduras versuchte mit „Kick-and-rush" englischer Prägung und Weitschüssen wie dem von Carlo Costly aus fast 40 Metern (15.) sein Glück und wurde für die antiquierte Spielweise nach einer halben Stunde belohnt. Costly erzielte nach raumgreifendem Pass von Abwehrspieler Brayan Beckeles mit platziertem Schuss aus 16 Metern das 1:0 (31.). Ein historischer Treffer, der erste für Honduras bei einer Weltmeisterschaft nach – fast auf den Tag genau – 32 Jahren: Am 21. Juni 1982 hatte Eduardo Antonio Laing im Vorrundenspiel gegen Nordirland (1:1) getroffen. Ein bis zu diesem 20. Juni 2014 fußballhistorischer Moment für das Land. „Ich wollte keinen Mythos zerstören. Ich wollte nur ein Tor schießen. Und dass meine Mannschaft einen Schritt nach vorn macht", erklärte Costly fast entschuldigend. Das misslang.

HONDURAS – ECUADOR

 1:2 (1:1)

HONDURAS-DATEN

Torhüter	Min.	Schüsse gehalten (von)	Flanken/Ecken abgefangen	Glanztaten	Schwere Fehler	Lange Pässe angekommen (von)	Note
Valladares	90	50 % (4)	0	0	0	60 % (5)	3

Spieler	Ballkontakte in Min.	Zweik. gew. (von)	Fouls/gefoult worden	Pässe angek. (von)	Schüsse/Schussvorlagen	Tore/Torvorlagen	Note
Beckeles	52 in 90	67% (24)	0/1	82% (22)	1/3	0/1	3
1. Bernárdez	34 in 90	47% (15)	3/1	77% (13)	2/1	0/0	3 −
Figueroa	65 in 90	68% (25)	1/1	68% (28)	2/0	0/0	3
Izaguirre	27 in 45	54% (13)	1/0	30% (10)	0/0	0/0	4
J. C. García	33 in 45	56% (16)	0/2	100% (16)	0/0	0/0	4
Garrido	43 in 70	62% (13)	0/1	92% (25)	0/0	0/0	3 −
M. Martínez	20 in 20	75% (4)	0/2	83% (12)	2/1	0/0	4
Claros	60 in 90	70% (20)	1/2	90% (51)	1/2	0/0	3 +
Ó. B. García	43 in 82	38% (21)	1/2	78% (27)	1/2	0/0	3
M. Chávez	3 in 8	0% (1)	0/0	50% (2)	0/0	0/0	−
Espinoza	46 in 90	44% (25)	2/0	87% (31)	3/1	0/0	4 +
Costly	30 in 90	54% (28)	3/1	73% (26)	3/3	1/0	3 +
1. Bengtson	24 in 90	50% (16)	1/1	100% (7)	1/1	0/0	3 −

20. JUNI, 24 UHR, CURITIBA

Schiedsrichter: Benjamin Williams (Australien).
Assistenten: Matthew Cream, Hakan Anaz (beide Australien).
Tore: 1:0 Costly (31.), 1:1 E. Valencia (34.), 1:2 E. Valencia (65.).
Einwechslungen: J. C. García für Izaguirre (46.), M. Martínez für Garrido (71.), M. Chávez für Ó. B. García (83.) – Méndez für Caicedo (82.), Gruezo für Minda (83.), Achilier für Montero (90.+2).
Zuschauer: 39 244.
Wetter: 13 Grad, bewölkt, 77 % Luftfeuchte.

Aufstellung:
- VALLADARES
- BERNÁRDEZ, FIGUEROA
- BECKELES, IZAGUIRRE
- GARRIDO, CLAROS
- Ó. B. GARCÍA, ESPINOZA
- COSTLY
- BENGTSON
- E. VALENCIA, CAICEDO
- MONTERO, A. VALENCIA
- MINDA, NOBOA
- W. AYOVÍ, ERAZO, GUAGUA, PAREDES
- DOMÍNGUEZ

ECUADOR-DATEN

Torhüter	Min.	Schüsse gehalten (von)	Flanken/Ecken abgefangen	Glanztaten	Schwere Fehler	Lange Pässe angekommen (von)	Note
Domínguez	90	80% (5)	0	0	0	50% (4)	2 −

Spieler	Ballkontakte in Min.	Zweik. gew. (von)	Fouls/gefoult worden	Pässe angek. (von)	Schüsse/Schussvorlagen	Tore/Torvorlagen	Note
Paredes	41 in 90	64% (14)	0/4	69% (16)	1/3	0/1	3
Guagua	35 in 90	63% (16)	1/1	87% (15)	1/0	0/0	3 −
Erazo	39 in 90	43% (14)	0/0	81% (27)	1/1	0/0	4 +
W. Ayoví	63 in 90	80% (5)	0/0	94% (32)	1/2	0/1	3 −
Noboa	63 in 90	50% (40)	5/0	81% (32)	2/1	0/0	3
Minda	46 in 82	44% (16)	0/0	89% (37)	0/0	0/0	3 −
Gruezo	2 in 8	0% (0)	0/0	50% (2)	0/0	0/0	−
1. A. Valencia	41 in 90	29% (34)	3/0	80% (20)	1/3	0/1	5
1. Montero	51 in 89	26% (27)	3/1	76% (34)	0/2	0/0	4 +
Achilier	0 in 1	0% (0)	0/0	0% (0)	0/0	0/0	−
Caicedo	39 in 81	31% (16)	0/1	89% (18)	1/0	0/0	3 −
Méndez	9 in 9	40% (5)	0/0	50% (2)	0/0	0/0	−
1. E. Valencia	40 in 90	53% (34)	2/5	73% (15)	4/1	2/0	1 −

Ein Dreierpack – Shaqiris Gala

Dank an den Mitspieler: Xherdan Shaqiri weist auf Josip Drmic, der zwei seiner drei Tore vorbereitete

Schweiz: Neun Bundesliga-Profis im Aufgebot

Beim FC Bayern unter Vertrag: Xherdan Shaqiri erzielt das 2:0 gegen Honduras

Von den 736 Spielern der WM 2014 verdienten 115 (15,6 Prozent) ihr Geld in England, 83 in Italien (11,3 Prozent) und 77 in Deutschland (10,5 Prozent). Hinter dem Kader der DFB-Auswahl (16 Spieler) und noch vor denen von Bosnien und Japan (je sieben Spieler) wies das Aufgebot der Schweiz mit neun Akteuren die größte Zahl an Bundesliga-Profis auf.

Trainer Ottmar Hitzfeld nominierte allein sieben von ihnen für seine Anfangsformation gegen Honduras: Torwart Diego Benaglio (Wolfsburg), die Verteidiger Johan Djourou (HSV) und Ricardo Rodríguez, Granit Xhaka (M'gladbach), Admir Mehmedi (Freiburg) und Xherdan Shaqiri (Bayern München) fürs Mittelfeld sowie Stürmer Josip Drmic (Nürnberg/ab 1. Juli Leverkusen). Die Mittelfeldspieler Tranquillo Barnetta (Frankfurt) und Gelson Fernandes (Freiburg) saßen auf der Bank und kamen nicht zum Einsatz. Dreifach-Torschütze Shaqiri zählte zudem zum größten Kontingent, das ein einzelner Klub nach Brasilien entsandte. Genau wie Manchester United stellte der FC Bayern 14 Spieler ab. Auf den Plätzen folgten der FC Barcelona (13) sowie Real Madrid, Chelsea London, der SSC Neapel und Juventus Turin mit jeweils zwölf Nationalspielern.

Der Stürmer erlebt den größten Tag seiner Länderspiel-Karriere, belohnt die Schweiz und straft alle Kritiker

Es war sein Tag, es war sein Spiel – und deshalb sollte es auch sein Souvenir sein. Nach Abpfiff schnappte sich Xherdan Shaqiri den Spielball. Niemand hatte etwas dagegen, dass er sich noch ein besonderes Geschenk gönnte nach dem größten Spiel seiner Länderspiel-Karriere.

Gegen Honduras erzielte der Tempodribbler mit dem starken linken Fuß alle drei Tore für die Schweiz. In einem WM-Spiel war das bis dahin nur einem Schweizer gelungen: Josef Hügi vor 60 Jahren beim 5:7 gegen Österreich im Viertelfinale. Diesmal aber bedeutete Shaqiris Dreierpack das Weiterkommen, die Schweiz qualifizierte sich für das Achtelfinale.

Shaqiri ließ zunächst die Reporter in der Mixed Zone stehen, als Reaktion auf angeblich unsachliche Kritiken nach dem 2:5-Debakel gegen

> »Wir geben nicht auf, so wie wir den Wirbelsturm überlebt haben«

Frankreich. Doch als „Man of the Match" musste er zur Pressekonferenz. Da wies Shaqiri bescheiden auf die Gesamtleistung der Elf hin: „Wir haben als Mannschaft etwas Großes geleistet. Ich glaube, dass alle stolz auf uns sind."

Trainer Ottmar Hitzfeld jedenfalls war es. Noch ein Vorrunden-Aus wie 2010, wieder gegen die unbedarfte Mannschaft aus Honduras, hätte das Urteil über seine definitiv letzte Trainerstation stark getrübt. Aber seine von Beginn an auf Sieg spielende Elf und vor allem Shaqiri bewahrten ihn davor. Bereits in der 3. Minute schoss er aus kürzester Distanz Torwart Noel Valladares an, in der 6. Minute hatte er aus 20 Metern mit einem herrlichen Schuss mehr Erfolg. Es war das schnellste Tor der Schweizer WM-Historie, Shaqiri entthronte damit Leopold Kielholz, der 1934 gegen Holland sieben Minuten bis zum ersten Treffer gebraucht hatte.

In der 31. Minute hatte Shaqiri, den sie in der Schweiz wegen seiner urwüchsigen Kraft, seiner technischen Raffinesse und der Schussstärke „Zauberwürfel" nennen, seinen nächsten großen Auftritt: Josip Drmic spielte präzise in die Gasse, Shaqiri schloss eiskalt ab. Wieder ein Tor mit links, wie eigentlich immer. So auch der Treffer in der 71. Minute gegen leidenschaftliche Honduraner. Wieder bediente Drmic ihn mustergültig, Shaqiri musste aus zwölf Metern nur noch zum 3:0 einschieben.

Weil Honduras noch ein Elfmeter verweigert wurde und Jerry Bengtson aus kürzester Distanz per Kopf an Diego Benaglio scheiterte, blieb es bei diesem Spielstand. Honduras musste punktlos abreisen, Trainer Luis Fernando Suárez trat noch am selben Tag zurück. „Es ist Zeit für einen Wechsel. Ein neuer Trainer findet gutes Material vor. Wir geben nicht auf, so wie das Volk den Wirbelsturm überlebt hat."

HONDURAS – SCHWEIZ

 0:3 (0:1)

HONDURAS-DATEN

Torhüter	Min.	Schüsse gehalten (von)	Flanken/Ecken abgefangen	Glanztaten	Schwere Fehler	Lange Pässe angekommen (von)	Note
Valladares	90	67 % (9)	0	0	0	50 % (2)	3

Spieler	Ballkontakte in Min.	Zweik. gew. (von)	Fouls/gefoult worden	Pässe angek. (von)	Schüsse/Schussvorlagen	Tore/Torvorlagen	Note
Beckeles	51 in 90	24 % (17)	1/0	81 % (32)	2/0	0/0	4
Bernárdez	37 in 90	33 % (6)	1/0	93 % (28)	0/0	0/0	4+
Figueroa	73 in 90	58 % (12)	4/2	80 % (55)	2/0	0/0	3−
J. C. García	80 in 90	47 % (19)	1/0	94 % (52)	1/2	0/0	4+
Claros	63 in 90	73 % (11)	1/1	93 % (55)	1/1	0/0	3−
W. Palacios	82 in 90	56 % (16)	0/4	89 % (71)	1/1	0/0	3−
Ó. B. García	39 in 76	54 % (13)	0/2	85 % (27)	0/3	0/0	3−
Najar	12 in 14	33 % (3)	0/1	88 % (8)	1/1	0/0	–
Espinoza	39 in 45	50 % (8)	1/0	75 % (28)	1/1	0/0	3−
Chávez	33 in 45	55 % (11)	1/2	85 % (20)	0/1	0/0	3
Costly	10 in 39	50 % (6)	0/1	60 % (5)	0/0	0/0	4+
J. Palacios	19 in 51	17 % (12)	3/1	100 % (8)	1/1	0/0	4+
Bengtson	18 in 90	19 % (16)	2/1	82 % (11)	3/1	0/0	3

25. JUNI, 22.00 UHR, MANAUS

Schiedsrichter: Néstor Pitana (Argentinien). **Assistenten:** Hernán Maidana, Juan Pablo Belatti (beide Argentinien). **Tore:** 0:1 Shaqiri (6.), 0:2 Shaqiri (31.), 0:3 Shaqiri (71.). **Einwechslungen:** J. Palacios für Costly (40.), Chávez für Espinoza (46.), Najar für Ó. B. García (77.) – Seferovic für Drmic (73.), Lang für Xhaka (77.), Dzemaili für Shaqiri (87.). **Zuschauer:** 40 322. **Wetter:** 26 Grad, bewölkt, 88 % Luftfeuchte.

SCHWEIZ-DATEN

Torhüter	Min.	Schüsse gehalten (von)	Flanken/Ecken abgefangen	Glanztaten	Schwere Fehler	Lange Pässe angekommen (von)	Note
Benaglio	90	100 % (3)	0	1	0	17 % (6)	2−

Spieler	Ballkontakte in Min.	Zweik. gew. (von)	Fouls/gefoult worden	Pässe angek. (von)	Schüsse/Schussvorlagen	Tore/Torvorlagen	Note
Lichtsteiner	55 in 90	73 % (11)	0/3	96 % (27)	0/1	0/1	3
Djourou	26 in 90	60 % (10)	1/2	92 % (13)	0/1	0/0	3
Schär	31 in 90	86 % (14)	1/1	71 % (14)	0/0	0/0	3+
Rodríguez	35 in 90	70 % (10)	1/0	80 % (25)	0/0	0/0	3+
Behrami	32 in 90	46 % (13)	3/2	88 % (26)	1/1	0/0	3
Inler	56 in 90	60 % (10)	0/1	87 % (45)	2/1	0/0	3
Shaqiri	60 in 86	38 % (21)	4/3	76 % (38)	7/5	3/0	1
Dzemaili	0 in 4	0 % (1)	1/0	0 % (0)	0/0	0/0	–
Xhaka	36 in 76	55 % (20)	1/1	85 % (20)	2/0	0/0	3−
Lang	5 in 14	50 % (2)	1/0	67 % (3)	0/1	0/0	–
Mehmedi	41 in 90	67 % (21)	1/0	79 % (29)	1/1	0/0	3
Drmic	21 in 72	46 % (13)	1/2	83 % (12)	2/4	0/2	2
Seferovic	7 in 18	20 % (5)	1/0	75 % (4)	0/0	0/0	3

Tritte, Schläge – nur keine Tore

Der brutale Tritt: Antonio Valencia attackiert Lucas Digne mit gestrecktem Bein, den Ball will er gar nicht treffen. Die Konsequenz: Rot in der 50. Minute

Die Franzosen Sakho und Giroud bleiben nach Tätlichkeit verschont, Antonio Valencia sieht Rot

Ecuador scheidet als einziges Team aus Südamerika aus

Die Weltmeisterschaft hinterlässt Spuren: Cristian Noboa mit Kopfverband

Ecuador hätte Historisches leisten können: Beinahe wären alle sechs qualifizierten südamerikanischen Teilnehmer bei einer WM ins Achtelfinale vorgestoßen. Doch das 0:0 gegen Frankreich war zu wenig. Als einziges Team des Subkontinents schied Ecuador in der Gruppenphase aus. Nach dem Abpfiff war Trainer Reinaldo Rueda die Enttäuschung über das Ausscheiden seiner Mannschaft deutlich anzumerken: „Das war ein sehr kurzes Turnier. Wir haben letztlich die Auftaktniederlage gegen die Schweiz teuer bezahlt. Zumal wir wussten, dass wir im letzten Gruppenspiel gegen Frankreich würden antreten müssen", klagte Rueda. Die Schuld sah er auch bei sich, da er es versäumt habe, „zahlreiche Spieler, die aus einer persönlich für sie schlechten Saison kamen, in Form zu bringen". Dass Leidenschaft nicht spielerische Klasse ersetzen kann, bemängelte die ecuadorianische Zeitung „El Comercio". Sie schrieb: „Die Tri zeigte Krallen, doch es fehlte der Fußball."

Schon die Aufstellung der Franzosen verhieß nichts Gutes: Auf sechs Positionen brachte Trainer Didier Deschamps neue Leute. Den Achtelfinal-Einzug hatte die Équipe Tricolore bereits perfekt gemacht. Nun ging es darum, Kräfte zu schonen. Ecuador dagegen befand sich im Fernduell mit der Schweiz um den zweiten Platz.

Da die Eidgenossen im Parallel-Spiel früh in Führung gegangen waren, mussten die Südamerikaner gegen Frankreich auf Sieg spielen. Schon in der 8. Minute hätte das Spiel eine Wendung zu ihren Gunsten nehmen können: Der französische Abwehrhüne Mamadou Sakho rammte den Ellenbogen ins Gesicht seines Gegenspielers Oswaldo Minda – eine klare Rote Karte. Doch die Rüpelaktion blieb ungeahndet, da Schiedsrichter Noumandiez Doué die Szene nicht gesehen hatte.

»Wir empfinden eine große Befriedigung über das Erreichte«

Vollzählig bestimmten die Franzosen das Spiel, ohne jedoch zu klaren Torchancen zu kommen. Antoine Griezmann (11.) und Moussa Sissoko (15.) mit Fernschüssen, Paul Pogba (38.) mit einem Kopfball – mehr hatten sie nicht zu bieten. Die wenigen Konterversuche der Ecuadorianer unterbanden die robusten französischen Defensivspieler bereits im Ansatz. Cristian Noboa trug als Folge der kompromisslosen französischen Zweikampfführung eine Platzwunde am Kopf davon, spielte aber mit einem Mützenverband weiter.

Die größte Chance der ersten Halbzeit hatte in der 41. Minute Ecuadors Torjäger Enner Valencia, doch Hugo Lloris hielt dessen Kopfball aus kurzer Distanz. Das befriedigte die Zuschauer keineswegs, sie quittierten das langweilige Ballgeschiebe mit Pfiffen.

Zumindest die Zahl der Torszenen erhöhte sich in der zweiten Spielhälfte: In der 47. Minute lenkte der ecuadorianische Torwart Alexander Domínguez einen Schuss von Griezmann an den Pfosten.

Ecuadors kriselnder Star Antonio Valencia schwächte seine Mannschaft nur wenig später entscheidend. Bei einem Zweikampf an der rechten Außenlinie sprang er brutal und in Verletzungs-Absicht auf das linke Schienbein von Lucas Digne und sah Rot (50.). In Überzahl kamen die Franzosen zu einer Reihe von Torchancen, doch Blaise Matuidi (62.), Karim Benzema (65., 78., 84.), Pogba (73., 89.), Loïc Remy (87.) und Olivier Giroud (90.+2) scheiterten an Domínguez. In der 88. Minute hatte auch Giroud Glück, als sein Ellenbogenschlag gegen Gabriel Achilier nicht geahndet wurde.

„Wir empfinden eine große Befriedigung über das, was wir erreicht haben", sagte Trainer Didier Deschamps. „Auch das 0:0 trübt meine Zufriedenheit nicht." Die Tritte und Schläge sprach er nicht an.

ECUADOR – FRANKREICH

 0:0

ECUADOR-DATEN

Torhüter	Min.	Schüsse gehalten (von)	Flanken/ Ecken abgefangen	Glanz- taten	Schwere Fehler	Lange Pässe angekommen (von)	Note
Domínguez	90	100 % (9)	0	0	0	17 % (6)	1 −

Spieler	Ball- kontakte in Min.	Zweik. gew. (von)	Fouls/ gefoult worden	Pässe angek. (von)	Schüsse/ Schuss- vorlagen	Tore/ Torvor- lagen	Note
Paredes	44 in 90	38 % (13)	1/1	69 % (29)	0/2	0/0	3 −
Guagua	37 in 90	36 % (11)	3/1	78 % (23)	0/0	0/0	3 −
1. Erazo	41 in 90	81 % (16)	0/0	75 % (24)	0/0	0/0	2 −
W. Ayoví	46 in 90	53 % (15)	1/1	64 % (22)	1/0	0/0	3 −
Minda	34 in 90	42 % (12)	2/0	81 % (27)	0/1	0/0	4 +
Noboa	42 in 88	57 % (23)	0/0	67 % (27)	3/2	0/0	3 +
Caicedo	1 in 2	0 % (1)	0/0	0 % (0)	1/0	0/0	−
1. A. Valencia	33 in 49	29 % (14)	4/1	76 % (21)	1/1	0/0	5
Montero	21 in 62	17 % (18)	0/0	75 % (8)	0/0	0/0	3 −
Ibarra	11 in 28	50 % (8)	2/1	33 % (3)	2/4	0/0	3
Arroyo	31 in 81	38 % (16)	2/0	89 % (19)	3/1	0/0	3
Achilier	1 in 9	0 % (1)	0/0	100 % (1)	0/0	0/0	−
E. Valencia	21 in 90	28 % (39)	0/1	100 % (2)	2/1	0/0	3

25. JUNI, 22.00 UHR, RIO DE JANEIRO

Schiedsrichter: *Noumandiez Doué (Elfenbeinküste).*
Assistenten: *Songuifolo Yeo (Elfenbeinküste), Jean Claude Birumushahu (Burundi).*
Einwechslungen: *Ibarra für Montero (63.), Achilier für Arroyo (82.), Caicedo für Noboa (89.) – Varane für Sakho (61.), Giroud für Matuidi (67.), Rémy für Griezmann (79.).*
Zuschauer: *73 749.*
Wetter: *28 Grad, sonnig, 48 % Luftfeuchte.*

FRANKREICH-DATEN

Torhüter	Min.	Schüsse gehalten (von)	Flanken/ Ecken abgefangen	Glanz- taten	Schwere Fehler	Lange Pässe angekommen (von)	Note
Lloris	90	100 % (3)	0	0	0	60 % (5)	3

Spieler	Ball- kontakte in Min.	Zweik. gew. (von)	Fouls/ gefoult worden	Pässe angek. (von)	Schüsse/ Schuss- vorlagen	Tore/ Torvor- lagen	Note
Sagna	69 in 90	70 % (23)	0/1	92 % (38)	0/2	0/0	3
Koscielny	57 in 90	72 % (18)	1/1	93 % (40)	0/0	0/0	3
Sakho	49 in 60	73 % (15)	0/1	95 % (37)	0/0	0/0	4 −
Varane	11 in 30	100 % (2)	0/0	100 % (10)	0/0	0/0	3
Digne	72 in 90	61 % (18)	1/3	96 % (46)	0/1	0/0	4 +
Schneiderlin	74 in 90	79 % (14)	0/1	93 % (59)	1/2	0/0	3
Pogba	97 in 90	70 % (20)	1/2	85 % (74)	7/3	0/0	2 −
Matuidi	57 in 66	56 % (16)	0/1	89 % (38)	1/2	0/0	3 −
Giroud	12 in 24	67 % (9)	0/2	75 % (8)	1/1	0/0	4
Griezmann	49 in 78	30 % (20)	2/1	92 % (24)	2/1	0/0	2 −
Rémy	8 in 12	50 % (2)	0/0	83 % (6)	1/1	0/0	−
Sissoko	52 in 90	40 % (15)	1/2	81 % (36)	2/4	0/0	3 −
Benzema	45 in 90	33 % (15)	0/0	84 % (31)	6/4	0/0	3

GRUPPE F

- ARGENTINIEN
- BOSNIEN
- IRAN
- NIGERIA

Sonntag, 15. Juni, Rio de Janeiro
Argentinien – Bosnien 2:1 (1:0)

Montag, 16. Juni, Curitiba
Iran – Nigeria 0:0

Samstag, 21. Juni, Belo Horizonte
Argentinien – Iran 1:0 (0:0)

Samstag, 21. Juni, Cuiabá
Nigeria – Bosnien 1:0 (1:0)

Mittwoch, 25. Juni, Porto Alegre
Nigeria – Argentinien 2:3 (1:2)

Mittwoch, 25. Juni, Salvador da Bahia
Bosnien – Iran 3:1 (1:0)

	Argentinien	Bosnien	Iran	Nigeria
Argentinien		2:1	1:0	3:2
Bosnien	1:2		3:1	0:1
Iran	0:1	1:3		0:0
Nigeria	2:3	1:0	0:0	

Mannschaft	G	U	V	Tore	Pkte
1. Argentinien	3	0	0	6:3	9
2. Nigeria	1	1	1	3:3	4
3. Bosnien	1	0	2	4:4	3
4. Iran	0	1	2	1:4	1

Gleich drei Nigerianer und ein Argentinier bemühen sich um den Ball, aber weder John Obi Mikel noch Kenneth Omeruo, Peter Odemwingie und Ezequiel Garay (v. r.) können die Flugbahn nach Eckball von Ezequiel Lavezzi entscheidend verändern. Profiteur ist Marcos Rojo (Nr. 16), der mit verkniffenen Augen und Mund einfach mal mit hochgesprungen ist. Der Ball fällt eher zufällig auf sein rechtes Knie und von dort in Nigerias Tor. Das 3:2 für Argentinien, der Endstand. Nach dem Abpfiff dürfen aber auch Nigerias Spieler feiern: Sie ziehen wie die Argentinier ins Achtelfinale ein

LIONEL MESSI

Endlich ein Außerirdischer

Der Superstar zeigt nun auch im Nationaltrikot seine Klasse, erzielt vier Tore und lässt alle Zweifler verstummen

ANALYSE GRUPPE F
Argentinien hat zweimal Glück

Argentiniens Weg ins Achtelfinale war viel steiniger, als die neun Punkte in der Abschlusstabelle vermuten lassen. Gegen Bosnien (2:1) und den Iran (1:0) brauchte die Mannschaft von Trainer Alejandro Sabella jeweils einen Geniestreich von Lionel Messi, um ihrer Favoritenrolle gerecht zu werden. Und gegen Nigeria (3:2) sogar zwei Tore des Superstars. Zudem profitierten die Argentinier, deren Angriffsspiel schleppend und wenig inspiriert lief, von glücklichen Umständen: Gegen Bosnien bescherte ein frühes Eigentor von Sead Kolasinac die Führung, gegen den Iran verweigerte Schiedsrichter Mazic dem Außenseiter beim Stand von 0:0 einen klaren Elfmeter. Den Dreikampf hinter Argentinien entschied Nigeria ebenso glücklich für sich. Erst die 1:3-Niederlage der zuvor überraschend forsch aufspielenden, gegen Bosnien aber müden Iraner sicherte Platz zwei. Bosnien, einziger WM-Neuling im Teilnehmerfeld der 32 Mannschaften, konnte seine Spielstärke und die individuelle Klasse der Spieler nicht in Tore ummünzen. Torjäger Edin Dzeko, die Lebensversicherung der Bosnier, traf erst im bedeutungslosen letzten Spiel und gab eine ähnlich traurige Figur wie Portugals Ronaldo ab.

Das 1:0 von Lionel Messi (l.) gegen Nigeria: Er jagt den Ball unter die Latte

Was war nicht alles geargwöhnt worden vor dieser WM über Lionel Messi. Einige Male musste er sich übergeben – beim Training und sogar während des Testspiels gegen Slowenien mitten auf dem Platz. „Es sind die Nerven, in diesen Momenten geht es um die Aufregung", warb Nationaltrainer Alejandro Sabella um Nachsicht für seinen unpässlichen Star.

Mehrfach ließ sich Messi ärztlich untersuchen – ohne Ergebnis. „Ich weiß nicht, was es ist", haderte er. „Es passiert während der Spiele, im Training und zu Hause. Ich hatte tausend Untersuchungen, aber es wurde nichts gefunden."

Der große Messi ein Nervenbündel? Und dem Druck in der Heimat nicht gewachsen?

Es gab immer die zwei Gesichter von Lionel Messi: das glückliche beim FC Barcelona, wo er Titel gewann und zum besten Fußballer der Welt aufstieg. Und das meist traurige im argentinischen Nationaltrikot, in dem er selten überzeugen konnte und jede Menge Kritik schürte.

Vor der WM mehrten sich in Argentinien sogar die Stimmen der Zweifler. Messi schien nach einer schwachen Saison mit Barcelona nicht in der richtigen Form, erstmals seit 2008 hatten die Katalanen keinen Titel gewonnen.

Überhaupt wird ihm daheim von vielen immer noch übel genommen, dass er bereits mit 13 Jahren zum FC Barcelona wechselte und nie für einen argentinischen Klub in der ersten Mannschaft spielte. 2005 nahm Messi zudem zusätzlich noch die spanische Staatsbürgerschaft an.

Nun stand er auf dem Prüfstand. Im Auftaktspiel gegen Bosnien-Herzegowina war es ein frühes Eigentor von Sead Kolasinac, das Argentinien in Führung brachte. Fortan plätscherte das Spiel vor sich hin. In der Halbzeitpause forderte Messi Trainer Sabella auf, die Taktik zu ändern und vom defensiven 5-3-2-System auf die offensivere 4-3-3-Variante umzuschalten.

Sabella gehorchte – und wenig später schlug Messi zu. In der 65. Minute spielte er in höchstem Tempo einen Doppelpass mit Gonzalo Higuaín und zirkelte den Ball aus 16 Metern zum 2:0 ins Netz. Der Höhepunkt eines ereignisarmen Spiels, das Argentinien 2:1 gewann. Mit einer genialen Szene hatte Messi seinen ramponierten Ruf aufpoliert.

> **»Lionel Messi, der stammt vom Jupiter. Oder vom Mars«**

Mühsam quälte sich die argentinische Mannschaft auch durch das nächste Vorrundenspiel. Gegen den Iran passierte in 90 trostlosen Minuten nichts. Auch Messi tauchte völlig unter, spazierte scheinbar gelangweilt über den Platz. Doch wieder reichte ein lichter Moment: In der Nachspielzeit schnappte er sich den Ball, zog an der Strafraumgrenze nach innen und schlenzte ihn ins lange Eck. Das 1:0 – der Sieg.

„Messi ist Messi, und er ist in den Momenten zur Stelle, wenn es sonst keiner ist", lobte Mittelfeldspieler Ángel Di María. Torwart Sergio Romero fühlte sich sogar an das Märchen „Aladin und die Wunderlampe" erinnert: „Gott sei Dank hat der Zwerg in letzter Minute an der Lampe gerieben." Wobei „Zwerg" kein Schimpfwort ist für Messi. Romero nennt den Weltstar liebevoll „enano" (Zwerg).

Im letzten Gruppenspiel gegen Nigeria begann der Messi-Zauber früher: In der dritten Minute hämmerte er einen Abpraller unter die Latte, in der Nachspielzeit der ersten Spielhälfte verwandelte er einen direkten Freistoß zum 2:1, der natürlich an ihm selbst verschuldet worden war. Argentinien gewann 3:2.

„Wie lange soll uns Leo noch retten?", fragte die argentinische Zeitung „Clarín" und stellte fest: „Bislang haben uns nur seine Tore am Leben gehalten."

Auch Stephen Keshi, Trainer von Nigeria, schwärmte in den höchsten Tönen: „Die Argentinier besitzen jede Menge großartiger Spieler. Aber Messi, der stammt vom Jupiter." Nach einer kurzen Pause fügte Keshi an: „Oder vom Mars."

Als Messi mit diesem Kompliment konfrontiert wurde, lächelte er schüchtern, nestelte verlegen an seinem Ohrläppchen und sagte mit leiser Stimme: „Ich fühle mich geschmeichelt und danke dem nigerianischen Trainer für seine netten Worte. Aber ich komme wirklich nicht von einem anderen Planeten."

Gut, dass er das noch einmal klarstellte.

STAR DER GRUPPE F

Im Schein der Flutlichter im Maracanã: Lionel Messi feiert mit geballter Faust sein 2:0 gegen Bosnien

SCORER-LISTE GRUPPE F

	Tore	Torvorlagen	Scorer-Punkte
Lionel Messi (ARG)	4	–	4
Miralem Pjanic (BOS)	1	1	2
Ahmed Musa (NIG)	2	–	2
Emmanuel Emenike (NIG)	–	2	2
Marcos Rojo (ARG)	1	1	2
Gonzalo Higuaín (ARG)	–	1	1
Ezequiel Garay (ARG)	–	1	1
Edin Dzeko (BOS)	1	–	1
Sejad Salihovic (BOS)	–	1	1
Ángel Di María (ARG)	–	1	1
Avdija Vrsajevic (BOS)	1	–	1
Senad Lulic (BOS)	–	1	1
Vedad Ibisevic (BOS)	1	–	1
Ezequiel Lavezzi (ARG)	–	1	1
Javad Nekounam (IRA)	–	1	1
Peter Odemwingie (NIG)	1	–	1
R. Ghoochannejad (IRA)	1	–	1
Michael Babatunde (NIG)	–	1	1
Tino Susic (BOS)	–	1	1

Erfolgreichster Bosnier: Mittelfeld-Ass Miralem Pjanic holte zwei Scorerpunkte

DAS FOTO DER GRUPPE F

Nichts als Fußball haben diese argentinischen Fans im Kopf – und auf dem Kopf. Dabei pflegen sie ihre Heldenverehrung beim Spiel gegen den Iran ohne zeitliche Grenzen. Einer schwärmt noch für Glatzkopf Juan Verón (2. v. l.), bis zu seinem Rücktritt aus der Nationalmannschaft 2010 ein formidabler offensiver Mittelfeldspieler. Er trägt sogar den gleichen Bart wie sein Idol. Seine Freunde rechts von ihm halten es mit drei Spielern der „Los Cuatro Fantásticos", der fantastischen Vier, Argentiniens Angriffs-Quartett (v. l.): Sergio „Kun" Agüero, Ángel Di María und Lionel Messi. Nur für den Vierten im Bunde, Gonzalo Higuaín, mag sich keiner erwärmen. Der enttäuscht aber auch gegen den Iran maßlos

Eine lichte Szene von Lionel Messi

Die 65. Minute: Seine bosnischen Gegenspieler straucheln, Messi zieht genau von der Strafraumlinie ab. Das 2:0 ist sein überhaupt erst zweites WM-Tor – das erste nach 2006

Fehlpässe und misslungene Dribblings prägen das Spiel des Superstars, dann hat er seinen großen Auftritt

Das schnellste Eigentor der WM-Geschichte

Unhaltbar für Torwart Asmir Begovic: Kolasinac (Nr. 5) mit dem unglücklichen 0:1

Die Premiere des 77. WM-Teilnehmers währte gerade einmal 128 Sekunden, da hatte sich Bosnien-Herzegowina auch schon in den Geschichtsbüchern verewigt: Schneller als Linksverteidiger Sead Kolanisac nämlich unterlief noch keinem Spieler ein Eigentor. Der Schalker, der nach nur zwei Länderspielen in den WM-Kader rückte, ist der insgesamt 39. Spieler, der bei einer WM-Endrunde ein Eigentor fabrizierte. Den Anfang machte 1930 in Uruguay der Mexikaner Manuel Rosas bei der 0:3-Pleite im Vorrundenspiel gegen Chile. Der schnellste Fehlschütze war zuvor Carlos Gamarra aus Paraguay nach exakt 165 Sekunden zur 0:1-Niederlage gegen England in der Vorrunde 2006 gewesen. Erster Deutscher in der Liste: Berti Vogts mit seinem unfreiwilligen 1:1 bei der Schmach von Córdoba, der 2:3-Niederlage 1978 gegen Österreich.

Auf den Rängen des Fußballtempels Maracanã trugen Zehntausende Fans das Trikot mit seiner Nummer – der 10. Heldenverehrung in Argentinien. Aber sosehr sie den kleinen Mann unten auf dem Rasen auch anfeuerten und bei jeder Ballberührung der ohnehin schon hohe Lärmpegel noch einmal anschwoll, Lionel Messi tat sich schwer. Misslungene Dribblings und ungewohnt viele Fehlpässe prägten sein Spiel.

Bis zu jener 65. Minute, als Messi so, wie die Zuschauer ihn beim FC Barcelona schon Hunderte Male erlebt hatten, aber eben nicht in der argentinischen Nationalelf, an der Mittellinie den Ball nahm. Er trieb ihn über die rechte Seite, spielte Doppelpass mit Gonzalo Higuaín, kurvte unwiderstehlich auf den bosnischen Strafraum zu und erzielte dann aus 16 Metern mit links das 2:0.

»Wir wollten so zäh wie möglich sein, das ist uns gelungen«

Es war erst das zweite WM-Tor von „La Pulga", dem Floh. Acht Jahre und 623 Spielminuten nach seinem ersten Treffer 2006, dem 6:0 gegen Serbien-Montenegro.

Schließlich war es aber ebendieser Lionel Messi, der trotz einer durchschnittlichen Leistung das erste Spiel des einzigen WM-Neulings bei dieser WM zerstörte. Denn auch bei der frühen 1:0-Führung hatte er seine Füße im Spiel. Messis Freistoßflanke von der linken Seite, die Marcos Rojo noch leicht per Kopf verlängerte, lenkte Bosniens Linksverteidiger Sead Kolasinac mit dem Schienbein unglücklich ins eigene Tor (3.).

Trotz des 2:0 war die Partie nicht entschieden, der Widerstand der wackeren Bosnier ungebrochen. Allerdings gelang dem eingewechselten Vedad Ibisevic in der 85. Minute nur noch der Ehrentreffer zum 1:2.

„Wir haben ein sehr ausgeglichenes Spiel gesehen", erklärte Argentiniens Trainer Alejandro Sabella, der mit der ersten Halbzeit seines Teams überhaupt nicht zufrieden war. „Erst nach der Einwechslung von Higuaín haben wir mehr Chancen herausgespielt. Ich habe nicht gedacht, dass wir so viel Gegenwehr bekommen würden. Ich kann mich über das Endergebnis nicht beschweren."

Auch Bosniens Trainer Safet Susic, der mit Mensur Mujdza, Emir Spahic, Ermin Bicakcic und Kolasinac die Abwehr aus vier Bundesliga-Profis gebildet hatte, war nicht unzufrieden: „Wir sind realistische Leute. Wir wollten so zäh wie möglich sein, das ist uns gelungen." Seine Elf, angetrieben von den beiden Italien-Legionären Senad Lulic und Miralem Pjanic, machte lange ihrem Spitznamen „Drachen" alle Ehre. Susic: „Aber wenn du gegen Argentinien etwas holen willst, brauchst du Glück. Wir hatten sogar Pech mit dem Eigentor." ●

ARGENTINIEN – BOSNIEN

 2:1 (1:0)

ARGENTINIEN-DATEN

Torhüter	Min.	Schüsse gehalten (von)	Flanken/ Ecken abgefangen	Glanz- taten	Schwere Fehler	Lange Pässe angekommen (von)	Note
Romero	90	83 % (6)	0	1	0	100 % (1)	3+

Spieler	Ball- kontakte in Min.	Zweik. gew. (von)	Fouls/ gefoult worden	Pässe angek. (von)	Schüsse/ Schuss- vorlagen	Tore/ Torvor- lagen	Note
Campagnaro	42 in 45	45 % (11)	0/2	100 % (36)	0/0	0/0	4
Gago	57 in 45	58 % (12)	0/0	98 % (52)	0/1	0/0	3
Fernández	58 in 90	64 % (14)	1/2	95 % (40)	0/0	0/0	3–
Garay	52 in 90	71 % (7)	2/0	98 % (40)	0/0	0/0	3
Zabaleta	52 in 90	75 % (16)	0/4	82 % (34)	0/0	0/0	3–
Mascherano	99 in 90	50 % (14)	2/0	98 % (92)	1/3	0/0	2–
1. Rojo	35 in 90	61 % (18)	1/0	86 % (21)	2/2	0/1	2–
Rodríguez	36 in 45	46 % (13)	0/0	90 % (29)	1/0	0/0	4
Higuaín	23 in 45	57 % (7)	0/0	83 % (18)	1/2	0/1	3
Di María	71 in 90	50 % (20)	1/1	85 % (54)	1/1	0/0	3
Messi	87 in 90	43 % (28)	1/2	80 % (69)	4/5	1/0	3
Agüero	26 in 86	39 % (23)	1/2	70 % (10)	4/1	0/0	3
Biglia	10 in 4	75 % (4)	0/0	63 % (8)	0/0	0/0	–

15. JUNI, 24 UHR, RIO DE JANEIRO

Schiedsrichter: Joel Aguilar (El Salvador).
Assistenten: William Torres, Juan Zumba (beide El Salvador).
Tore: 1:0 Kolasinac (3./Eigentor.), 2:0 Messi (65.), 2:1 Ibisevic (85.).
Einwechslungen: Higuaín für Rodríguez (46.), Gago für Campagnaro (46.), Biglia für Agüero (87.) – Ibisevic für Mujdza (69.), Visca für Hajrovic (71.), Medunjanin für Misimovic (74.).
Zuschauer: 74 738 (ausverkauft).
Wetter: 25 Grad, klar, 69 % Luftfeuchte.

BOSNIEN-DATEN

Torhüter	Min.	Schüsse gehalten (von)	Flanken/ Ecken abgefangen	Glanz- taten	Schwere Fehler	Lange Pässe angekommen (von)	Note
Begovic	90	60 % (5)	0	0	0	0 % (2)	3

Spieler	Ball- kontakte in Min.	Zweik. gew. (von)	Fouls/ gefoult worden	Pässe angek. (von)	Schüsse/ Schuss- vorlagen	Tore/ Torvor- lagen	Note
Mujdza	29 in 68	36 % (11)	1/1	89 % (18)	0/0	0/0	4
Ibisevic	6 in 22	67 % (3)	0/0	67 % (3)	1/0	1/0	2
Bicakcic	42 in 90	67 % (9)	0/0	82 % (28)	0/0	0/0	3–
1. Spahic	55 in 90	56 % (18)	2/0	85 % (34)	0/0	0/0	3
Kolasinac	47 in 90	33 % (21)	1/0	79 % (28)	0/0	0/0	4
Pjanic	64 in 90	57 % (23)	2/1	90 % (50)	2/4	0/0	2–
Besic	58 in 90	53 % (19)	0/1	91 % (46)	1/0	0/0	3
Hajrovic	30 in 70	18 % (11)	1/1	56 % (16)	4/0	0/0	4
Visca	10 in 20	60 % (5)	1/0	60 % (5)	1/0	0/0	4
Misimovic	44 in 73	53 % (19)	0/3	69 % (35)	1/4	0/0	3
Medunjanin	21 in 17	100 % (3)	0/0	94 % (18)	2/1	0/0	3
Lulic	47 in 90	30 % (23)	3/0	81 % (31)	2/4	0/1	2–
Dzeko	32 in 90	45 % (22)	2/2	90 % (20)	1/2	0/0	4–

Hohn, Spott, Pfiffe – Tristesse

Reißfest: Irans Mittelfeldspieler Ashkan Dejagah (l.) sucht Halt am Trikot von Nigerias Kapitän Joseph Yobo. Eine typische Szene in diesem zerfahrenen Spiel. Hinten beobachtet Ogenyi Onazi das Geschehen

Iran: Mit drittem Torhüter zur ersten Nullnummer

Im Blickpunkt des Geschehens: Alireza Haghighi (v.) klärt gegen Ahmed Musa

Bis kurz vor dem Anpfiff war im Iran noch heiß diskutiert worden, ob Daniel Davari oder Rahman Ahmadi im Tor stehen würde. Auf dem Spielberichtsbogen tauchten für die Startelf dann aber weder der Schlussmann von Eintracht Braunschweig noch der von Sepahan FC (Iran) auf. Trainer Carlos Queiroz gab stattdessen überraschend seinem dritten Torwart im Kader den Vorzug: Alireza Haghighi vom portugiesischen Zweitliga-16. Sporting Covilha. „Für mich ist das natürlich enttäuschend", erklärte Davari nach dem torlosen Remis gegen Nigeria, „aber als Team können wir heute stolz sein." Vor allem, weil Haghighi von den vier Schüssen auf sein Tor keinen passieren lassen musste und Queiroz in seiner Wahl bestätigte. Die „weiße Weste" ist ein Novum in der iranischen WM-Historie. Zuvor hatte es in allen neun Vorrundenspielen mindestens einen Gegentreffer für das „Team Melli" gegeben: 1978 gegen Holland (0:3), Schottland (1:1) und Peru (1:4), 1998 gegen Jugoslawien (0:1), die USA (2:1) und Deutschland (0:2), 2006 gegen Mexiko (1:3), Portugal (0:2) und Angola (1:1).

Die Stars aus dem Iran und Nigeria beschämen mit ihrem Spiel. Trainer Queiroz findet es sehenswert

Kurz vor dem Abpfiff tat sich in der Arena da Baixada dann tatsächlich doch noch etwas: Nach einer Ecke von rechts köpfte Nigerias Shola Ameobi aus neun Metern Distanz scharf auf das Tor, auf der Linie klärte Mehrdad Pooladi – ebenfalls per Kopf. Es war eine von nur ganz wenigen Szenen, die die Bezeichnung „Torchance" verdienten. Wenig später pfiff ein Großteil der 39 081 Zuschauer ein letztes Mal gellend, später prasselten Hohn und Spott auf die Spieler aus Nigeria und dem Iran nieder.

Insofern verblüffte die Zusammenfassung des Geschehens von Irans Trainer Carlos Queiroz ziemlich: „Die Zuschauer haben zwar kein Tor zu sehen bekommen. Aber Spektakel kann sich ja auch in Intensität, Zusammenhalt, Konzentration und Mannschaftsgeist äußern", verbrei-

---

»Stephen Keshi ist der falsche Coach für diese WM«

---

tete der Portugiese seine exklusive Sicht der Dinge.

Vom Anpfiff an konnten beide Mannschaften nicht verbergen, warum sie seit 1998 auf einen WM-Sieg warten. Die physisch überlegenen Nigerianer erarbeiteten sich zwar über die gesamte Spieldauer deutlich mehr Ballbesitz (63 Prozent). Es fehlte ihnen aber erkennbar an Kreativität und spielerischer Linie, daraus gefährliche Torchancen zu kreieren. Sie agierten bei ihrem uninspirierten Angriffspowerplay erschreckend eindimensional, über die Außenpositionen ging fast gar nichts. Immer wieder rannten sich die Spieler in den grünen Trikots in der vielbeinigen und gut organisierten Iraner Abwehr fest oder schlugen aus dem Halbfeld stereotype hohe Flanken in den Strafraum.

Keines ihrer zuvor neun WM-Spiele hatten die Iraner ohne Gegentor beendet, diesmal wurde es ihnen ziemlich leicht gemacht. Fast schon bezeichnend war für das unerfreuliche Spiel, dass die Mannschaft für ihre destruktive und von einer verheerenden Fehlpassquote von 38 Prozent geprägte Spielweise fast noch belohnt worden wäre. Praktisch aus dem Nichts erspielte sich der Iran in der 35. Minute die hochkarätigste der wenigen Möglichkeiten, als Angreifer Reza Ghoochannejad einen scharf hereingezogenen Eckball von Ashkan Dejagah per Kopf erwischte. Doch der nigerianische Schlussmann Vincent Enyeama machte seinem Spitznamen „Katze" alle Ehre und parierte auf der Torlinie mit starkem Reflex.

So gab es in Curitiba eigentlich nur Verlierer. Neben dem bedauernswerten Publikum zählte hierzu vor allem Nigerias Trainer Stephen Keshi, dem unmittelbar nach dem Abpfiff harsche Kritik entgegenschlug. Die Zeitung „Vanguard" fällte ein knallhartes Urteil: „Stephen Keshi ist der falsche Coach für diese WM."

IRAN – NIGERIA

 0:0

IRAN-DATEN

Torhüter	Min.	Schüsse gehalten (von)	Flanken/ Ecken abgefangen	Glanz- taten	Schwere Fehler	Lange Pässe angekommen (von)	Note
Haghighi	90	100 % (4)	0	0	0	0 % (7)	3+

Spieler	Ball- kontakte in Min.	Zweik. gew. (von)	Fouls/ gefoult worden	Pässe angek. (von)	Schüsse/ Schuss- vorlagen	Tore/ Torvor- lagen	Note
Montazeri	39 in 90	46 % (13)	2/1	100 % (17)	0/1	0/0	4
Hosseini	25 in 90	61 % (18)	0/0	40 % (10)	0/0	0/0	3−
Sadeghi	18 in 90	67 % (6)	1/1	64 % (11)	0/0	0/0	4
Pooladi	33 in 90	79 % (19)	1/0	86 % (7)	0/2	0/0	3
1. Teymourian	38 in 90	40 % (20)	5/0	61 % (28)	2/0	0/0	4−
Nekounam	40 in 90	64 % (11)	0/1	82 % (22)	0/2	0/0	4
Heydari	23 in 88	42 % (12)	0/1	91 % (11)	0/0	0/0	4−
Shojaei	2 in 2	100 % (1)	0/0	0 % (0)	0/0	0/0	−
Hajsafi	33 in 90	38 % (24)	0/1	93 % (15)	1/2	0/0	4
Dejagah	27 in 77	42 % (24)	1/3	55 % (11)	1/1	0/0	4−
Jahanbakhsh	8 in 13	25 % (4)	1/0	67 % (3)	0/0	0/0	−
Ghoochannejad	44 in 90	44 % (48)	7/5	73 % (15)	4/0	0/0	4

16. JUNI, 21.00 UHR, CURITIBA

Schiedsrichter: Carlos Vera (Ecuador).
Assistenten: Christian Lescano, Byron Romero (beide Ecuador).
Einwechslungen: Jahanbakhsh für Dejagah (78.), Shojaei für Heydari (89.) − Yobo für Oboabona (29.), Ameobi für Moses (52.), Odemwingie für Azeez (69.).
Zuschauer: 39 081.
Wetter: 21 Grad, sonnig, 68 % Luftfeuchte.

NIGERIA-DATEN

Torhüter	Min.	Schüsse gehalten (von)	Flanken/ Ecken abgefangen	Glanz- taten	Schwere Fehler	Lange Pässe angekommen (von)	Note
Enyeama	90	100 % (1)	0	1	0	0 % (0)	3

Spieler	Ball- kontakte in Min.	Zweik. gew. (von)	Fouls/ gefoult worden	Pässe angek. (von)	Schüsse/ Schuss- vorlagen	Tore/ Torvor- lagen	Note
Ambrose	69 in 90	62 % (21)	0/3	91 % (44)	0/2	0/0	4
Omeruo	65 in 90	82 % (17)	1/3	79 % (47)	0/0	0/0	3+
Oboabona	22 in 28	43 % (7)	1/0	100 % (19)	0/0	0/0	4
Yobo	35 in 62	78 % (9)	1/0	92 % (26)	0/0	0/0	4
Oshaniwa	49 in 90	58 % (19)	2/2	85 % (26)	0/1	0/0	4+
Onazi	102 in 90	71 % (17)	1/2	83 % (77)	3/0	0/0	4
Mikel	87 in 90	63 % (24)	4/5	78 % (76)	1/2	0/0	3−
Azeez	54 in 68	33 % (18)	0/2	88 % (34)	0/2	0/0	4−
Odemwingie	17 in 22	75 % (4)	0/1	100 % (12)	0/1	0/0	4
Musa	30 in 90	24 % (17)	2/0	62 % (13)	1/1	0/0	4
Moses	16 in 51	38 % (8)	0/0	67 % (6)	1/0	0/0	5
Ameobi	11 in 39	50 % (10)	1/0	75 % (8)	2/1	0/0	4
Emenike	27 in 90	21 % (29)	1/0	70 % (10)	2/0	0/0	4

Serbe bringt Iran um den Lohn

Der Beweis: In der 54. Minute fällt Pablo Zabaleta (l.) Irans starken Angreifer Ashkan Dejagah. Schiedsrichter Mazic ignoriert das Foul und lässt weiterspielen

Schiedsrichter Mazic verweigert Ashkan Dejagah klaren Elfmeter. Lionel Messi nutzt spät das Geschenk

Irans historischer 21. Juni: 16 Jahre nach erstem WM-Sieg

Hatten ihre helle Freude am Spiel ihrer Mannschaft: iranische Fans in Landesfarben

Für das Kräftemessen mit Argentinien hätte es aus Sicht des Iran kaum ein besseres Datum geben können als den 21. Juni. Auf den Tag genau 16 Jahre zuvor hatten die Iraner nämlich ihren ersten Sieg bei einer Weltmeisterschaft geholt. Und das in der politisch hoch brisanten Begegnung gegen die USA. Beide Länder hatten nach der Revolution 1978/79 im Iran über Jahre hinweg keine diplomatischen Beziehungen gepflegt. Obwohl einige Hardliner wie US-Verbandssekretär Hank Steinbrecher („Es wird die Mutter aller Spiele") bemüht waren, durch kriegerisches Vokabular für unnötige Brisanz zu sorgen, begegneten sich die Nationalteams am 21. Juni 1998 in Lyon freundschaftlich. Die Spieler stellten sich mit Schiedsrichter Urs Meier aus der Schweiz zum gemeinsamen Erinnerungsfoto. Die Iraner, angeführt von Stürmer Ali Daei, schenkten den Amerikanern vor dem Anpfiff weiße Rosen. „Ein Zeichen des Friedens", erklärte Trainer Jalal Talebi. Seine Mannschaft gewann durch Tore von Hamid Reza Estili und Mehdi Mahdavikia bei einem Gegentreffer von Brian McBride mit 2:1. Zum Weiterkommen in Gruppe F reichte es nicht: Das 0:2 gegen Deutschland im letzten Spiel kostete den Iran das Achtelfinale.

Beinahe beschämt blickte Lionel Messi auf die von einer amerikanischen Biermarke gestiftete, schmucklose Trophäe. Nach dem glücklichen 1:0 gegen den Iran hatte der argentinische Superstar das unförmige Ding, das ihn als „Mann des Spiels" auswies, zur Pressekonferenz mitgebracht. Für seine Wahl durch die Fans hatte Messi keinerlei Anlass gegeben, bis er in der Nachspielzeit den Siegtreffer erzielte. Nach feiner Einzelleistung wie schon gegen Bosnien und mit einem Schuss aus 18 Metern.

Irans Trainer Carlos Queiroz benannte neben Messi noch einen anderen Matchwinner: Milorad Mazic. „Zwei Leute haben den Unterschied ausgemacht. Messi ist der eine. Die zweite Person ist der Schiedsrichter", giftete Queiroz. Zu Recht: In der 54. Minute hätte Mazic nach einem ein-

»Wir haben Lionel Messi. Und der ist ein Genie«

deutigen Foul von Pablo Zabaleta an Ashkan Dejagah zwingend Elfmeter für das „Team Melli" pfeifen müssen. Er tat es nicht, nahm Iran die große Chance zur 1:0-Führung.

„Wir haben in diesen 90 Minuten mit Argentinien mitgehalten, nur der Referee war nicht auf diesem Niveau", übte Queiroz deutliche Kritik an der Leistung des Serben.

Um sein Team gegen den haushohen Favoriten aus Argentinien zusätzlich zu motivieren, hatte der ehemalige Assistent von Manchester Uniteds Trainerlegende Sir Alex Ferguson zu einem Psychotrick gegriffen und vor dem Spiel öffentlich angeboten, auf einen Erfolg des Iran zu wetten. Diese Ankündigung, aber auch die behäbige und ideenlose Spielweise der Argentinier beflügelten die Iraner. Vor den Augen von Argentiniens Fußball-Idol Diego Armando Maradona entwickelte sich ein zähes Geduldsspiel. Trotz des extrem hohen Wertes von 71 Prozent Ballbesitz konnten die Argentinier die drückende Überlegenheit nicht nutzen und rannten sich immer wieder in der Deckung fest. Und wenn sie zu einer Chance kamen, reagierte Torwart Alireza Haghighi großartig.

Im Gegenteil: Die Iraner waren bei ihren wenigen Konterchancen weitaus gefährlicher. Stürmer Reza Ghoochannejad hatte mit einem Flugkopfball (52.) und einem Acht-Meter-Schuss (86.) beste Gelegenheiten, scheiterte aber beide Male an Sergio Romero, Argentiniens mit Abstand bestem Spieler. Als alle schon mit einem torlosen Unentschieden rechneten, das sich die Mannschaft redlich verdient hatte, riss Messi die Iraner aus den Träumen.

„Messis Schönheit rettet enttäuschendes Argentinien", bilanzierte die Zeitung „Buenos Aires Herald". „Es war glücklich für uns", befand Trainer Alejandro Sabella, „aber wir haben Messi. Und der ist ein Genie."

ARGENTINIEN – IRAN

 1:0 (0:0)

ARGENTINIEN-DATEN

Torhüter	Min.	Schüsse gehalten (von)	Flanken/ Ecken abgefangen	Glanz- taten	Schwere Fehler	Lange Pässe angekommen (von)	Note
Romero	90	100 % (3)	0	0	0	0 % (0)	2

Spieler	Ball- kontakte in Min.	Zweik. gew. (von)	Fouls/ gefoult worden	Pässe angek. (von)	Schüsse/ Schuss- vorlagen	Tore/ Torvor- lagen	Note
Zabaleta	67 in 90	53 % (17)	2/1	95 % (38)	1/0	0/0	4 −
Fernández	55 in 90	73 % (15)	1/2	97 % (35)	2/0	0/0	3
Garay	48 in 90	92 % (13)	0/2	100 % (32)	3/0	0/0	3 −
Rojo	69 in 90	90 % (20)	1/2	94 % (36)	3/1	0/0	3
Gago	116 in 90	65 % (17)	2/3	91 % (101)	0/3	0/0	4
Mascherano	106 in 90	41 % (17)	0/1	91 % (97)	0/2	0/0	4
Messi	59 in 90	33 % (18)	0/1	90 % (41)	6/3	1/0	4
Di María	79 in 89	54 % (26)	0/2	80 % (44)	3/5	0/0	3
Biglia	1 in 1	0 % (0)	0/0	100 % (1)	0/0	0/0	−
Higuaín	19 in 75	20 % (10)	0/0	82 % (11)	1/2	0/0	5
Palacio	6 in 15	100 % (1)	0/0	50 % (4)	1/0	0/0	−
Agüero	27 in 75	33 % (15)	0/0	82 % (11)	1/1	0/0	4 −
Lavezzi	13 in 15	50 % (6)	0/0	83 % (6)	0/3	0/1	−

21. JUNI, 18.00 UHR, BELO HORIZONTE

Schiedsrichter: Milorad Mazic (Serbien).
Assistenten: Milovan Ristic, Dalibor Djurdjevic (beide Serbien).
Tor: 1:0 Messi (90.+1.).
Einwechslungen: Lavezzi für Agüero (76.), Palacio für Higuaín (76.), Biglia für Di María (90.+4.) – Heydari für Shojaei (76.), Jahanbakhsh für Dejagah (85.), R. Haghighi für Hajsafi (88.).
Zuschauer: 57 698.
Wetter: 23 Grad, bewölkt, 51 % Luftfeuchte.

IRAN-DATEN

Torhüter	Min.	Schüsse gehalten (von)	Flanken/ Ecken abgefangen	Glanz- taten	Schwere Fehler	Lange Pässe angekommen (von)	Note
A. Haghighi	90	80 % (5)	0	0	0	0 % (2)	2

Spieler	Ball- kontakte in Min.	Zweik. gew. (von)	Fouls/ gefoult worden	Pässe angek. (von)	Schüsse/ Schuss- vorlagen	Tore/ Torvor- lagen	Note
Montazeri	30 in 90	67 % (6)	0/0	60 % (5)	0/2	0/0	3
Hosseini	19 in 90	71 % (7)	0/0	33 % (3)	2/0	0/0	3
Sadeghi	12 in 90	38 % (8)	1/0	50 % (2)	0/0	0/0	4 +
Pooladi	25 in 90	71 % (14)	0/1	67 % (6)	0/0	0/0	2 −
1. Nekounam	37 in 90	39 % (18)	2/0	71 % (21)	0/1	0/0	3
1. Shojaei	24 in 75	18 % (28)	4/0	67 % (15)	0/0	0/0	4
Heydari	2 in 15	100 % (1)	0/0	0 % (0)	0/0	0/0	−
Teymourian	25 in 90	59 % (22)	2/1	71 % (7)	0/0	0/0	3 +
Hajsafi	19 in 87	27 % (11)	0/0	67 % (9)	2/0	0/0	2
R. Haghighi	1 in 3	0 % (0)	0/0	0 % (1)	0/0	0/0	−
Dejagah	39 in 84	57 % (23)	1/2	63 % (8)	1/4	0/0	2
Jahanbakhsh	5 in 6	67 % (3)	0/0	100 % (2)	0/1	0/0	−
Ghoochannejad	26 in 90	29 % (34)	4/2	88 % (8)	3/0	0/0	2 −

Dzeko verliert sein Privatduell

Späte Genugtuung für „Big Boss" Stephen Keshi

Die Ruhe an der Seitenlinie: Stephen Keshi übernahm die Nationalelf 2011

Zu ängstlich, spielerisch an der Armutsgrenze – das waren noch die harmlosesten Vorwürfe, die sich Nigerias Trainer Stephen Keshi nach dem schwachen 0:0 im Auftaktspiel gegen den Iran anhören musste. Doch dann führte er sein Land beim 1:0 gegen Bosnien wieder zu einem WM-Sieg – nach 16 Jahren Durststrecke. Eine späte Genugtuung für Keshi, den sie im bevölkerungsreichsten Land Afrikas (174,5 Millionen Einwohner) nur „Big Boss" nennen. „Ich bin sehr zufrieden. Wir haben gewonnen und viel Charakter gezeigt. Man braucht auch Glück im Leben, und wenn das Glück war, nehme ich es gern mit", kommentierte Keshi das 1:0.

Der Rekord-Torjäger aus Bosnien bleibt mit acht Schüssen erfolglos, Odemwingie beendet schwarze Serie

Nach dem Schlusspfiff verschwand Edin Dzeko mit versteinerter Miene im Kabinengang. Mit 35 Toren in 63 Länderspielen hatte der Rekord-Torschütze seines Landes vor der WM Geschichte geschrieben, doch der erste Treffer bei einer Weltmeisterschaft blieb dem Ausnahmestürmer aus Bosnien auch im zweiten Endrunden-Spiel versagt.

Eine Fehlentscheidung des neuseeländischen Schiedsrichters Peter O'Leary leitete das Dzeko-Drama ein: In der 21. Minute traf er nach Pass von Mittelfeldspieler Miralem Pjanic zum 1:0, wurde aber wegen einer vermeintlichen Abseitsposition zurückgepfiffen. „Wir fahren jetzt nach Hause, aber der Schiedsrichter sollte auch nach Hause fahren", ließ Dzeko nach dem vorzeitigen Aus in der Gruppenphase seinem Frust freien Lauf, „er hat das Resultat und das Spiel verändert. Er war eine Schande für die WM."

> »Uns fehlte Glück. Die WM war dennoch eine tolle Erfahrung«

Bosnien zeigte gegen die robusten Westafrikaner die reifere Spielanlage, die mit drei nominellen Stürmern angetretene Mannschaft von Safet Susic vergab indes zu viele Chancen. Allein Dzeko blieb bei acht Torschüssen erfolglos.

Die Partie wirkte stellenweise wie ein privates Duell zwischen ihm und Nigerias Torhüter Vincent Enyeama. Fast groteske Züge bekam der Vergleich in der Nachspielzeit: Nach einer Ecke von Zvjezdan Misimovic köpfte Dzeko den Ball aus fünf Metern auf Eneyama (90. + 1), zwei Minuten später lenkte der Torwart Dzekos Drehschuss aus sieben Metern in der letzten Szene der Partie geistesgegenwärtig an den Pfosten.

„Wir haben Lehrgeld gezahlt", stöhnte Misimovic. „Uns hat das Glück gefehlt, dennoch war diese Weltmeisterschaft eine tolle Erfahrung", bilanzierte Auswechselstürmer Vedad Ibisevic.

Nigeria verdiente sich den Sieg dank einer kompromisslosen Abwehrleistung. Der erst 20 Jahre alte Innenverteidiger Kenneth Omeruo organisierte die Fünferkette im Stile eines Routiniers. Das 1:0 gelang Peter Odemwingie (29.) aus sechs Metern nach Vorlage von Emmanuel Emenike. Odemwingies Tor war Nigerias erstes bei einer WM seit 2002 aus dem laufenden Spiel. Die lediglich drei Treffer in den vorangegangenen sechs WM-Spielen hatten die „Super Eagles" jeweils nach Standardsituationen erzielt.

In den Jubel nach dem ersten WM-Sieg seit dem 1:0 über Bulgarien 1998 mischten sich bei den Nigerianern auch nachdenkliche Töne. „Diesen Erfolg widmen wir unseren Fans und dem gesamten Land", erklärte Torschütze Odemwingie. Bei einem Public Viewing am 18. Juni im Norden Nigerias waren 21 Menschen durch einen Terroranschlag getötet worden. ●

Erst kurz vor der WM von Trainer Keshi nach persönlichem Streit ins Nationalteam zurückgeholt: Peter Odemwingie (M.) feiert sein Tor (o.) mit Emmanuel Emenike (r.) und Michel Babatunde. „Für mein Vaterland zu spielen ist eine Ehre und Freude. Das Tor bedeutet mir eine ganze Menge", sagt Odemwingie

NIGERIA – BOSNIEN

 1:0 (1:0)

NIGERIA-DATEN

Torhüter	Min.	Schüsse gehalten (von)	Flanken/ Ecken abgefangen	Glanz- taten	Schwere Fehler	Lange Pässe angekommen (von)	Note
Enyeama	90	100 % (7)	0	1	0	0 % (8)	2 +

Spieler	Ball- kontakte in Min.	Zweik. gew. (von)	Fouls/ gefoult worden	Pässe angek. (von)	Schüsse/ Schuss- vorlagen	Tore/ Torvor- lagen	Note
Ambrose	53 in 90	20 % (10)	1/0	90 % (30)	0/3	0/0	4 +
Yobo	32 in 90	83 % (12)	0/0	100 % (17)	0/0	0/0	3
Omeruo	31 in 90	71 % (17)	0/0	69 % (16)	0/0	0/0	3 +
Oshaniwa	24 in 90	67 % (9)	1/2	43 % (7)	0/0	0/0	3
Onazi	66 in 90	36 % (25)	3/0	84 % (45)	5/1	0/0	3 –
1. Mikel	67 in 90	30 % (20)	1/0	87 % (52)	1/3	0/0	3 –
Odemwingie	66 in 90	43 % (21)	1/0	92 % (48)	4/2	1/0	2 –
Babatunde	29 in 74	37 % (27)	0/2	89 % (18)	2/3	0/0	4 +
Uzoenyi	5 in 16	0 % (2)	0/0	33 % (3)	1/0	0/0	–
Musa	23 in 64	50 % (16)	1/1	78 % (9)	3/2	0/0	3
Ameobi	17 in 26	57 % (7)	1/1	100 % (11)	0/2	0/0	4
Emenike	49 in 90	44 % (36)	0/1	88 % (24)	5/5	0/1	2

21. JUNI, 24 UHR, CUIABÁ

Schiedsrichter: Peter O'Leary (Neuseeland).
Assistenten: Jan Hendrik Hintz, Mark Rule (beide Neuseeland).
Tor: 1:0 Odemwingie (29.).
Einwechslungen: Ameobi für Musa (65.), Uzoenyi für Babatunde (75.), – Ibisevic für Hajrovic (57.), Salihovic für Lulic (58.), Susic für Medunjanin (64.).
Zuschauer: 40 499.
Wetter: 29 Grad, klar, 55 % Luftfeuchte.

BOSNIEN-DATEN

Torhüter	Min.	Schüsse gehalten (von)	Flanken/ Ecken abgefangen	Glanz- taten	Schwere Fehler	Lange Pässe angekommen (von)	Note
Begovic	90	90 % (10)	0	0	0	25 % (4)	3

Spieler	Ball- kontakte in Min.	Zweik. gew. (von)	Fouls/ gefoult worden	Pässe angek. (von)	Schüsse/ Schuss- vorlagen	Tore/ Torvor- lagen	Note
Mujdza	51 in 90	57 % (14)	2/2	80 % (25)	0/2	0/0	3 –
Sunjic	54 in 90	86 % (28)	1/0	100 % (24)	0/0	0/0	3
Spahic	58 in 90	61 % (23)	0/1	92 % (36)	0/0	0/0	4 –
Lulic	39 in 57	55 % (11)	0/1	90 % (21)	0/1	0/0	4 –
Salihovic	24 in 33	20 % (5)	0/0	92 % (12)	0/1	0/0	4
Besic	85 in 90	50 % (26)	3/0	92 % (74)	2/2	0/0	3 –
1. Medunjanin	81 in 63	44 % (9)	1/0	87 % (71)	1/3	0/0	4
Susic	20 in 27	67 % (6)	0/0	73 % (15)	0/0	0/0	4
Hajrovic	29 in 56	38 % (8)	0/1	96 % (24)	1/1	0/0	4
Ibisevic	10 in 34	29 % (7)	0/0	80 % (5)	3/0	0/0	4
Pjanic	78 in 90	52 % (21)	0/3	88 % (60)	2/6	0/0	3 +
Misimovic	66 in 90	52 % (21)	0/1	84 % (45)	2/2	0/0	3 –
Dzeko	35 in 90	39 % (23)	0/1	87 % (15)	8/1	0/0	3 –

Trotz Messi: Auch Nigeria jubelt

Strahlt über beide Wangen: Ahmed Musa bejubelt kurz nach der Halbzeitpause sein zweites Tor im Kreis der nigerianischen Ersatzspieler. Am Ende des Spiels feiert Musa wieder, seine Mannschaft hat sich für das Achtelfinale qualifiziert

Argentinien-Fluch: Nigeria unterliegt bei WM zum 4. Mal

Mit Freistoß erfolgreich: Lionel Messi (M.) trifft kurz vor der Halbzeit zum 2:1

Bereits zum vierten Mal bei insgesamt fünf WM-Teilnahmen traf Nigeria in der Vorrunde auf Argentinien. Nur 1998 in Frankreich wurden die Afrikaner vom Los verschont. Bitter: Jedes Mal verlor Nigeria mit einem Tor Unterschied.

Die drei Niederlagen vor dem 2:3 in Brasilien

25. Juni 1994 in Boston (USA):
Argentinien – Nigeria 2:1.
Tore: Caniggia (21., 28.), Siasi (8.).

2. Juni 2002 in Kashima (Japan):
Argentinien – Nigeria 1:0.
Tor: Batistuta (63.).

12. Juni 2010 in Johannesburg (Südafrika):
Argentinien – Nigeria 1:0.
Tor: Heinze (6.).

Der Superstar trifft beim 3:2 für Argentinien zweimal, Ahmed Musa macht es ihm nach

In der 63. Spielminute erhoben sich die meisten der 43 285 Zuschauer im Stadion von Porto Alegre von ihren Sitzen und klatschten ehrerbietend Beifall. Lionel Messi verließ das Spielfeld, der argentinische Trainer Alejandro Sabella wollte seinen Superstar für das Achtelfinale schonen. Verdient hatte es sich Messi: Erneut hatte er seine Mannschaft gerettet.

600 Kilometer sind es nur von Porto Alegre bis zur argentinischen Grenze, daher hatten sich zahlreiche Fans der „Albiceleste" auf den Weg gemacht. 20 000 Argentinier ergatterten eine Eintrittskarte, gut 100 000 hielten sich in der Stadt auf – voller Vorfreude auf Messi. Und ihr Messias, der am Tag zuvor 27 Jahre alt geworden war, sollte sie nicht enttäuschen.

Schon in der 3. Minute war er zur Stelle: Ángel Di María

»Es ist schade, dass wir zwei Tore kassiert haben«

knallte den Ball an den Pfosten, von dort prallte er an den Rücken des nigerianischen Torwarts Vincent Enyeama und dann erneut an den Pfosten. Als sauge er den Ball an, kam Messi herangestürmt und wuchtete die Kugel hoch zum 1:0 ins Netz.

Die Argentinier jubelten noch, da schlug der nigerianische Stürmer Ahmed Musa an der Strafraumgrenze einen Haken und schlenzte den Ball gekonnt ins lange Eck. Torwart Romero war ohne Chance – 1:1 (4.). Es sollte nicht die einzige Szene bleiben, in der Argentiniens Abwehr einen unsicheren Eindruck machte.

Fortan kontrollierte die Mannschaft zwar das Spiel, doch Gefahr vor Nigerias Tor beschwor sie nur herauf, wenn Messi seine Füße im Spiel hatte. In der 44. Minute schoss der Kapitän einen Freistoß aus 20 Metern zielgenau in den rechten Winkel, doch Enyeama bekam seine Hände gerade noch an den Ball. Zwei Minuten später stand der Torwart regungslos da, als Messi erneut einen Freistoß aus ähnlicher Position schoss. Der Ball flog zum 2:1 über die Mauer ins Eck (45.+1).

Doch wieder dauerte es nicht lange bis zum Ausgleich: Musa tauchte frei vor Romero auf und schob eiskalt unten links ein – sein zweiter Treffer, es stand 2:2 (47.).

Diesmal schlug Argentinien prompt zurück: Nach einer Ecke drückte ausnahmsweise nicht Messi, sondern Linksverteidiger Marcos Rojo den Ball mit dem Knie über die Linie – 3:2 (50.).

Nach Messis Auswechslung verflachte das Spiel. Beide Mannschaften hatten den Achtelfinal-Einzug sicher, da Bosnien zum gleichen Zeitpunkt klar gegen den Iran führte.

Lionel Messi war nach dem Spiel jedoch nicht ganz zufrieden: „Wir haben zwar ein paar Schwächen in der Defensive abgestellt, aber es ist schade, dass wir zwei Tore kassiert haben", kritisierte er.

118

NIGERIA – ARGENTINIEN

 2:3 (1:2)

NIGERIA-DATEN

Torhüter	Min.	Schüsse gehalten (von)	Flanken/ Ecken abgefangen	Glanz- taten	Schwere Fehler	Lange Pässe angekommen (von)	Note
Enyeama	90	77 % (13)	0	1	0	20 % (5)	2

Spieler	Ball- kontakte in Min.	Zweik. gew. (von)	Fouls/ gefoult worden	Pässe angek. (von)	Schüsse/ Schuss- vorlagen	Tore/ Torvor- lagen	Note
Ambrose	65 in 90	58 % (12)	0/1	83 % (40)	1/2	0/0	3 –
Yobo	28 in 90	54 % (13)	1/0	88 % (17)	0/0	0/0	4 +
1. Oshaniwa	47 in 90	56 % (16)	3/0	78 % (23)	0/0	0/0	4 –
1. Omeruo	34 in 90	69 % (16)	2/1	74 % (23)	0/0	0/0	4
Onazi	64 in 90	50 % (20)	3/0	92 % (49)	2/1	0/0	3
Mikel	51 in 90	53 % (17)	1/0	85 % (41)	1/2	0/0	3 –
Musa	29 in 90	36 % (22)	0/1	75 % (16)	4/1	2/0	2
Babatunde	23 in 65	31 % (16)	3/0	80 % (15)	0/2	0/1	4 +
Uchebo	11 in 25	17 % (6)	0/0	86 % (7)	0/0	0/0	4
Odemwingie	24 in 79	22 % (18)	1/0	79 % (14)	2/1	0/0	4
Nwofor	4 in 11	50 % (4)	0/0	50 % (2)	0/0	0/0	–
Emenike	38 in 90	28 % (25)	2/1	76 % (17)	1/2	0/1	3 +

25. JUNI, 18.00 UHR, PORTO ALEGRE

Schiedsrichter: Nicola Rizzoli (Italien).
Assistenten: Renato Faverani, Andrea Stefani (beide Italien).
Tore: 0:1 Messi (3.), 1:1 Musa (4.), 1:2 Messi (45.+1), 2:2 Musa (47.), 2:3 Rojo (50.).
Einwechslungen: Uchebo für Babatunde (66.), Nwofor für Odemwingie (80.) – Lavezzi für Agüero (38.), Álvarez für Messi (63.), Biglia für Higuaín (90.+1.).
Zuschauer: 43 285.
Wetter: 20 Grad, bewölkt, 87 % Luftfeuchte.

ARGENTINIEN-DATEN

Torhüter	Min.	Schüsse gehalten (von)	Flanken/ Ecken abgefangen	Glanz- taten	Schwere Fehler	Lange Pässe angekommen (von)	Note
Romero	90	50 % (4)	0	0	0	0 % (1)	3 –

Spieler	Ball- kontakte in Min.	Zweik. gew. (von)	Fouls/ gefoult worden	Pässe angek. (von)	Schüsse/ Schuss- vorlagen	Tore/ Torvor- lagen	Note
Zabaleta	40 in 90	58 % (19)	1/0	96 % (27)	0/1	0/0	4 –
F. Fernández	57 in 90	73 % (15)	0/1	90 % (40)	1/0	0/0	4
Garay	52 in 90	80 % (10)	0/0	98 % (42)	1/1	0/1	4
Rojo	65 in 90	70 % (20)	0/1	86 % (37)	2/1	1/0	3
Mascherano	91 in 90	77 % (22)	1/3	91 % (74)	1/1	0/0	3
Gago	74 in 90	60 % (15)	0/1	90 % (69)	0/2	0/0	3 –
Di María	95 in 90	35 % (20)	0/1	81 % (63)	6/5	0/1	2
Messi	42 in 62	50 % (14)	0/3	79 % (28)	4/4	2/0	1 –
Álvarez	21 in 28	53 % (15)	0/2	89 % (9)	0/0	0/0	3 –
Higuaín	34 in 89	17 % (12)	2/0	87 % (23)	2/2	0/0	3 –
Biglia	3 in 1	0 % (1)	0/0	100 % (2)	0/0	0/0	–
Agüero	9 in 37	60 % (5)	0/1	75 % (4)	1/0	0/0	4
Lavezzi	37 in 53	47 % (17)	1/3	75 % (24)	1/1	0/0	3

Iraner verlieren ihr WM-Finale

Mit aller Wucht: Edin Dzeko erzielt mit einem platzierten Linksschuss aus 20 Meter Distanz die frühe Führung. Ehsan Hajsafi folgt ihm im gemütlichen Trab

Das Ergebnis der Torflut: 23 331 neue Bäume für Salvador

Wird grüner: Salvador da Bahia, Hafenstadt mit 2,6 Millionen Einwohnern

Ein Schuss, ein Tor, ein Wald: Die Regierung des Bundesstaates Bahia befolgte die Forderung der Fifa nach Nachhaltigkeit und lobte vor dem Turnier für jeden Treffer, der in der Arena Fonte Nova von Salvador fallen sollte, exakt 1111 neu gepflanzte Bäume aus. Mit dieser Menge kann laut dem lokalen Organisations-Komitee eine Fläche in der Größe eines Fußballfeldes bepflanzt werden. Schon mit der ersten Partie, Hollands 5:1 über Spanien, lief das Projekt „Gol Verde" (grünes Tor) prächtig an. Bei Deutschland gegen Portugal (4:0), Frankreich gegen die Schweiz (5:2) und selbst der Paarung Bosnien gegen Iran (3:1), zweier Teams also, die in ihren vier Spielen zuvor zusammen nur einen eigenen Treffer zustande gebracht hatten, baute die Spielstätte ihren Ruf als „Schießbude des Turniers" weiter aus. Insgesamt 21 Tore fielen schließlich, umgerechnet sind das 4,25 pro Spiel beziehungsweise 23 331 neue Bäume. In keiner der insgesamt zwölf WM-Arenen, die jeweils Schauplatz von vier Vorrunden-Spielen waren, gab es mehr Spektakel. In Porto Alegre gab es immerhin noch 19, in Natal dagegen nur fünf Treffer zu sehen.

Bosniens Torjäger Dzeko beschert seinem Land den ersten WM-Sieg und einen versöhnlichen Abschied

Carlos Queiroz hatte das Endspiel der 20. Fußball-WM kurzerhand um 17 Tage vorgezogen und von Rio de Janeiro in die über 1200 Kilometer Luftlinie entfernte Arena nach Salvador da Bahia verlegt. „Dies ist unser WM-Finale", betonte Irans Trainer vor dem Spiel und hielt so seinen Spielern die historische Chance vor Augen, im vierten Anlauf nach 1978, 1998 und 2006 erstmals die WM-Vorrunde zu überstehen.

Im Hotel der Bosnier stapelten sich zu diesem Zeitpunkt bereits die abreisefertig gepackten Koffer. Mit Kopf und Herz waren die Spieler aber noch längst nicht wieder in Europa, sie errangen trotz des bereits feststehenden Ausscheidens in der Gruppenphase den so sehr erwünschten ersten WM-Sieg des Landes.

Vor allem dank Edin Dzeko demonstrierten die Bosnier

»Wir waren heute am Limit, psychisch und physisch«

endlich ihre bis dahin viel zu selten aufblitzenden Qualitäten im Abschluss. Immer wenn sich Dzeko in den Raum zwischen den beiden iranischen Viererketten fallen ließ und seine Außenverteidiger in Szene setzte oder selbst den Weg zum Tor suchte, wurde es gefährlich. Wie in der 23. Minute, als sich Dzeko gegen drei Gegenspieler durchsetzte und Irans Schlussmann Alireza Haghighi mit einem platzierten Flachschuss aus 20 Metern zum 1:0 überwand.

Ein geordneter Aufbau der Iraner war kaum zu erkennen, das Passspiel von einer enormen Fehlerquote geprägt – insgesamt viel zu wenig, um die vagen Achtelfinal-Ambitionen ernsthaft zu untermauern.

Bosnien kontrollierte auch im zweiten Durchgang das Geschehen und ging nach katastrophalem Abspielfehler von Jalal Hosseini durch Miralem Pjanic 2:0 in Führung (59.).

In der Schlussphase zauberte Reza Ghoochannejad den iranischen Fans immerhin noch ein kleines Lächeln ins Gesicht, als er einen präzisen Querpass von Javad Nekounam aus kurzer Distanz über die Linie drückte – das 2:1 (82.). Die Freude währte allerdings nur 55 Sekunden, dann stellten die Bosnier den alten und leistungsgerechten Torabstand wieder her: Außenverteidiger Avdija Vrsajevic erzielte das 3:1. „Wir wollten den Sieg mehr. Er war sehr wichtig für uns, jetzt können wir erhobenen Hauptes nach Hause fahren. Es fühlt sich nicht mehr ganz so schlecht an. Letztlich sind wir aber nicht zufrieden. Wir hätten hier mehr erreichen können", bilanzierte Trainer Safet Susic. Sein Kollege Carlos Queiroz pflichtete bei: „Respekt für Argentinien, Respekt für Nigeria. Aber meiner Meinung nach hat sich mit Bosnien die beste Mannschaft dieser Gruppe nicht für das Achtelfinale qualifiziert. Wir waren heute am Limit, psychisch und physisch."

BOSNIEN – IRAN

 3:1 (1:0)

BOSNIEN-DATEN

Torhüter	Min.	Schüsse gehalten (von)	Flanken/Ecken abgefangen	Glanztaten	Schwere Fehler	Lange Pässe angekommen (von)	Note
Begovic	90	67 % (3)	0	0	0	33 % (3)	3

Spieler	Ballkontakte in Min.	Zweik. gew. (von)	Fouls/gefoult worden	Pässe angek. (von)	Schüsse/Schussvorlagen	Tore/Torvorlagen	Note
Vrsajevic	59 in 90	50 % (16)	1/0	86 % (36)	2/1	1/0	3 −
Sunjic	79 in 90	78 % (18)	2/2	98 % (56)	0/0	0/0	3
Spahic	95 in 90	67 % (18)	1/1	91 % (77)	0/1	0/0	2 −
Kolasinac	65 in 90	56 % (27)	3/2	92 % (39)	0/1	0/0	3 −
Pjanic	95 in 90	53 % (17)	0/3	85 % (66)	3/4	1/1	2
1. Besic	92 in 90	52 % (29)	6/1	91 % (82)	0/0	0/0	3
Hadzic	35 in 60	36 % (11)	1/0	88 % (25)	0/0	0/0	4 +
Vranjes	20 in 30	83 % (12)	1/2	75 % (8)	0/0	0/0	3
Susic	61 in 78	38 % (16)	2/1	93 % (44)	1/3	0/1	3
Salihovic	11 in 12	100 % (3)	0/1	86 % (7)	0/1	0/1	−
Dzeko	35 in 83	52 % (23)	2/2	76 % (17)	4/1	1/0	2
Visca	6 in 7	75 % (4)	0/0	100 % (2)	1/0	0/0	−
Ibisevic	29 in 90	22 % (18)	0/1	82 % (17)	2/0	0/0	4

25. JUNI, 18.00 UHR, SALVADOR DA BAHIA

Schiedsrichter: Carlos Velasco Carballo (Spanien).
Assistenten: Roberto Alonso Fernández, Juan Yuste (beide Spanien).
Tore: 1:0 Dzeko (23.), 2:0 Pjanic (59.), 2:1 Ghoochannejad (82.), 3:1 Vrsajevic (83.).
Einwechslungen: Vranjes für Hadzic (61.), Salihovic für Susic (79.), Visca für Dzeko (84.) – Heydari für Shojaei (46.), Jahanbakhsh für Hajsafi (63.), Ansarifard für Dejagah (68.).
Zuschauer: 48 011.
Wetter: 25 Grad, bewölkt, 76 % Luftfeuchte.

IRAN-DATEN

Torhüter	Min.	Schüsse gehalten (von)	Flanken/Ecken abgefangen	Glanztaten	Schwere Fehler	Lange Pässe angekommen (von)	Note
Haghighi	90	50 % (6)	0	0	0	25 % (4)	3 −

Spieler	Ballkontakte in Min.	Zweik. gew. (von)	Fouls/gefoult worden	Pässe angek. (von)	Schüsse/Schussvorlagen	Tore/Torvorlagen	Note
Hosseini	27 in 90	67 % (6)	0/0	76 % (17)	0/0	0/0	4
Sadeghi	31 in 90	50 % (16)	1/0	89 % (19)	0/0	0/0	4 −
Montazeri	46 in 90	53 % (15)	1/1	89 % (28)	0/1	0/0	4
Pooladi	60 in 90	64 % (25)	1/4	72 % (25)	0/0	0/0	3 −
Teymourian	50 in 90	68 % (19)	4/2	87 % (31)	0/0	0/0	4
Nekounam	40 in 90	47 % (17)	1/1	83 % (23)	0/1	0/1	3 −
Shojaei	22 in 45	67 % (15)	0/6	40 % (10)	1/1	0/0	4
Heydari	28 in 45	27 % (11)	1/0	67 % (9)	0/0	0/0	4 −
Dejagah	34 in 67	32 % (22)	1/1	80 % (15)	0/1	0/0	4
1. Ansarifard	11 in 23	0 % (7)	0/0	80 % (5)	0/1	0/0	4
Hajsafi	30 in 62	26 % (19)	0/0	38 % (16)	2/0	0/0	5
Jahanbakhsh	12 in 28	50 % (10)	1/1	100 % (5)	1/0	0/0	4
Ghoochannejad	27 in 90	33 % (30)	5/3	60 % (10)	3/0	1/0	3 −

GRUPPE G

- **DEUTSCHLAND**
- **PORTUGAL**
- **GHANA**
- **USA**

Montag, 16. Juni, Salvador da Bahia
Deutschland – Portugal 4:0 (3:0)

Montag, 16. Juni, Natal
Ghana – USA 1:2 (0:1)

Samstag, 21. Juni, Fortaleza
Deutschland – Ghana 2:2 (0:0)

Samstag, 22. Juni, Manaus
USA – Portugal 2:2 (0:1)

Donnerstag, 26. Juni, Recife
USA – Deutschland 0:1 (0:0)

Donnerstag, 26. Juni, Brasília
Portugal – Ghana 2:1 (1:0)

	Deutschland	Portugal	Ghana	USA
Deutschland		4:0	2:2	1:0
Portugal	0:4		2:1	2:2
Ghana	2:2	1:2		1:2
USA	0:1	2:2	2:1	

Mannschaft	G	U	V	Tore	Pkte
1. Deutschland	2	1	0	7:2	7
2. USA	1	1	1	4:4	4
3. Portugal	1	1	1	4:7	4
4. Ghana	0	1	2	4:6	1

Es läuft die 55. Minute im Spiel gegen die USA, als Thomas Müller Maß nimmt. Mit dem rechten Fuß schlenzt er den Ball von der Strafraumgrenze direkt ins lange Eck. Unerreichbar für den starken Torwart Tim Howard (o.), der zwei Sekunden zuvor einen Kopfball von Per Mertesacker großartig pariert hat. Es steht 1:0 für Deutschland im dritten Gruppenspiel — der Weg ins Achtelfinale ist frei

THOMAS MÜLLER

Genial, gnadenlos, unorthodox

Der Bayer nennt sich selbst „Überrascher". Er steht immer richtig und irritiert den Bundestrainer

ANALYSE GRUPPE G
Deutsche souverän, aber mit Schwächen

Besser konnte der Start in eine WM nicht sein. Und auch nicht einfacher. In der zwölften Minute verwandelte Thomas Müller einen Foulelfmeter zum 1:0 gegen Portugal, nach 37 Minuten war das Spiel praktisch entschieden: Portugals Innenverteidiger Pepe flog wegen Tätlichkeit vom Platz. Deutschland gewann schließlich 4:0. Das Resultat verdeckte die Schwächen der Mannschaft, die beim 2:2 gegen Ghana und dem 1:0 gegen die USA offensichtlich wurden: Im Aufbauspiel fehlte die letzte Konsequenz, die Kreativität, zu häufig landete der letzte Pass beim Gegner. Und es mangelte an Tempo – auch in der Rückwärtsbewegung nach Ballverlust. So kam Ghana spielend leicht zu zwei Toren. Der Gruppensieg war aber nie wirklich gefährdet. Denn die USA, die gegen Ghana und Portugal mit forschem Angriffsspiel, Tempo und Mut überzeugt hatten, spielten gegen Deutschland Angsthasen-Fußball. Dass die Amerikaner aufgrund des besseren Torverhältnisses ins Achtelfinale einzogen, verdankten sie nur der Harmlosigkeit von Cristiano Ronaldo. Der Weltfußballer des Jahres hätte Portugal gegen Ghana allein ins Achtelfinale schießen können, traf aber nur einmal. Es war nicht seine WM.

Schwächte sein Team entscheidend: Pepe (l.) setzt zum Kopfstoß gegen Müller an

Sogar Diego Armando Maradona leistete Abbitte. Nach dem 4:0 gegen Portugal mit drei Toren von Thomas Müller bemerkte die argentinische Fußball-Legende: „Der hat zwar gar keine Muskeln und ganz dünne Beine. Aber er spielt sehr, sehr stark."

Ausgerechnet Maradona. Jener Mann, der sich 2010 geweigert hatte, zusammen mit Müller bei einer Pressekonferenz auf dem Podium zu sitzen. Er kannte diesen schlaksigen Kerl nicht, der ein paar Monate später bei der WM in Südafrika mit fünf Treffern Torschützenkönig wurde und ihn am 26. Juni 2014 sogar überholte. Mit dem 1:0 gegen die USA erzielte Müller sein viertes Tor bei dieser Endrunde und sein neuntes in neun WM-Partien überhaupt. Maradona steht mit acht Treffern in der Rekordliste. Dafür brauchte er übrigens 21 Spiele. So ändern sich die Zeiten.

Auf den ersten Blick macht Müller ja auch nicht so viel her. Er sieht stets so aus, als sei er gerade aus dem Bett gefallen. Der Gegenentwurf zum durchgestylten Cristiano Ronaldo mit viel Gel im Haar und Brillanten im Ohr.

Müller ist einfach Müller: bodenständig, gelassen, selbstbewusst. Nach dem Spiel gegen Portugal schrieb die angesehene „Washington Post": Müller halte „man eher für einen Verkäufer bei Foot Locker *(einer Sportartikel-Kette; d. Red.)* als einen der besten Spieler".

Die ganze Weltpresse verneigte sich vor Müller nach Deutschlands Auftaktspiel. Wieder einmal hatte er bewiesen, wie gnadenlos effektiv er Fußball spielt – und selten schön. Müller erzielte das 1:0, 3:0 und 4:0 – und jedes Tor war auf seine Art typisch für ihn. Erst verwandelte er einen Elfmeter eiskalt. Dann erahnte er den Abwehrversuch des Portugiesen Bruno Alves, blockte den Ball und hämmerte ihn ins Netz. Beim dritten Treffer stand er zur richtigen Zeit am richtigen Ort und schob einen Abpraller von Rui Patrício über die Linie. Ein Tor der Marke Gerd Müller.

Kleines, dickes Müller und langes, dünnes Müller – beide sind nicht nur Werbepartner, sondern auch enge Freunde. Die große Gemeinsamkeit: ihr Torriecher. „Ich bin mir sicher, dass sich Thomas den WM-Torrekord holt", sagt Gerd Müller voraus. „Er hat ja noch zwei bis drei weitere Weltmeisterschaften vor sich."

»Es ist fast pervers, wie er uns zur richtigen Zeit Tore beschert«

Der Mann ist ein Phänomen. Sein Erfolgsgeheimnis? Müller erklärt das so: „Ich mache mir nicht so viele Gedanken." Er ist ein Junge vom Lande, aufgewachsen im bayerischen Weilheim. „Für mich läuft es bei Weltmeisterschaften ganz gut", sagt Müller und lächelt verschmitzt.

„Es ist fast schon pervers, wie er uns immer auch zur richtigen Zeit Tore beschert", lobt Abwehrchef Per Mertesacker. Und USA-Trainer Jürgen Klinsmann meint: „Jede Nation der Welt würde Thomas Müller gerne haben."

Klinsmann war es, der Müller 2008 in die erste Mannschaft des FC Bayern holte, Louis van Gaal machte ihn 2009 zum Stammspieler. Wichtigste Bezugsperson in all den Jahren: Hermann Gerland, früher U-23-Trainer des FC Bayern, seitdem Co-Trainer im Bundesliga-Team.

Als Spieler ist Müller schwer zu greifen. Er ist kein Stürmer, aber auch kein Mittelfeldspieler. Er ist von allem etwas. Rennt sich die Lunge aus dem Leib, ackert für die Mannschaft und steht dann trotzdem da, wo ein Torjäger stehen muss. „Er kann aus nichts ein Tor machen", sagt Mitspieler Mario Götze. Genial, torgefährlich, unorthodox – einfach Weltklasse.

Der unberechenbare Müller. „Überrascher", nennt er sich selbst. „Er geht viele Wege, quer und diagonal", sagt Bundestrainer Joachim Löw. „Man weiß als Trainer aber selber nicht, welche." Und genau das ist sein Geheimnis.

Überdies hat Müller stets einen lockeren Spruch auf den Lippen. Zu seinem Tor im USA-Spiel befragt, antwortete er mit einem Augenzwinkern: „Ich mache ja den ganzen Tag nichts anderes, als zu trainieren wie ein Wahnsinniger. Da muss ja was dabei herauskommen."

Müller verkrampft nicht, sondern geht die Dinge mit Freude an. Auch das ist ein Erfolgsgeheimnis von ihm. Die offizielle Homepage von Thomas Müller heißt übrigens: esmuellertwieder.de. ●

Fast immer mit einem Lächeln auf den Lippen: Thomas Müller nimmt sich selbst nicht so ernst. Ein Geheimnis seines Erfolges

STAR DER GRUPPE G

SCORER-LISTE GRUPPE G

	Tore	Torvorlagen	Scorer-Punkte
Thomas Müller (D)	4	1	5
Graham Zusi (USA)	–	3	3
Asamoah Gyan (GHA)	2	1	3
Clint Dempsey (USA)	2	–	2
Cristiano Ronaldo (POR)	1	1	2
Mario Götze (D)	1	1	2
Nani (POR)	1	1	2
André Ayew (GHA)	2	–	2
Toni Kroos (D)	–	2	2
Jermaine Jones (USA)	1	1	2
Miguel Veloso (POR)	–	2	2
Silvestre Varela (POR)	1	–	1
Per Mertesacker (D)	–	1	1
Mats Hummels (D)	1	–	1
Sulley Muntari (GHA)	–	1	1
Kwadwo Asamoah (GHA)	–	1	1
Harrison Afful (GHA)	–	1	1
André Schürrle (D)	–	1	1
Benedikt Höwedes (D)	–	1	1
John Brooks (USA)	1	–	1
Miroslav Klose (D)	1	–	1

Zwei Tore in der Vorrunde, sechs bei einer WM: Afrikas Toptorjäger Asamoah Gyan

DAS FOTO DER GRUPPE G

Die Angst des Schützen vorm Elfmeter – Thomas Müller ist dieses Szenario völlig fremd. „Das eine oder andere habe ich im Weltfußball ja schon erlebt", sagt er. Als der deutsche Mittelstürmer, eine sogenannte „falsche Neun", in der 12. Minute des Auftaktspiels gegen Portugal an den Elfmeterpunkt tritt, ist er eiskalt und verwandelt sicher. Rui Patrício fliegt noch, als der Ball bereits die Torlinie überschritten hat. Deutschland führt 1:0, es wird ein wunderbarer Tag für Müller und die Mannschaft. Er trifft noch zweimal beim 4:0-Sieg – der Start in die Weltmeisterschaft ist perfekt

Müller, immer wieder Müller

Mit einem Dreierpack beschert der Bayern-Spieler der deutschen Mannschaft einen Traumstart in die WM

Rundes Jubiläum: 100. WM-Spiel für den DFB

Nach dem 1:0: Özil, Khedira, Boateng und Kroos (v. l.) feiern Müller (Nr. 13)

Zur WM-Premiere 1930 in Uruguay hatte Deutschland nicht gemeldet und war 1950 in Brasilien infolge des Zweiten Weltkriegs noch nicht wieder startberechtigt. Dennoch erreichte die Nationalmannschaft mit der Partie gegen Portugal als erste die magische Grenze von 100 WM-Spielen. Noch vor Brasilien, das bei allen 20 WM-Turnieren dabei war. Der Grund: Allein bei zwölf ihrer 17 Turniere vor der Endrunde in Brasilien absolvierte die deutsche Nationalelf die maximale Anzahl der möglichen Spiele. 1934 waren das vier, 1954, 1958, 1966 und 1970 jeweils sechs, 1974, 1982, 1986, 1990, 2002, 2006 sowie 2010 jeweils sieben. Die Bilanz nach dem 100. Spiel: 61 Siege, 19 Remis, 20 Niederlagen. Die häufigsten Gegner: Jugoslawien und Argentinien (je sechsmal), Italien und England (je fünfmal), Österreich, Schweden, Schweiz, Spanien und Uruguay (je viermal).

Die weiteren Jubiläumsspiele
Nr. 1: 27. Mai 1934, 5:2 gegen Belgien in Florenz (Italien).
Nr. 25: 20. Juli 1966, 2:1 gegen Spanien in Birmingham (England).
Nr. 50: 25. Juni 1982, 1:0 gegen Österreich in Gijón (Spanien).
Nr. 75: 25. Juni 1998, 2:0 gegen den Iran in Montpellier (Frankreich).

Da stand er nun und sollte vor laufenden Fernsehkameras seine drei Tore erklären. „Es war mal wieder eines schöner als das andere", sagte Thomas Müller und lächelte verschmitzt. Wohl wissend, dass er seine drei Treffer in bester Manier eines Gerd Müller, seines großen Vorgängers beim FC Bayern und in der Nationalelf, erzielt hatte. Unspektakulär, schon gar nicht schön, aber effektiv.

Und dann erklärte Müller noch sein Erfolgsgeheimnis: „Ich bin nicht der Typ, der Angst hat. Das eine oder andere habe ich im Weltfußball ja schon erlebt."

Dank Müller, bereits bei der WM 2010 Torschützenkönig (fünf Treffer), legte die deutsche Mannschaft gegen Portugal einen Traumstart in Brasilien hin. In der 11. Minute hielt João Pereira im Strafraum nach Müller-Pass den quirligen Mario Götze am linken Oberarm fest, dieser fiel zu Boden – der serbische Schiedsrichter Mazic entschied auf Elfmeter. „Eine 50:50-Entscheidung, man kann ihn geben, muss aber nicht", gestand Götze später zu. Müller war es egal: Er verwandelte sicher unten links zum 1:0 (12.).

Fortan ließen die Deutschen den Ball souverän durch die eigenen Reihen laufen und kamen durch Götze (31.) zu einer weiteren Großchance. In der 32. Minute bewies Innenverteidiger Mats Hummels, dass die Deutschen inzwischen auch Standards torgefährlich nutzen können: Nach einer Ecke von Toni Kroos übersprang er Pepe und Bruno Alves und köpfte den Ball aus fünf Metern wuchtig zum 2:0 ins Netz. Und in der 37. Minute sorgte Pepe für die frühzeitige Entscheidung in dieser Partie: Erst wischte er im Zweikampf seine Hand durch Müllers Gesicht. Als dieser zu Boden ging, bückte sich Pepe noch zu Müller hinunter und verpasste ihm einen Stupser mit dem Kopf. „Warum Pepe auf mich zugeht, weiß ich nicht. Das wird auch sein Geheimnis bleiben", sagte Müller. Folge: Rot für den Portugiesen.

Welch großartigen Toriecher Müller besitzt, bewies er in der Nachspielzeit der ersten Hälfte. Nach Flanke von Kroos blockte er einen Abwehrversuch von Alves und schoss mit links zum 3:0 ein (45.+1).

Müller, immer wieder Müller. In der zweiten Halbzeit nahm die deutsche Mannschaft das Tempo aus dem Spiel, bis Müller erneut zur Stelle war: Nach einer flachen Flanke des eingewechselten André Schürrle schob er den von Torwart Rui Patrício abgeprallten Ball zum 4:0-Endstand ein.

Es war das vierte deutsche Auftaktspiel in Folge mit mindestens vier Toren: 2002 besiegte Deutschland Saudi-Arabien 8:0, 2006 Costa Rica 4:2, 2010 Australien 4:0. Müller: „Was will man mehr?" ●

> »Warum Pepe auf mich zugeht, wird sein Geheimnis bleiben«

❶ Das 1:0 von Müller. In der 12. Minute verwandelt er den Foulelfmeter unhaltbar für Torwart Rui Patrício.
❷ Das 3:0: In der Nachspielzeit der ersten Halbzeit blockt er einen Abwehrversuch von Bruno Alves (o.) und schließt gedankenschnell ab. Links: Raul Meireles.
❸ Das 4:0 in der 78. Minute. Müller staubt nach Abpraller von Patrício ab.

DEUTSCHLAND – PORTUGAL

 4:0 (3:0)

DEUTSCHLAND-DATEN

Torhüter	Min.	Schüsse gehalten (von)	Flanken/ Ecken abgefangen	Glanz- taten	Schwere Fehler	Lange Pässe angekommen (von)	Note
Neuer	90	100 % (4)	0	0	0	100 % (6)	3

Spieler	Ball- kontakte in Min.	Zweik. gew. (von)	Fouls/ gefoult worden	Pässe angek. (von)	Schüsse/ Schuss- vorlagen	Tore/ Torvor- lagen	Note
Boateng	53 in 90	63 % (16)	2/2	87 % (31)	0/0	0/0	2
Mertesacker	34 in 90	33 % (6)	2/0	92 % (26)	0/0	0/0	3
Hummels	58 in 72	75 % (12)	1/0	89 % (46)	1/0	1/0	1 –
Mustafi	13 in 18	100 % (1)	0/0	90 % (10)	0/0	0/0	3
Höwedes	65 in 90	53 % (15)	0/1	88 % (43)	0/0	0/0	3 +
Lahm	88 in 90	71 % (17)	0/2	92 % (73)	1/0	0/0	3 –
Khedira	60 in 90	36 % (14)	0/2	94 % (50)	1/1	0/0	2
Kroos	95 in 90	45 % (11)	0/0	98 % (81)	1/2	0/2	2
Özil	39 in 62	50 % (10)	0/1	91 % (32)	1/2	0/0	3
Schürrle	18 in 28	17 % (6)	1/0	79 % (14)	0/2	0/1	3
Götze	61 in 90	48 % (27)	1/2	95 % (42)	4/2	0/1	2
Müller	46 in 81	61 % (18)	1/1	78 % (32)	4/2	3/0	1
Podolski	13 in 9	100 % (2)	0/0	78 % (9)	0/0	0/0	–

16. JUNI, 18.00 UHR, SALVADOR DA BAHIA

Schiedsrichter: Milorad Mazic (Serbien).
Assistenten: Milovan Ristic, Dalibor Djurdjevic (beide Serbien).
Tore: 1:0 Müller (12./Foulelfmeter), 2:0 Hummels (32.), 3:0 Müller (45.+1), 4:0 Müller (78.).
Einwechslungen: Schürrle für Özil (63.), Mustafi für Hummels (73.), Podolski für Müller (82.) – Éder für H. Almeida (28.), Costa für Veloso (46.), A. Almeida für Coentrão (65.).
Zuschauer: 51 081 (ausverkauft).
Wetter: 26 Grad, bewölkt, 79 % Luftfeuchte.

PORTUGAL-DATEN

Torhüter	Min.	Schüsse gehalten (von)	Flanken/ Ecken abgefangen	Glanz- taten	Schwere Fehler	Lange Pässe angekommen (von)	Note
Patrício	90	33 % (6)	0	0	0	13 % (8)	4

Spieler	Ball- kontakte in Min.	Zweik. gew. (von)	Fouls/ gefoult worden	Pässe angek. (von)	Schüsse/ Schuss- vorlagen	Tore/ Torvor- lagen	Note
Pereira	53 in 90	30 % (20)	2/0	83 % (30)	0/1	0/0	5 +
Pepe	25 in 37	60 % (10)	1/1	81 % (16)	0/0	0/0	6
Alves	60 in 90	33 % (9)	1/0	96 % (47)	0/1	0/0	4
Coentrão	44 in 64	38 % (13)	1/0	94 % (37)	0/1	0/0	4
A. Almeida	17 in 26	100 % (2)	0/0	88 % (8)	0/0	0/0	4
Veloso	28 in 45	43 % (7)	0/0	87 % (23)	1/2	0/0	4
Costa	24 in 45	60 % (5)	0/1	95 % (20)	0/1	0/0	4
Moutinho	63 in 90	57 % (21)	2/1	85 % (46)	0/2	0/0	3 –
Meireles	58 in 90	46 % (13)	2/0	92 % (48)	0/0	0/0	4
Nani	62 in 90	47 % (17)	2/0	83 % (40)	3/1	0/0	4
Ronaldo	44 in 90	50 % (14)	0/2	86 % (22)	7/1	0/0	4 –
H. Almeida	10 in 27	38 % (8)	0/0	100 % (4)	1/0	0/0	4
Éder	25 in 63	44 % (16)	0/3	100 % (13)	2/2	0/0	4

Klinsmann und die USA im Glück

Geglücktes WM-Debüt als US-Nationaltrainer: Völlig losgelöst feiert Jürgen Klinsmann (r.) mit Ersatztorwart Nick Rimando den 2:1-Siegtreffer gegen Ghana und weckt Erinnerungen an das Sommermärchen 2006

Dempsey erzielt fünftschnellstes Tor der WM-Historie

Jubellauf nach seinem 1:0 in der ersten Spielminute: Clint Dempsey

In der WM-Geschichte waren nur vier Torschützen schneller als Clint Dempsey. Zum insgesamt zwölften Mal zappelte der Ball im Tornetz, ehe die erste Spielminute vollendet war.

Die Top 10 der Blitztreffer

11 Sekunden: Hakan Sükür (Türkei), 2002, Spiel um Platz 3 gegen Südkorea. Endstand: 3:2.

16 Sekunden: Vaclav Masek (Tschechoslowakei), 1962, Vorrunde gegen Mexiko. Endstand: 1:3.

25 Sekunden: Ernst Lehner (Deutschland) 1934, Spiel um Platz 3 gegen Österreich. Endstand: 3:2.

27 Sekunden: Bryan Robson (England), 1982, Vorrunde gegen Frankreich. Endstand: 3:1.

30 Sekunden: Clint Dempsey (USA), 2014, Vorrunde gegen Ghana. Endstand: 2:1.

35 Sekunden: Emile Veinante (Frankreich), 1938, Achtelfinale gegen Belgien. Endstand: 3:1.

35 Sekunden: Arne Nyberg (Schweden), 1938, Halbfinale gegen Ungarn. Endstand: 1:5.

37 Sekunden: Bernard Lacombe (Frankreich), 1978, Vorrunde gegen Italien. Endstand: 1:2.

50 Sekunden: Adalbert Desu (Rumänien), 1930, Vorrunde gegen Peru. Endstand: 3:1.

50 Sekunden: Florian Albert (Ungarn), 1962, Vorrunde gegen Bulgarien. Endstand: 6:1.

Stürmer Clint Dempsey erzielt als erster US-Amerikaner bei drei aufeinanderfolgenden WM-Turnieren ein Tor

Sie waren müde. Ausgelaugt. Als sich die Amerikaner nach den aufregenden 90 Minuten von ihren fast 30 000 Fans im Estádio das Dunas von Natal verabschiedeten, wirkten sie seltsam verhalten. Dabei hatten sie gerade jenen Gegner mit 2:1 bezwungen, gegen den sie vor vier Jahren bei der WM in Südafrika im Achtelfinale gescheitert waren (1:2 n.V.).

„Es war eine Quälerei", analysierte US-Trainer Jürgen Klinsmann wenig später den glücklichen Sieg, „aber wir haben bis zur letzten Minute unglaublichen Kampfgeist gezeigt." Weitaus euphorischer als Klinsmann feierten die amerikanischen Journalisten den Erfolg. „Unsere Fans schrien nach Vergeltung, und sie haben sie bekommen", hieß es beim US-Sportsender ESPN.

Die von US-Präsident Barack Obama kurz vor dem

»Du darfst auf diesem Niveau nicht die Konzentration verlieren«

Spiel an das Team adressierte Video-Grußbotschaft („Zeigt der Welt, aus welchem Holz ihr seid!") schien die „Stars & Stripes" zunächst zu beflügeln. Gleich im ersten Angriff gelang Clint Dempsey nach exakt 30 Sekunden und herrlichem Sololauf über die linke Seite das 1:0. Ein besonderer Treffer für Dempsey in seinem 105. Länderspiel: Er ist damit der erste US-Amerikaner, dem bei drei aufeinanderfolgenden WM-Turnieren mindestens ein Tor gelang.

Klinsmanns Team ging in der ersten Hälfte hohes Tempo, präsentierte sich lauffreudig und mit gutem Stellungsspiel, musste aber nach 22 Minuten einen herben Rückschlag hinnehmen: Top-Torjäger Jozy Altidore verletzte sich ohne Fremdeinwirkung am Oberschenkel und wurde ausgewechselt. Zur Pause musste auch noch Innenverteidiger Matt Besler mit Oberschenkelverletzung in der Kabine bleiben. Für ihn kam John Anthony Brooks zu seinem WM-Debüt.

Nach dem Wechsel übernahm Ghana, angetrieben von Sulley Muntari, die Initiative. Der Mittelfeldspieler war an fast allen torgefährlichen Aktionen beteiligt, allein Asamoah Gyan konnte selbst die besten Möglichkeiten nicht nutzen. In der 82. Minute war er indes Wegbereiter zum hochverdienten Ausgleich durch André Ayew. Die Ghanaer konnten die Euphorie nach dem 1:1 nicht nutzen und verloren vier Minuten später sogar das Spiel: Nach dem zweiten Eckball im zweiten Durchgang köpfte Brooks freistehend aus fünf Metern das Siegtor und sorgte für nicht mehr möglich gehaltene Jubelszenen, die an das Sommermärchen der deutschen Nationalmannschaft bei der WM 2006 erinnerten.

„Du darfst es dir auf diesem hohen Niveau nicht leisten, die Konzentration zu verlieren", klagte Ghanas Trainer James Kwesi Appiah.

GHANA – USA

 1:2 (0:1)

GHANA-DATEN

Torhüter	Min.	Schüsse gehalten (von)	Flanken/ Ecken abgefangen	Glanz- taten	Schwere Fehler	Lange Pässe angekommen (von)	Note
Kwarasey	90	60 % (5)	0	0	0	0 % (2)	3 –

Spieler	Ball- kontakte in Min.	Zweik. gew. (von)	Fouls/ gefoult worden	Pässe angek. (von)	Schüsse/ Schuss- vorlagen	Tore/ Torvor- lagen	Note
Opare	91 in 90	30 % (23)	3/1	67 % (55)	0/0	0/0	4
Boye	46 in 90	73 % (15)	0/0	94 % (33)	1/0	0/0	3 –
Mensah	65 in 90	88 % (16)	0/1	91 % (43)	1/0	0/0	3 +
Asamoah	65 in 90	57 % (14)	0/1	88 % (49)	1/3	0/0	3
1. Rabiu	39 in 70	47 % (15)	1/0	86 % (29)	0/1	0/0	3 –
Essien	16 in 20	0 % (6)	1/0	92 % (12)	1/2	0/0	4
1. Muntari	76 in 90	75 % (16)	1/1	80 % (49)	2/5	0/0	2
Atsu	54 in 77	53 % (17)	0/2	90 % (31)	4/4	0/0	2 –
Adomah	12 in 13	67 % (3)	0/0	83 % (6)	0/1	0/0	–
A. Ayew	35 in 90	43 % (14)	1/2	76 % (25)	2/1	1/0	3 +
J. Ayew	19 in 58	20 % (10)	2/0	83 % (12)	1/1	0/0	3 –
Boateng	26 in 32	25 % (4)	0/0	82 % (17)	3/1	0/0	3
Gyan	37 in 90	52 % (23)	1/3	71 % (14)	5/2	0/1	2

16. JUNI, 24 UHR, NATAL

Schiedsrichter:
Jonas Eriksson (Schweden).
Assistenten:
Mathias Klasenius, Daniel
Warnmark (beide Schweden).
Tore:
0:1 Dempsey (1.), 1:1 A. Ayew
(82.), 1:2 Brooks (86.).
Einwechslungen:
Boateng für J. Ayew (59.),
Essien für Rabiu (71.),
Adomah für Atsu (78.) –
Johannsson für
Altidore (23.),
Brooks für Besler (46.),
Zusi für Bedoya (77.).
Zuschauer: 39 760.
Wetter: 28 Grad, bewölkt,
67 % Luftfeuchte.

USA-DATEN

Torhüter	Min.	Schüsse gehalten (von)	Flanken/ Ecken abgefangen	Glanz- taten	Schwere Fehler	Lange Pässe angekommen (von)	Note
Howard	90	75 % (4)	0	0	0	17 % (6)	3 +

Spieler	Ball- kontakte in Min.	Zweik. gew. (von)	Fouls/ gefoult worden	Pässe angek. (von)	Schüsse/ Schuss- vorlagen	Tore/ Torvor- lagen	Note
Johnson	36 in 90	36 % (11)	1/1	78 % (23)	0/2	0/0	3
Cameron	46 in 90	57 % (14)	1/0	56 % (25)	0/0	0/0	3
Besler	25 in 45	88 % (8)	0/1	82 % (11)	0/0	0/0	3
Brooks	20 in 45	70 % (10)	0/1	60 % (10)	1/0	1/0	3 +
Beasley	52 in 90	44 % (16)	2/1	78 % (18)	0/0	0/0	4
Beckerman	31 in 90	58 % (12)	1/2	77 % (22)	0/0	0/0	3
Bedoya	27 in 76	35 % (17)	2/0	57 % (14)	1/2	0/0	3 +
Zusi	10 in 14	50 % (2)	0/0	100 % (6)	0/1	0/1	–
Jones	43 in 90	62 % (37)	2/3	65 % (20)	1/1	0/1	2 –
Bradley	47 in 90	18 % (11)	2/0	80 % (40)	0/1	0/0	3 –
Altidore	7 in 22	17 % (6)	0/0	75 % (4)	2/0	0/0	4
Johannsson	21 in 68	27 % (11)	0/0	91 % (11)	1/0	0/0	4 +
Dempsey	28 in 90	43 % (21)	0/1	69 % (16)	2/1	1/0	2

Klose schlägt wieder Salto

Gute Haltungsnoten in der Luft, Abzüge bei der missglückten Landung: Miroslav Klose feiert sein Tor zum 2:2-Ausgleich mit einem Salto. Den letzten zeigte er 2010 – nach dem 4:0 im WM-Viertelfinale gegen Argentinien, seinem 100. Länderspiel

Mertesacker: Zum 100. Mal für Deutschland

Schwierigkeiten in seinem Jubiläumsspiel: Mertesacker klärt vor Jordan Ayew

Ein Jubiläum der besonderen Art: Gegen Ghana bestritt Per Mertesacker sein 100. Länderspiel. Er debütierte am 9. Oktober 2004 beim 2:0 in Iran, knapp zehn Jahre später knackte er als 13. Deutscher die magische Marke.

Die weiteren Jubiläumsspiele
Franz Beckenbauer: 100. Spiel am 20. Juni 1976 gegen die Tschechoslowakei im EM-Finale (5:7 n. E.).
Joachim Streich: 100. Spiel (für die DDR) am 12. September 1984 gegen England (0:1).
Hans-Jürgen Dörner: 100. Spiel (für die DDR) am 17. November 1984 gegen Luxemburg (5:0).
Lothar Matthäus: 100. Spiel am 13. Juni 1993 gegen die USA (4:3).
Jürgen Klinsmann: 100. Spiel am 10. Sep. 1997 gegen Armenien (4:0).
Jürgen Kohler: 100. Spiel am 30. Mai 1998 gegen Kolumbien (3:1).
Thomas Häßler: 100. Spiel am 12. Juni 2000 gegen Rumänien (1:1).
Ulf Kirsten: 100. Spiel am 20. Juni 2000 gegen Portugal (0:3), 49 davon für die DDR.
Miroslav Klose: 100. Spiel am 4. Juli 2010 gegen Argentinien (4:0).
Lukas Podolski: 100. Spiel am 17. Juni 2012 gegen Dänemark (2:1).
Philipp Lahm: 100. Spiel am 6. September 2013 gegen Österreich (3:0).
Bastian Schweinsteiger: 100. Spiel am 15. Oktober 2013 gegen Schweden (5:3).

Zwei Minuten nach seiner Einwechslung rettet der Torjäger Deutschland mit seinem 15. WM-Tor

Er ist eben doch in die Jahre gekommen, dieser Miroslav Klose. Soeben hatte der 36-Jährige den Ball zum 2:2 über die Linie gedrückt (71.), da hob er ab zum Salto. Jahrelang war dies sein Markenzeichen gewesen, doch aus Angst vor Verletzungen verzichtete er seit Längerem darauf. Nun ging die Freude mit ihm durch. Er sprang hoch, winkelte die Beine an, drehte sich vorwärts – und fiel bei der Landung hart. Doch Klose ließ sich nichts anmerken und jubelte weiter.

1:42 Minuten zuvor war er für Mario Götze eingewechselt worden. Bis zur Ecke von Toni Kroos hatte er nicht einmal den Ball berührt, dann stand er nach der Kopfballverlängerung von Benedikt Höwedes goldrichtig. Sein 15. WM-Tor im 20. Spiel und Egalisierung des Ronaldo-Rekordes. „Willkommen im Klub", twitterte

»Wir haben Ghana mit Ball-Verlusten in die Karten gespielt«

der Brasilianer prompt. Auf Deutsch. Klose erklärte später seinen unvollendeten Salto mit einem Lächeln: „Ich bin ein wenig aus der Übung."

Der Torjäger war es, der die schwächelnde deutsche Elf gegen die agilen Ghanaer vor einer Niederlage bewahrte. Bereits in der ersten Hälfte brachte Ghana mit seinem Pressing die Spieler von Joachim Löw aus dem Konzept. Gyan Asamoah (7. und 34.), Christian Atsu (13.) und Sulley Muntari (32.) kamen zu guten Chancen, Deutschland hatte durch Kroos (11.), Sami Khedira (18.) und Götze (29.) weniger Lichtblicke. Und ging dennoch in Führung.

Nach Rechtsflanke von Thomas Müller köpfte Götze ungewollt auf sein linkes Knie, von dort flog der Ball unhaltbar zum 1:0 ins Netz (51.). Drei Minuten hielt die Führung, dann schliefen der zur Pause für den angeschlagenen Jérôme Boateng eingewechselte Shkodran Mustafi und Per Mertesacker und ließen den nur 1,76 Meter großer André Ayew unbedrängt zum Kopfball kommen – das 1:1 (54.).

Es kam noch schlimmer: In der 63. Minute spielte der ungewohnt fehlerhafte Philipp Lahm einen Fehlpass auf Khedira, Muntari schickte Gyan steil, der mit seinem Schuss aus sieben Meter Distanz Manuel Neuer keine Chance ließ.

Joachim Löw sah das Positive: „Die Mannschaft hat Moral gezeigt und ist zurückgekommen." Seine Stars waren kritischer. „Wir haben taktisch nicht abgerufen, was wir wollten", meinte Khedira, Mats Hummels meckerte: „Wir haben Ghana mit einigen Ballverlusten in die Karten gespielt." Wortgewaltig feierte die internationale Presse Miroslav Klose: „Normale Menschen brauchen Stunden, um der Gemeinschaft einen nützlichen Dienst zu erweisen, den Außergewöhnlichen reicht eine Minute. Klose ist ein solcher Mensch", schrieb „Corriere della Sera" aus Italien. ◆

DEUTSCHLAND – GHANA

 2:2 (0:0)

DEUTSCHLAND-DATEN

Torhüter	Min.	Schüsse gehalten (von)	Flanken/ Ecken abgefangen	Glanz- taten	Schwere Fehler	Lange Pässe angekommen (von)	Note
Neuer	90	71 % (7)	0	0	0	40 % (5)	3

Spieler	Ball- kontakte in Min.	Zweik. gew. (von)	Fouls/ gefoult worden	Pässe angek. (von)	Schüsse/ Schuss- vorlagen	Tore/ Torvor- lagen	Note
J. Boateng	29 in 45	100 % (5)	0/0	86 % (22)	0/0	0/0	3
Mustafi	33 in 45	60 % (5)	1/0	96 % (23)	0/0	0/0	5
Mertesacker	75 in 90	50 % (14)	0/0	98 % (61)	0/0	0/0	4 +
Hummels	78 in 90	65 % (20)	1/1	85 % (55)	0/0	0/0	2 −
Höwedes	48 in 90	64 % (14)	0/1	83 % (29)	1/1	0/1	4
Lahm	88 in 90	62 % (13)	0/2	89 % (79)	0/2	0/0	5
Khedira	56 in 69	39 % (18)	3/2	84 % (50)	1/0	0/0	5
Schweinsteiger	24 in 21	70 % (10)	0/3	89 % (18)	3/0	0/0	3
Kroos	121 in 90	53 % (19)	1/4	90 % (94)	3/3	0/0	4
Özil	65 in 90	35 % (17)	0/1	82 % (55)	0/5	0/0	3 −
Götze	38 in 68	41 % (22)	2/0	83 % (24)	2/0	1/0	3
Klose	5 in 22	50 % (2)	1/0	67 % (3)	2/0	1/0	2
Müller	34 in 90	40 % (15)	2/1	82 % (22)	1/2	0/1	3 +

21. JUNI, 21.00 UHR, FORTALEZA

Schiedsrichter: Sandro Ricci (Brasilien). **Assistenten:** Emerson de Carvalho, Marcelo van Gasse (beide Brasilien). **Tore:** 1:0 Götze (51.), 1:1 A. Ayew (54.), 1:2 Gyan (63.), 2:2 Klose (71.). **Einwechslungen:** Mustafi für J. Boateng (46.), Klose für Götze (69.), Schweinsteiger für Khedira (70.) – J. Ayew für K.-P. Boateng (52.), Wakaso für Atsu (72.), Badu für Rabiu (78.). **Zuschauer:** 59 621. **Wetter:** 29 Grad, bewölkt, 61 % Luftfeuchte.

GHANA-DATEN

Torhüter	Min.	Schüsse gehalten (von)	Flanken/ Ecken abgefangen	Glanz- taten	Schwere Fehler	Lange Pässe angekommen (von)	Note
Dauda	90	50 % (4)	0	0	0	29 % (7)	3 +

Spieler	Ball- kontakte in Min.	Zweik. gew. (von)	Fouls/ gefoult worden	Pässe angek. (von)	Schüsse/ Schuss- vorlagen	Tore/ Torvor- lagen	Note
Afful	75 in 90	56 % (18)	0/1	79 % (42)	0/3	0/1	3 −
Boye	34 in 90	80 % (10)	0/0	74 % (23)	0/0	0/0	3 +
Mensah	59 in 90	80 % (10)	0/0	80 % (40)	1/2	0/0	3 −
Asamoah	64 in 90	69 % (13)	0/3	82 % (44)	1/0	0/0	3 −
Rabiu	31 in 77	50 % (18)	3/2	94 % (17)	0/0	0/0	4 +
Badu	8 in 13	75 % (4)	0/0	80 % (5)	1/0	0/0	−
2. Muntari	64 in 90	43 % (21)	4/3	80 % (44)	3/3	0/1	3 +
Atsu	38 in 71	39 % (18)	1/0	82 % (22)	1/2	0/0	2
Wakaso	12 in 19	25 % (4)	2/0	75 % (8)	1/1	0/0	3
A. Ayew	34 in 90	42 % (19)	1/1	80 % (25)	2/1	1/0	3
K.-P. Boateng	22 in 51	13 % (8)	2/0	67 % (15)	1/1	0/0	5
J. Ayew	9 in 39	29 % (7)	1/0	100 % (5)	3/1	0/0	3
Gyan	27 in 90	33 % (24)	1/1	80 % (15)	3/2	1/0	2 −

Varela reißt USA aus allen Träumen

Ohne Tor, ohne Glück – Ronaldo nur ein Schatten

Ein Trauerspiel: Ronaldo glänzte nur bei der Vorlage zum 2:2-Ausgleich

Er war als amtierender Weltfußballer nach Brasilien gereist. Nach einer grandiosen Saison und dem Gewinn des Champions-League-Titels mit Real Madrid, zu dem er in elf Spielen sagenhafte 17 Tore beigesteuert hatte. Doch gegen die USA lief es für Cristiano Ronaldo wie schon beim 0:4 gegen Deutschland überaus mäßig. Bezeichnend für die blasse Vorstellung von „CR7": Einziger Lichtblick war seine Vorlage zum Ausgleichstreffer durch Varela. Seine typische Pose – breitbeinig mit in die Hüfte gestemmten Armen – nahm Ronaldo nur ein, wenn er aus Frust über sein eigenes Spiel und das seiner Mitspieler demonstrativ die Arbeit einstellte. Ronaldo wirkte nach einer langen Saison überspielt, Trainer Paulo Bento hielt sich mit Kritik indes noch zurück: „Cristiano war fit, er hat 90 Minuten gespielt", wich er Nachfragen aus. Eine Bestleistung erreichte Ronaldo gegen die USA dann aber doch noch: Er bestritt sein zwölftes WM-Spiel – portugiesischer Rekord.

In der fünften Minute der Nachspielzeit gelingt dem Portugiesen der Ausgleich. Ronaldo ist trotzdem bedient

Jermaine Jones war richtig ungehalten: „Klar ist man frustriert und hat Wut im Bauch. Nicht mal eine Minute hat uns gefehlt, wir hätten den Ball einfach nur weghauen müssen", schimpfte der Mittelfeldspieler über den spektakulären und irgendwie passenden Schlusspunkt eines mitreißenden Fußballspiels.

Buchstäblich im allerletzten Moment, der fünften Minute der Nachspielzeit, schob Portugals Einwechselspieler Silvestre Varela mit seinem Kopfballtreffer zum 2:2 alle Entscheidungen noch einmal auf: kein Sieger, kein vorzeitiges Aus für Portugal, keine vorzeitige Achtelfinal-Qualifikation für die USA.

Genauso sauer wie der US-Amerikaner war der sichtlich geknickte Cristiano Ronaldo, der mit seiner Rechtsflanke den Ausgleich vorbereitet hatte: „Vielleicht sind wir nur

»Es wäre eine Lüge zu sagen, dass wir top sind«

ein mittelmäßiges Team. Es wäre jedenfalls eine Lüge zu sagen, dass wir top sind", haderte der Superstar und fügte an: „Gegen gutklassige Gegner reicht es nicht. Es gibt keine Wunder."

Dabei lag nach nur fünf Minuten der Ball bereits im Tor der Amerikaner, als Innenverteidiger Geoff Cameron eine harmlose Hereingabe von Miguel Veloso per Querschläger unfreiwillig in eine Mustervorlage verwandelte. Nani verwertete mühelos.

Der Traumstart verlieh den Portugiesen jedoch keine Sicherheit, die US-Boys von Jürgen Klinsmann beherrschten mit aggressivem Pressing das Geschehen und waren bei Distanzschüssen mehrmals gefährlich. Die Versuche von Clint Dempsey (13.), Michael Bradley (24., 28.) und Fabian Johnson (31.) verfehlten das Ziel nur knapp.

Fast wäre dem agilen Nani noch ein zweites Tor gelungen, doch Tim Howard lenkte erst seinen Schuss mit reichlich Glück an den Pfosten, dann Éders Nachschuss mit viel Geschick über die Latte (45.).

Auf der Gegenseite parierte Verteidiger Ricardo Costa nach 55 Minuten fast noch besser, als er einen Schuss des freistehenden Bradley aus kürzester Distanz für seinen schon ausgespielten Torwart Beto von der Linie kratzte.

Die Wende im Spiel gelang Jermaine Jones mit einem 25-Meter-Schuss zum hochverdienten 1:1 (64.) Beide Teams suchten die Entscheidung und boten dem verzückten Publikum beste Unterhaltung. Da passte auch die kuriose 2:1-Führung der USA ins Bild: Eine nabelhohe Flanke von Graham Zusi drückte Clint Dempsey mit dem Bauch über die Torlinie (81.).

„Es war ein unglaubliches Spiel, eine unglaubliche Leistung von uns", kommentierte Jürgen Klinsmann, „wir hätten auch drei oder vier Tore schießen können." Die hätten zum Sieg gereicht.

Chancenlos: Als US-Torwart Tim Howard den linken Arm hochreißt, ist es schon zu spät. Der Kopfball von Silvestre Varela (l.) passiert bereits die Torlinie – das 2:2

USA – PORTUGAL

 2:2 (0:1)

USA-DATEN

Torhüter	Min.	Schüsse gehalten (von)	Flanken/Ecken abgefangen	Glanztaten	Schwere Fehler	Lange Pässe angekommen (von)	Note
Howard	90	71 % (7)	0	0	0	50 % (4)	2 –

Spieler	Ballkontakte in Min.	Zweik. gew. (von)	Fouls/gefoult worden	Pässe angek. (von)	Schüsse/Schussvorlagen	Tore/Torvorlagen	Note
Johnson	42 in 90	42 % (12)	0/1	77 % (30)	2/2	0/0	3
Cameron	34 in 90	64 % (11)	1/1	85 % (26)	0/0	0/0	5
Besler	61 in 90	76 % (17)	1/2	95 % (41)	0/0	0/0	3 +
Beasley	57 in 90	44 % (9)	1/1	87 % (39)	0/0	0/0	3 +
Beckerman	71 in 90	60 % (15)	1/1	92 % (52)	1/0	0/0	3 +
1. Jones	62 in 90	76 % (17)	2/2	73 % (40)	3/2	1/0	2
Bradley	73 in 90	22 % (9)	2/1	87 % (62)	4/2	0/0	3
Bedoya	34 in 71	50 % (10)	0/1	96 % (26)	0/0	0/0	3
Yedlin	10 in 19	40 % (5)	0/0	100 % (5)	0/1	0/0	3
Zusi	58 in 89	27 % (22)	1/1	87 % (30)	0/6	0/2	3 +
González	0 in 1	0 % (0)	0/0	0 % (0)	0/0	0/0	–
Dempsey	35 in 86	26 % (23)	2/2	91 % (22)	5/2	1/0	2
Wondolowski	4 in 4	75 % (4)	0/0	100 % (1)	0/0	0/0	–

22. JUNI, 24 UHR, MANAUS

Schiedsrichter: Nestor Pitana (Argentinien).
Assistenten: Hernán Maidana, Juan Pablo Belatti (beide Argentinien).
Tore: 0:1 Nani (5.), 1:1 Jones (64.), 2:1 Dempsey (81.), 2:2 Varela (90.+5).
Einwechslungen: Yedlin für Bedoya (72.), Wondolowski für Dempsey (87.), González für Zusi (90.+1.) – Éder für Postiga (16.), William für A. Almeida (46.), Varela für Meireles (69.).
Zuschauer: 40 123.
Wetter: 30 Grad, klar, 66 % Luftfeuchte.

PORTUGAL-DATEN

Torhüter	Min.	Schüsse gehalten (von)	Flanken/Ecken abgefangen	Glanztaten	Schwere Fehler	Lange Pässe angekommen (von)	Note
Beto	90	50 % (4)	0	0	0	0 % (1)	2 –

Spieler	Ballkontakte in Min.	Zweik. gew. (von)	Fouls/gefoult worden	Pässe angek. (von)	Schüsse/Schussvorlagen	Tore/Torvorlagen	Note
Pereira	59 in 90	50 % (10)	1/0	91 % (44)	0/0	0/0	3 –
Costa	54 in 90	67 % (9)	2/1	98 % (42)	0/0	0/0	3
Alves	54 in 90	56 % (9)	1/0	84 % (45)	1/0	0/0	3
A. Almeida	35 in 45	64 % (11)	0/0	84 % (19)	0/0	0/0	4
William	38 in 45	54 % (13)	2/1	94 % (36)	0/1	0/0	3
Veloso	73 in 90	46 % (13)	1/1	92 % (53)	2/4	0/1	3 +
Moutinho	82 in 90	55 % (11)	1/2	91 % (65)	1/5	0/0	3
Meireles	43 in 68	25 % (8)	0/0	90 % (31)	2/3	0/0	4
Varela	15 in 22	100 % (4)	0/1	70 % (10)	1/0	1/0	2
Nani	67 in 90	52 % (25)	3/1	68 % (38)	4/5	1/0	2
Ronaldo	51 in 90	60 % (20)	1/3	84 % (31)	7/2	0/0	3 –
Postiga	3 in 15	50 % (2)	0/0	100 % (3)	0/0	0/0	–
Éder	23 in 75	26 % (19)	1/1	90 % (10)	3/1	0/0	4

Angst lähmt die Amerikaner

Deutsche unter sich: US-Trainer Jürgen Klinsmann schnappt sich nach Spielschluss Thomas Müller und gratuliert ihm zum 1:0. Müller hat das, was den Amerikanern an diesem Tag fehlt: grenzenlosen Mut

Die Deutschen kontrollieren das Regenspiel und siegen, weil auf Thomas Müller immer Verlass ist

Pressestimmen: „Müller, Du Regen-Gott"

Die 55. Minute: Müller (l.) schlenzt von der Strafraumgrenze – das 1:0

BILD (Deutschland):
„Müller, Du Regen-Gott! Aber der Titel bleibt so noch ein feuchter Traum."

AS (Spanien):
„Müller wäscht Deutschlands Namen nach 32 Jahren rein. Es gab keinen Nichtangriffspakt wie zwischen Deutschland und Österreich bei der WM 1982. Deutschland setzt seinen Eisenfuß ins Achtelfinale und säubert seinen Namen."

Sport (Spanien):
„Es war ein deutscher Monolog, die USA waren nicht in der Lage, sich Torchancen gegen eine deutsche Mannschaft, die sehr seriös aufgetreten ist, zu erarbeiten."

El Mundo Deportivo (Spanien):
„Es war ein Riesentor von Thomas Müller. Die USA hatten keine Argumente gegen ein dominantes Deutschland."

La Gazzetta dello Sport (Italien):
„Technische und charakterliche Qualitäten, darunter das unbestreitbare Talent Müllers, treiben die deutsche Truppe voran."

The Times (England):
„Wieder einmal schaffte es Deutschland, ein 1:0 über die Zeit zu bringen, als es nötig war."

The Guardian (England):
„Klinsmann bejubelt bemerkenswerten Müller."

Den ganzen Tag über hatte es sintflutartig geregnet in Recife. Die Zufahrtsstraßen zur Arena waren überschwemmt. Die Fifa erwog, das Spiel gegen die USA zu verlegen. Als sie sich dagegen entschied, drohte eine Wasserschlacht. Eine Partie voller Zufallsproduktionen und in Pfützen stecken gebliebener Pässe.

Was jedoch folgte, war die nahezu perfekte Ball- und Spielkontrolle durch die deutsche Mannschaft, allerdings gegen harmlose und ängstliche Amerikaner. Die Statistik wies eine Quote angekommener Pässe von 89 Prozent aus – Spitzenwert bei dieser WM. Deutscher Passkönig: Philipp Lahm mit 116 vollendeten Zuspielen (94,8 Prozent), gefolgt von Toni Kroos mit 112 Pässen (93,8 %). Bastian Schweinsteiger, der für Sami Khedira in die Startelf gerutscht war, kam in 76 Minuten auf 85 gelungene Pässe (87,1 Prozent).

»Endlich habe ich mal ein schönes Tor gemacht«

Angesichts dieser Zahlen war es kein Wunder, dass die Amerikaner erst in der Nachspielzeit zu ihren ersten echten Torchancen kamen: Philipp Lahm blockte einen Schuss von Alejandro Bedoya im letzten Augenblick ab, kurz danach köpfte Clint Dempsey knapp über das Tor.

Doch die überragende Passquote sagte nichts über die Qualität des deutschen Offensiv-Spiels aus. Die Elf von Joachim Löw kam trotz der riesigen Spielanteile zu wenigen klaren Torchancen. Die letzte Konsequenz fehlte, ebenso die Konzentration vor dem amerikanischen Strafraum. Immer wieder sprang Löw an der Seitenlinie von seinem Sitz auf und raufte sich entsetzt die klitschnassen Haare.

Thomas Müller kam zweimal (8. und 14.) einen Schritt zu spät, Mesut Özil scheiterte nach schönem Dribbling an Torwart Tim Howard (35.), Lukas Podolski fand überhaupt „keine Bindung zum Spiel", wie Bundestrainer Löw befand, und musste in der Halbzeit in der Kabine bleiben.

Verlass war, wie immer, auf Müller: In der 55. Minute flankte Özil nach kurz ausgeführter Ecke in die Mitte. Per Mertesacker köpfte, Howard parierte reaktionsschnell, der Ball aber fiel dem gänzlich ungedeckten Müller an der Strafraumgrenze vor die Füße. Mit dem rechten Fuß schlenzte er ihn zum 1:0 in die lange Ecke. „Endlich habe ich mal ein schönes Tor gemacht", sagte Müller später lächelnd. Seine WM-Bilanz verbesserte er auf neun Tore in neun Spielen.

„Wir haben das Spiel beherrscht und bis zur Endphase keine Chance der Amerikaner zugelassen", analysierte Löw. „Was wir verpasst haben, ist, das entscheidende 2:0 zu machen." Verteidiger Mats Hummels ergänzte: „Wir haben eine konzentrierte, wenn auch keine überragende Leistung abgeliefert."

USA – DEUTSCHLAND

 0:1 (0:0)

USA-DATEN

Torhüter	Min.	Schüsse gehalten (von)	Flanken/Ecken abgefangen	Glanz-taten	Schwere Fehler	Lange Pässe angekommen (von)	Note
Howard	90	83 % (6)	0	0	0	71 % (7)	31

Spieler	Ball-kontakte in Min.	Zweik. gew. (von)	Fouls/gefoult worden	Pässe angek. (von)	Schüsse/Schuss-vorlagen	Tore/Torvor-lagen	Note
Johnson	50 in 90	77 % (13)	0/2	67 % (21)	0/0	0/0	4
1. González	46 in 90	83 % (12)	1/1	77 % (31)	0/0	0/0	3
Besler	37 in 90	50 % (8)	0/0	82 % (28)	0/0	0/0	3 –
Beasley	49 in 90	58 % (12)	1/0	94 % (31)	1/0	0/0	3
1. Beckerman	52 in 90	39 % (18)	4/1	95 % (38)	0/0	0/0	4
Jones	36 in 90	52 % (27)	2/3	80 % (25)	0/0	0/0	4 +
Zusi	42 in 83	45 % (11)	0/1	75 % (32)	1/0	0/0	4
Yedlin	5 in 7	67 % (3)	0/0	100 % (4)	0/1	0/0	–
Bradley	54 in 90	46 % (13)	3/1	81 % (48)	0/1	0/0	4
Davis	18 in 58	60 % (5)	1/0	83 % (12)	0/0	0/0	4
Bedoya	9 in 32	33 % (6)	1/0	67 % (6)	1/0	0/0	4
Dempsey	29 in 90	20 % (20)	1/0	82 % (22)	1/1	0/0	4

26. JUNI, 18.00 UHR, RECIFE

Schiedsrichter: Rawschan Irmatow (Usbekistan).
Assistenten: Abduxamidullo Rasulow (Usbekistan), Bakhadyr Kotschkarow (Kirgisistan).
Tor: 0:1 Müller (55.).
Einwechslungen: Bedoya für Davis (59.), Yedlin für Zusi (84.) – Klose für Podolski (46.), Götze für Schweinsteiger (76.), Schürrle für Özil (89.).
Zuschauer: 41 876.
Wetter: 27 Grad, Dauerregen, 79 % Luftfeuchte.

DEUTSCHLAND-DATEN

Torhüter	Min.	Schüsse gehalten (von)	Flanken/Ecken abgefangen	Glanz-taten	Schwere Fehler	Lange Pässe angekommen (von)	Note
Neuer	90	0 % (0)	0	0	0	29 % (7)	3

Spieler	Ball-kontakte in Min.	Zweik. gew. (von)	Fouls/gefoult worden	Pässe angek. (von)	Schüsse/Schuss-vorlagen	Tore/Torvor-lagen	Note
Boateng	69 in 90	63 % (8)	1/0	94 % (49)	0/3	0/0	3
Mertesacker	111 in 90	100 % (3)	0/0	98 % (99)	1/1	0/1	3
Hummels	64 in 90	44 % (16)	1/0	94 % (53)	0/0	0/0	3
1. Höwedes	71 in 90	57 % (21)	2/1	86 % (51)	2/0	0/0	4 –
Lahm	118 in 90	50 % (6)	1/2	95 % (110)	0/1	0/0	3
Schweinsteiger	95 in 75	63 % (19)	2/5	89 % (81)	1/1	0/0	3
Götze	21 in 15	63 % (8)	0/1	81 % (16)	0/0	0/0	4
Kroos	116 in 90	50 % (12)	0/0	93 % (104)	2/0	0/0	3
Özil	72 in 88	42 % (19)	1/1	93 % (56)	2/4	0/0	3 –
Schürrle	3 in 2	0 % (1)	0/0	100 % (2)	1/0	0/0	–
Podolski	34 in 45	50 % (4)	0/1	92 % (24)	2/1	0/0	5
Klose	14 in 45	43 % (7)	1/1	71 % (7)	1/0	0/0	4
Müller	42 in 90	28 % (18)	0/2	81 % (26)	3/4	1/0	3 +

Ronaldo: Ein Tor für die Galerie

Verzweifelter Star: Ronaldo kniet am Boden und sinniert über eine weitere vergebene Torchance. Jonathan Mensah blickt durchaus geringschätzig auf ihn hinab

Boateng und Muntari vor dem Spiel suspendiert

Vergnügt: Muntari und Boateng (r.) auf ihrem Foto im Nachrichtendienst Twitter

Die letzte Provokation gab es vier Minuten vor dem Anpfiff. Die beiden in Ungnade gefallenen ghanaischen Nationalspieler Kevin-Prince Boateng und Sulley Muntari zeigten sich bestens gelaunt vor einer Strandkulisse und twitterten in alle Welt: „Don't believe the hype" (Glaubt dem Rummel nicht). Boateng und Muntari waren am Morgen vor dem Spiel von Ghanas Fußballverband suspendiert worden. Der warf Boateng vor, er habe Trainer James Kwesi Appiah vulgär beleidigt. Muntari flog raus, weil er gegenüber einem Verbandsoffiziellen handgreiflich geworden war und dessen Laptop zertrümmert hatte. Entzündet hatte sich der Streit beim Abschlusstraining am Tag vor dem Portugal-Spiel. Nach Darstellung Boatengs ereignete sich das so: „Sulley und ich haben nach einem Zweikampf gescherzt. Ich sagte, er habe den Ball mit der Hand gespielt. Er verneinte. Darauf habe ich gelacht und gesagt: ‚Hey, bist du der Schiri oder wie?'" Dann hätten beide gelacht. Appiah habe nach dem Grund gefragt und beide Spieler in die Kabine geschickt. Nach dem Training stellte Boateng den Trainer zur Rede. „Ich habe ihn gefragt, was er gegen mich habe. Daraufhin fing er an, mich zu beleidigen." Appiah: Die Suspendierung hatte „nur disziplinarische Gründe".

Der Weltfußballer kann nur eine seiner vielen Chancen nutzen und vergibt Portugals Einzug ins Achtelfinale

Als Ghanas Spieler vor dem Anpfiff singend und trommelnd durch die Katakomben des Estádio Nacional in Brasília zogen, schlurfte Cristiano Ronaldo mit verkniffener Miene in Richtung Kabine. Von Optimismus keine Spur. „CR7" war nur an dem gleichnamigen Logo auf seiner Baseballmütze zu erkennen. Er hatte in diesem Moment schon mit der WM abgeschlossen, zu gering waren die Chancen auf das Achtelfinale.

Dass die portugiesische Fußball-Öffentlichkeit die Schuld für den enttäuschenden Gesamtauftritt bei Ronaldo suchte, brachte Trainer Paulo Bento in Rage: „Wenn wir glauben, dass wir unsere Probleme lösen, nur weil wir einen Weltfußballer namens Cristiano Ronaldo haben, sind wir auf dem Holzweg." Und weiter: „Wir brauchen Spieler, die ihm helfen."

»Wir können die WM erhobenen Hauptes verlassen«

Portugals Kritiker sahen sich indes nach wenigen Spielminuten in ihrer Meinung bestätigt. Die Mannschaft gefiel mit variablem Flügelspiel, war auf dem Weg zum Tor immer auf der Suche nach Ronaldo. Der lief zwar viel, rochierte nach den verletzungsbedingten Ausfällen von Hugo Almeida und Hélder Postiga in der Spitze, vergab aber beste Torchancen. Allein Ronaldo hätte Portugal bei einer für ihn gewohnten Chancenverwertung noch locker ins Achtelfinale schießen können. Eine kleine Auswahl:

12. Minute: Freistoß direkt auf Torwart Fatawu Dauda.
19. Minute: Kopfball aus fünf Metern direkt auf Dauda.
83. Minute: Schuss aus zehn Metern direkt auf Dauda.
90. + 1: Direktabnahme aus vier Metern auf Dauda.
90. + 2: Schuss aus zwölf Metern direkt auf Dauda.

Pech hatte Ronaldo nur einmal: In der fünften Minute touchierte seine Flanke von der rechten Außenbahn die Latte. Ein kleines Erfolgserlebnis hatte er dann auch noch: In der 80. Minute schoss er nach dem einzigen Fehler von Dauda, der den Ball mit beiden Händen Richtung Elfmeterpunkt patschte, das 2:1. Portugals einziges eigenes Tor an diesem frühen Nachmittag.

Das 1:0 hatte Ghanas Abwehrspieler John Boye (31.) erzielt – ein Eigentor nach Flanke von Miguel Veloso. Der Ball flog von Boyes Knie via Latte und Pfosten ins Tor. Der zwischenzeitliche Ausgleich zum 1:1 durch Asamoah Gyan, ein Kopfball nach Linksflanke von Kwadwo Asamoah (57.), war ein historischer Treffer für den Angreifer: Mit seinem sechsten WM-Tor überholte Gyan Kameruns Roger Milla als besten afrikanischen Torschützen bei einer WM-Endrunde.

Tief enttäuscht verließ Ronaldo Brasilien: „Wir haben zu viele Chancen vergeben. Aber wir können die WM erhobenen Hauptes verlassen." ●

PORTUGAL – GHANA

 2:1 (1:0)

PORTUGAL-DATEN

Torhüter	Min.	Schüsse gehalten (von)	Flanken/ Ecken abgefangen	Glanz-taten	Schwere Fehler	Lange Pässe angekommen (von)	Note
Beto	88	75 % (4)	0	0	0	38 % (8)	3
Eduardo	2	0 % (0)	0	0	0	0 % (0)	–

Spieler	Ball-kontakte in Min.	Zweik. gew. (von)	Fouls/ gefoult worden	Pässe angek. (von)	Schüsse/ Schuss-vorlagen	Tore/ Torvor-lagen	Note
Pereira	37 in 60	54 % (13)	0/1	95 % (20)	0/2	0/0	3
Varela	19 in 30	29 % (7)	1/0	77 % (13)	2/1	0/0	3 –
Pepe	43 in 90	71 % (17)	1/2	70 % (30)	0/0	0/0	3 –
Alves	50 in 90	76 % (21)	3/1	82 % (28)	0/0	0/0	3
Veloso	67 in 90	50 % (12)	0/1	81 % (31)	0/5	0/1	3 +
William	69 in 90	52 % (25)	4/1	83 % (59)	0/0	0/0	4
1. Moutinho	80 in 90	48 % (29)	5/3	85 % (59)	1/2	0/0	3
Amorim	53 in 90	44 % (18)	2/1	87 % (39)	1/2	0/0	3
Nani	67 in 90	56 % (18)	1/1	78 % (40)	5/5	0/1	4
Ronaldo	54 in 90	52 % (21)	1/3	85 % (33)	9/0	1/0	2 –
Éder	18 in 68	30 % (23)	2/1	78 % (9)	1/1	0/0	4
Vieirinha	17 in 22	45 % (11)	1/0	50 % (10)	0/0	0/0	4

26. JUNI, 18.00 UHR, BRASÍLIA

Schiedsrichter: Nawaf Shukralla (Bahrain).
Assistenten: Yaser Tulefat, Ebrahim Saleh (beide Bahrain).
Tore: 1:0 Boye (31. / Eigentor.), 1:1 Gyan (57.), 2:1 Ronaldo (80.).
Einwechslungen: Varela für Pereira (61.), Vieirinha für Éder (69.), Eduardo für Beto (89.) – J. Ayew für Waris (71.), Acquah für Rabiu (76.), Wakaso für A. Ayew (81.).
Zuschauer: 67 540.
Wetter: 26 Grad, sonnig, 50 % Luftfeuchte.

GHANA-DATEN

Torhüter	Min.	Schüsse gehalten (von)	Flanken/ Ecken abgefangen	Glanz-taten	Schwere Fehler	Lange Pässe angekommen (von)	Note
Dauda	90	75 % (8)	0	0	1	25 % (4)	2

Spieler	Ball-kontakte in Min.	Zweik. gew. (von)	Fouls/ gefoult worden	Pässe angek. (von)	Schüsse/ Schuss-vorlagen	Tore/ Torvor-lagen	Note
1. Afful	74 in 90	50 % (18)	2/2	65 % (37)	0/3	0/0	4
Boye	34 in 90	53 % (15)	2/1	93 % (14)	0/0	0/0	4
Mensah	40 in 90	71 % (14)	1/0	88 % (17)	1/1	0/0	3 +
Asamoah	51 in 90	55 % (11)	1/1	91 % (22)	1/4	0/1	3 +
Rabiu	35 in 75	48 % (25)	3/0	81 % (21)	0/0	0/0	4
Acquah	13 in 15	70 % (10)	0/0	100 % (7)	0/0	0/0	–
Agyemang	37 in 90	39 % (18)	0/4	93 % (29)	1/0	0/0	4
Atsu	47 in 90	41 % (17)	2/1	74 % (23)	3/3	0/0	3 –
A. Ayew	44 in 80	50 % (18)	0/1	74 % (27)	0/0	0/0	3
Wakaso	10 in 10	63 % (8)	0/2	86 % (7)	1/0	0/0	–
1. Waris	29 in 70	28 % (25)	3/2	83 % (12)	1/0	0/0	4 –
1. J. Ayew	9 in 20	40 % (5)	0/1	100 % (4)	1/1	0/0	4
Gyan	41 in 90	47 % (30)	1/5	64 % (11)	9/3	1/0	2 –

GRUPPE H

- BELGIEN
- ALGERIEN
- RUSSLAND
- SÜDKOREA

Dienstag, 17. Juni, Belo Horizonte
Belgien – Algerien 2:1 (0:1)

Dienstag, 17. Juni, Cuiabá
Russland – Südkorea 1:1 (0:0)

Sonntag, 22. Juni, Rio de Janeiro
Belgien – Russland 1:0 (0:0)

Sonntag, 22. Juni, Porto Alegre
Südkorea – Algerien 2:4 (0:3)

Donnerstag, 26. Juni, São Paulo
Südkorea – Belgien 0:1 (0:0)

Donnerstag, 26. Juni, Curitiba
Algerien – Russland 1:1 (0:1)

	Belgien	Algerien	Russland	Südkorea
Belgien		2:1	1:0	1:0
Algerien	1:2		1:1	4:2
Russland	0:1	1:1		1:1
Südkorea	0:1	2:4	1:1	

Mannschaft	G	U	V	Tore	Pkte
1. Belgien	3	0	0	4:1	9
2. Algerien	1	1	1	6:5	4
3. Russland	0	2	1	2:3	2
4. Südkorea	0	1	2	3:6	1

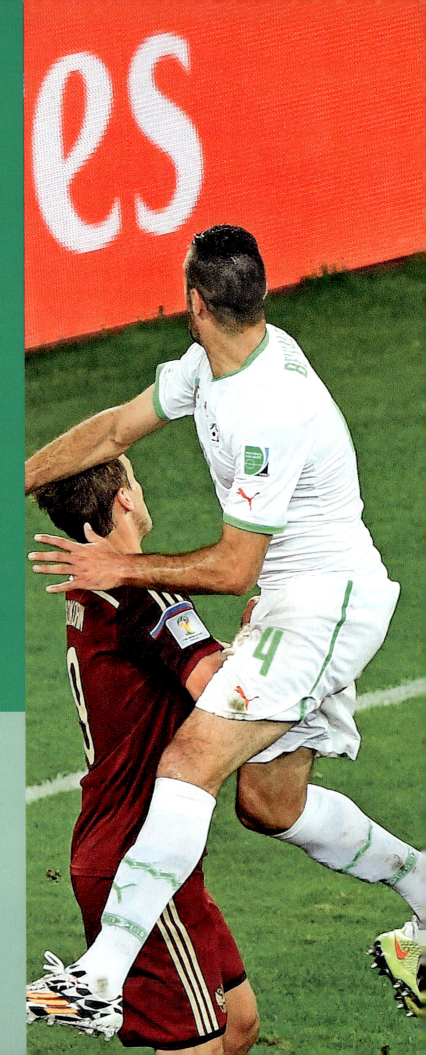

Ein historisches Tor. Völlig frei stehend köpft Algeriens Torjäger Islam Slimani (r.) in der 60. Minute gegen Russland den 1:1-Ausgleich. Torwart Igor Akinfejew sieht dabei alles andere als glücklich aus, er taucht unter der Flanke hindurch und fliegt ins Leere. Dieser Spielstand hat auch noch nach Abpfiff Bestand, Algerien hat sich bei einer WM erstmals für das Achtelfinale qualifiziert. Russland scheidet aus

DANIEL VAN BUYTEN

Großer Bruder der jungen Wilden

In den Abendstunden seiner Karriere wird Belgiens Innenverteidiger zum wichtigsten Spieler seines Teams

ANALYSE GRUPPE H
Algerien glänzt, Belgien effektiv

Algeriens Fußball – das war oft jede Menge Theatralik, Zeitschinderei, Täuschung des Schiedsrichters. Algeriens Fußball in der Vorrunde – war einfach seriös. Nicht ein einziges Mal ließen sich die Spieler zu provozierenden Schauspiel-Einlagen hinreißen. Besonders gut war dies im entscheidenden Spiel gegen Russland zu beobachten: Nach dem 1:1 in der 60. Minute spielten die Algerier ihre Klasse aus und sachlich weiter. Sie verteidigten mit sauberen Mitteln den Punkt, der ihnen zum Erreichen des Achtelfinals reichte. Es ist das Ergebnis der Arbeit von Trainer Vahid Halilhodzic, einem Bosnier. Beeindruckend war wie schon beim 4:2-Erfolg gegen im ganzen Turnier bescheidene Südkoreaner das kompakte Aufbauspiel aus sicherer Deckung. Algerien setzte die spielerischen Glanzlichter, nicht etwa der Gruppenerste Belgien. Immerhin: Die Mannschaft von Marc Wilmots zeichnete Effektivität aus. Mit nur vier Toren in drei Spielen holte sie neun Punkte. Dürftig waren einmal mehr die Auftritte von Russland. Die spröde Art von Trainer Fabio Capello färbte auf seine Spieler ab. Vier Jahre vor der WM im eigenen Land machte die Elf überhaupt keine Hoffnung auf den 2018 angestrebten Titelgewinn.

Führte Algerien erstmals in ein WM-Achtelfinale: Trainer Vahid Halilhodzic

Was war die belgische Mannschaft vor der WM gelobt worden. Mit ihren vielen prächtigen Talenten: Romelu Lukaku, dieses pfeilschnelle Kraftpaket im Angriff. Eden Hazard, der feine Techniker mit dem platzierten Weitschuss. Kevin De Bruyne, der dynamische Antreiber. Dries Mertens, Marouane Fellaini, Axel Witsel – alles Spieler mit außergewöhnlichem Potenzial.

Und dann? Keiner von ihnen konnte nachhaltig in der Gruppenphase überzeugen. In den Vordergrund rückte ein in die Jahre gekommener, etwas hüftsteifer Mann: Innenverteidiger Daniel van Buyten, 36 Jahre alt, eine Hüne von 1,97 Metern, bei seinem Verein FC Bayern ein Auslaufmodell.

Der Herbergsvater der jungen Wilden.

Nicht in der hochklassig besetzten Offensive überzeugte Belgien, es war die Defensive. Van Buyten gab mit seiner Routine, Umsicht und Kopfballstärke Halt, in den drei Spielen mit ihm in der Startelf kassierte Belgien nur ein Tor.

Im Mai, ein paar Wochen vor der WM, erschien seine französischsprachige Autobiografie „Big Dan". In der schildert van Buyten auch seine Erlebnisse bei seiner ersten Weltmeisterschaft 2002. Er war damals 24 Jahre alt. Auf dem Langstreckenflug nach Japan konnte er kaum schlafen. Vor Nervosität.

Auch trieb ihn die Sorge über die Beurteilung seiner Leistung durch die belgischen Zeitungen um. Bei seinem WM-Debüt am 4. Juni 2002 bot van Buyten beim 2:2 gegen Japan eine durchwachsene Leistung. Er fürchtete, dass die Kritik an ihm auch seine Familie in der Heimat treffen könnte. „Dieser Stress hätte mich beinahe erledigt", schreibt er in seinem Werk.

Vielen seiner jungen Mitspieler ging das in Brasilien ähnlich. Die mangelnde Erfahrung war in den mäßigen Auftritten gegen Algerien (2:1), Russland (1:0) und Südkorea (1:0) das größte Manko.

Daniel van Buyten fand 2002 in Marc Wilmots seinen Ansprechpartner, damals ein Kampfschwein im Mittelfeld, heute Belgiens Nationaltrainer und neun Jahre älter als er selbst. „Er hat mir geraten, mich nicht um Kritik zu kümmern, da ich sonst meine Leistung nie abrufen könnte", erzählt van Buyten.

»Ich werde definitiv nicht mehr für Belgien spielen«

Bei seinem letzten Auftritt auf der großen Fußballbühne gab van Buyten seinem früheren Mentor alles zurück, avancierte zum wichtigsten Bindeglied der jungen Spieler. Sie nannten ihn respektvoll „großer Bruder".

„Ich versuche, so viel wie möglich mit den Jungs zu reden", erklärte van Buyten seinen Job, „es ist nicht gut, wenn Spieler etwas mitschleppen, mit dem sie sich nicht wohlfühlen."

Als Profi hat er viel erlebt: Champions-League-Sieger 2013, viermal Deutscher Meister und Pokalsieger, gestählt in 219 Bundesliga-Spielen für Bayern und den HSV und 79 Einsätzen für Belgien bis zum WM-Start. Er weiß, wie wichtig Kommunikation im Team ist: „Es gibt junge Spieler, die Angst haben, bei Problemen zum Trainer zu gehen. Weil sie denken, dass sie dann nicht spielen. Aber zu mir können sie immer kommen."

Van Buyten beherrschte schon immer die hohe Kunst, sich als Spieler in die Gruppe einzuordnen. Starallüren sind ihm fremd, er gilt als umgänglich und kommunikativ. Das letzte Hurra vor dem Ende seiner Länderspiel-Karriere beflügelte ihn.

Während Disziplinfanatiker Wilmots dem Team feste Regeln mitgab – unter anderem ein Handyverbot beim Essen und Grußpflicht gegenüber allen Stadion-Mitarbeitern –, wirkte van Buyten im Verborgenen und förderte ihre Stärken: „Die jungen Spieler sind durch ihre Schnelligkeit, ihre technische Raffinesse und ihren starken Abschluss jederzeit in der Lage, für die Entscheidung zu sorgen. Das ist eine wichtige Waffe."

Nach der Weltmeisterschaft beendete er seine internationale Karriere. „Ich werde definitiv nicht mehr für Belgien spielen. Ich habe meine Laufbahn mit der WM 2002 begonnen und sie 2014 bei einer WM abgeschlossen", erklärte van Buyten. „Ich hatte mich schon länger entschieden, nach diesem Turnier aufzuhören, auch wenn die Europameisterschaft in Frankreich sicher reizvoll gewesen wäre."

STAR DER GRUPPE H

Erste WM 2002, zweite WM zwölf Jahre später: Daniel van Buyten gibt Belgiens Talenten und der Abwehr den nötigen Halt

SCORER-LISTE GRUPPE H

	Tore	Torvorlagen	Scorer-Punkte
Islam Slimani (ALG)	2	1	3
Abdelmou. Djabou (ALG)	1	1	2
Keun-Ho Lee (KOR)	1	1	2
Sofiane Feghouli (ALG)	1	1	2
Eden Hazard (BEL)	–	2	2
Yacine Brahimi (ALG)	1	1	2
Divock Origi (BEL)	1	1	2
Sung-Yueng Ki (KOR)	–	1	1
Carl Medjani (ALG)	–	1	1
Alex. Kerschakow (RUS)	1	–	1
Heung-Min Son (KOR)	1	–	1
Marouane Fellaini (BEL)	1	–	1
Kevin De Bruyne (BEL)	–	1	1
And. Jeschtschenko (RUS)	–	1	1
Dries Mertens (BEL)	1	–	1
Dimitri Kombarow (RUS)	–	1	1
Jan Vertonghen (BEL)	1	–	1
Alexander Kokorin (RUS)	1	–	1
Kook-Young Han (KOR)	–	1	1
Rafik Halliche (ALG)	1	–	1
Ja-Cheol Koo (KOR)	1	–	1

Ein Tor und eine Torvorlage: Sofiane Feghouli, Algeriens bester Spieler

Von seinen Spielern wird Marc Wilmots am Anfang des Turniers extrem lange auf die Folter gespannt: Gegen Außenseiter Algerien gelingt Belgien das Siegtor erst in der 80. Minute, gegen Russland im zweiten Spiel gar erst nach 87 Minuten. Das 1:0 von Divock Origi löst beim Trainer sämtliche Fesseln. Völlig entrückt springt Wilmots über den Rasen, dabei ist er nicht mehr in bester körperlicher Verfassung. Sein Hemd strafft doch sehr. Aber für Wilmots ist dieses Tor auch ein persönlicher Erfolg: Mit Origi hat er den Siegtorschützen in der 57. Minute eingewechselt. Dass Wilmots offenbar ein gutes Händchen hat, zeigte er bereits gegen Algerien mit den Jokern Fellaini und Mertens. Sie erzielten beide Treffer

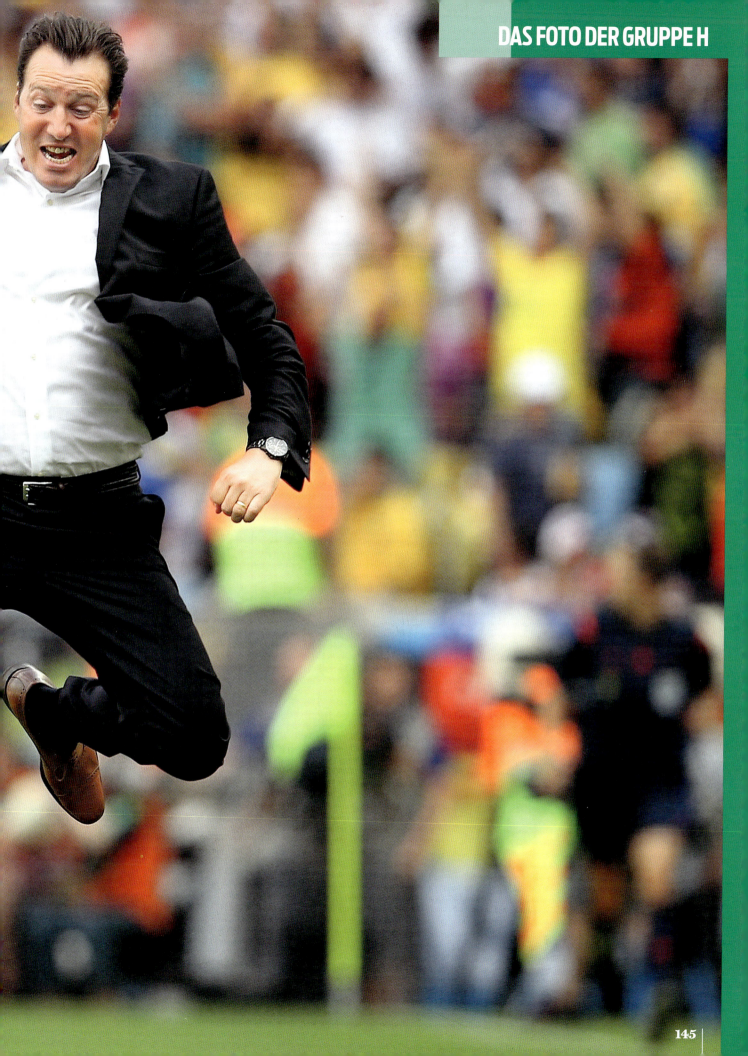

DAS FOTO DER GRUPPE H

Belgische Joker drehen das Spiel

Gewaltschuss zum 2:1: In der 80. Minute jagt Dries Mertens den Ball unhaltbar für Torwart Raïs M'Bolhi ins Netz. Abwehrspieler Rafik Halliche (Nr. 5) kam für einen Rettungsversuch zu spät

23 Spieler aus 23 Klubs – Algeriens bunte Mannschaft

Profi in Spanien: Starstürmer Sofiane Feghouli, Torschütze zum 1:0

Der Fuchs ist laut Brehms Tierleben ein Einzelgänger. Das gilt offenbar auch für die „Fennecs", die Wüstenfüchse, wie die algerische Fußball-Nationalelf von ihren Anhängern genannt wird. Deren bosnischer Trainer Vahid Halilhodzic verzichtete jedenfalls bei der Zusammenstellung des Kaders komplett auf Blockbildung und setzte auf eine ziemlich bunte Mischung: Alle 23 Spieler kamen aus einem anderen Verein. Nach dem Aufgebot Serbiens für die Endrunde 2010 in Südafrika gab es eine derartige Vielfalt erst zum zweiten Mal in der WM-Geschichte.
Aus algerischen Klubs kamen lediglich die beiden Ersatztorleute Si Mohamed und Zemmamouche, der Rest waren Legionäre aus neun verschiedenen Ländern: je vier Spieler aus Italien und Spanien, unter anderem Sofiane Feghouli (FC Valencia), gegen Belgien Schütze des ersten algerischen WM-Treffers seit 1986. Je drei Profis kamen aus Frankreich, England und Portugal, jeweils einer aus Bulgarien, Kroatien, Tunesien und Katar (Kapitän Madjid Bougherra).

Die Einwechselspieler Fellaini und Mertens machen aus einem 0:1 gegen unbequeme Algerier noch ein 2:1

In der Halbzeitpause war für Daniel van Buyten der Moment gekommen, das Wort zu ergreifen. Die belgische Mannschaft, als Geheimfavorit in das WM-Turnier gestartet, lag in Belo Horizonte gegen den unbequemen Außenseiter Algerien 0:1 zurück. Sofiane Feghouli hatte in der 25. Minute einen vom ungeschickten Jan Vertonghen an ihm verschuldeten Foulelfmeter verwandelt. Außer fünf Verlegenheitsschüssen hatten die Belgier nichts zustande gebracht bis dahin.

„Einige von unseren jungen Spielern waren in der Halbzeit richtig am Boden", erzählte der 36 Jahre alte van Buyten später. „Ich bin ja so etwas wie der große Bruder für sie. Also habe ich auf sie eingeredet und sie wieder aufgerichtet. Es ist wichtig, dass wir immer an uns glauben."

»Ich hätte gern mehr Spieler, die sich härter widersetzen«

Van Buytens brüderliche Ansprache half. Auch die Botschaft auf einem Zettel, den Trainer Marc Wilmots in der Pause an die Kabinenwand hängte, setzte neue Kräfte frei: „Die Bank gewinnt das Spiel", hatte der ehemalige Schalke-Profi draufgeschrieben. Und genau so kam es.

Dries Mertens, der ab der 46. Minute für Nacer Chadli spielte, machte sofort auf der rechten Seite Druck. In der 58. Minute nahm Wilmots den total enttäuschenden Mittelstürmer Romelu Lukaku, der nur lächerliche 15 Prozent seiner Zweikämpfe gewonnen hatte, vom Feld und brachte für ihn den wesentlich agileren Nachwuchsstürmer Divock Origi. Und in der 65. Minute kam dann noch Marouane Fellaini für Moussa Dembélé. Dieser Wechsel brachte sofort Erfolg: Nur fünf Minuten später köpfte Fellaini nach Flanke des enttäuschenden Kevin De Bruyne den 1:1-Ausgleich (70.).

Die Belgier drängten nun auf den Siegtreffer, der fiel allerdings nach einem schulmäßig vorgetragenen Konter. In der 80. Minute spielte der blasse Regisseur Eden Hazard den Ball endlich gekonnt in den freien Raum, Mertens jagte ihn mit Vollspann oben rechts ins Ecke. Das 2:1.

„Die Einwechslungen haben das Spiel entschieden, die belgischen Spieler waren frisch", erkannte der algerische Trainer Vahid Halilhodzic später an. „Ich hätte gern mehr Spieler gehabt, die sich härter widersetzen. Wir hätten in der zweiten Halbzeit mehr laufen müssen. Aber ich habe nicht so eine große Auswahl an Spielern wie Marc."

Auf belgischer Seite war die katastrophale erste Halbzeit schnell vergessen. „Belgien hat nicht überzeugt, aber sie haben gewonnen. Das ist das Wichtigste", urteilte Ex-Nationaltorwart Jean-Marie Pfaff. „Wir haben das Spiel gedreht. Das zeigt die tolle Moral der Mannschaft", freute sich Daniel van Buyten. Der „große Bruder" war richtig stolz.

146

BELGIEN – ALGERIEN

 2:1 (0:1)

BELGIEN-DATEN

Torhüter	Min.	Schüsse gehalten (von)	Flanken/ Ecken abgefangen	Glanz- taten	Schwere Fehler	Lange Pässe angekommen (von)	Note
Courtois	90	0 % (1)	0	0	0	67 % (3)	3

Spieler	Ball- kontakte in Min.	Zweik. gew. (von)	Fouls/ gefoult worden	Pässe angek. (von)	Schüsse/ Schuss- vorlagen	Tore/ Torvor- lagen	Note
Alderweireld	77 in 90	58 % (26)	1/2	81 % (53)	0/2	0/0	3
van Buyten	99 in 90	81 % (21)	1/1	97 % (73)	2/0	0/0	3
Kompany	77 in 90	71 % (7)	0/0	94 % (69)	0/1	0/0	3
Vertonghen	78 in 90	73 % (15)	3/1	100 % (53)	2/1	0/0	4
Witsel	91 in 90	69 % (26)	2/4	94 % (68)	3/2	0/0	3+
Dembélé	59 in 64	57 % (14)	2/2	96 % (52)	1/2	0/0	3−
Fellaini	18 in 26	63 % (16)	1/0	100 % (4)	2/0	1/0	2
De Bruyne	71 in 90	40 % (15)	1/0	90 % (48)	1/2	0/1	4
Chadli	36 in 45	25 % (8)	2/0	93 % (30)	3/0	0/0	4−
Mertens	24 in 45	60 % (10)	2/2	64 % (11)	1/2	1/0	2
Hazard	59 in 90	52 % (23)	1/5	86 % (43)	0/4	0/1	4+
Lukaku	18 in 57	15 % (13)	1/0	89 % (9)	0/0	0/0	5
Origi	8 in 33	29 % (7)	1/0	50 % (2)	1/0	0/0	3

17. JUNI, 18.00 UHR, BELO HORIZONTE

Schiedsrichter: Marco Rodríguez (Mexiko).
Assistenten: Marvin Torrentera, Marcos Quintero (beide Mexiko).
Tore: 0:1 Feghouli (25./Foul- elfmeter), 1:1 Fellaini (70.), 2:1 Mertens (80.).
Einwechslungen: Mertens für Chadli (46.), Origi für Lukaku (58.), Fellaini für Dembélé (65.) – Slimani für Soudani (66.), Lacen für Mahrez (71.), Ghilas für Medjani (84.).
Zuschauer: 56 800.
Wetter: 29 Grad, bewölkt, 37 % Luftfeuchte.

Aufstellung Belgien: Courtois; Alderweireld, Van Buyten, Kompany, Vertonghen; Witsel, Dembélé; De Bruyne, Chadli, Hazard; Lukaku.

Aufstellung Algerien: M'Bolhi; Mahrez, Halliche, Bougherra, Ghoulam; Taïder, Bentaleb, Medjani; Feghouli, Soudani, Mostefa.

ALGERIEN-DATEN

Torhüter	Min.	Schüsse gehalten (von)	Flanken/ Ecken abgefangen	Glanz- taten	Schwere Fehler	Lange Pässe angekommen (von)	Note
M'Bolhi	90	71 % (7)	0	0	0	17 % (6)	3

Spieler	Ball- kontakte in Min.	Zweik. gew. (von)	Fouls/ gefoult worden	Pässe angek. (von)	Schüsse/ Schuss- vorlagen	Tore/ Torvor- lagen	Note
Mostefa	36 in 90	43 % (14)	3/2	56 % (18)	0/0	0/0	4
Bougherra	42 in 90	80 % (15)	0/2	100 % (21)	0/0	0/0	2−
Halliche	44 in 90	67 % (12)	0/0	79 % (24)	0/0	0/0	3−
Ghoulam	59 in 90	53 % (17)	2/1	76 % (37)	0/0	0/0	4
Medjani	24 in 83	53 % (15)	1/1	67 % (15)	1/0	0/0	3
Ghilas	0 in 7	0 % (2)	1/0	0 % (0)	0/0	0/0	−
1. Bentaleb	22 in 90	0 % (3)	2/0	100 % (18)	0/0	0/0	4
Taïder	34 in 90	28 % (25)	3/3	100 % (22)	0/1	0/0	4
Feghouli	25 in 90	55 % (20)	0/3	79 % (14)	0/0	1/0	2−
Mahrez	34 in 70	45 % (31)	3/3	77 % (13)	0/0	0/0	4+
Lacen	10 in 20	14 % (7)	0/1	80 % (5)	0/0	0/0	4
Soudani	24 in 65	28 % (32)	1/2	71 % (7)	0/0	0/0	3−
Slimani	14 in 25	25 % (8)	1/0	67 % (9)	0/0	0/0	4

Böser Fehlgriff von Akinfejew

68 Jahre: Capello ältester Trainer bei der WM

Ein konservativer Disziplin-Fanatiker: Russlands Coach Fabio Capello

Als das Spiel um kurz vor 20 Uhr Ortszeit abgepfiffen wurde, war es nach MESZ bereits fast zwei Uhr morgens, nach russischer Zeit bereits fast vier – und Fabio Capello schon um ein Jahr älter. Der älteste Trainer der WM-Endrunde wurde am 18. Juni 68 Jahre alt. Der Italiener, der 2012 seinen Dienst beim russischen Fußballverband antrat, war mit einem kolportierten Jahresgehalt von 8,3 Millionen Euro auch der Top-Verdiener der WM-Trainergilde. Capello gilt in der Branche als konservativer Disziplin-Fanatiker. Für das Turnier berief er ausschließlich Spieler aus der russischen Premier League. Vor dem Auftritt gegen Südkorea produzierte er mit einem „Twitter-Verbot" für seine Stars Schlagzeilen. Seine Begründung: „Ich will nicht, dass mit diesen Tweets Unsinn verbreitet wird."

Russlands Torwart schenkt Südkorea die Führung und ist untröstlich. Heung-Min Son kritisiert sein Team

Beschämt lag Igor Akinfejew in seinem Tor. Am liebsten wäre der russische Nationaltorhüter nach seinem folgenschweren Patzer in der 68. Minute im Boden der Arena Pantanal in Cuiabá versunken. Auch seine Teamkollegen konnten den bis auf die Knochen blamierten Mann nicht trösten, zu schwer wog sein kapitaler Fehlgriff.

Der international erfahrene Profi von ZSKA Moskau hatte beim Versuch, einen harmlosen 20-Meter-Schuss des eingewechselten Südkoreaners Keun-Ho Lee zu parieren, den Ball ins eigene Tor gelenkt. Noch Stunden nach dem Spiel war Akinfejew zerknirscht und stammelte immer wieder die gleichen Worte: „Ich möchte mich für dieses Tor entschuldigen, ich habe einen Kinderfehler gemacht." Der Ball sei nicht schuld gewesen, „es waren meine Hände". Trost fand

»Wir haben zu sorglos mit zu viel Lockerheit gespielt«

er bei Nationaltrainer Fabio Capello: „Torhüter können auch Fehler machen. Und heute ist das einem großartigen Torhüter wie Akinfejew passiert", erklärte der Italiener.

Bereits vor dem peinlichen Gegentor hatte Akinfejew eklatante Schwächen gezeigt, ließ fast jeden Ball gefährlich abprallen. Wie beim Distanzschuss von Ja-Cheol Koo (50.) und dem von Sung-Yueng Ki (51.). Er war die Unsicherheit in Person.

Dass Russland in einer insgesamt enttäuschenden WM-Begegnung noch der Ausgleich gelang, verdankte die Mannschaft Capellos Geschick und der schnellen Reaktion von Alexander Kerschakow. Drei Minuten und 20 Sekunden nach seiner Einwechslung erzielte Kerschakow den 1:1-Endstand (74.). Der Stürmer profitierte ebenfalls von einem Torwartfehler: Sung-Ryong Jung wehrte einen Schuss von Alexander Samedow zu kurz ab, Kerschakow verwertete den Abpraller mit einem Drehschuss aus fünf Metern. Mit seinem 26. Treffer im Nationaltrikot schloss er zu Russlands Rekordtorschützen Wladimir Bestschastnych auf.

Capello: „Meine Spieler haben eine tolle Reaktion nach dem Gegentor gezeigt. Das war das bestmögliche Geburtstagsgeschenk, das sie mir machen konnten." Als Capello dieses sagte, war er nach russischer Zeit schon einige Stunden 68 Jahre alt.

Derweil haderten die Südkoreaner, die sich gegen die ultradefensive Ausrichtung der mit einer von Abwehrchef Wassili Beresutski organisierten Viererkette selten in Szene setzen konnten: „Nach dem 1:0 konnten wir nicht nachlegen, wir haben zu sorglos mit zu viel Lockerheit gespielt", kritisierte Spielmacher Heung-Min Son.

Südkoreas Nationaltrainer Myung-Bo Hong verbat sich indes jedes schlechte Wort: „Es gibt keinen Grund, die Köpfe hängen zu lassen."

Der Ball ist über die Hände geglitscht: Igor Akinfejew versucht noch, seinen Fehler auszubügeln, doch es ist zu spät. 0:1. Im Hintergrund ahnt Heung-Min Son mit offenem Mund noch nicht die Tragweite des Fehlgriffs

RUSSLAND – SÜDKOREA

 1:1 (0:0)

RUSSLAND-DATEN

Torhüter	Min.	Schüsse gehalten (von)	Flanken/ Ecken abgefangen	Glanz- taten	Schwere Fehler	Lange Pässe angekommen (von)	Note
Akinfejew	90	80 % (5)	0	0	1	50 % (6)	5

Spieler	Ball- kontakte in Min.	Zweik. gew. (von)	Fouls/ gefoult worden	Pässe angek. (von)	Schüsse/ Schuss- vorlagen	Tore/ Torvor- lagen	Note
Jeschtschenko	76 in 90	43 % (14)	1/0	81 % (48)	2/2	0/1	4
Beresutski	76 in 90	82 % (17)	0/0	97 % (58)	1/0	0/0	3 –
Ignaschewitsch	79 in 90	59 % (17)	1/1	91 % (57)	1/0	0/0	4
Kombarow	56 in 90	73 % (11)	0/0	75 % (28)	1/6	0/0	3 –
Gluschakow	26 in 71	44 % (16)	3/1	63 % (19)	1/1	0/0	4
Denisow	16 in 19	100 % (3)	0/0	87 % (15)	1/0	0/0	4
1. Schatow	34 in 58	20 % (15)	1/0	79 % (24)	0/1	0/0	4
Dsagojew	20 in 32	29 % (7)	1/0	86 % (14)	2/0	0/0	4 +
Faizulin	50 in 90	38 % (29)	1/3	85 % (33)	1/1	0/0	3 –
Samedow	43 in 90	47 % (17)	0/2	73 % (30)	1/3	0/0	3 –
Schirkow	25 in 70	0 % (9)	0/0	88 % (16)	1/0	0/0	4
Kerschakow	6 in 20	20 % (5)	1/0	100 % (2)	1/0	1/0	2
Kokorin	26 in 90	25 % (24)	6/0	75 % (12)	4/3	0/0	4

17. JUNI, 24.00 UHR, CUIABÁ

Schiedsrichter: Nestor Pitana (Argentinien).
Assistenten: Hernán Maidana, Juan Pablo Belatti (beide Argentinien).
Tore: 0:1 K.-H. Lee (68.), 1:1 Kerschakow (74.).
Einwechslungen: Dsagojew für Schatow (59.), Kerschakow für Schirkow (71.), Denisow für Gluschakow (72.) – K.-H. Lee für C.-Y. Park (56.), Hwang für Hong (73.), B.-K. Kim für Son (84.).
Zuschauer: 37 603.
Wetter: 26 Grad, klar, 70 % Luftfeuchte.

SÜDKOREA-DATEN

Torhüter	Min.	Schüsse gehalten (von)	Flanken/ Ecken abgefangen	Glanz- taten	Schwere Fehler	Lange Pässe angekommen (von)	Note
Jung	90	80 % (5)	0	0	0	13 % (8)	4

Spieler	Ball- kontakte in Min.	Zweik. gew. (von)	Fouls/ gefoult worden	Pässe angek. (von)	Schüsse/ Schuss- vorlagen	Tore/ Torvor- lagen	Note
Y. Lee	63 in 90	80 % (10)	0/0	74 % (35)	0/0	0/0	4
Hong	49 in 72	90 % (10)	0/1	87 % (39)	2/0	0/0	3 –
Hwang	9 in 18	100 % (2)	0/0	78 % (9)	0/0	0/0	4
Y.-G. Kim	77 in 90	70 % (10)	0/3	81 % (58)	1/0	0/0	3 –
Yun	51 in 90	54 % (13)	0/1	82 % (34)	0/0	0/0	4 +
Han	58 in 90	70 % (23)	1/1	96 % (49)	0/1	0/1	3
1. Ki	84 in 90	71 % (21)	1/3	98 % (56)	1/5	0/0	3 –
C.-Y. Lee	48 in 90	65 % (17)	0/0	95 % (40)	1/0	0/0	4 +
1. Koo	42 in 90	48 % (33)	2/4	96 % (23)	2/1	0/0	4
1. Son	42 in 83	39 % (18)	1/1	68 % (25)	3/0	0/0	3
B.-K. Kim	2 in 7	50 % (2)	0/0	100 % (1)	0/0	0/0	–
C.-Y. Park	21 in 55	33 % (12)	2/0	71 % (14)	0/2	0/0	4 –
K.-H. Lee	22 in 35	8 % (12)	0/0	85 % (13)	1/1	1/0	4

Erster Triumph seit der WM 1982

Vier Tore – Algerien stellt einen Afrika-Rekord auf

Dieser Treffer macht die Bestleistung perfekt: das 4:1 von Yacine Brahimi (M.)

Tore für die Geschichtsbücher: Beim 1:2 im Auftaktspiel gegen Belgien hatte Algerien nach 507 torlosen Minuten bei einer WM endlich seine seit 1986 andauernde Sturmflaute beendet. Gegen Südkorea spielte die Mannschaft wie von Fesseln befreit – und sorgte beim 4:2 für ein absolutes Novum: Noch keinem afrikanischen Team waren bei einer WM-Endrunde vier Treffer in einer Partie gelungen.
In den insgesamt 119 Turnierspielen vor Algeriens Sternstunde in Porto Alegre gingen Afrikas Teilnehmer 48-mal leer aus. 42-mal erzielten sie einen, 20-mal zwei und lediglich neunmal drei Treffer. Diesen bisherigen Bestwert hatten Marokko (1986 und 1998), Nigeria (1994 und 1998) und die Elfenbeinküste (2006 und 2010) jeweils zweimal erreicht, Tunesien (1978) Algerien (1982) und der Senegal (2002) jeweils einmal.

Mit runderneuertem Team gelingt Algerien das Wunder. Trainer Halilhodzic holt zum Rundumschlag aus

Die Stunde nach dem großen Sieg nutzte Vahid Halilhodzic zur Abrechnung. Nach Algeriens erstem Sieg bei einer Weltmeisterschaft seit 32 Jahren holte der Trainer zum verbalen Rundumschlag aus. Meldungen über eine angebliche Kabinenrevolte seiner Spieler in der Halbzeitpause der Partie gegen Belgien und die vermeintliche Beschneidung seiner Kompetenzen durch Verbandspräsident Mohamed Raouraoua, der die Aufstellung gegen Südkorea befohlen haben soll, hatten den Bosnier über alle Maßen verärgert.
„Gerüchte und Lügen wurden verbreitet, meine Familie wurde angegriffen", beschimpfte Halilhodzic nach dem 4:2 gegen Südkorea die algerischen Journalisten. „Ich hätte schon längst aufhören können, aber ich bin gut erzogen und habe trotzdem mit

»Südkoreas Fans fühlten sich wie in einem Albtraum«

euch gesprochen." Erst dann wandte er sich an die Anhänger seiner Elf: „Diesen historischen Sieg widmen wir unseren Fans."
Den Grundstein für Algeriens größten Fußball-Feiertag seit dem 16. Juni 1982 und dem 2:1 gegen Deutschland im spanischen Gijón legte Halilhodzic mit der Runderneuerung seines Teams. Er stellte seine Mannschaft auf fünf Positionen um: Yacine Brahimi, Abdelmoumene Djabou, Aissa Mandi, Djamel Mesbah und Islam Slimani kamen neu in die Mannschaft.
Der Erfolg war nachher auch in der Spielerstatistik nachzulesen: Slimani zum 1:0 (26.), Djabou zum 3:0 (38.) und Brahimi zum 4:1 (62.) trugen sich in die Torschützenliste ein und beendeten Algeriens Negativserie von zuvor acht sieglosen WM-Spielen.
Den vierten Treffer zum 2:0 steuerte Rafik Halliche nach einem Eckball von Djabou mit einem wuchtigen Kopfball aus fünf Metern bei (28.).
Die Mannschaft präsentierte sich kombinationssicher und voller Spielfreude – und begeisterte selbst neutrale Beobachter. „Algerien spielt großartig", schrieb Englands Fußball-Legende Gary Lineker in einem Online-Forum, „schnell, kompakt, dominant."
Bei den Südkoreanern konnten weder der trotz schwacher Leistung gegen Russland aufgebotene Chu-Young Park noch Spielmacher Heung-Min Son das Offensivspiel beleben. Die Medien gingen mit den „Taeguk Warriors" hart ins Gericht. „Koreas Fans fühlten sich wie in einem Albtraum", schrieb die Zeitung „Korea Times", „die erste Halbzeit mit drei Gegentoren war katastrophal." Eine Einzelaktion von Son, der Algeriens Torwart Raïs M'Bohli aus fünf Metern zum 1:3 tunnelte (50.), brachte nur kurzfristig Hoffnung. So gelang Ja-Cheol Koo nach 72 Minuten lediglich noch das Tor zum 2:4-Endstand.

150

Luftsprung: Rafik Halliche feiert seinen Kopfballtreffer zum 2:0, hinten eilt Carl Medjani hinzu. Innenverteidiger Halliche war trotz des 1:2 gegen Belgien in der Stammelf verblieben

SÜDKOREA – ALGERIEN

 2:4 (0:3)

SÜDKOREA-DATEN

Torhüter	Min.	Schüsse gehalten (von)	Flanken/ Ecken abgefangen	Glanz- taten	Schwere Fehler	Lange Pässe angekommen (von)	Note
Jung	90	20 % (5)	0	0	1	71 % (7)	4 –

Spieler	Ball- kontakte in Min.	Zweik. gew. (von)	Fouls/ gefoult worden	Pässe angek. (von)	Schüsse/ Schuss- vorlagen	Tore/ Torvor- lagen	Note
1. Y. Lee	60 in 90	67 % (27)	3/1	68 % (31)	0/0	0/0	4
Hong	40 in 90	75 % (12)	0/0	86 % (28)	0/0	0/0	4
Y. Kim	54 in 90	21 % (14)	1/0	88 % (43)	0/1	0/0	4 –
Yun	43 in 90	57 % (14)	0/2	82 % (28)	0/1	0/0	4 +
Ki	67 in 90	40 % (15)	1/1	96 % (46)	1/1	0/1	3 –
1. Han	31 in 77	27 % (15)	1/1	100 % (25)	0/0	0/0	5 +
Ji	5 in 13	25 % (4)	2/0	100 % (4)	1/0	0/0	–
C. Lee	37 in 63	54 % (24)	1/2	76 % (17)	0/1	0/0	4
K. Lee	9 in 27	60 % (5)	0/0	100 % (3)	1/1	0/1	4
Koo	46 in 90	48 % (27)	0/3	93 % (28)	2/0	1/0	4
Son	51 in 90	41 % (32)	2/3	65 % (23)	3/1	1/0	4 +
C. Park	19 in 56	32 % (25)	2/1	86 % (7)	0/0	0/0	5
S. Kim	16 in 34	70 % (20)	0/1	63 % (8)	1/3	0/0	4

22. JUNI, 21.00 UHR, PORTO ALEGRE

Schiedsrichter: Wilmar Roldán (Kolumbien).
Assistenten: Eduardo Díaz (Kolumbien), Christian Lescano (Ecuador).
Tore: 0:1 Slimani (26.), 0:2 Halliche (28.), 0:3 Djabou (38.), 1:3 Son (50.), 1:4 Brahimi (62.), 2:4 Koo (72.).
Einwechslungen: S. Kim für C. Park (57.), K. Lee für C. Lee (64.), Ji für Han (78.) – Ghilas für Djabou (73.), Lacen für Brahimi (77.), Belkalem für Bougherra (89.).
Zuschauer: 42 732.
Wetter: 21 Grad, sonnig, 57 % Luftfeuchte.

ALGERIEN-DATEN

Torhüter	Min.	Schüsse gehalten (von)	Flanken/ Ecken abgefangen	Glanz- taten	Schwere Fehler	Lange Pässe angekommen (von)	Note
M'Bolhi	90	33 % (3)	0	0	0	33 % (6)	3 +

Spieler	Ball- kontakte in Min.	Zweik. gew. (von)	Fouls/ gefoult worden	Pässe angek. (von)	Schüsse/ Schuss- vorlagen	Tore/ Torvor- lagen	Note
Mandi	45 in 90	57 % (14)	1/3	83 % (24)	0/2	0/0	2 –
1. Bougherra	46 in 88	57 % (21)	1/0	85 % (33)	0/0	0/0	3
Belkalem	2 in 2	67 % (3)	0/0	0 % (0)	0/0	0/0	–
Halliche	61 in 90	68 % (22)	0/0	83 % (41)	2/0	1/0	2
Mesbah	65 in 90	57 % (23)	1/2	94 % (31)	0/1	0/0	3
Medjani	34 in 90	52 % (25)	4/1	73 % (22)	1/1	0/0	3 +
Bentaleb	49 in 90	60 % (20)	1/1	79 % (39)	0/0	0/0	2 –
Feghouli	53 in 90	38 % (21)	2/1	80 % (35)	1/3	0/1	2
Brahimi	48 in 76	50 % (20)	3/1	93 % (29)	3/2	1/0	2 +
Lacen	12 in 14	43 % (7)	1/0	71 % (7)	0/0	0/0	–
Djabou	34 in 72	33 % (21)	2/3	87 % (15)	2/3	1/1	2
Ghilas	13 in 18	67 % (9)	0/0	100 % (7)	1/0	0/0	3
Slimani	34 in 90	43 % (28)	0/1	71 % (14)	5/3	1/1	1

Spätes Glück besänftigt Wilmots

In der Mangel: Divock Origi (l.) erwehrt sich gleich zwei russischer Gegner, behauptet gegen Wassili Beresutski (M.) und Denis Gluschakow den Ball. In der 88. Minute hat Origi plötzlich viel mehr Platz und erzielt eine gute halbe Stunde nach seiner Einwechslung das 1:0

Belgiens Trainer ist erbost über seine Spieler und feiert dann mit ihnen. Wieder bringt ein Joker den Sieg

„Können nicht jedes Mal Champagner-Fußball zeigen"

Begeisterung über die „Roten Teufel": Die Belgier feiern ihre Nationalelf

„Wir haben nicht den besten Fußball der Welt gespielt, aber alles ist so gekommen, wie ich es geplant hatte", erklärte Trainer Marc Wilmots nach dem mageren 1:0 durchaus stolz. „Wir können nicht jedes Mal Champagner-Fußball zeigen." Er habe aber gesehen, „dass die Russen kein Benzin mehr im Tank haben", und dann offensiv gewechselt. „Du musst dein Potenzial kennen. Wir haben Leute, die in der Schlussphase alles zu geben bereit sind. Das ist ein richtiger Trumpf."
Auch die belgische Presse war nach dem vorzeitigen Achtelfinal-Einzug bei der ersten WM-Teilnahme seit 2002 angetan: „Het Laatste Nieuws" schrieb: „Mission accomplished für Marc Wilmots und Co." Mission vollendet. Die Tageszeitung „De Standaard" lobte derweil Wilmots' gelungene Wechsel: „Er hatte wieder ein goldenes Händchen." Und „L'Avenir" rechnete hoch: „Es war das 13. Tor in der Schlussviertelstunde unter Wilmots."

Die Langeweile im Maracanã-Stadion schien unerträglich zu werden, als sich die 22 Spieler noch einmal aufrafften. 80 Minuten hatten sich Belgien und Russland ein unansehnliches Spiel geliefert, das einem logischen 0:0 entgegenplätscherte. Viele der knapp 74 000 Zuschauer pfiffen enttäuscht. Vor allem die hochgelobten Belgier spielten so, als wollten sie nach dem schleppenden Auftaktspiel gegen Algerien endgültig in die Rolle des Außenseiters zurückgestuft werden.

Andrej Jeschtschenko hauchte der Partie in der 81. Minute als Erster wieder Leben ein. Sein Schuss aus 15 Metern rauschte knapp am Tor von Thibaut Courtois vorbei. Eine Warnung an die Belgier, die nun ihrerseits gefährlich vor das Tor der Russen kamen. In der 84. Minute setzte der eingewechselte Kevin Mirallas

---

»Ihr rennt hier herum und schießt wie die Idioten«

---

einen Freistoß gegen den linken Pfosten, zwei Minuten später dribbelte sich Spielmacher Eden Hazard in den Strafraum, scheiterte aber.

In der 88. Minute war es dann ein Geistesblitz von Hazard, der das Spiel entschied: Er drang auf der linken Seite in den Strafraum ein, lief bis zur Torauslinie und bediente Divock Origi mit einem Rückpass, den dieser wuchtig ins Netz beförderte – das 1:0.

Wie schon beim 2:1 gegen Algerien, als beide Treffer durch Einwechselspieler fielen, brachte ein Joker in der Schlussphase den Sieg. Trainer Marc Wilmots bewies erneut ein glückliches Händchen. „Die Bank hat wieder bewiesen, dass sie top motiviert ist", freute sich Verteidiger Daniel van Buyten.

Vor dem Spiel hatte Wilmots schlechte Laune verbreitet. „Ihr rennt hier herum und schießt wie die Idioten", pflaumte er seine Spieler beim Training an. Wilmots störte, dass sie sich nicht richtig aufwärmten – in bester Kreisklassen-Manier. „Was soll das?", fragte Wilmots. „Nachher heult ihr, dass ihr verletzt seid. Aber dann ist es zu spät." Der vorzeitige Achtelfinal-Einzug besänftigte den Trainer ein wenig: „Wir können jetzt ein bisschen feiern und den Sieg genießen." Wohl wissend, dass seine Mannschaft nicht nur in der Schlussphase das nötige Glück besaß. Denn in der 27. Minute hatte Schiedsrichter Felix Brych den Russen einen Elfmeter nach Foul von Tobi Alderweireld an Maxim Kanunnikow verwehrt.

Russlands Trainer Fabio Capello nahm die krasse Fehlentscheidung ohne großes Klagen hin. „Die Schiedsrichter machen Fehler, wie wir Fehler machen. Das war und ist immer so. Ich bin aber enttäuscht über das Ergebnis, denn es war eine wirklich gute Leistung meines Teams."

Bei objektiver Betrachtungsweise allerdings nur zehn Minuten.

BELGIEN – RUSSLAND

 1:0 (0:0)

BELGIEN-DATEN

Torhüter	Min.	Schüsse gehalten (von)	Flanken/Ecken abgefangen	Glanztaten	Schwere Fehler	Lange Pässe angekommen (von)	Note
Courtois	90	100 % (3)	0	0	0	63 % (8)	3

	Spieler	Ballkontakte in Min.	Zweik. gew. (von)	Fouls/gefoult worden	Pässe angek. (von)	Schüsse/Schussvorlagen	Tore/Torvorlagen	Note
1.	Alderweireld	65 in 90	40 % (25)	3/2	68 % (28)	0/2	0/0	4 +
	van Buyten	62 in 90	83 % (12)	0/0	87 % (47)	0/0	0/0	3
	Kompany	49 in 90	86 % (14)	1/0	82 % (34)	0/1	0/0	3
	Vermaelen	28 in 30	33 % (3)	1/0	79 % (19)	0/0	0/0	4
	Vertonghen	48 in 60	100 % (10)	0/1	73 % (26)	0/1	0/0	3
1.	Witsel	42 in 90	33 % (9)	1/1	100 % (32)	1/0	0/0	4
	Fellaini	55 in 90	50 % (28)	2/0	94 % (32)	1/1	0/0	4
	Mertens	30 in 74	47 % (15)	0/2	53 % (15)	3/0	0/0	4
	Mirallas	9 in 16	33 % (6)	0/0	100 % (2)	2/1	0/0	3
	De Bruyne	42 in 90	67 % (18)	0/1	71 % (28)	0/2	0/0	4
	Hazard	43 in 90	71 % (17)	1/1	84 % (31)	2/4	0/1	4
	Lukaku	10 in 56	17 % (12)	1/0	83 % (6)	1/0	0/0	5
	Origi	14 in 34	57 % (14)	0/0	100 % (3)	2/0	1/0	2

22. JUNI, 18.00 UHR, RIO DE JANEIRO

Schiedsrichter:
Dr. Felix Brych (Deutschland).
Assistenten:
Mark Borsch, Stefan Lupp
(beide Deutschland).
Tor:
1:0 Origi (88.).
Einwechslungen:
Vertonghen für
Vermaelen (31.),
Origi für Lukaku (57.),
Mirallas für Mertens (75.) –
Jeschtschenko für
Koslow (62.),
Dsagojew für Schatow (83.),
Kerschakow für
Samedow (90.).
Zuschauer: 73 819.
Wetter: 24 Grad, bewölkt,
73 % Luftfeuchte.

Aufstellung: COURTOIS; VAN BUYTEN, KOMPANY, ALDERWEIRELD, VERMAELEN; WITSEL, FELLAINI; MERTENS, DE BRUYNE, HAZARD; LUKAKU

KOKORIN; KANUNNIKOW, SCHATOW, SAMEDOW, FAIZULIN; KOMBAROW, GLUSCHAKOW, KOSLOW; IGNASCHEWITZ, BERESUTSKI; AKINFEJEW

RUSSLAND-DATEN

Torhüter	Min.	Schüsse gehalten (von)	Flanken/Ecken abgefangen	Glanztaten	Schwere Fehler	Lange Pässe angekommen (von)	Note
Akinfejew	90	50 % (2)	0	1	0	33 % (3)	3

	Spieler	Ballkontakte in Min.	Zweik. gew. (von)	Fouls/gefoult worden	Pässe angek. (von)	Schüsse/Schussvorlagen	Tore/Torvorlagen	Note
	Koslow	38 in 61	33 % (6)	1/0	83 % (24)	0/1	0/0	4 +
	Jeschtschenko	15 in 29	29 % (7)	0/0	80 % (10)	1/1	0/0	3 –
	Beresutski	60 in 90	65 % (20)	0/0	91 % (29)	0/0	0/0	4
	Ignaschewitsch	59 in 90	62 % (13)	0/1	81 % (31)	1/0	0/0	3
	Kombarow	57 in 90	50 % (22)	2/1	76 % (25)	0/1	0/0	4 +
1.	Gluschakow	43 in 90	45 % (22)	1/0	91 % (22)	3/2	0/0	4
	Faizulin	51 in 90	47 % (17)	0/4	86 % (35)	3/2	0/0	4
	Samedow	51 in 89	22 % (18)	0/0	68 % (28)	0/2	0/0	4
	Kerschakow	0 in 1	0 % (0)	0/0	0 % (0)	0/0	0/0	–
	Schatow	45 in 82	43 % (14)	1/2	88 % (33)	1/4	0/0	4
	Dsagojew	2 in 8	0 % (3)	0/0	100 % (1)	0/0	0/0	–
	Kanunnikow	38 in 90	53 % (30)	3/2	86 % (14)	3/0	0/0	3 –
	Kokorin	26 in 90	8 % (12)	0/0	80 % (15)	2/1	0/0	4

Südkorea erstarrt in Respekt

Aufschrei: Marouane Fellaini (r.) packt Young-Gwon Kim nur vermeintlich an der Schulter. Er hat seine koreanischen Gegenspieler gerade mit einem Tritt aus dem Gleichgewicht gebracht

Mitleid statt Schelte: Sons Tränen rühren Südkorea

Weint bitterlich im Arm von Ersatzspieler Kook-Young Han: Heung-Min Son

Die „Taeguk Warriors" aus Südkorea konnten auch den dritten Vergleich mit Belgien bei einer WM-Endrunde nach 1990 (0:2) und 1998 (1:1) nicht gewinnen – und scheiterten bei ihrer neunten WM-Teilnahme seit 1954 zum siebten Mal in der Vorrunde. Heung-Min Son wurde nach der Partie von seinen Emotionen überwältigt. Der neue Star der Südkoreaner weinte an der Schulter von Nationaltrainer Myung-Bo Hong, beim ersten Aufeinandertreffen mit Belgien 1990 in der Startelf der Südkoreaner, und seinem Mitspieler Kook-Young Han bittere Tränen. Son war untröstlich: „Es fühlt sich so schlimm an, wir konnten die Liebe der Fans nicht mit einem Sieg belohnen." Die kritischen südkoreanischen Medien, die Hong und seinem Team im Falle eines Scheiterns angeboten hatten, doch bitte schwimmend zurückzukehren, vermieden weitere böse Kommentare. „Reichen wir dem Team die Hand", schrieb die Zeitung „Korea Times" blumig, „trotz allem gehören diese Spieler zu uns, und ihr Versagen ist auch das unsere."

Eine missglückte Flanke bringt die einzige Torchance gegen spielerisch abermals schwache Belgier

Myung-Bo Hong ließ sich nicht aus der Reserve locken. Der gestrenge Nationaltrainer Südkoreas beantwortete die Frage, ob nur göttlicher Beistand seinem Team noch ins Achtelfinale verhelfen könnte, unmittelbar vor dem Spiel gewohnt pragmatisch: „Ich bin nicht religiös, ich schaue nur auf meine Spieler und glaube an sie."

Das tat Hong auch noch nach dem Spiel, obwohl es mit einer weiteren Enttäuschung endete: Nach dem 0:1 gegen Belgien schloss Südkorea die WM als Gruppenletzter ab.

Der Grund für die bescheidenen Auftritte wurde noch einmal in den 90 Minuten gegen die „Roten Teufel" klar: Dem Spiel der Asiaten fehlte in der Offensive jegliche Durchschlagskraft. Bei ihren seltenen Vorstößen konnten sie kaum nennenswerte Torszenen herausarbeiten.

»Alle belgischen Spieler haben Großartiges geleistet«

Und trotz des Fehlens der beiden Mittelfeldstars Eden Hazard und Kevin De Bruyne legten sie nie den Respekt vor Belgien ab.

Hongs Maßnahme, Shin-Wook Kim anstelle von Chu-Young Park als zweiten Angreifer neben Heung-Min Son aufzubieten, blieb wirkungslos. Bezeichnend: Eine missglückte Rechtsflanke von Son (59.) war Südkoreas beste Chance im Spiel. Ein Zufallsprodukt. Noch fataler war Hongs zweite personelle Änderung nach dem 2:4-Debakel gegen Algerien: Der international unerfahrene Torhüter Seung-Gyu Kim ersetzte Routinier Sung-Ryong Jung zwischen den Pfosten und leistete sich in der 78. Minute den spielentscheidenden Fehler. Kim lenkte einen 18-Meter-Schuss des eingewechselten Divock Origi nach vorn ab. Der aufgerückte Verteidiger Jan Vertonghen nutzte das Geschenk aus fünf Metern zum 1:0. Der Treffer sicherte Belgien den dritten Sieg – und den besten Turnierstart seiner WM-Geschichte. Selbst 1986, als die Belgier mit Platz vier die Fußball-Welt begeisterten, feierten sie in der Gruppenphase nur einen Sieg.

Trotz des Erfolges wurde die auf sieben Positionen veränderte Mannschaft von Marc Wilmots den in sie gesetzten hohen Erwartungen nicht gerecht und enttäuschte einmal mehr spielerisch. Zudem schwächte Mittelfeldspieler Steven Defour sein Team in der 45. Minute noch selbst. Nach Foul an Shin-Wook Kim sah er Rot.

Zur Pause gab es von den Rängen gellende Pfiffe für die Reservisten. Der Unmut der Fans konnte die Freude bei Wilmots gleichwohl nicht trüben: „Das Wichtigste ist, dass wir uns für die nächste Runde qualifiziert haben. Wir stehen in der K.o.-Runde einer Weltmeisterschaft, das ist toll."

Das meinte auch Südkoreas Stürmer Ja-Cheol Koo: „Alle belgischen Spieler haben Großartiges geleistet."

SÜDKOREA – BELGIEN

 0:1 (0:0)

SÜDKOREA-DATEN

Torhüter	Min.	Schüsse gehalten (von)	Flanken/ Ecken abgefangen	Glanz- taten	Schwere Fehler	Lange Pässe angekommen (von)	Note
S.-G. Kim	90	83 % (6)	0	0	0	0 % (0)	4 –

Spieler	Ball- kontakte in Min.	Zweik. gew. (von)	Fouls/ gefoult worden	Pässe angek. (von)	Schüsse/ Schuss- vorlagen	Tore/ Torvor- lagen	Note
Y. Lee	46 in 90	56 % (16)	2/1	77 % (35)	1/1	0/0	4
Y.-G. Kim	44 in 90	58 % (12)	1/2	94 % (36)	1/0	0/0	4
1. Hong	50 in 90	61 % (18)	1/0	89 % (28)	0/0	0/0	3 –
Yun	53 in 90	44 % (25)	3/1	84 % (25)	0/1	0/0	4 +
Han	22 in 45	71 % (7)	0/0	93 % (14)	0/0	0/0	4
K.-H. Lee	25 in 45	36 % (14)	0/1	79 % (19)	4/0	0/0	4
Ki	69 in 90	38 % (21)	3/2	90 % (51)	5/3	0/0	4
C.-Y. Lee	63 in 90	39 % (31)	2/1	68 % (31)	1/3	0/0	4
Son	30 in 72	41 % (17)	0/0	79 % (14)	0/2	0/0	4 +
Ji	16 in 18	100 % (2)	0/0	82 % (11)	1/2	0/0	4
Koo	51 in 90	13 % (30)	3/0	89 % (37)	4/0	0/0	4
S.-W. Kim	18 in 65	28 % (18)	1/3	92 % (12)	0/3	0/0	4
B.-K. Kim	23 in 25	60 % (5)	0/0	87 % (23)	0/1	0/0	4

26. JUNI, 22.00 UHR, SÃO PAULO

Schiedsrichter: Benjamin Williams (Australien).
Assistenten: Matthew Cream, Hakan Anaz (beide Australien).
Tor: 0:1 Vertonghen (78.).
Einwechslungen: K.-H. Lee für Han (46.), B.-K. Kim für S.-W. Kim (66.), Ji für Son (73.) – Chadli für Januzaj (60.), Origi für Mertens (60.), Hazard für Mirallas (88.).
Zuschauer: 61 397.
Wetter: 24 Grad, sonnig, 46 % Luftfeuchte.

Aufstellung Südkorea: S.-G. Kim; Y. Lee, Y.-G. Kim, Hong, Yun; Han, Ki; C.-Y. Lee, Koo, Son; S.-W. Kim.
Aufstellung Belgien: Courtois; Vertonghen, Lombaerts, Van Buyten, Vanden Borre; Dembélé, Defour; Januzaj, Fellaini, Mertens; Mirallas.

BELGIEN-DATEN

Torhüter	Min.	Schüsse gehalten (von)	Flanken/ Ecken abgefangen	Glanz- taten	Schwere Fehler	Lange Pässe angekommen (von)	Note
Courtois	90	100 % (4)	0	0	0	56 % (9)	3

Spieler	Ball- kontakte in Min.	Zweik. gew. (von)	Fouls/ gefoult worden	Pässe angek. (von)	Schüsse/ Schuss- vorlagen	Tore/ Torvor- lagen	Note
Vanden Borre	56 in 90	44 % (27)	1/1	73 % (33)	0/1	0/0	3
van Buyten	33 in 90	82 % (11)	0/0	89 % (18)	1/0	0/0	3 +
Lombaerts	40 in 90	67 % (18)	2/0	100 % (21)	0/0	0/0	3
Vertonghen	53 in 90	73 % (11)	0/0	77 % (22)	4/1	1/0	2
1. Defour	30 in 44	73 % (11)	2/1	95 % (22)	0/0	0/0	5
1. Dembélé	46 in 90	66 % (32)	1/4	94 % (32)	0/0	0/0	3
Mertens	37 in 59	44 % (9)	0/0	56 % (16)	3/1	0/0	3 –
Origi	20 in 31	61 % (18)	1/2	67 % (3)	3/1	0/1	3
Fellaini	44 in 90	56 % (34)	1/3	81 % (27)	1/2	0/0	4
Januzaj	23 in 59	43 % (14)	1/2	77 % (13)	0/1	0/0	4
Chadli	15 in 31	73 % (11)	1/0	80 % (10)	1/0	0/0	3
Mirallas	31 in 87	35 % (17)	1/1	72 % (18)	1/6	0/0	3
Hazard	5 in 3	100 % (3)	0/2	50 % (2)	1/0	0/0	–

Slimani macht sich unsterblich

Der Mittelstürmer führt mit seinem Kopfballtor Algerien erstmals in ein WM-Achtelfinale

Capello in der Kritik: „Er ist unfähig, mit der Zeit zu gehen"

Russlands Presse hat den Schuldigen gefunden: Trainer Fabio Capello

Das klägliche Aus in der Vorrunde mit nur zwei Punkten nutzte Russlands Presse zur Generalabrechnung mit dem italienischen Trainer Fabio Capello – vier Jahre vor der Heim-WM, bei der der Gastgeber den Titel gewinnen soll. „Sowjetski Sport" schrieb: „Wir erleben den Abgang eines einst großen Trainers, der in einer früheren Etappe seiner Karriere stehen geblieben ist. Unfähig, mit der neuen Zeit zu gehen. Die russische Mannschaft spielte zu keinem Zeitpunkt einen WM-würdigen Fußball und war eines der schwächsten und einfallslosesten Teams des Turniers." Das Sportblatt „Sport Express" hielt Capello fehlende Feinfühligkeit im Umgang mit den Spielern vor: „Man möchte vor Scham versinken. Capello hat in der Mannschaft ein Klima der Verunsicherung geschaffen." Besonders bitter stieß auf, dass Capello sich keiner Schuld an dem Dilemma bewusst war: „Wir haben keinen Fehler gemacht und spielten gut", lobte der Italiener nach dem 1:1 gegen Algerien. „Sport Express" sah das anders: „Russlands derzeitige Fußballgeneration verfügt über wenige Talente, das ist keine Neuigkeit. Aber Costa Rica oder Mexiko haben statt eines Star-Ensembles eine verschworene Gemeinschaft. Genau das hat Capello nicht geschafft."

Den größten Triumph in der Fußball-Geschichte Algeriens feierte ausgerechnet ein Bosnier mit ganz viel Pathos: „Wir haben ein heldenhaftes Spiel gezeigt und sind verdient weitergekommen. Wir sind sehr, sehr stolz", formulierte Trainer Vahid Halilhodzic nach dem Spiel gegen Russland bewegende Worte. Mit dem 1:1 überstand Algerien bei der vierten WM-Teilnahme erstmals die Vorrunde und zog ins Achtelfinale ein.

Halilhodzic schwärmte: „Wir haben in den vergangenen drei Jahren sehr große Fortschritte gemacht. Das ist wahrlich ein Geschenk." Und weiter: „Wir sind der Repräsentant der arabischen Welt."

Der Bosnier traf genau die Stimmungslage im Land: Nach dem Schlusspfiff in Curitiba strömten Zehntausende Menschen in der Hauptstadt Algier auf die Straßen und feierten

»Das ist alles nicht meine Schuld. Wir waren exzellent«

frenetisch, ebenso in den algerischen Hochburgen französischer Städte.

Zwei Stunden zuvor hatte das Spiel mit einem Schock begonnen. Die russische Mannschaft, die wegen des schlechteren Torverhältnisses gegenüber Algerien einen Sieg zur Achtelfinal-Qualifikation benötigte, ging bereits nach sechs Minuten in Führung: Alexander Kokorin verwertete eine hervorragende Flanke von Dimitri Kombarow per Kopf zum 0:1. Trotz des überlegen geführten Spiels brachten die Russen auf dem stark strapazierten Rasen ihren Gegner fortan nicht mehr ernsthaft in Verlegenheit.

Es dauerte eine halbe Stunde, ehe die Algerier ihre erste gute Torchance herausspielten. Torhüter Igor Akinfejew rettete gegen Islam Slimani (29.) wie kurz vor der Pause noch einmal (44.).

„Ich war zur Halbzeit fest überzeugt, dass wir den Ausgleich schaffen", erzählte Halilhodzic hernach, „und das habe ich der Mannschaft auch gesagt." In der 60. Minute war es so weit: Islam Slimani, neben Torwart Raïs M'Bolhi und dem offensiven Mittelfeldspieler Sofiane Feghouli bester Spieler im Team, köpfte nach Freistoßflanke von Yacine Brahimi ungedeckt das 1:1. Wie schon im ersten Spiel gegen Südkorea patzte Torhüter Akinfejew, diesmal unterlief er die Flanke. Trainer Fabio Capello nahm Akinfejew allerdings in Schutz: „Mein Torwart ist von einem Laserpointer geblendet worden, das konnte man auf den TV-Bildern klar sehen."

„Ein Traum ist wahr geworden", gab Slimani lange nach dem Schlusspfiff immer noch gern Auskunft über seinen historischen Treffer. „Ich bin so glücklich", erklärte Feghouli.

Und Capello? Der wies jede Verantwortung von sich: „Das ist doch alles nicht meine Schuld." Und verstieg sich sogar in die Behauptung: „Wir waren exzellent."

Trägt stolz die algerische Fahne über den Rasen von Curitiba: Torschütze Islam Slimani genießt den Triumph in aller Stille

ALGERIEN – RUSSLAND

 1:1 (0:1)

ALGERIEN-DATEN

Torhüter	Min.	Schüsse gehalten (von)	Flanken/Ecken abgefangen	Glanztaten	Schwere Fehler	Lange Pässe angekommen (von)	Note
M'Bolhi	90	80 % (5)	0	0	0	14 % (7)	2

Spieler	Ballkontakte in Min.	Zweik. gew. (von)	Fouls/gefoult worden	Pässe angek. (von)	Schüsse/Schussvorlagen	Tore/Torvorlagen	Note
Mandi	41 in 90	67 % (9)	1/0	71 % (24)	0/1	0/0	3
Belkalem	46 in 90	76 % (17)	1/2	67 % (27)	1/1	0/0	3
Halliche	49 in 90	50 % (12)	0/0	88 % (34)	0/0	0/0	3 –
1. Mesbah	58 in 90	57 % (14)	4/0	91 % (34)	1/1	0/0	3
Medjani	45 in 90	68 % (28)	3/2	74 % (31)	0/0	0/0	3
Bentaleb	52 in 90	75 % (12)	0/0	86 % (43)	1/1	0/0	3 +
Feghouli	43 in 90	50 % (24)	2/2	88 % (25)	1/1	0/0	2
Brahimi	49 in 70	50 % (30)	1/4	86 % (28)	1/3	0/1	3
Yebda	12 in 20	67 % (6)	1/0	80 % (5)	0/1	0/0	3
Djabou	33 in 76	57 % (21)	0/2	90 % (10)	1/0	0/0	3 +
1. Ghilas	5 in 14	22 % (9)	1/0	100 % (1)	0/0	0/0	–
Slimani	30 in 89	33 % (24)	1/0	69 % (16)	3/0	1/0	2
Soudani	0 in 1	100 % (2)	0/2	0 % (0)	0/0	0/0	–

26. JUNI, 22.00 UHR, CURITIBA

Schiedsrichter: Cüneyt Cakir (Türkei).
Assistenten: Bahattin Duran, Tarik Ongun (beide Türkei).
Tore: 0:1 Kokorin (6.), 1:1 Slimani (60.).
Einwechslungen: Yebda für Brahimi (71.), Ghilas für Djabou (77.), Soudani für Slimani (90.) – Denisow für Gluschakow (46.), Dsagojew für Schatow (67.), Kanunnikow für Kerschakow (81.).
Zuschauer: 39 311.
Wetter: 23 Grad, sonnig, 57 % Luftfeuchte.

Aufstellung:
M'BOLHI
BELKALEM – HALLICHE
MANDI – MESBAH
MEDJANI – BENTALEB
FEGHOULI – DJABOU
BRAHIMI
SLIMANI

KERSCHAKOW
KOKORIN
SCHATOW – SAMEDOW
FAIZULIN – GLUSCHAKOW
KOMBAROW – KOSLOW
IGNASCHEWITSCH – W. BERESUTSKI
AKINFEJEW

RUSSLAND-DATEN

Torhüter	Min.	Schüsse gehalten (von)	Flanken/Ecken abgefangen	Glanztaten	Schwere Fehler	Lange Pässe angekommen (von)	Note
Akinfejew	90	83 % (6)	0	0	1	30 % (10)	4

Spieler	Ballkontakte in Min.	Zweik. gew. (von)	Fouls/gefoult worden	Pässe angek. (von)	Schüsse/Schussvorlagen	Tore/Torvorlagen	Note
1. Koslow	55 in 90	36 % (22)	2/0	88 % (25)	0/0	0/0	4
W. Beresutski	72 in 90	64 % (14)	1/0	82 % (62)	0/0	0/0	3
Ignaschewitsch	71 in 90	71 % (17)	1/1	85 % (55)	0/0	0/0	3
1. Kombarow	78 in 90	68 % (25)	3/4	71 % (35)	1/1	0/1	3 +
Gluschakow	27 in 45	38 % (16)	1/0	94 % (18)	0/0	0/0	4
Denisow	36 in 45	54 % (13)	1/2	100 % (32)	0/0	0/0	4
Faizulin	78 in 90	43 % (23)	0/1	81 % (58)	0/4	0/0	3
Samedow	70 in 90	55 % (11)	1/3	69 % (39)	1/3	0/0	4
Kokorin	29 in 90	28 % (25)	3/2	86 % (22)	3/1	1/0	3 –
Schatow	31 in 66	0 % (9)	0/0	86 % (21)	1/0	0/0	4
Dsagojew	8 in 24	20 % (5)	1/0	86 % (7)	0/1	0/0	4
Kerschakow	21 in 80	33 % (24)	0/2	38 % (8)	3/0	0/0	4 –
Kanunnikow	3 in 10	25 % (4)	0/0	100 % (1)	0/0	0/0	–

ACHTELFINALE

- **BRASILIEN**
- **CHILE**
- **KOLUMBIEN**
- **URUGUAY**
- **HOLLAND**
- **MEXIKO**
- **COSTA RICA**
- **GRIECHENLAND**
- **FRANKREICH**
- **NIGERIA**
- **DEUTSCHLAND**
- **ALGERIEN**
- **ARGENTINIEN**
- **SCHWEIZ**
- **BELGIEN**
- **USA**

Samstag, 28. Juni, Belo Horizonte
Brasilien – Chile   4:3 n. E. (1:1, 1:1, 1:1)

Samstag, 28. Juni, Rio de Janeiro
Kolumbien – Uruguay   2:0   (1:0)

Sonntag, 29. Juni, Fortaleza
Holland – Mexiko   2:1   (0:0)

Sonntag, 29. Juni, Recife
Costa Rica – Griechenland   6:4 n. E. (1:1, 1:1, 0:0)

Montag, 30. Juni, Brasilia
Frankreich – Nigeria   2:0   (0:0)

Montag, 30. Juni, Porto Alegre
Deutschland – Algerien   2:1 n. V. (0:0, 0:0)

Dienstag, 1. Juli, São Paulo
Argentinien – Schweiz   1:0 n. V. (0:0, 0:0)

Dienstag, 1. Juli, Salvador da Bahia
Belgien – USA   2:1 n. V. (0:0, 0:0)

Manuel Neuer ist weit aus seinem Strafraum geeilt und fälscht nach Laufduell mit Islam Slimani dessen Torschuss zur Ecke ab (9. Minute). Es ist der Auftakt eines ungewöhnlichen Abends für den deutschen Torhüter. Noch drei weitere Male rettet er im Stile eines Feldspielers gegen die algerischen Stürmer und bewahrt seine Elf vor einem Rückstand. Neuer wird als neuer Libero gefeiert, obwohl es diese Position im modernen Fußball nicht mehr gibt

ANALYSE ACHTELFINALE

Chaos und Fehler des Bundestrainers

Die Deutschen hatten den Trick so schön einstudiert und machten sich dann lächerlich. Bei einem Freistoß Mitte der zweiten Halbzeit lief Thomas Müller an, stürzte theatralisch, um die algerischen Abwehrspieler zu irritieren, rappelte sich auf, rannte an der Mauer vorbei und erwartete das Zuspiel von Toni Kroos. Doch der Ball blieb in der Mauer hängen. Die Algerier hatten stoisch abgewartet – vergeben war die Chance. Diese läppische Szene kennzeichnete ein trauriges Gekicke der deutschen Elf. In der Abwehr herrschte eine Halbzeit das Chaos, das Mittelfeld spielte behäbig, die Stürmer kamen kaum an den Ball. Allein ein Spieler hatte Normalform: Torwart Manuel Neuer. Er rettete seine Elf mehrfach vor dem drohenden Aus im Achtelfinale. Bundestrainer Joachim Löw hatte mächtig Vorschub geleistet, seine Aufstellung rief Fragen auf. Warum nominierte er Skhodran Mustafi als rechten Verteidiger? Der international unerfahrene Spieler, von Löw erst gar nicht im WM-Aufgebot berücksichtigt, für den verletzten Marco Reus nachnominiert und dann in die Startelf gegen Algerien gestellt, war der Aufgabe nicht gewachsen. Warum spielte Mesut Özil wieder – und dann noch auf der Außenbahn? Der Spielmacher zeigte eine weitere dürftige Leistung und einmal mehr, dass er für diesen Job nicht taugt. Warum durfte Mario Götze erneut anstelle des dynamischen André Schürrle auflaufen? Erst in der Pause korrigierte Löw seinen Fehler. Mit Schürrle kam das notwendige Tempo ins Spiel und Deutschland noch zum Sieg. Aber auch die anderen Favoriten taten sich schwer: Die Brasilianer brauchten gegen Chile ein Elfmeterschießen zum Einzug ins Viertelfinale, Argentinien gegen die Schweiz und Belgien gegen die USA jeweils 120 Minuten, die Holländer das Elfmeter-Glück gegen Mexiko. Nur ein Team überzeugte restlos: Kolumbien. Und dass im modernen Fußball noch immer der Faktor Leidenschaft eine große Rolle spielt, bewies Costa Rica in einstündiger Unterzahl gegen Griechenland.

159

SCORER-LISTE ACHTELFINALE

	Tore	Torvorlagen	Scorer-Punkte
James Rodríguez (KOL)	2	–	2
Kevin De Bruyne (BEL)	1	1	2
Klaas-Jan Huntelaar (HOL)	1	1	2
Romelu Lukaku (BEL)	1	1	2
André Schürrle (D)	1	1	2
Mathieu Valbuena (FRA)	–	2	2
Abdelmo. Djabou (ALG)	1	–	1
Julian Green (USA)	1	–	1
David Luiz (BRA)	1	–	1
Ángel Di María (ARG)	1	–	1
Paul Pogba (FRA)	1	–	1
Bryan Ruiz (CRC)	1	–	1
Alexis Sánchez (CHI)	1	–	1
Giovani dos Santos (MEX)	1	–	1
Mesut Özil (D)	1	–	1
Wesley Sneijder (HOL)	1	–	1
Sokratis (GRI)	1	–	1
Abel Aguilar (KOL)	–	1	1
Christian Bolaños (CRC)	–	1	1
Michael Bradley (USA)	–	1	1
Juan Cuadrado (KOL)	–	1	1
Sofiane Feghouli (ALG)	–	1	1
Theofanis Gekas (GRI)	–	1	1
Lionel Messi (ARG)	–	1	1
Thomas Müller (D)	–	1	1
Arjen Robben (HOL)	–	1	1
Francisco Rodríguez (MEX)	–	1	1
Thiago Silva (BRA)	–	1	1
Eduardo Vargas (CHI)	–	1	1

DAS FOTO DES ACHTELFINALS

Mit seinem ersten WM-Tor erlöst André Schürrle (r.) die deutsche Mannschaft. In der zweiten Minute der Verlängerung überwindet er Torwart Raïs M'Bolhi nach einem Zuspiel von Thomas Müller per Hacke zum 1:0. Deutschland ist nach qualvollem Spiel endlich auf der Siegerstraße gegen Algerien. Benedikt Höwedes (M.), Faouzi Ghoulam (Nr. 3) und Rafik Halliche (Nr. 5) betrachten die Szene mit unterschiedlichen Gefühlen. Am Ende siegt die DFB-Elf 2:1.

Ein Drama für die Torhüter

Dritter Elfmeter-Sieg in Folge für Brasilien

Nach dem Fehlschuss von Jara: Brasiliens Spieler stürmen auf Torwart César zu

Das Elfmeterschießen war das 23. in der WM-Geschichte und für die Brasilianer das vierte überhaupt. Zum dritten Mal in Folge siegten sie im finalen Drama.

Die bisherigen Elfmeterschießen von Brasilien

1986, Viertelfinale:
Frankreich – Brasilien
1:1 n. V., 4:3 i. E.

1994, Finale:
Brasilien – Italien
0:0 n. V., 3:2 i. E.

1998, Halbfinale:
Brasilien – Holland
1:1 n. V., 4:2 i. E.

So viele Fehlschüsse wie zwischen Brasilien und Chile (dreimal gehalten, je einmal vorbei und Pfosten) gab es zuvor nur in drei WM-Elfmeterschießen

Bisher meiste Fehlschüsse in Elfmeterschießen

1990, Viertelfinale:
Argentinien – Jugoslawien
(einmal Latte, dreimal gehalten, einmal Pfosten).

2002, Achtelfinale:
Spanien – Irland (zweimal gehalten, einmal Pfosten, einmal Latte, einmal vorbei).

2006, Viertelfinale:
Portugal – England (dreimal gehalten, zweimal Pfosten).

Júlio César und Claudio Bravo überbieten sich gegenseitig. Das glücklichere Ende hat der Brasilianer

Es lief die 120. Minute, da stockte dem ganzen Land der Atem. Der chilenische Stürmer Mauricio Pinilla zog aus 16 Metern ab. Im hohen Bogen flog der Ball auf das Tor der Brasilianer – und klatschte gegen die Latte. Es blieb beim 1:1, das Spiel ging ins Elfmeterschießen und endete noch glücklich für Brasilien.

Mit viel Tempo und Kampfgeist waren die Brasilianer in dieses Achtelfinalspiel gestartet. Die Chilenen hielten mit Härte dagegen, was vor allem Neymar zu spüren bekam. Bereits in der 4. Minute nahmen Gary Medel und Charles Aránguiz den Superstar brutal in die Mangel. Doch Neymar ließ sich nicht den Schneid abkaufen und leitete eine knappe Viertelstunde später die Führung ein: Seinen Eckball in der 18. Minute verlängerte Thiago Silva per Kopf auf den langen Pfosten, wo David Luiz

»Gott und meine Familie wissen, was ich durchgemacht habe«

lauerte. Doch Chiles Gonzalo Jara war vor ihm am Ball und lenkte ihn ins eigene Tor – 1:0 für Brasilien. Die Fifa schrieb das Tor dennoch David Luiz gut.

Mitten in den brasilianischen Elan – Neymar hatte eine weitere gute Chance (26.) – platzte der Ausgleich: Nach einem Einwurf der Brasilianer passte Hulk den Ball zu kurz zurück, Eduardo Vargas spritzte dazwischen, bediente Alexis Sánchez. Der vollendete mit einem Flachschuss – 1:1 (32.).

Brasilien antwortete mit wütenden Angriffen, doch Neymar (36., 39.) und Alves (42.) scheiterten am starken chilenischen Torwart Claudio Bravo. Nach einem wegen Handspiels aberkannten Treffers von Hulk übernahm Chile gegen immer nervöser auftretende Brasilianer das Kommando. Die größte Chance hatte Aránguiz in der 64. Minute aus zehn Metern, Torwart Júlio César parierte prächtig.

In der Schlussphase kamen der eingewechselte Jô (74.), Neymar (81.) und Hulk (83.) noch zu guten Chancen, vergaben diese aber. Symptomatisch war die Szene in der 108. Minute: Von Krämpfen geplagt, wurde der chilenische Abwehrspieler Medel, „Pitbull" genannt, vom Feld getragen.

Er weinte, weil er unbedingt weiterspielen wollte, aber es ging nicht mehr. Die Chilenen hätten Freudentränen vergossen, wäre Pinillas Schuss in der 120. Minute ein paar Zentimeter flacher gewesen, so kam es zum dramatischen Finale vom Elfmeterpunkt. Júlio César wurde zum Helden: Er hielt die Schüsse von Pinilla und Sánchez, den letzten Elfmeter setzte Jara an den Innenpfosten. Chiles Torwart Bravo stand in nichts nach, hielt den Ball von Hulk. César, dem bei der WM 2010 das Aus gegen Holland im Viertelfinale (1:2) zur Last gelegt worden war, weinte vor Glück: „Nur Gott und meine Familie wissen, was ich alles durchgemacht habe." •

1.
2:1 David Luiz trifft unten links, Cla

3.
Verschossen Willian schießt flac

5.
3:1 Marcelo trifft in der Torwartec

7.
Verschossen Bravo pariert gegen

9.
4:3 Bravo entscheidet sich für die

2. Verschossen Júlio César pariert gegen Mauricio Pinilla
vo liegt rechts
4. Verschossen César hält den Ball von Alexis Sánchez
vorbei
6. 3:2 Charles Aránguiz jagt den Ball in den Winkel
vo ist fast dran
8. 3:3 Marcelo Díaz trifft in der Tormitte
10. Verschossen Gonzalo Jara trifft den Innenpfosten
Ecke, Neymar trifft

BRASILIEN – CHILE

 4:3 n. E. (1:1, 1:1, 1:1)

BRASILIEN-DATEN

Torhüter	Min.	Schüsse gehalten (von)	Flanken/ Ecken abgefangen	Glanz- taten	Schwere Fehler	Lange Pässe angekommen (von)	Note
César	120	67 % (3)	0	1	0	33 % (6)	1

Spieler	Ball- kontakte in Min.	Zweik. gew. (von)	Fouls gefoult worden	Pässe angek. (von)	Schüsse/ Schuss- vorlagen	Tore/ Torvor- lagen	Note
1. Alves	89 in 120	64 % (22)	1/1	76 % (50)	2/2	0/0	3
Silva	53 in 120	73 % (22)	1/1	87 % (31)	1/2	0/1	2 –
David Luiz	54 in 120	52 % (21)	3/1	62 % (34)	1/0	1/0	2
Marcelo	89 in 120	58 % (33)	2/2	79 % (61)	1/2	0/0	3
Fernandinho	21 in 71	28 % (25)	6/1	82 % (11)	1/0	0/0	4
Ramires	19 in 49	62 % (13)	3/1	70 % (10)	1/1	0/0	4
2. L. Gustavo	70 in 120	69 % (36)	3/2	82 % (45)	1/3	0/0	4
1. Hulk	61 in 120	62 % (45)	2/3	71 % (21)	5/3	0/0	2 –
Oscar	52 in 105	50 % (26)	0/1	60 % (25)	1/2	0/0	4 +
Willian	13 in 15	25 % (4)	0/0	100 % (6)	0/2	0/0	5
Neymar	64 in 120	49 % (43)	4/5	85 % (26)	4/5	0/0	2 –
Fred	17 in 63	33 % (15)	1/1	80 % (5)	3/1	0/0	5
1. Jô	25 in 57	40 % (25)	1/2	50 % (10)	0/0	0/0	5

28. JUNI, 18.00 UHR, BELO HORIZONTE

Schiedsrichter: Howard Webb (England).
Assistenten: Michael Mullarkey, Darren Cann (beide England).
Tore: 1:0 David Luiz (18.), 1:1 Sánchez (32.). Elfmeterschießen: 2:1 David Luiz, César hält gegen Pinilla, Willian verschießt, César hält gegen Sánchez, 3:1 Marcelo, 3:2 Aránguiz, Bravo hält gegen Hulk, 3:3 Díaz, 4:3 Neymar, Jara verschießt.
Einwechslungen: Jô für Fred (64.), Ramires für Fernandinho (72.), Willian für Oscar (106.) – Gutiérrez für Vargas (57.), Pinilla für Vidal (87.), Rojas für Medel (108.).
Zuschauer: 57 714.
Wetter: 26 Grad, bewölkt, 45 % Luftfeuchte.

CHILE-DATEN

Torhüter	Min.	Schüsse gehalten (von)	Flanken/ Ecken abgefangen	Glanz- taten	Schwere Fehler	Lange Pässe angekommen (von)	Note
Bravo	120	83 % (6)	0	0	0	31 % (16)	1

Spieler	Ball- kontakte in Min.	Zweik. gew. (von)	Fouls gefoult worden	Pässe angek. (von)	Schüsse/ Schuss- vorlagen	Tore/ Torvor- lagen	Note
2. Silva	69 in 120	53 % (34)	5/4	79 % (42)	0/2	0/0	3
Medel	78 in 107	70 % (23)	0/1	90 % (52)	0/0	0/0	2
Rojas	2 in 13	100 % (3)	0/0	0 % (0)	0/0	0/0	–
Jara	61 in 120	50 % (16)	2/0	86 % (44)	0/1	0/0	4
Isla	57 in 120	38 % (32)	1/2	69 % (32)	0/0	0/0	3
2. Mena	59 in 120	46 % (26)	2/0	69 % (26)	1/1	0/0	3 +
Aránguiz	46 in 120	36 % (22)	2/1	89 % (28)	3/1	0/0	3
Díaz	78 in 120	50 % (24)	0/2	86 % (51)	4/1	0/0	3
Vidal	47 in 86	48 % (42)	2/6	77 % (30)	1/0	0/0	3
1. Pinilla	26 in 34	50 % (20)	2/1	56 % (9)	3/1	0/0	3
Sánchez	67 in 120	37 % (52)	1/7	81 % (27)	2/3	1/0	3
Vargas	12 in 56	20 % (10)	0/0	83 % (6)	0/2	0/1	3
Gutiérrez	37 in 64	46 % (26)	4/2	61 % (18)	0/0	0/0	3

Traumtor von Rodríguez

Ein Meilenstein: Kolumbien erstmals im WM-Viertelfinale

Das 2:0 von Rodríguez (r.): Er trifft nach Kopfballvorlage von Juan Cuadrado (M.)

Kolumbien gelang bei seiner fünften WM-Teilnahme erstmals der Sprung ins Viertelfinale. Der 2:0-Erfolg gegen Uruguay rührte die lebende Fußballlegende Carlos Valderrama: „Danke Jungs, das sind große Emotionen in meinem Leben", kommentierte er. Als Mittelfeldspieler hatte Valderrama die „Cafeteros" bei drei Weltmeisterschaften (1990, 1994, 1998) angeführt. Die kolumbianische Pop-Diva Shakira fand den Einzug ins Viertelfinale einfach „spektakulär", US-Schauspieler Will Smith („Men in Black") verfolgte die Partie in der kolumbianischen Stadt Neiva im gelben Trikot der Nationalmannschaft. Auch die Medien feierten den fußballerischen Meilenstein des Teams euphorisch. „Kolumbien berührt den Himmel", titelte die Zeitung „El Heraldo". „Unsterblicher Jubel! Lasst uns jetzt in Frieden feiern!", schrieb „El Tiempo". Ein unerfüllter Wunsch: Am Rande der gigantischen Jubelfeiern in der Hauptstadt Bogotá, die von 20 000 Polizisten gesichert wurden, starb wieder ein Mensch nach einer Schießerei.

Kolumbiens bester Spieler trifft aus 20 Metern volley. Uruguay trauert dem gesperrten Luis Suárez nach

Luis Suárez saß rund 2300 Kilometer entfernt vor dem Fernseher in Montevideo, aber irgendwie war er sehr präsent im Maracanã-Stadion. Uruguays Fans stimmten immer wieder Sprechchöre für den gefallenen Helden an und hielten Fotos von ihm hoch.

Suárez, das wurde beim 0:2 gegen Kolumbien schnell deutlich, fehlte der Mannschaft von Trainer Óscar Tabárez. Altstar Diego Forlán konnte ihn nicht ersetzen, Edinson Cavani war im Angriff weitgehend auf sich allein gestellt. Sie wurden von der kolumbianischen Abwehr um den bienenfleißigen Mario Yepes nahezu komplett aus dem Spiel genommen.

Eine Szene aus der 19. Minute dokumentierte die Harmlosigkeit in Uruguays Offensive: Frei vor dem starken Torhüter David Ospina verstolperte Cavani nahe der Grundlinie den Ball fast kläglich.

»Ich hatte viele Stars. Aber bei James sehe ich Außergewöhnliches«

Abwehrchef Diego Godín wollte die Niederlage dennoch nicht am Fehlen von Suárez festmachen: „Es waren schwierige Tage für uns nach der Sperre für Luis, aber das soll keine Ausrede sein."

Kolumbien zeigte sich im Südamerika-Duell spielfreudiger als die schwerfällig wirkenden Uruguayer, agierte beeindruckend effektiv. Die „Los Cafeteros", die Kaffeebauern, kamen mit nur vier Schüssen auf das Tor zu zwei Treffern. Das Traumtor von James Rodríguez löste nicht nur bei den mehr als 30 000 mitgereisten Anhängern Jubelstürme aus. Mit dem Rücken zum Tor ließ Rodríguez den Ball nach Kopfballvorlage von Abel Aguilar auf der Brust abtropfen, drehte sich behände und jagte ihn volley aus 20 Metern unhaltbar für Torhüter Fernando Muslera zum 1:0 unter die Querlatte (28.). „James hat das beste Tor dieser WM geschossen", sagte sein verletzter Teamkollege Radamel Falcao.

Der Treffer schockte Uruguay. Kolumbien übernahm vollends die Spielkontrolle, bereits nach 40 Minuten feierten die euphorisierten Fans jeden Kurzpass ihres Teams mit einem lang gezogenen „Olé".

Die Entscheidung fiel kurz nach der Pause. Nach sehenswerter Kombination über Pablo Amero und Juan Cuadrado schoss Rodríguez aus fünf Metern das 2:0 (50.). „Einer Mannschaft, die so geschlossen agiert wie Uruguay, muss man Schnelligkeit entgegensetzen", erläuterte er nach dem Spiel den Schlüssel zum Erfolg. Kolumbiens Nationaltrainer José Pekerman suchte derweil nach neuen Prädikaten für die Leistung seines besten Spielers: „In meiner langen Zeit im Fußball hatte ich viele Elitespieler mit hohem technischem Niveau", sagte Pekerman, der bei der Weltmeisterschaft 2006 unter anderen mit Lionel Messi zusammengearbeitet hatte, „aber bei James sehe ich Außergewöhnliches."

Die hohe Fußballschule: James Rodríguez (l.) verwandelt volley zum 1:0. Diego Godín (r.) dreht seinen Körper aus der Schussbahn Egidio Arévalo Ríos ist zu weit weg, um Rodríguez zu stören. Torwart Fernando Muslera (kleines Foto) ist machtlos

KOLUMBIEN – URUGUAY

 2:0 (1:0)

KOLUMBIEN-DATEN

Torhüter	Min.	Schüsse gehalten (von)	Flanken/ Ecken abgefangen	Glanz- taten	Schwere Fehler	Lange Pässe angekommen (von)	Note
Ospina	90	100 % (5)	0	0	0	29 % (7)	1

Spieler	Ball- kontakte in Min.	Zweik. gew. (von)	Fouls/ gefoult worden	Pässe angek. (von)	Schüsse/ Schuss- vorlagen	Tore/ Torvor- lagen	Note
Zúñiga	61 in 90	92 % (12)	0/4	74 % (38)	2/2	0/0	3+
Zapata	40 in 90	80 % (5)	0/0	93 % (30)	1/0	0/0	2−
Yepes	35 in 90	69 % (13)	0/0	91 % (23)	1/0	0/0	2
1. Armero	52 in 90	45 % (11)	4/0	87 % (30)	0/0	0/0	3+
Aguilar	59 in 90	52 % (27)	2/3	91 % (45)	0/1	0/1	2
Sánchez	31 in 90	58 % (12)	0/0	87 % (23)	0/0	0/0	3
Cuadrado	44 in 80	46 % (24)	2/6	92 % (26)	1/2	0/1	2−
Guarín	2 in 10	0 % (1)	1/0	100 % (2)	0/0	0/0	−
Rodríguez	45 in 84	26 % (19)	3/0	76 % (25)	3/2	2/0	1
Ramos	4 in 6	0 % (2)	0/0	33 % (3)	0/0	0/0	−
Gutiérrez	24 in 67	47 % (15)	2/1	63 % (16)	1/1	0/0	3+
Mejía	2 in 23	25 % (4)	1/0	100 % (2)	0/0	0/0	3
Martínez	37 in 90	51 % (39)	2/2	77 % (13)	1/2	0/0	3

28. JUNI, 22.00 UHR, RIO DE JANEIRO

Schiedsrichter: Björn Kuipers (Holland).
Assistenten: Sander van Roekel, Erwin Zeinstra (beide Holland).
Tore: 1:0 Rodríguez (28.), 2:0 Rodríguez (50.).
Einwechslungen: Mejía für Gutiérrez (68.), Guarín für Cuadrado (81.), Ramos für Rodríguez (85.) – Ramires für Á. Pereira (53.), Stuani für Forlán (53.), Hernández für González (67.).
Zuschauer: 73 804.
Wetter: 26 Grad, sonnig, 74 % Luftfeuchte.

Aufstellung Kolumbien: Ospina; Zapata, Yepes; Zúñiga, Aguilar, Sánchez, Armero; Cuadrado, Rodríguez; Gutiérrez, Martínez.
Aufstellung Uruguay: Muslera; Godín, Giménez; Á. Pereira, Cáceres; Rodríguez, Arévalo, González, M. Pereira; Forlán, Cavani.

URUGUAY-DATEN

Torhüter	Min.	Schüsse gehalten (von)	Flanken/ Ecken abgefangen	Glanz- taten	Schwere Fehler	Lange Pässe angekommen (von)	Note
Muslera	90	50 % (4)	0	0	0	0 % (3)	3

Spieler	Ball- kontakte in Min.	Zweik. gew. (von)	Fouls/ gefoult worden	Pässe angek. (von)	Schüsse/ Schuss- vorlagen	Tore/ Torvor- lagen	Note
Cáceres	52 in 90	100 % (7)	0/0	88 % (40)	1/1	0/0	3−
1. Giménez	37 in 90	45 % (22)	2/2	63 % (24)	1/0	0/0	4
Godín	36 in 90	80 % (20)	1/4	95 % (20)	1/0	0/0	3
Á. Pereira	27 in 52	33 % (15)	4/0	50 % (10)	0/1	0/0	4
Ramírez	41 in 38	11 % (9)	2/0	89 % (28)	1/5	0/0	4
González	33 in 66	54 % (13)	0/0	81 % (21)	2/1	0/0	4
Hernández	9 in 24	63 % (8)	0/0	75 % (4)	0/0	0/0	4
Arévalo	31 in 90	58 % (19)	3/2	90 % (21)	1/1	0/0	3
M. Pereira	45 in 90	33 % (12)	0/2	88 % (24)	0/0	0/0	4
Rodríguez	43 in 90	55 % (20)	1/2	81 % (27)	2/3	0/0	2−
Cavani	40 in 90	29 % (21)	3/2	89 % (19)	4/2	0/0	4
Forlán	17 in 52	0 % (3)	0/0	64 % (11)	0/0	0/0	5
Stuani	16 in 38	47 % (15)	0/3	67 % (6)	1/0	0/0	4

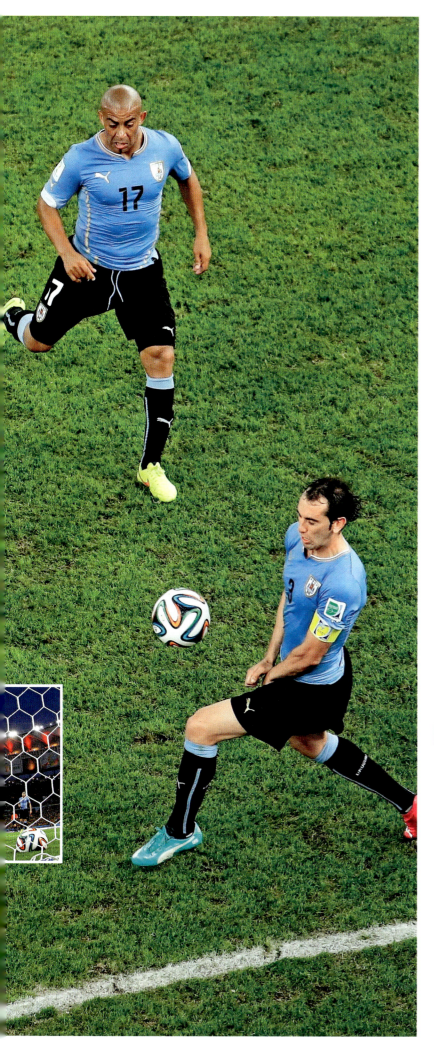

Streit über Robbens Fall

Kurz vor der Berührung von Rafael Márquez: Arjen Robben (r.) ist schon in gefährlicher Schräglage und hebt die Arme. Er ist bereit zum Abflug. Einen Tag später sagt Robben zu der Szene: „Es war clever von mir."

In der Nachspielzeit stürzt der Holländer im Duell mit Márquez. Elfmeter. Huntelaar verwandelt zum 2:1-Sieg

Sneijder trifft in seinem Rekordspiel zum Ausgleich

Fantastisches Tor: Sneijder (l.) erzielt in der 88. Minute das 1:1, der Ball ist unhaltbar

Nach dem Spiel stand auch Wesley Sneijder im Blickpunkt. Das war schon vorher klar, denn mit seinem 15. WM-Einsatz löste der holländische Spielmacher die Vize-Weltmeister von 1974 und 1978, Wim Jansen, Johnny Rep und Ruud Krol, als WM-Rekordspieler seines Landes ab. Wichtiger als das aber war sein sechstes WM-Tor zum 1:1-Ausgleich. Mit dem fulminanten Weitschuss nahm der einstige Welt-Star und Champions-League-Sieger mit Inter Mailand (2:0 im Finale gegen Bayern München 2010) seinen Kritikern den Wind aus den Segeln. Seinen Zenit hat Sneijder, der kurz vor der WM erst 30 Jahre alt wurde, überschritten. Aber selten war er so wertvoll für die „Elftal" wie in der 88. Minute von Fortaleza. Trainer Louis van Gaal hatte es geahnt: „Ich weiß seit Jahren, was für eine gute Schusstechnik er hat. Deshalb wundert es mich nicht, dass er so ein Tor erzielt hat."
Bei der WM 2010 hatte Sneijder fünfmal getroffen, unter anderem zweimal zum 2:1-Sieg im Viertelfinale gegen Brasilien und einmal zum 2:1 beim 3:2 im Halbfinale gegen Uruguay.

Wenn eine Mannschaft durch einen Elfmeter in letzter Minute ausscheidet, kann niemand erwarten, dass sie seine Berechtigung klaglos anerkennt. Und so stand Miguel Herrera, der kleine, impulsive Trainer Mexikos, nach Abpfiff mitten auf dem Platz und formte mit den Händen einen Ball. Nichts anderes soll sein Kapitän Rafael Márquez getroffen haben, sollte das heißen.

Nun hatte der Innenverteidiger im Zweikampf aber auch den Fuß von Arjen Robben berührt. Robben nahm das dankend an und flog theatralisch – Schiedsrichter Proença gab Elfmeter. Klaas-Jan Huntelaar verwandelte zum 2:1-Sieg (90. + 4), zum sechsten Mal in Folge seit 1994 schied Mexiko im WM-Achtelfinale aus.

Das dramatische Ende der Hitzeschlacht von Fortaleza sorgte auch noch für Verwir-

---

»Ich bin stolz auf mich. Es war nicht einfach, positiv zu bleiben«

---

rung, weil Robben an verschiedenen Stellen verschiedene Aussagen getroffen haben soll. Herrera selbst erzählte, Robben habe ihm gestanden, dass es kein Elfmeter gewesen sei.

Die Mexikaner hätten sich die ganze Aufregung ersparen können, hätten sie nicht frühzeitig das Spielen eingestellt. Sie wollten die Führung durch Giovani dos Santos (48.) nur noch über die Zeit retten. Mexikos Treffer war die Initialzündung für Hollands Stilwandel. Louis van Gaal wechselte mit Memphis Depay einen dritten Stürmer ein und stellte auf das gewohnte 4-3-3-System um, das der Bondscoach bei der WM nur im Bedarfsfall spielen ließ – ungeachtet der Kritik aus der Heimat.

Holland kam zunehmend zu Chancen, doch Guillermo Ochoa im mexikanischen Tor schien wieder unüberwindlich. So lenkte er Stefan de Vrijs Kopfball aus vier Metern (57.) mit einer unglaublichen Reaktion noch an den Pfosten. Und als Robben mit dem schwächeren rechten Fuß schoss (74.), war Ochoa ebenfalls zur Stelle.

Die Zeit verrann, Holland war in Not und brauchte dringend einen Retter. Den wechselte van Gaal nach 75 Minuten mit Klaas-Jan Huntelaar für den enttäuschenden Robin van Persie ein. Huntelaars erster Einsatz bei dieser WM. In der 88. Minute legte Huntelaar einen Eckball mit dem Kopf auf Wesley Sneijder zurück, der traf wunderbar mit Vollspann aus der Distanz. Das 1:1. Und als dann Márquez und Robben kollidierten, schnappte sich Huntelaar auf Robbens Befehl den Ball und verwandelte hart und präzise zum 2:1. Wie schon gegen Chile und Australien hatte Louis van Gaal den Sieg eingewechselt, es war Hollands viertes Joker-Tor.

„Ich bin sehr stolz auf mich. Es war nicht immer leicht, positiv zu bleiben", sagte Huntelaar. Das „Algemeen Dagblad" erhob ihn gleich in den Adelsstand – „King Klaas". •

HOLLAND – MEXIKO

 2:1 (0:0)

HOLLAND-DATEN

Torhüter	Min.	Schüsse gehalten (von)	Flanken/ Ecken abgefangen	Glanz-taten	Schwere Fehler	Lange Pässe angekommen (von)	Note
Cillessen	90	83 % (6)	0	0	0	0 % (0)	3

Spieler	Ball-kontakte in Min.	Zweik. gew. (von)	Fouls/ gefoult worden	Pässe angek. (von)	Schüsse/ Schuss-vorlagen	Tore/ Torvor-lagen	Note
Verhaegh	34 in 55	40 % (5)	1/1	89 % (28)	0/0	0/0	4
Depay	29 in 35	56 % (9)	0/3	67 % (9)	2/0	0/0	4
Vlaar	45 in 90	50 % (18)	1/0	94 % (33)	1/0	0/0	3
de Vrij	73 in 90	52 % (21)	1/0	93 % (54)	1/1	0/0	3
Blind	61 in 90	29 % (14)	0/0	90 % (50)	2/0	0/0	4+
Kuyt	83 in 90	58 % (26)	0/0	77 % (56)	0/0	0/0	2−
de Jong	6 in 8	50 % (4)	0/0	83 % (6)	0/0	0/0	−
Martins Indi	69 in 82	42 % (12)	2/0	86 % (56)	0/1	0/0	4
Wijnaldum	40 in 90	43 % (7)	1/0	94 % (33)	0/0	0/0	4
Sneijder	66 in 90	28 % (18)	1/0	82 % (55)	4/1	1/0	2−
Robben	45 in 90	52 % (21)	0/5	94 % (18)	1/7	0/1	2−
van Persie	21 in 75	55 % (11)	1/2	75 % (16)	1/1	0/0	4
Huntelaar	5 in 15	20 % (5)	0/0	100 % (4)	1/1	1/1	2

29. JUNI, 18.00 UHR, FORTALEZA

Schiedsrichter: Pedro Proença (Portugal).
Assistenten: Bertino Miranda, José Trigo (beide Portugal).
Tore: 0:1 dos Santos (48.), 1:1 Sneijder (88.), 2:1 Huntelaar (90.+4 / Foulelfmeter).
Einwechslungen: Martins Indi für de Jong (9.), Depay für Verhaegh (56.), Huntelaar für van Persie (76.) – Reyes für Moreno (46.), Aquino für dos Santos (61.), Hernández für Peralta (75.).
Zuschauer: 58 817.
Wetter: 32 Grad, leicht bewölkt, 68 % Luftfeuchte.

MEXIKO-DATEN

Torhüter	Min.	Schüsse gehalten (von)	Flanken/ Ecken abgefangen	Glanz-taten	Schwere Fehler	Lange Pässe angekommen (von)	Note
Ochoa	90	50 % (4)	0	2	0	0 % (1)	1

Spieler	Ball-kontakte in Min.	Zweik. gew. (von)	Fouls/ gefoult worden	Pässe angek. (von)	Schüsse/ Schuss-vorlagen	Tore/ Torvor-lagen	Note
2. Aguilar	43 in 90	50 % (18)	3/1	84 % (19)	0/0	0/0	4+
Rodríguez	51 in 90	56 % (16)	2/0	82 % (33)	0/1	0/1	3−
2. Márquez	73 in 90	58 % (12)	1/1	86 % (58)	1/0	0/0	3−
Moreno	26 in 45	0 % (3)	1/0	76 % (21)	0/0	0/0	4
Reyes	16 in 45	56 % (9)	1/0	70 % (10)	0/0	0/0	4
Layún	29 in 90	80 % (10)	0/0	78 % (18)	2/2	0/0	3−
Herrera	60 in 90	54 % (28)	1/0	75 % (40)	1/4	0/0	2
Salcido	42 in 90	63 % (16)	1/0	93 % (27)	2/0	0/0	3+
1. Guardado	32 in 90	30 % (10)	2/1	81 % (27)	0/2	0/0	3
Dos Santos	21 in 60	56 % (9)	0/2	81 % (16)	3/0	1/0	2−
Aquino	16 in 30	64 % (11)	0/0	82 % (11)	1/0	0/0	3
Peralta	28 in 74	52 % (23)	0/1	75 % (16)	1/2	0/0	2−
Hernández	13 in 16	33 % (6)	0/0	83 % (6)	0/0	0/0	4

Triumph nach neuntem Elfmeter

Costa Rica feiert Torwart Navas: „Er ist unser Zeus"

Die letzte Parade in einem großen Spiel: Navas hält den Elfmeter von Gekas

„Das ist ein unglaublicher Moment. Ich danke Gott, dass wir so etwas erleben dürfen." Costa Ricas Torwart Keylor Navas war auch Stunden nach dem Elfmeter-Drama und dem besten Spiel seiner Länderspielkarriere noch euphorisiert. 120 Minuten brachte er die Griechen zur Verzweiflung, dann stürzte er sie noch mit dem einzigen gehaltenen Elfmeter. „Keylor ist unser Zeus", zog die Online-Ausgabe der Zeitung „La Nación" mythologische Vergleiche. Kaum weniger blumig beschrieb Mittelfeldspieler Celso Borges die Leistung des Schlussmannes: „Ich glaube, dass er vom Mars, von der Venus oder von einem anderen Planeten kommt. Wir hatten keine Angst vor dem Elfmeterschießen, weil wir wussten, dass wir ihn haben. Er ist so wichtig für uns, er ist eine Führungsperson auf und außerhalb des Rasens."
Die Karriere des nur 1,84 m großen Torhüters kam erst mit einem Abstieg ins Rollen. Im Sommer 2011 wechselte er vom gerade in Liga drei abgestürzten spanischen Klub Albacete zum Erstligisten UD Levante. In der Saison 2013/14 führte er seinen Klub auf Rang zehn in der Primera División und wurde zum Torhüter des Jahres in Spanien gewählt.

Eine Stunde lang spielt Costa Rica in Unterzahl und rettet sich ins Elfmeterschießen. Dann treffen alle Schützen

Fernando Santos verstand die Welt nicht mehr. Griechenlands Trainer wandte sich immer wieder beschwichtigend an Schiedsrichter Benjamin Williams, es half nichts: Williams schickte ihn nach einem Wortgefecht direkt vor Beginn des Elfmeterschießens auf die Tribüne. Dort erlebte Santos das Aus seines Teams im Achtelfinale und die letzten Minuten seiner Amtszeit. Schon vor der WM hatte er seinen Rückzug erklärt.

Es war eine von vielen dramatischen Zuspitzungen dieser Partie. Nach einer chancenarmen ersten Halbzeit wurden beide Mannschaften mit Pfiffen verabschiedet. Das Pfeifkonzert wuchs in der 50. Minute zum Orkan an, als Fifa-Boss Joseph Blatter auf der Videowand eingeblendet wurde. Der Schweizer wirkte in der Ehrenloge ähnlich gelangweilt wie die Fans.

»Selbstvertrauen beim Elfmeter-Schießen war unglaublich«

Zwei Minuten nach dieser Szene traf Costa Ricas Kapitän Bryan Ruiz nach Zuspiel von Christian Bolaños zum 1:0. 180 Sekunden später haderten die „Ticos" mit dem schwachen Schiedsrichter: Williams übersah ein klares Handspiel von Verteidiger Vasilios Torosidis im Strafraum. Die Sportzeitung „Al Día" aus Costa Rica witterte Verschwörung: „Williams zeigte eine Neigung für Griechenland, die jeden Costa Ricaner zur Verzweiflung brachte."

In der 66. Minute wuchs der Zorn der Mittelamerikaner auf Williams weiter an. Er schickte Verteidiger Oscar Duarte nach einem Foul an José Holebas mit Gelb/Rot vom Platz, das allerdings zu Recht. Die Überzahl gegen aufopferungsvoll kämpfende und taktisch geschickt spielende Costa Ricaner konnten die Griechen aber erst in der Nachspielzeit nutzen: Sokratis drosch einen von Keylor Navas abgewehrten Ball aus sechs Metern zum 1:1 ins Netz (90. + 1).

Navas hatte bis dahin sensationell gehalten, ließ sich trotz zweier Blessuren am Arm und an der Schulter, die er sich bei einer Parade gegen Kostas Mitroglu (90. + 3) und einer waghalsigen Rettungstat gegen Theofanis Gekas (107.) zugezogen hatte, nicht beeindrucken und erlangte im Elfmeterschießen Heldenstatus: Beim Stand von 5:4 lenkte er den von Gekas halbhoch, aber nicht unplatziert geschossenen Ball um den Pfosten. Abwehrchef Michael Umaña verwandelte auch Costa Ricas letzten Elfmeter präzise – erstmals qualifizierte sich das Land für ein WM-Viertelfinale. Trainer Jorge Luis Pinto war überwältigt: „Unser Selbstvertrauen beim Elfmeterschießen war unglaublich." Und Umaña vergaß im Überschwang der Gefühle wichtige gesellschaftliche Eckdaten: „Es ist ein großartiger Erfolg für so ein kleines Land mit seinen nur vier oder fünf Millionen Einwohnern."

Treffpunkt Mittellinie: Die griechischen Spieler sacken in sich zusammen, die aus Costa Rica stürmen zu ihrem Torwart-Helden Keylor Navas. Bryan Ruiz (Nr. 10) wirft sich auf den Bauch, Joel Campbell fällt hinter dem Schiedsrichter-Assistenten auf die Knie und schickt ein Stoßgebet gen Himmel

COSTA RICA – GRIECHENLAND

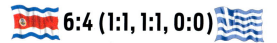

6:4 (1:1, 1:1, 0:0)

COSTA RICA-DATEN

	Torhüter	Min.	Schüsse gehalten (von)	Flanken/ Ecken abgefangen	Glanz- taten	Schwere Fehler	Lange Pässe angekommen (von)	Note
1.	Navas	120	88 % (8)	0	2	0	40 % (5)	1

	Spieler	Ball- kontakte in Min.	Zweik. gew. (von)	Fouls/ gefoult worden	Pässe angek. (von)	Schüsse/ Schuss- vorlagen	Tore/ Torvor- lagen	Note
	Gamboa	42 in 76	63 % (16)	1/0	61 % (18)	1/0	0/0	2 –
	Acosta	13 in 44	44 % (9)	1/0	50 % (2)	0/0	0/0	3
1.	Duarte	39 in 65	53 % (15)	3/0	85 % (34)	0/0	0/0	4 +
	González	44 in 120	36 % (11)	1/0	92 % (25)	1/0	0/0	3
	Umaña	47 in 120	44 % (16)	2/0	96 % (26)	0/0	0/0	3
	Díaz	43 in 120	31 % (13)	0/2	68 % (25)	0/0	0/0	4 +
	Borges	34 in 120	33 % (15)	2/0	97 % (29)	1/1	0/0	3
1.	Tejeda	30 in 65	40 % (10)	1/1	87 % (23)	0/0	0/0	3
	Cubero	16 in 55	44 % (9)	1/1	91 % (11)	0/0	0/0	4
1.	Ruiz	65 in 120	50 % (26)	2/3	88 % (41)	1/2	1/0	2
	Bolaños	32 in 82	42 % (19)	2/0	75 % (12)	2/2	0/1	2
	Brenes	18 in 38	33 % (9)	2/0	67 % (9)	1/1	0/0	3
	Campbell	52 in 120	31 % (52)	4/7	80 % (20)	0/1	0/0	2 +

29. JUNI, 22.00 UHR, RECIFE

Schiedsrichter: Benjamin Williams (Australien).
Assistenten: Mattew Cream, Hakan Anaz (beide Australien).
Tore: 1:0 Ruiz (52.), 1:1 Sokratis (90.+1). Elfmeterschießen: 2:1 Borges, 2:2 Mitroglou, 3:2 Ruiz, 3:3 Christodoulo- poulos, 4:3 González, 4:4 Holebas, 5:4 Campbell, Navas hält gegen Gekas, 6:4 Umaña.
Einwechslungen: Cubero für Tejeda (66.), Acosta für Gamboa (77.), Brenes für Bolaños (83.) – Mitroglou für Samaras (58.), Gekas für Salpingidis (69.), Katsouranis für Maniatis (78.).
Zuschauer: 41 242.
Wetter: 28 Grad, bewölkt, 73 % Luftfeuchte.

Aufstellung: NAVAS; GAMBOA, DUARTE, GONZÁLEZ, UMAÑA, DÍAZ; BORGES, TEJEDA; RUIZ, CAMPBELL, BOLAÑOS — CHRISTODOULOPOULOS, SAMARAS, SALPINGIDIS; MANIATIS, KARAGOUNIS; HOLEBAS, SOKRATIS, MANOLAS, TOROSIDIS; KARNEZIS

GRIECHENLAND-DATEN

	Torhüter	Min.	Schüsse gehalten (von)	Flanken/ Ecken abgefangen	Glanz- taten	Schwere Fehler	Lange Pässe angekommen (von)	Note
	Karnezis	120	0 % (1)	0	0	0	100 % (3)	3

	Spieler	Ball- kontakte in Min.	Zweik. gew. (von)	Fouls/ gefoult worden	Pässe angek. (von)	Schüsse/ Schuss- vorlagen	Tore/ Torvor- lagen	Note
	Torosidis	64 in 120	54 % (13)	0/2	77 % (39)	0/1	0/0	4
1.	Manolas	53 in 120	70 % (20)	4/1	94 % (34)	1/1	0/0	4
	Sokratis	73 in 120	70 % (33)	2/2	96 % (46)	2/2	1/0	3
	Holebas	100 in 120	48 % (29)	0/3	86 % (51)	0/6	0/0	3 +
	Karagounis	93 in 120	64 % (22)	3/4	90 % (70)	3/2	0/0	3 +
	Maniatis	57 in 77	64 % (11)	1/2	76 % (46)	0/0	0/0	3
	Katsouranis	38 in 43	17 % (6)	1/0	88 % (34)	1/1	0/0	4
	Samaris	35 in 57	46 % (13)	2/1	79 % (29)	2/1	0/0	4
	Mitroglou	12 in 63	20 % (5)	1/0	100 % (5)	3/1	0/0	3
	Salpingidis	18 in 68	57 % (7)	1/1	67 % (12)	1/0	0/0	3
	Gekas	14 in 52	75 % (4)	0/0	60 % (5)	1/2	0/1	4
	Lazaros	61 in 120	61 % (28)	0/2	89 % (36)	5/0	0/0	3
1.	Samaras	55 in 120	59 % (32)	1/4	85 % (33)	2/1	0/0	3

Griezmann haucht Leben ein

19. Trainer in 20 Jahren: Keshi warf sein Amt hin

Das letzte Mal auf Nigerias Bank: Stephen Keshi im Spiel gegen Frankreich

Am Tag nach dem 0:2 gegen Frankreich war einer der gefürchtetsten Trainerposten in der Fußballwelt wieder frei: Stephen Keshi trat nach zwei Jahren und acht Monaten im Amt als Nigerias Coach zurück. „Freunde, es war eine gute Zeit, und ich habe jeden Moment genossen. Es ist eine Ehre, Trainer der Super Eagles zu sein. Jetzt ist es jedoch Zeit, die Segel zu streichen", twitterte er. Keshi trat als Rekordtrainer ab, keiner seiner Vorgänger hatte es in den vergangenen 20 Jahren so lange im Amt ausgehalten wir er. Seit 1994 versuchten es sage und schreibe 18 Trainer vor Keshi, unter anderem der Deutsche Berti Vogts 2007 und 2008. Die meisten blieben nicht einmal ein Jahr.

Am 3. November 2011 hatte Keshi die Nationalmannschaft übernommen, gewann mit ihr die Afrikameisterschaft 2013. Doch schon während des Turniers gab es den ersten heftigen Eklat: Keshi spürte kein Vertrauen in seine Arbeit, weil Funktionäre bereits den Rückflug nach dem Viertelfinale gebucht hatten. Nach dem Titelgewinn trat er spontan zurück, widerrief seine Entscheidung aber nach dem Einspruch seiner Spieler einen Tag später.

Mit der Einwechslung des flinken Stürmers gelingt Frankreichs Trainer Deschamps der entscheidende Zug

Am Ende des zähen Ringens war beim Sieger vor allem eines spürbar: enorme Erleichterung. „Wir sind sehr glücklich, denn der Gegner hat es uns richtig schwer gemacht", bekannte Frankreichs Trainer Didier Deschamps und brachte das hochverdiente, aber glanzlose 2:0 seiner Mannschaft auf den Punkt: „Wir mussten 60 Minuten lang hart dafür arbeiten, dass bei ihnen die Kräfte schwinden. Aber dann hatten wir noch Lösungen parat."

Für den spielentscheidenden Schachzug sorgte Deschamps selbst – mit einer cleveren Umstellung. Als er nach einer guten Stunde merkte, dass die Nigerianer zusehends müder und die Abstände in ihrer Abwehr immer größer wurden, wechselte er „die Option Geschwindigkeit" ein: Der kombinationsfreudige Antoine Griezmann ersetzte den

> »Ein gutes Team ist ein Team, das seine Spiele gewinnt – egal wie«

völlig wirkungslosen Olivier Giroud. Der bis dahin ebenfalls enttäuschende und zweikampfschwache Torjäger Karim Benzema rückte in die Spitze. Eine Maßnahme, die das lethargische französische Angriffsspiel sofort belebte.

Zwar hatte es Frankreich nicht an Platz gemangelt, da Nigeria von Anfang an relativ widerstandslos das Mittelfeld preisgab, wohl aber an der nötigen Präzision. Der letzte Pass kam nicht an, sehr oft auch schon der vorletzte nicht. Die Afrikaner versteckten sich dennoch keineswegs, präsentierten sich bissig in Zweikämpfen und versuchten, aus einer kompakten Defensive über die schnellen Offensivspieler Peter Odemwingie und Ahmed Musa Gefahr zu entwickeln. Durchaus gefällig: In der 19. Minute hatten sie den Torschrei schon auf den Lippen, als Emmanuel Emenike eine Flanke von Ahmed Musa ins Netz wuchtete, dabei jedoch hauchdünn im Abseits stand.

Erst nach Griezmanns Einwechslung taumelte Nigeria von einer Verlegenheit in die nächste. Chancen gab es im Minutentakt: Zunächst traf Yohan Cabaye die Latte (78.), dann scheiterte Benzema per Kopf am starken Torwart Vincent Enyeama (79.), der bei der darauffolgenden Ecke allerdings die französische Führung verursachte: Enyeama kam nur mit einer Hand an den Ball, verlängerte so direkt auf den Kopf von Paul Pogba, der unbedrängt ins verwaiste Tor köpfte. Von dem 0:1 in der 79. Minute erholten sich die „Super Eagles" nicht mehr. In der Nachspielzeit fälschte Joseph Yobo, von Griezmann bedrängt, eine Flanke des agilen Mathieu Valbuena zum 0:2 ab.

Die Sportzeitung „L'Équipe" jubelte: „Die Party geht weiter!" Und die Website „20minutes.fr" konstatierte nüchtern: „Ein gutes Team ist ein Team, das seine Spiele gewinnt – egal wie."

Nigeria im Unglück: Antoine Griezmann (M.) hat die Hereingabe von Mathieu Valbuena verpasst, Joseph Yobo (l.) fälscht sie unhaltbar für Torwart Vincent Enyeama zum 0:2 in der Nachspielzeit ab

FRANKREICH – NIGERIA

 2:0 (0:0)

FRANKREICH-DATEN

Torhüter	Min.	Schüsse gehalten (von)	Flanken/ Ecken abgefangen	Glanz- taten	Schwere Fehler	Lange Pässe angekommen (von)	Note
Lloris	90	100 % (2)	0	0	0	67 % (3)	3 +

Spieler	Ball- kontakte in Min.	Zweik. gew. (von)	Fouls/ gefoult worden	Pässe angek. (von)	Schüsse/ Schuss- vorlagen	Tore/ Torvor- lagen	Note
Debuchy	51 in 90	57 % (14)	1/1	83 % (24)	2/0	0/0	4
Varane	41 in 90	50 % (6)	0/1	84 % (25)	0/0	0/0	3
Koscielny	38 in 90	55 % (11)	0/0	95 % (21)	1/0	0/0	4 +
Evra	38 in 90	50 % (18)	0/0	89 % (18)	0/1	0/0	3 –
Cabaye	51 in 90	57 % (21)	3/0	94 % (34)	1/1	0/0	2
Pogba	65 in 90	63 % (16)	2/2	81 % (53)	3/0	1/0	2
1. Matuidi	46 in 90	52 % (21)	4/2	83 % (35)	0/2	0/0	3
Valbuena	78 in 89	48 % (21)	1/2	93 % (41)	0/7	0/2	2 –
Sissoko	2 in 1	0 % (2)	0/0	100 % (2)	0/0	0/0	–
Benzema	41 in 90	29 % (17)	0/0	75 % (24)	4/2	0/0	4
Giroud	26 in 61	48 % (21)	1/1	67 % (12)	2/0	0/0	5
Griezmann	22 in 29	50 % (6)	0/0	79 % (14)	1/1	0/0	3

30. JUNI, 18.00 UHR, BRASÍLIA

Schiedsrichter: Mark Geiger (USA).
Assistenten: Mark Sean Hurd (USA), Joe Fletcher (Kanada).
Tore: 1:0 Pogba (79.), 2:0 Yobo (90.+2 / Eigentor).
Einwechslungen: Griezmann für Giroud (62.), Sissoko für Valbuena (90.+4.) – Gabriel für Onazi (59.), Nwofor für Moses (89.).
Zuschauer: 67 882.
Wetter: 27 Grad, sonnig, 33 % Luftfeuchte.

NIGERIA-DATEN

Torhüter	Min.	Schüsse gehalten (von)	Flanken/ Ecken abgefangen	Glanz- taten	Schwere Fehler	Lange Pässe angekommen (von)	Note
Enyeama	90	67 % (6)	0	3	1	0 % (4)	3

Spieler	Ball- kontakte in Min.	Zweik. gew. (von)	Fouls/ gefoult worden	Pässe angek. (von)	Schüsse/ Schuss- vorlagen	Tore/ Torvor- lagen	Note
Ambrose	61 in 90	71 % (14)	0/0	74 % (34)	0/0	0/0	3
Yobo	39 in 90	58 % (12)	0/0	96 % (26)	0/2	0/0	4
Oshaniwa	47 in 90	56 % (16)	1/0	77 % (26)	0/0	0/0	4
Omeruo	47 in 90	100 % (8)	0/0	94 % (31)	0/0	0/0	3
Onazi	31 in 58	47 % (19)	1/3	84 % (25)	1/1	0/0	4 +
Gabriel	19 in 32	38 % (8)	1/0	92 % (13)	0/0	0/0	4
Mikel	55 in 90	33 % (15)	4/2	93 % (40)	0/1	0/0	3
Musa	21 in 90	46 % (13)	0/0	75 % (8)	1/0	0/0	4
Moses	40 in 88	57 % (21)	2/3	84 % (19)	1/0	0/0	3
Nwofor	1 in 2	0 % (0)	0/0	100 % (1)	0/0	0/0	–
Odemwingie	56 in 90	50 % (26)	3/3	91 % (33)	2/2	0/0	3
Emenike	30 in 90	23 % (22)	0/1	83 % (12)	4/2	0/0	3

Deutsche Stars reagieren beleidigt

Manuel Neuer: Viermal rettet er in höchster Not

Manuel Neuer klärt mit dem Kopf außerhalb des Strafraums vor Islam Slimani

Viermal drohte im Spiel gegen Algerien nach langen Pässen größte Gefahr vor dem deutschen Tor – und ein Rückstand. Viermal eilte Manuel Neuer weit aus seinem Gehäuse hinaus und klärte für seine überlaufenen Verteidiger mit Fuß oder Kopf. In der 9. Minute ließ sich Neuer nach einem Ballverlust von Mustafi auf ein Laufduell mit Slimani ein und rettete per Grätsche ins Toraus. In der 28. Minute unterlief Mertesacker ein Fehler – Neuer bügelte ihn mit einer Grätsche gegen Feghouli aus. In der 71. Minute klärte er mit dem Kopf vor dem heranstürmenden Slimani. Und in der 89. Minute rettete er mit ausgestrecktem Bein erneut vor Feghouli. Insgesamt kam Neuer in dem Spiel auf 19 Ballkontakte außerhalb des Strafraums. „Ich habe selten einen besseren Libero gesehen, vielleicht mal Franz Beckenbauer", sagte Torwarttrainer Andreas Köpke nach dem Spiel mit einem Augenzwinkern. Dann fügte er ernsthaft hinzu: „Wir gehen dieses Risiko bewusst ein." Auch für Neuer sind seine Ausflüge etwas ganz Normales: „Das ist nun einmal meine Spielweise, das habe ich schon öfter gemacht." Nur Ex-Torwart Oliver Kahn sah es kritischer: „Das ist Harakiri. Ruck, zuck kann das schiefgehen, du kommst eine Zehntelsekunde zu spät und kriegst eine Rote Karte."

Trotz qualvoller 120 Minuten und unglaublich vieler Schwächen redet nicht nur Per Mertesacker das Spiel schön

Die Frage fühlte sich wie eine Beleidigung an. Ob denn sein Hackentor Absicht gewesen sei, wollte einer von André Schürrle wissen. „Vor drei Wochen habe ich genau das gleiche Tor geschossen, ich kann das schon", antwortete Schürrle verwundert. „Aber natürlich war auch das nötige Glück dabei."

In der zweiten Minute der Verlängerung hatte der in der Halbzeitpause für den enttäuschenden Mario Götze eingewechselte Schürrle seinen großen Auftritt. Eine flache Hereingabe von Thomas Müller beförderte er mit der linken Hacke zum 1:0 ins Netz.

Der Kunstschuss war alles andere als Zufall. Beim Testspiel am 6. Juni gegen Armenien (6:1) hatte Schürrle fast deckungsgleich ebenfalls das 1:0 erzielt. Damals auf Vorlage von Lukas Podolski.

»Was wollen Sie? Sollen wir schön spielen und ausscheiden?«

Überhaupt Schürrle. Er war der Spieler, der zumindest ein bisschen Schwung in die harmlose deutsche Mannschaft brachte. Zuvor hatten sich die Spieler von Joachim Löw sehr schwergetan gegen die körperlich und technisch starken Algerier. Sie leisteten sich ungewohnt viele Ballverluste und unerklärliche Lücken in der Defensive, ließen jegliches Tempo missen und zeigten ihr bis dahin schlechtestes Spiel bei der WM.

Torwart Manuel Neuer musste mehrmals aus seinem Tor eilen und in höchster Not retten – in Manier eines Liberos. Er war mit Abstand der beste deutsche (Feld-)Spieler.

Die größte Chance in der ersten Hälfte vergab Götze in der 40. Minute, als er aus kurzer Distanz Torwart Raïs M'Bohli anschoss. In der zweiten Spielhälfte entwickelte Deutschland mehr Zug zum Tor. Philipp Lahm (55.), der ab der 70. Minute für den verletzten Skhordan Mustafi Rechtsverteidiger spielte, Müller (80., 82.) und Bastian Schweinsteiger (90.) vergaben Chancen.

Nach Schürrles Führungstreffer in der Verlängerung boten sich einige Kontergelegenheiten. Eine davon nutzte der ansonsten blasse Mesut Özil zum 2:0 (120.). In der Nachspielzeit verkürzte Abdelmoumene Djabou noch auf 1:2.

Trotz der Niederlage waren die algerischen Zuschauer stolz auf ihre Mannschaft. „Algérie, Algérie", hallte es nach dem Spiel durch das Stadion. „In der ersten Halbzeit haben wir uns schwergetan und viele Bälle verloren, dann waren wir die bessere Mannschaft", analysierte Bundestrainer Löw. „Es war ein Sieg der Willenskraft."

Per Mertesacker mochte sich hinterher gar nicht weiter mit der gezeigten Leistung befassen. „Was wollen Sie? Sollen wir schön spielen und wieder ausscheiden?", pflaumte er einen Fragesteller an. „Mir ist völlig wurscht, wie – wir sind unter den letzten acht, nur das zählt."

Einzige gute Szene von Mesut Özil (Nr. 8): Nach 119 Minuten drischt er den Ball zum 2:0 ins Tor, diesmal kann der starke Torwart Raïs M'Bolhi nichts mehr ausrichten

DEUTSCHLAND – ALGERIEN

 2:1 n. V. (0:0, 0:0)

DEUTSCHLAND-DATEN

Torhüter	Min.	Schüsse gehalten (von)	Flanken/ Ecken abgefangen	Glanz-taten	Schwere Fehler	Lange Pässe angekommen (von)	Note
Neuer	120	67 % (3)	0	0	0	57 % (14)	1

Spieler	Ball-kontakte in Min.	Zweik. gew. (von)	Fouls/ gefoult worden	Pässe angek. (von)	Schüsse/ Schuss-vorlagen	Tore/ Torvor-lagen	Note
Mustafi	40 in 69	63% (8)	0/0	85 % (20)	1/2	0/0	5
Khedira	41 in 51	86% (7)	0/1	94 % (34)	0/3	0/0	3 –
Mertesacker	102 in 120	78% (18)	1/3	91 % (77)	0/0	0/0	4 +
Boateng	112 in 120	75% (20)	1/1	87 % (86)	1/1	0/0	3 –
Höwedes	67 in 120	58% (19)	1/1	84 % (38)	1/0	0/0	4 –
1. Lahm	113 in 120	56% (16)	1/0	88 % (90)	2/2	0/0	4
Schweinsteiger	111 in 108	50% (30)	3/2	94 % (90)	3/3	0/0	4
Kramer	9 in 12	67% (3)	0/0	100 % (5)	1/0	0/0	–
Kroos	121 in 120	69% (16)	0/3	88 % (92)	2/7	0/0	4
Özil	90 in 120	42% (24)	0/3	88 % (65)	3/5	1/0	4
Götze	27 in 45	40% (10)	1/1	74 % (19)	1/0	0/0	5
Schürrle	43 in 75	38% (21)	1/0	73 % (22)	7/1	1/1	2 –
Müller	66 in 120	53% (40)	0/2	81 % (43)	6/4	0/1	3

30. JUNI, 22.00 UHR, PORTO ALEGRE

Schiedsrichter: Sandro Ricci (Brasilien). **Assistenten:** Emerson de Carvalho, Marcelo van Gasse (beide Brasilien). **Tore:** 1:0 Schürrle (92.), 2:0 Özil (120.), 2:1 Djabou (120.+1). **Einwechslungen:** Schürrle für Götze (46.), Khedira für Mustafi (70.), Kramer für Schweinsteiger (109.) – Brahimi für Taïder (78.), Bougherra für Halliche (97.), Djabou für Soudani (100.). **Zuschauer:** 43 063. **Wetter:** 14 Grad, bewölkt, 93 % Luftfeuchte.

ALGERIEN-DATEN

Torhüter	Min.	Schüsse gehalten (von)	Flanken/ Ecken abgefangen	Glanz-taten	Schwere Fehler	Lange Pässe angekommen (von)	Note
M'Bolhi	120	83 % (12)	0	0	0	29 % (14)	2 –

Spieler	Ball-kontakte in Min.	Zweik. gew. (von)	Fouls/ gefoult worden	Pässe angek. (von)	Schüsse/ Schuss-vorlagen	Tore/ Torvor-lagen	Note
Mandi	50 in 120	50 % (22)	2/0	73 % (15)	0/1	0/0	3
Mostefa	38 in 120	42 % (19)	2/0	78 % (27)	2/0	0/0	3
Belkalem	48 in 120	68 % (19)	0/0	70 % (27)	0/0	0/0	2 –
1. Halliche	33 in 96	40 % (15)	4/0	82 % (17)	0/0	0/0	3
Bougherra	22 in 24	71 % (7)	0/0	80 % (15)	1/0	0/0	3 +
Ghoulam	77 in 120	65 % (23)	0/0	68 % (41)	1/1	0/0	3
Lacen	47 in 120	48 % (21)	1/2	76 % (34)	0/0	0/0	3 –
Taïder	32 in 77	46 % (13)	1/3	68 % (19)	0/0	0/0	2 –
Brahimi	27 in 43	40 % (15)	2/1	87 % (15)	0/1	0/0	4 +
Feghouli	53 in 120	43 % (23)	0/1	48 % (27)	3/2	0/1	2 –
Slimani	45 in 120	14 % (36)	4/1	63 % (24)	2/1	0/0	3 +
Soudani	33 in 99	38 % (16)	1/1	76 % (21)	1/3	0/0	3
Djabou	11 in 21	0 % (5)	0/0	100 % (4)	1/0	1/0	3

Di María schickt Hitzfeld in Rente

Nach einem sehr späten Gegentor scheidet die Schweiz aus. Für den Trainer der Abschied vom Fußballplatz

Hitzfeld geht als deutscher Rekordtrainer

Kann die Tränen nur mühsam zurückhalten: Ottmar Hitzfeld (M.)

Ottmar Hitzfeld sah schließlich noch das Positive am Schweizer Abschied von dieser WM: „Jeder Moment bleibt in Erinnerung, solche Emotionen erlebt man nur im Fußball. Aber heute war ein gewaltiger Moment. So kann man sich erhobenen Hauptes von der Fußballbühne verabschieden", sagte er nach dem 0:1. Bei seiner zweiten WM-Teilnahme kam Hitzfeld erstmals ins Achtelfinale. Mit sieben Spielen ist er damit der deutsche Trainer, der am häufigsten für ein anderes Land auf der Bank saß. Auch nach Punkten (10) ist er vorn. 2010 holte Hitzfeld mit der Schweiz vier Punkte, 2014 sechs. Seine WM-Bilanz: sieben Spiele, drei Siege, ein Remis, drei Niederlagen. Am nächsten kommt Hitzfeld Sepp Piontek (9 Punkte), der 1986 mit Dänemark auch das WM-Achtelfinale erreichte.
Der Schweizer „Blick" schrieb zum Abschied: „Ottmar, wir weinen mit Dir! Erst den lieben Bruder verloren, dann den WM-Achtelfinal*. Der traurige Abgang von Welt-Trainer Hitzfeld."

* Im Schweizerischen ist neben „das Finale" auch „der Final" gebräuchlich.

Dass seine Trainerkarriere mit einer Niederlage enden würde, bezweifelte er nie. Ottmar Hitzfeld, der im Winter angekündigt hatte, nach der WM zurückzutreten, hätte sonst mit der Schweiz Weltmeister werden müssen. Hätte es sich Hitzfeld aber aussuchen können, wäre es annähernd so gekommen wie an diesem 1. Juli in São Paulo.

Vom Beifall umrauscht, nach großem Kampf, ein bisschen tragisch – so schied die Schweiz mit dem 0:1 gegen Argentinien von der Bühne dieser WM und Ottmar Hitzfeld von der des Fußballs.

Nach dem Tor von Ángel Di María in der 118. Minute fühlte sich Hitzfeld gleichwohl auch an den Tag seiner größten Niederlage erinnert – an den 26. Mai 1999. In Barcelona verlor Hitzfeld mit dem FC Bayern das Champions-League-Finale gegen Manches-

»Wir haben unsere Seelen in dieses Spiel geworfen«

ter United durch zwei Gegentore in der Nachspielzeit noch 1:2. „Ich habe das schon gegen Manchester erlebt, als wir innerhalb von drei Minuten verloren haben. Das war heute ähnlich", sagte Hitzfeld.

So ging ein großer Trainer nach einem großen Spiel seiner Elf, das von einer ganz persönlichen Tragik noch überschattet wurde: Einen Tag zuvor war Hitzfelds 81-jähriger Bruder an Krebs gestorben. Man sah dem Gentleman-Trainer seine Leiden auf der letzten Pressekonferenz an, die er nach einem Fußballspiel geben musste, aber wie immer bewahrte er die Fassung.

Auf dem Feld fließen bei den meisten Schweizern Tränen. Denn sie waren absolut ebenbürtig gewesen und hätten in der 39. Minute in Führung gehen müssen, aber Josip Drmic misslang sein Lupfer allein vor Sergio Romero: Er hob den Ball fast läppisch in die Arme des Torwarts.

Erst in der Verlängerung verdienten sich die Argentinier, die wieder keine Dominanz entfalten konnten und auf Lionel Messis Geniestreiche hofften, den Sieg. Messi schoss in der regulären Spielzeit nur zweimal aufs Tor. Der erste Versuch (67.) ging drüber, den zweiten machte der überragende Diego Benaglio zunichte (78.). Aber schließlich leitete er mit seinem Alleingang nach Ballverlust von Stephan Lichtsteiner das 1:0 ein. Ángel Di María, bester Argentinier an diesem Tag, verwertete Messis Zuspiel per Flachschuss (118.).

Es war das Tor des Tages, aber nicht der letzte Aufreger. In der Nachspielzeit der Verlängerung traf Blerim Dzemaili – völlig frei vor Argentiniens Tor – mit seinem Kopfball nur den Pfosten, den Abpraller stolperte er neben das Tor.

So jubelten nur die Südamerikaner und Di María besonders pathetisch: „Wir haben unsere Seelen in dieses Spiel geworfen, wir haben unser Leben gegeben."

Ein Herz für seine Liebsten, nicht für Ottmar Hitzfeld: Argentiniens Torschütze Ángel Di María nach seinem Tor in der 118. Minute

ARGENTINIEN – SCHWEIZ

 1:0 n. V. (0:0, 0:0)

ARGENTINIEN-DATEN

Torhüter	Min.	Schüsse gehalten (von)	Flanken/ Ecken abgefangen	Glanz- taten	Schwere Fehler	Lange Pässe angekommen (von)	Note
Romero	120	100 % (4)	0	0	0	0 % (2)	3

Spieler	Ball- kontakte in Min.	Zweik. gew. (von)	Fouls/ gefoult worden	Pässe angek. (von)	Schüsse/ Schuss- vorlagen	Tore/ Torvor- lagen	Note
Zabaleta	71 in 120	82 % (22)	0/0	90 % (41)	0/2	0/0	3
F. Fernández	84 in 120	62 % (21)	2/2	85 % (68)	0/0	0/0	3
1. Garay	75 in 120	52 % (21)	4/0	98 % (61)	2/2	0/0	3
2. Rojo	93 in 104	63 % (27)	1/1	80 % (49)	2/5	0/0	2
Basanta	13 in 16	71 % (7)	2/0	100 % (8)	0/0	0/0	–
Mascherano	103 in 120	55 % (22)	3/4	92 % (78)	2/1	0/0	3
Gago	85 in 105	54 % (24)	2/3	91 % (65)	2/3	0/0	3 –
Biglia	13 in 15	20 % (5)	0/0	100 % (10)	0/1	0/0	–
1. Di María	107 in 120	31 % (45)	2/5	69 % (49)	13/2	1/0	2
Messi	80 in 120	58 % (38)	0/5	73 % (44)	2/11	0/1	3
Lavezzi	38 in 73	48 % (25)	1/4	81 % (21)	2/3	0/0	3 –
Palacio	22 in 47	31 % (13)	2/0	56 % (9)	2/0	0/0	3
Higuaín	27 in 120	44 % (25)	0/2	85 % (13)	4/1	0/0	4

1. JULI, 18.00 UHR, SÃO PAULO

Schiedsrichter: Jonas Eriksson (Schweden). **Assistenten:** Mathias Klasenius, Daniel Warnmark (beide Schweden). **Tor:** 1:0 Di María (118.). **Einwechslungen:** Palacio für Lavezzi (74.), Basanta für Rojo (105.+1), Biglia für Gago (106.) – Fernandes für Xhaka (66.), Seferovic für Drmic (82.), Dzemaili für Mehmedi (113.). **Zuschauer:** 63 255. **Wetter:** 23 Grad, sonnig, 30 % Luftfeuchte.

SCHWEIZ-DATEN

Torhüter	Min.	Schüsse gehalten (von)	Flanken/ Ecken abgefangen	Glanz- taten	Schwere Fehler	Lange Pässe angekommen (von)	Note
Benaglio	120	89 % (9)	0	0	0	33 % (3)	2

Spieler	Ball- kontakte in Min.	Zweik. gew. (von)	Fouls/ gefoult worden	Pässe angek. (von)	Schüsse/ Schuss- vorlagen	Tore/ Torvor- lagen	Note
Lichtsteiner	49 in 120	54 % (13)	1/1	57 % (21)	1/1	0/0	3 –
Djourou	45 in 120	71 % (17)	1/0	79 % (19)	0/0	0/0	3
Schär	44 in 120	65 % (17)	1/0	68 % (19)	1/0	0/0	3
Rodríguez	68 in 120	70 % (37)	1/2	70 % (30)	1/1	0/0	2
Behrami	34 in 120	48 % (29)	4/3	84 % (19)	0/0	0/0	3 –
Inler	76 in 120	50 % (28)	3/1	78 % (46)	1/3	0/0	3
Shaqiri	71 in 120	38 % (39)	3/6	84 % (45)	4/7	0/0	3
1. Xhaka	23 in 65	40 % (20)	4/0	64 % (14)	0/0	0/0	4 +
1. Fernandes	23 in 55	52 % (21)	2/0	82 % (17)	0/1	0/0	4
Mehmedi	66 in 112	44 % (36)	2/1	80 % (35)	1/0	0/0	4
Dzemaili	5 in 8	0 % (2)	0/0	100 % (1)	2/0	0/0	–
Drmic	17 in 81	31 % (16)	2/4	83 % (6)	2/0	0/0	4
Seferovic	19 in 39	12 % (17)	2/1	89 % (9)	1/0	0/0	4

Elf Belgier gegen einen Amerikaner

Der furiose Sturmlauf endet immer wieder bei US-Torwart Tim Howard. Bis die Verlängerung anbricht

WM-Rekord: Alle Gruppensieger ins Viertelfinale

Torschütze zum 2:0 gegen die USA: Einwechselstürmer Romelu Lukaku

Die 16 Mannschaften sorgten für ein absolutes Novum: Seit Einführung des aktuellen Spielmodus zur WM 1986 mit Gruppen- und K.o.-Phase (ab Achtelfinale) schafften erstmals alle Vorrundensieger den Einzug ins Viertelfinale. Die bisherige Bestmarke war 2010 in Südafrika aufgestellt worden, als lediglich Gruppensieger USA (1:2 n.V. gegen Ghana) nach dem Achtelfinale die Heimreise antreten musste. 1998 und 2006 kamen je sechs von acht Vorrunden-Ersten weiter, 1990 und 1994 vier von sechs. 1986 (drei von sechs) sowie 2002 (vier von acht) blieben die Hälfte der Gruppensieger im Achtelfinale auf der Strecke. Und: Erstmals seit über einem Dreivierteljahrhundert gingen fünf der acht Achtelfinal-Paarungen in die Verlängerung. 1938 in Frankreich waren es die Spiele Schweiz – Deutschland (1:1 n. V. und 4:2), Kuba – Rumänien (3:3 n. V. und 2:1), Tschechoslowakei – Holland (3:0 n. V.), Italien – Norwegen (2:1 n. V.) sowie Brasilien – Polen (6:5 n. V.).

Exakt 27 Sekunden waren verstrichen, als Divock Origi erstmals aussichtsreich vor dem US-Tor aufkreuzte. Tim Howard parierte den Flachschuss mit Fußabwehr. Die Szene war die Blaupause für das, was die vor der Halbzeit besseren, danach drückend überlegenen Belgier nahezu über die ganze Spieldauer inszenierten: Mit ihrer Mischung aus kombinationsstarkem Dominanz- und überfallartigem Konterfußball erspielten sie sich Chance um Chance. Nur: Sie nutzten keine bis in die Verlängerung.

„Wenn du auf diesem Niveau so viele Möglichkeiten auslässt, verlierst du normalerweise. Du scheidest aus, obwohl du besser warst", kommentierte Trainer Marc Wilmots die furiose Darbietung kritisch, freute sich aber über die späten Tore zum 2:1 n. V. „Wir haben verdient gewonnen, ich bin total glücklich."

»Dieses Spiel war ein Drama, ein echter Thriller«

Immer wieder fanden die Belgier kleine Lücken im dichten US-Deckungsverbund: Kevin De Bruyne zielte nach einem schulmäßig vorgetragenen Überzahlkonter aus 14 Metern knapp vorbei (23.). Nur drei Minuten später rettete DaMarcus Beasley kurz vor der Linie. Dries Mertens versuchte es mit einem listigen Kopfball-Lupfer (48.), De Bruyne und Origi rutschten nacheinander an einer scharfen Hereingabe des agilen Jan Vertonghen vorbei (54.), Origi traf per Kopf die Latte (56.), Vertonghen zog einen Volleyschuss knapp über den Winkel (57.), Mertens verfehlte per Hacke (60.), Axel Witsel flach aus der Distanz (68.). Wieder Origi (71./84.), der eingewechselte Kevin Mirallas (76.), Eden Hazard (79.) und Vincent Kompany, der am eigenen Strafraum einen Angriff abfing, 80 Meter spurtete und den Konter selbst abschloss (90.) – für alle hieß die Endstation Tim Howard. Statistiker zählten bis Ende der regulären Spielzeit 29 Torschüsse der Belgier. „Tim hat phänomenal gespielt. Er hat uns im Spiel gehalten", lobte US-Trainer Jürgen Klinsmann überschwänglich.

In der Verlängerung belohnten sich die Belgier endlich. Der eingewechselte Romelu Lukaku setzte sich auf der rechten Außenbahn wuchtig durch, De Bruyne erzielte das befreiende 1:0 (93.). Zwölf Minuten später die umgekehrte Rollenverteilung: De Bruyne spielte Lukaku frei, der schloss zum 2:0 ab.

Es war nur die Vorentscheidung: Julian Green verkürzte nach feinem Zuspiel von Michael Bradley auf 1:2 (107.). Jermaine Jones per Außenrist (109.), Clint Dempsey nach schönem Freistoßtrick (114.) und abermals Green (117.) vergaben noch große Ausgleichschancen. Klinsmann war dennoch nicht unzufrieden und schwärmte: „Dieses Spiel hatte von allem etwas: Es war ein Drama, ein echter Thriller." •

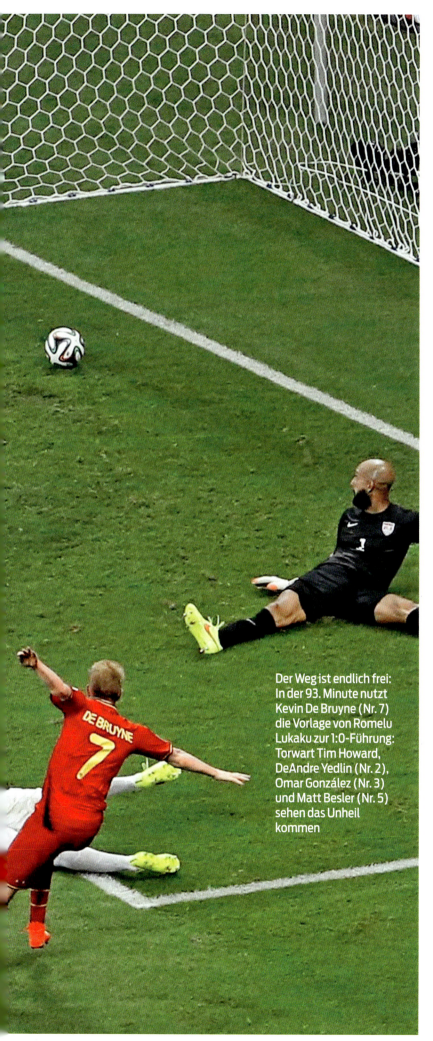

Der Weg ist endlich frei: In der 93. Minute nutzt Kevin De Bruyne (Nr. 7) die Vorlage von Romelu Lukaku zur 1:0-Führung: Torwart Tim Howard, DeAndre Yedlin (Nr. 2), Omar González (Nr. 3) und Matt Besler (Nr. 5) sehen das Unheil kommen

BELGIEN – USA

 2:1 n.V. (0:0, 0:0)

BELGIEN-DATEN

Torhüter	Min.	Schüsse gehalten (von)	Flanken/ Ecken abgefangen	Glanz- taten	Schwere Fehler	Lange Pässe angekommen (von)	Note
Courtois	120	80 % (5)	0	1	0	30 % (10)	3

Spieler	Ball- kontakte in Min.	Zweik. gew. (von)	Fouls/ gefoult worden	Pässe angek. (von)	Schüsse/ Schuss- vorlagen	Tore/ Torvor- lagen	Note
Alderweireld	73 in 120	57 % (21)	1/1	78 % (41)	2/4	0/0	3
van Buyten	59 in 120	71 % (24)	1/2	85 % (40)	2/2	0/0	3
1. Kompany	55 in 120	62 % (21)	2/0	80 % (35)	2/2	0/0	3
Vertonghen	78 in 120	67 % (27)	1/0	81 % (36)	4/1	0/0	3 –
Witsel	56 in 120	80 % (15)	0/3	95 % (37)	3/1	0/0	3 +
Fellaini	59 in 120	55 % (42)	6/0	89 % (37)	4/2	0/0	3
De Bruyne	90 in 120	60 % (25)	1/1	87 % (52)	6/12	1/1	3 +
Mertens	36 in 59	45 % (20)	2/2	82 % (17)	2/1	0/0	4 +
Mirallas	31 in 61	25 % (16)	3/1	92 % (12)	2/5	0/0	3
Hazard	69 in 110	56 % (32)	3/1	90 % (48)	4/4	0/0	3 –
Chadli	3 in 10	0 % (4)	1/0	100 % (1)	0/0	0/0	–
Origi	32 in 90	29 % (31)	2/0	92 % (13)	5/3	0/0	3 –
Lukaku	13 in 30	78 % (9)	0/0	57 % (7)	4/2	1/1	2

1. JULI, 22.00 UHR, SALVADOR DA BAHIA

Schiedsrichter: Djamel Haimoudi (Algerien).
Assistenten: Redouane Achik (Marokko), Abdelhak Etchiali (Algerien).
Tore: 1:0 De Bruyne (93.), 2:0 Lukaku (105.), 2:1 Green (107.).
Einwechslungen: Mirallas für Mertens (60.), Lukaku für Origi (91.), Chadli für Hazard (111.) – Yedlin für Johnson (32.), Wondolowski für Zusi (72.), Green für Bedoya (105.+2).
Zuschauer: 51 227.
Wetter: 26 Grad, teilweise bewölkt, 82 % Luftfeuchte.

Aufstellung: Courtois; Van Buyten, Kompany; Alderweireld, Vertonghen; Witsel, Fellaini; De Bruyne; Mertens, Hazard; Origi — Bedoya, Dempsey, Johnson; Bradley, Zusi; Jones; Beasley, Cameron; Besler, González; Howard.

USA-DATEN

Torhüter	Min.	Schüsse gehalten (von)	Flanken/ Ecken abgefangen	Glanz- taten	Schwere Fehler	Lange Pässe angekommen (von)	Note
Howard	120	89 % (19)	0	2	0	0 % (2)	1

Spieler	Ball- kontakte in Min.	Zweik. gew. (von)	Fouls/ gefoult worden	Pässe angek. (von)	Schüsse/ Schuss- vorlagen	Tore/ Torvor- lagen	Note
1. Cameron	94 in 120	69 % (35)	2/3	83 % (66)	1/1	0/0	4
González	92 in 120	44 % (25)	1/1	94 % (53)	0/0	0/0	4
Besler	69 in 120	52 % (31)	0/1	84 % (45)	0/0	0/0	3 –
Beasley	83 in 120	45 % (33)	0/7	91 % (47)	0/2	0/0	4 +
Jones	60 in 120	44 % (32)	1/3	74 % (31)	7/1	0/0	4
Zusi	43 in 71	17 % (18)	1/1	72 % (25)	2/1	0/0	4
Wondolowski	23 in 49	42 % (12)	1/1	92 % (12)	0/1	0/0	4 –
Bradley	98 in 120	29 % (17)	1/1	90 % (78)	0/1	0/0	3
Johnson	9 in 31	0 % (2)	0/0	0 % (1)	0/0	0/0	–
Yedlin	64 in 89	48 % (23)	0/1	83 % (29)	1/3	0/0	3
Bedoya	60 in 104	61 % (28)	3/0	92 % (38)	0/0	0/0	3 –
Green	13 in 16	50 % (4)	0/1	100 % (5)	1/3	1/0	2
Dempsey	50 in 120	26 % (27)	1/3	94 % (31)	4/2	0/0	4 –

Viertelfinale

Frankreich
Deutschland
Brasilien
Kolumbien
Argentinien
Belgien
Holland
Costa Rica

Freitag, 4. Juli, Rio de Janeiro
Frankreich – Deutschland 0:1 (0:1)

Freitag, 4. Juli, Fortaleza
Brasilien – Kolumbien 2:1 (1:0)

Samstag, 5. Juli, Brasília
Argentinien – Belgien 1:0 (1:0)

Samstag, 5. Juli, Salvador da Bahia
Holland – Costa Rica 4:3 n. E. (0:0)

Mats Hummels (l.) und Bastian Schweinsteiger gehen getrennte Wege, aber eines verbindet den Innenverteidiger und den Mittelfeldspieler dennoch: Sie bejubeln den 1:0-Sieg gegen Frankreich. Hummels hat das goldene Tor in der 13. Minute erzielt, Deutschland zieht nach 2002, 2006 und 2010 zum vierten Mal in Folge ins WM-Halbfinale ein

ANALYSE VIERTELFINALE

Sieger leiden unter spielerischer Armut

Große Personalrochade: Joachim Löw kehrte nach dem schwachen Achtelfinale gegen Algerien zu seinem Lieblings-System 4-2-3-1 zurück. Der Bundestrainer zog Philipp Lahm aus dem Mittelfeld auf die rechte Verteidiger-Position zurück, gab in der Innenverteidigung dem erstmals bei dieser WM eingesetzten Paar Jérôme Boateng und Mats Hummels den Vorzug, setzte im defensiven Mittelfeld auf Bastian Schweinsteiger und Sami Khedira und in der Sturmspitze erstmals auf Miroslav Klose in der Startelf. Die Folge: Deutschland stand kompakter in der Defensive und verdiente sich das 1:0, hatte aber bei den langen Pässen von Frankreich auf die Außenpositionen und hinter die Abwehrreihe arge Probleme. Mehrmals machten sich die Franzosen durch technische Unzulänglichkeiten ihre Chancen zunichte, zudem verhinderten Hummels und Manuel Neuer beste Einschussmöglichkeiten. Bedenklich abermals war das ideenlose und langatmige Spiel im Angriff mit Mesut Özil als großem Schwachpunkt. Davon war auch Klose betroffen, der nicht ein Mal gewinnbringend im Strafraum freigespielt wurde und nur in der Rückwärtsbewegung gefallen konnte. Unverständlich blieb, warum Özil erst in der 83. Minute ausgetauscht wurde. Überhaupt: Die spielerische Armut grassierte auch im Viertelfinale. Alle Favoriten taten sich schwer: Brasilien benötigte Standardtore von zwei Innenverteidigern (Thiago Silva und David Luiz) beim 2:1 gegen Kolumbien, Argentinien verwaltete ein frühes 1:0 gegen Belgien und quälte sich zum Sieg, Holland schaffte in 120 Minuten kein Tor gegen Costa Rica. Eine Überraschung war das gleichwohl nicht. Deutschland hatte bis dahin nur im Auftaktspiel gegen Portugal flüssig kombiniert, Holland im ersten Spiel gegen Spanien, Brasilien und Argentinien noch gar nicht. Ausgerechnet die Mannschaft mit dem größten spielerischen Potenzial blieb auf der Strecke: Kolumbien mit dem herausragenden Jungstar James Rodríguez.

179

SCORER-LISTE VIERTELFINALE

	Tore	Torvorlagen	Scorer-Punkte
Gonzalo Higuaín (ARG)	1	–	1
Mats Hummels (D)	1	–	1
David Luiz (BRA)	1	–	1
James Rodríguez (KOL)	1	–	1
Thiago Silva (BRA)	1	–	1
Carlos Bacca (KOL)	–	1	1
Hulk (BRA)	–	1	1
Toni Kroos (D)	–	1	1
Ángel Di María (ARG)	–	1	1
Neymar (BRA)	–	1	1

DAS FOTO DES VIERTELFINALS

Neymar windet sich vor Schmerzen und schreit ohrenbetäubend auf, Marcelo fordert medizinische Hilfe an. In der 88. Minute gegen Kolumbien bricht für Brasilien eine Welt zusammen. Juan Zúñiga hat den Superstar mit einem Sprung in den Rücken niedergestreckt, das ganze Ausmaß der Verletzung wird aber erst bekannt, als Neymar das Krankenhaus verlässt. Der Mann mit den Goldschuhen erleidet einen Bruch des Querfortsatzes im dritten Lendenwirbel – das Aus bei dieser WM. Gegen Kolumbien bewies Neymar noch einmal, wie wichtig er für sein Team ist: Mit seiner Ecke bereitete er das 1:0 von Thiago Silva vor – sein letzter Scorerpunkt

Mit Köpfchen ins Halbfinale

Passiv und behäbig: Mesut Özil der einzige Verlierer

Ängstlich in den Zweikämpfen: Özil versteckt sich auch gegen Frankreich

Mit hängenden Schultern und traurigem Blick schlurfte Mesut Özil in der 83. Minute vom Spielfeld. Bundestrainer Joachim Löw wechselte ihn nach einer erneut blassen Vorstellung gegen Mario Götze aus. Bevor sich Özil auf die Bank setzte, redete Löw ihm aufmunternd zu. Doch klar war: Der einzige deutsche Verlierer beim 1:0-Viertelfinalsieg gegen Frankreich war Mesut Özil. Er erhielt als einziger deutscher Spieler die Note 5. „Es scheint, als schleppe er einen großen Knoten mit sich herum, der irgendwie nicht platzen will", schrieb die „Welt". Die Spieldaten belegten Özils schwache Vorstellung: In den 83 Minuten gegen Frankreich schoss er kein einziges Mal auf das Tor. Erschreckend seine Zweikampfbilanz: Nur 18,2 Prozent seiner Duelle gewann Özil – der mit Abstand schlechteste Wert der deutschen Elf.
Vor der Partie hatte Löw versucht, Özil starkzureden. Er verwies auf die WM 2010 und EM 2012, als Özil jeweils der „stärkste deutsche Spieler" gewesen sei. Nach dem Spiel gegen Frankreich verschwand Özil wortlos im Bus. Dafür zeigte er sich später bei Twitter mit freiem Oberkörper und den Worten: „Halbfinale! Stadion Maracanã – hoffe, dich bald wiederzusehen."

Der genesene Hummels trifft zum 1:0 gegen Frankreich und freut sich über seine Tor-Ausbeute bei der WM

Nach dem Spiel konnte Mats Hummels sein Glück immer noch nicht so recht fassen. „Heftig, wie diese WM bisher läuft für uns und mich. Das ist alles irgendwie noch schwer zu packen", sinnierte der Abwehrspieler in den Katakomben des Maracanã-Stadions. „Ich war in den letzten zwei Jahren in der Bundesliga ein bisschen unzufrieden mit meiner Kopfballausbeute. Deswegen ist es natürlich umso schöner, wenn es bei der WM so gut klappt."
Drei Tore erzielte Hummels in den vergangenen beiden Bundesliga-Spielzeiten, bei der WM schlug er in seinem vierten Spiel bereits zum zweiten Mal zu. Nach seinem 2:0 beim 4:0-Erfolg gegen Portugal wurde er gegen Frankreich (1:0) sogar zum Matchwinner.
Es lief die 13. Minute, als Toni Kroos einen Freistoß von der linken Seite in den französischen Strafraum zirkelte.

»Was ich heute auf der Bank erlebt habe, war sensationell«

Hummels sprang gar nicht hoch, nutzte aber die Kraft seines 90-Kilo-Körpers, um Gegenspieler Raphaël Varane (einen Zentimeter kleiner und 14 Kilo leichter als Hummels) wegzudrücken. Unerreichbar für Torwart Hugo Lloris köpfte er den Ball unter die Latte. „Ich bin ja nicht umsonst so schwer, da muss ich ja Kraft haben", erklärte Hummels die Entstehung seines Tores.
„Für mich ist Mats der Kopf der Mannschaft", sagte Torwart Manuel Neuer doppeldeutig. Denn Hummels, der im Achtelfinale gegen Algerien wegen Grippe gefehlt hatte, überzeugte gegen Frankreich erneut nicht nur in der Luft, sondern auch am Boden. „Sensationell, wie er die Zweikämpfe bestreitet", lobte Bundestrainer Joachim Löw.
Mit langen Pässen auf die Flügel brachten die Franzosen wiederholt die deutsche Abwehr in Bedrängnis. Insbesondere der auf die Rechtsverteidiger-Position beorderte Philipp Lahm sah mehrmals schlecht aus, stets rettete Hummels die Führung.
Und wenn der Innenverteidiger nicht zur Stelle war, war es Manuel Neuer. In der 34. Minute wehrte er einen Schuss von Mathieu Valbuena mit der linken Hand ab, in der Nachspielzeit einen Schuss aus spitzem Winkel von Karim Benzema mit der rechten Hand.
Zuvor hatte der eingewechselte André Schürrle das 2:0 auf dem Fuß, doch er schoss nach einem Konter völlig frei stehend Hugo Lloris an (87.).
Durch den 1:0-Sieg zog die deutsche Mannschaft zum vierten Mal in Folge bei einer WM ins Halbfinale ein. „Wir standen als Mannschaft auf dem Feld", analysierte Philipp Lahm. Den Teamgeist betonte auch Per Mertesacker, diesmal Ersatzspieler: „Die Mannschaft lebt. Was ich heute auf der Bank erlebt habe, war sensationell, das möchte ich nicht missen."

Sein zweites Kopfballtor bei der WM: Bedrängt von Raphaël Varane (Nr. 4), verlängert Mats Hummels (r.) die Flanke von Toni Kroos auf das französische Tor. Der Ball tropft unerreichbar für Torwart Hugo Lloris an die Unterkante der Latte – das 1:0. Hummels sieht seinen Treffer im Abdrehen (r., großes Foto)

FRANKREICH – DEUTSCHLAND

 0:1 (0:1)

FRANKREICH-DATEN

Torhüter	Min.	Schüsse gehalten (von)	Flanken/ Ecken abgefangen	Glanztaten	Schwere Fehler	Lange Pässe angekommen (von)	Note
Lloris	90	67 % (3)	0	0	0	33 % (6)	3

Spieler	Ballkontakte in Min.	Zweik. gew. (von)	Fouls/ gefoult worden	Pässe angek. (von)	Schüsse/ Schussvorlagen	Tore/ Torvorlagen	Note
Debuchy	61 in 90	94 % (18)	1/2	77 % (31)	0/0	0/0	3
Varane	55 in 90	55 % (11)	0/0	91 % (43)	1/1	0/0	4
Sakho	45 in 71	80 % (10)	0/0	85 % (34)	1/0	0/0	4
Koscielny	11 in 19	43 % (7)	0/0	86 % (7)	0/0	0/0	4
Evra	62 in 90	62 % (26)	4/3	68 % (31)	0/1	0/0	3 +
Cabaye	56 in 72	59 % (17)	2/0	85 % (40)	0/1	0/0	3
Remy	15 in 18	67 % (3)	0/1	91 % (11)	0/0	0/0	4
Pogba	50 in 90	53 % (19)	2/2	87 % (31)	0/1	0/0	4
Matuidi	44 in 90	53 % (17)	2/2	67 % (30)	1/0	0/0	3
Valbuena	54 in 84	27 % (22)	1/1	85 % (26)	2/4	0/0	3
Giroud	3 in 6	20 % (5)	2/0	100 % (1)	0/1	0/0	–
Griezmann	35 in 90	60 % (15)	0/3	56 % (18)	1/3	0/0	3
Benzema	21 in 90	36 % (22)	1/0	100 % (8)	7/0	0/0	3 +

4. JULI, 18.00 UHR, RIO DE JANEIRO

Schiedsrichter: Néstor Pitana (Argentinien).
Assistenten: Hernán Maidana, Juan Pablo Belatti (beide Argentinien).
Tor: 0:1 Hummels (13.).
Einwechslungen: Koscielny für Sakho (72.), Remy für Cabaye (73.), Giroud für Valbuena (85.) – Schürrle für Klose (69.), Götze für Özil (83.), Kramer für Kroos (90.+2.).
Zuschauer: 74 240.
Wetter: 26 Grad, sonnig, 88 % Luftfeuchte.

DEUTSCHLAND-DATEN

Torhüter	Min.	Schüsse gehalten (von)	Flanken/ Ecken abgefangen	Glanztaten	Schwere Fehler	Lange Pässe angekommen (von)	Note
Neuer	90	100 % (5)	0	0	0	30 % (10)	1

Spieler	Ballkontakte in Min.	Zweik. gew. (von)	Fouls/ gefoult worden	Pässe angek. (von)	Schüsse/ Schussvorlagen	Tore/ Torvorlagen	Note
Lahm	83 in 90	57 % (14)	0/0	91 % (46)	0/0	0/0	3 –
Boateng	62 in 90	56 % (18)	0/0	76 % (42)	0/0	0/0	3
Hummels	50 in 90	77 % (13)	1/2	91 % (34)	1/0	1/0	1
Höwedes	45 in 90	70 % (20)	1/1	78 % (18)	1/0	0/0	3
1. Schweinsteiger	59 in 90	42 % (12)	2/0	85 % (48)	0/1	0/0	3
1. Khedira	41 in 90	42 % (12)	2/0	83 % (30)	0/0	0/0	3
Müller	45 in 90	34 % (32)	5/4	69 % (29)	2/4	0/0	3
Kroos	48 in 89	38 % (13)	1/3	87 % (30)	2/2	0/1	3 –
Kramer	1 in 1	0 % (0)	0/0	0 % (0)	0/0	0/0	–
Özil	36 in 82	18 % (11)	0/0	84 % (25)	0/2	0/0	5
Götze	4 in 8	25 % (4)	1/1	50 % (2)	0/0	0/0	–
Klose	29 in 68	39 % (28)	0/2	73 % (11)	0/0	0/0	4 +
Schürrle	16 in 22	33 % (15)	2/2	33 % (3)	3/0	0/0	4

Im tiefen Tal der Tränen

Das rüde Foul: Juan Zúñiga springt mit angewinkeltem rechten Knie in den Rücken von Neymar. Brasiliens bester Spieler zieht sich eine Fraktur des Querfortsatzes im dritten Lendenwirbel zu – die WM ist für ihn beendet

„Eine Katastrophe für die, die den Fußball lieben"

So hatte er sich seinen Abgang nicht vorgestellt: Neymar wird vom Rasen getragen

Brasilien weint über die schwere Verletzung von Neymar, Kolumbien über das WM-Aus

Nach seinem WM-Aus und vor der diagnostizierten Zwangspause von vier bis sechs Wochen sprach Neymar am Tag nach dem Foul per Videobotschaft zum brasilianischen Volk und machte Mut: „Mein Traum als Spieler ist ein WM-Finale, aber der Traum vom WM-Titel ist noch nicht vorbei. Dies ist ein schwerer Moment. Mir fehlen die Worte zu beschreiben, was in meinem Kopf und in meinem Herzen vorgeht." Anteilnahme erhielt Neymar aus aller Welt. „Das ist eine Sünde, ein Schmerz für unsere Herzen", sagte Argentiniens Legende Diego Maradona. „Das ist eine Katastrophe, nicht mehr und nicht weniger. Für die, die den Fußball lieben, ist das eine schlimme Nachricht", bekundete Argentiniens Trainer Alejandro Sabella. Sünder Juan Zúñiga erklärte unterdessen: „Ich bin bekümmert über diese Situation, die sich aus einer normalen Aktion im Spiel ergeben hat. Es ist keine böse Absicht, Bosheit oder Unüberlegtheit gewesen", sagte der Rechtsverteidiger und sprach Neymar persönlich an: „Ich bewundere, respektiere dich und erachte dich als einen der besten Spieler der Welt."

Tränen waren schon vorher das große Thema von Brasilien. Weil seine Spieler sie bei jeder Gelegenheit vergossen, bei der Hymne, beim Elfmeterschießen, bei Interviews und selbst im Training, hatte Trainer Felipe Scolari sogar eine Psychologin ins Teamquartier beordert. Sie sollte den schier unmenschlichen Druck mindern, der auf dem Team des Gastgebers lag.

Die Welt hatte dafür naturgemäß viel Spott übrig. Aber über die Tränen, die am 4. Juli in Fortaleza flossen, spottete niemand. Im Gegenteil: Nicht nur Brasilien weinte, als Neymar in der 88. Minute unter großen Schmerzen vom Platz getragen und Stunden später die Schockdiagnose (Fraktur des Querfortsatzes im dritten Lendenwirbel) bekannt wurde. Ein rücksichtsloses Foul von Juan Zúñiga, der Neymar ansprang und ihm das Knie in

»Diese Tränen sind Tränen eines Helden. Auch Männer weinen«

den unteren Rücken rammte, beendete dessen WM. In die Freude über den 2:1-Sieg mischte sich tiefe Trauer.

Der Zorn der Brasilianer richtete sich auch gegen den spanischen Schiedsrichter Carballo, der Zúñiga nicht einmal verwarnte und das WM-Spiel mit den historisch meisten Fouls (52) seit Datenerfassung viel zu großzügig leitete. So fand eine regelrechte Treibjagd auf die Stars beider Teams statt. Auch Kolumbiens James Rodríguez wurde immer wieder mit unerlaubten Methoden gestoppt.

Weil auch Kapitän Thiago Silva, der Torwart David Ospina bei einem Abschlag behinderte, sich eine Gelb-Sperre für das Halbfinale einhandelte, trug Brasiliens Erfolg alle Züge eines Pyrrhus-Sieges.

Die Stimmung der Fans war bis zur 88. Minute prächtig: In der siebten Minute hatte Thiago Silva einen Eckball von Neymar zum 1:0 über die Linie gedrückt, in der 69. Minute erzielte der überragende David Luiz, wie Thiago Silva Innenverteidiger, aus 28 Metern ein sagenhaftes Freistoß-Tor. Rodríguez konnte nur noch per Fouleltmeter verkürzen (80.), sein sechstes WM-Tor. Den Strafstoß hatte Torwart Júlio César am eingewechselten Carlos Bacca verschuldet.

Auch James Rodríguez weinte nach dem Schlusspfiff bitterlich. Selbst als er zwei Stunden später das Estádio Castelão verließ: „Ich war so traurig, weil ich unbedingt wollte, dass wir hier Geschichte schreiben", gab er ungehindert Einblick in sein Seelenleben. „Diese Tränen sind die Tränen eines Helden. Auch Männer weinen", sagte er. Nach der ersten Enttäuschung machte sich dann aber langsam Stolz in Kolumbien breit. Die Zeitung „El Tiempo" erging sich sogar in einem Superlativ und feierte die Mannschaft: „Ihr seid die Besten der Geschichte!"

Sie mussten trotzdem geschlagen abreisen. ◆

BRASILIEN – KOLUMBIEN

 2:1 (1:0)

BRASILIEN-DATEN

Torhüter	Min.	Schüsse gehalten (von)	Flanken/ Ecken abgefangen	Glanz- taten	Schwere Fehler	Lange Pässe angekommen (von)	Note
1. César	90	50 % (2)	0	0	0	0 % (2)	3

Spieler	Ball- kontakte in Min.	Zweik. gew. (von)	Fouls/ gefoult worden	Pässe angek. (von)	Schüsse/ Schuss- vorlagen	Tore/ Torvor- lagen	Note
Maicon	41 in 90	62 % (3)	2/1	83 % (23)	0/0	0/0	3
2. Silva	48 in 90	81 % (16)	2/2	95 % (20)	1/0	1/0	2
David Luiz	38 in 90	55 % (22)	2/2	82 % (17)	1/0	1/0	2
Marcelo	52 in 90	50 % (18)	5/2	78 % (27)	2/2	0/0	3 –
Fernandinho	47 in 90	64 % (25)	4/3	96 % (28)	1/0	0/0	3
Paulinho	29 in 85	30 % (20)	3/1	90 % (20)	0/0	0/0	4
Hernanes	1 in 5	0 % (1)	1/0	0 % (1)	0/0	0/0	–
Hulk	35 in 82	48 % (23)	4/3	84 % (19)	4/3	0/1	2 –
Ramires	3 in 8	33 % (3)	0/0	0 % (0)	0/0	0/0	–
Oscar	47 in 90	56 % (25)	2/1	84 % (32)	1/1	0/0	4
Neymar	51 in 87	55 % (20)	1/4	61 % (23)	3/5	0/1	3 –
Henrique	3 in 3	100 % (2)	0/0	100 % (1)	0/0	0/0	–
Fred	29 in 90	29 % (24)	3/3	67 % (12)	1/1	0/0	5

4. JULI, 22.00 UHR, FORTALEZA

Schiedsrichter: Carlos Velasco Carballo (Spanien). **Assistenten:** Roberto Alonso Fernández, Juan Yuste (beide Spanien). **Tore:** 1:0 Silva (7.), 2:0 David Luiz (69.), 2:1 Rodríguez (80. / Foulelfmeter). **Einwechslungen:** Ramires für Hulk (83.), Hernanes für Paulinho (86.), Henrique für Neymar (88.) – Ramos für Ibarbo (46.), Bacca für Gutiérrez (70.), Quintero für Cuadrado (80.). **Zuschauer:** 60 342. **Wetter:** 29 Grad, teilweise bewölkt, 51 % Luftfeuchte.

Aufstellung:
- CÉSAR
- SILVA, DAVID LUIZ
- MAICON, MARCELO
- FERNANDINHO, PAULINHO
- HULK, OSCAR, NEYMAR
- FRED
- RODRÍGUEZ, GUTIÉRREZ
- IBARBO, CUADRADO
- SÁNCHEZ, GUARÍN
- ARMERO, ZÚÑIGA
- YEPES, ZAPATA
- OSPINA

KOLUMBIEN-DATEN

Torhüter	Min.	Schüsse gehalten (von)	Flanken/ Ecken abgefangen	Glanz- taten	Schwere Fehler	Lange Pässe angekommen (von)	Note
Ospina	90	60 % (5)	0	0	0	33 % (3)	3+

Spieler	Ball- kontakte in Min.	Zweik. gew. (von)	Fouls/ gefoult worden	Pässe angek. (von)	Schüsse/ Schuss- vorlagen	Tore/ Torvor- lagen	Note
Zúñiga	37 in 90	43 % (21)	2/5	88 % (17)	0/0	0/0	4 –
Zapata	32 in 90	73 % (15)	2/3	79 % (14)	1/0	0/0	3
1. Yepes	23 in 90	67 % (21)	1/0	67 % (9)	0/0	0/0	2
Armero	47 in 90	62 % (13)	0/3	63 % (24)	0/2	0/0	4
Guarín	50 in 90	63 % (19)	2/1	85 % (33)	2/1	0/0	4
Sánchez	26 in 90	45 % (11)	2/1	94 % (17)	0/1	0/0	4
Cuadrado	37 in 79	39 % (28)	3/6	63 % (16)	3/0	0/0	4+
Quintero	11 in 11	67 % (3)	1/0	83 % (6)	0/1	0/0	–
Ibarbo	18 in 45	47 % (17)	2/3	80 % (5)	0/1	0/0	4
Ramos	18 in 45	36 % (14)	1/0	54 % (13)	2/0	0/0	4
Gutiérrez	22 in 69	13 % (15)	2/0	69 % (16)	0/0	0/0	4
Bacca	7 in 21	17 % (6)	2/1	75 % (4)	1/1	0/1	3
1. Rodríguez	57 in 90	48 % (29)	2/6	63 % (35)	2/4	1/0	2 –

Der Tag des Gonzalo Higuaín

Sabella bringt System ins Spiel der Argentinier

Da geht es lang: Alejandro Sabella weist seine Spieler von der Seitenlinie zurecht

Der Torjäger befreit sich endlich von seinen Fesseln und erzielt früh das 1:0. Belgien fehlt die Erfahrung

Nur einmal verlor Alejandro Sabella gegen Belgien die Kontrolle: Stürmer Gonzalo Higuaín hatte in der 55. Minute den Ball gegen die Latte geknallt, da kippte der argentinische Trainer fassungslos hinten über – die Augen geschlossen, der Mund offen. Hätte nicht Assistenztrainer Julián Camino seinen Chef aufgefangen, hätte es eine unsanfte Bruchlandung gegeben. So war Sabella aber sofort wieder auf seinem Posten und sah mit an, wie sein Team ins Halbfinale einzog. Der Erfolg ist vor allem ein Verdienst des Trainers. Bei der WM 2010 stand noch Diego Maradona als Trainer an der Seitenlinie, die Argentinier spielten konfus und schieden im Viertelfinale sang- und klanglos 0:4 gegen Deutschland aus. In Brasilien spielten sie nun zwar nicht schön, dafür aber sehr gut organisiert und extrem effektiv. „Wir haben die richtige Balance zwischen Abwehr und Angriff gefunden", stellte Sabella, der bis 2011 Klubtrainer bei Estudiantes de La Plata war, nach dem Sieg gegen Belgien zufrieden fest. „Es war taktisch und strategisch ein erstklassiges Match. Wir sind sehr zufrieden." Die individuelle Klasse seines Superstars verhehlte aber auch Sabella nicht: „Jede Bewegung, die Messi macht, ist ein Zeichen der Hoffnung für uns. Er ist das Wasser in der Wüste."

D er Ursprung argentinischen Glücks war wieder einmal Lionel Messi. In der 8. Minute trickste der Meister der engen Ballführung im Mittelfeld zwei belgische Spieler aus, drehte sich um die eigene Achse und setzte Ángel Di María in Szene. Di María wollte weiter zu Pablo Zabaleta passen, Verteidiger Jan Vertonghen fälschte den Ball aber unglücklich in den Lauf von Gonzalo Higuaín ab. Der Torjäger reagierte blitzschnell und schoss von der Strafraumgrenze volley ins lange Eck – perfekt war das Tor des Tages.

Bis zu dieser Szene hatte Higuaín unglücklich bei der WM agiert. Der Stürmer litt unter den Folgen einer langwierigen Knöchelverletzung, die er im April erlitten hatte. Nun trumpfte er groß auf.

Vor allem, als Messis Adjutant Di María in der 33. Minute wegen einer Oberschen-

»Deutschland hätte Argentinien heute locker geschlagen«

kelverletzung ausgewechselt werden musste. Higuaín forderte den Ball, behauptete ihn, tauchte wiederholt gefährlich vor dem belgischen Tor auf.

Die „Roten Teufel" taten sich schwer gegen gut gestaffelte Argentinier. Kevin De Bruyne versuchte es mit Fernschüssen (13. und 26.). Zur ersten Großchance kam Belgien erst, als Kevin Mirallas nach Flanke von Vertonghen knapp vorbeiköpfte (42.).

Die Geschichte des Spiels schrieb weiter Higuaín: In der 51. Minute fälschte Daniel van Buyten einen Schuss des Mittelstürmers noch ab, vier Minuten später tunnelte Higuaín zunächst Kapitän Vincent Kompany und knallte den Ball dann gegen die Latte.

Den Ausgleich für Belgien hatte Marouane Fellaini in der 61. Minute nach einer Flanke von Vertonghen auf dem Kopf, doch der Ball strich knapp über die Latte. Vier Minuten später mündete eine scharfe Hereingabe von De Bruyne fast in einem Eigentor von Ezequiel Garay.

Ansonsten zerstörte Argentinien das belgische Offensivspiel bereits im Ansatz. Sogar Messi war sich nicht zu schade, Defensivarbeit zu leisten. In der Schlussphase versuchten die Belgier ihr Glück mit langen Pässen auf den nach vorn beorderten van Buyten – ohne Erfolg. Bei einem Konter in der Nachspielzeit vergab Messi sogar noch das 2:0, als er allein auf das belgische Tor zurannte, Torwart Thibaut Courtois aber nicht überwinden konnte. Als Axel Witsel kurz vor Abpfiff den Ball über das Tor von Sergio Romero schoss, war Argentiniens erster Halbfinal-Einzug seit der WM 1990 perfekt.

Die Fuball-Minimalisten aus Südamerika hatten sich erneut durchgesetzt. „Wir waren die fittere Mannschaft, aber uns hat die Erfahrung gefehlt", haderte van Buyten. „Eine Mannschaft wie Deutschland hätte Argentinien heute locker geschlagen." ⬢

Die 8. Minute: Gonzalo Higuaín zieht aus 15 Metern direkt ab und überrascht alle Belgier. Daniel van Buyten verharrt in fast ehrfürchtig Stellung. Der Bann für Higuaín ist gebrochen, theatralisch verweist er mit dem rechten Zeigefinger au sich: „Seht her, ich war's!"

| 186

ARGENTINIEN – BELGIEN

 1:0 (1:0)

ARGENTINIEN-DATEN

Torhüter	Min.	Schüsse gehalten (von)	Flanken/ Ecken abgefangen	Glanz-taten	Schwere Fehler	Lange Pässe angekommen (von)	Note
Romero	90	100 % (2)	0	0	0	0 % (4)	3

Spieler	Ball-kontakte in Min.	Zweik. gew. (von)	Fouls/ gefoult worden	Pässe angek. (von)	Schüsse/ Schuss-vorlagen	Tore/ Torvor-lagen	Note
Zabaleta	44 in 90	56 % (9)	0/0	89 % (19)	0/0	0/0	3
Demichelis	41 in 90	64 % (14)	0/1	85 % (27)	0/0	0/0	3
Garay	40 in 90	69 % (16)	1/0	87 % (23)	0/0	0/0	3+
Basanta	59 in 90	47 % (17)	1/1	80 % (25)	0/0	0/0	3−
1. Biglia	42 in 90	62 % (21)	3/3	96 % (26)	0/2	0/0	4
Mascherano	59 in 90	50 % (16)	1/0	89 % (37)	0/0	0/0	3
Lavezzi	34 in 70	36 % (11)	0/1	76 % (21)	1/1	0/0	4
Palacio	13 in 20	44 % (9)	1/0	100 % (5)	1/0	0/0	4
Di María	11 in 32	40 % (5)	0/0	67 % (6)	3/1	0/1	3
Pérez	26 in 58	38 % (13)	0/1	88 % (17)	0/1	0/0	4
Messi	46 in 90	32 % (28)	3/2	84 % (19)	2/1	0/0	4
Higuaín	38 in 80	52 % (23)	0/3	82 % (22)	3/0	1/0	2
Gago	6 in 10	0 % (0)	0/0	75 % (4)	0/1	0/0	−

5. JULI, 18.00 UHR, BRASÍLIA

Schiedsrichter: Nicola Rizzoli (Italien).
Assistenten: Renato Faverani, Andrea Stefani (beide Italien).
Tor: 1:0 Higuaín (8.).
Einwechslungen: Pérez für Di María (33.), Palacio für Lavezzi (71.), Gago für Higuaín (81.) – Lukaku für Origi (59.), Mertens für Mirallas (60.), Chadli für Hazard (75.).
Zuschauer: 68 551.
Wetter: 26 Grad, sonnig, 34 % Luftfeuchte.

BELGIEN-DATEN

Torhüter	Min.	Schüsse gehalten (von)	Flanken/ Ecken abgefangen	Glanz-taten	Schwere Fehler	Lange Pässe angekommen (von)	Note
Courtois	90	50 % (2)	0	1	0	50 % (6)	3

Spieler	Ball-kontakte in Min.	Zweik. gew. (von)	Fouls/ gefoult worden	Pässe angek. (von)	Schüsse/ Schuss-vorlagen	Tore/ Torvor-lagen	Note
2. Alderweireld	73 in 90	47 % (19)	2/1	76 % (38)	0/0	0/0	4
van Buyten	47 in 90	63 % (16)	0/0	79 % (28)	0/0	0/0	3
Kompany	47 in 90	67 % (18)	1/1	81 % (32)	1/0	0/0	3
Vertonghen	54 in 90	73 % (11)	0/2	72 % (32)	0/3	0/0	2−
Witsel	58 in 90	65 % (17)	1/3	93 % (41)	2/1	0/0	4
Fellaini	52 in 90	39 % (36)	5/1	87 % (31)	1/0	0/0	4
De Bruyne	60 in 90	50 % (22)	1/0	75 % (28)	3/1	0/0	3−
Mirallas	18 in 59	44 % (9)	1/0	80 % (10)	0/0	0/0	4
Mertens	16 in 31	0 % (2)	1/0	86 % (7)	1/1	0/0	4
1. Hazard	41 in 74	31 % (16)	1/1	82 % (28)	0/0	0/0	4−
Chadli	5 in 16	0 % (0)	1/0	100 % (4)	1/0	0/0	4
Origi	10 in 58	50 % (6)	0/0	83 % (6)	0/0	0/0	4
Lukaku	7 in 32	50 % (10)	1/0	60 % (5)	0/2	0/0	4

Elfmeter-Killer von der Bank

Costa Rica feiert: „Wir haben kein Spiel verloren"

Arm in Arm: Costa Ricas Spieler verfolgen geschlossen das Elfmeterschießen

Auch Costa Ricas Spieler fühlten sich nach dem 3:4 n. E. wie Sieger. „Wir haben kein einziges Spiel verloren. Ein Elfmeterschießen ist keine Niederlage", sagte Torwart Keylor Navas. „Diese WM war eine großartige Erfahrung, und wir verlassen sie erhobenen Hauptes." Zu Recht: Auf dem Weg ins Viertelfinale hatten die Mittelamerikaner, als totale Außenseiter in diese WM gestartet, vier Champions bezwungen: die Ex-Weltmeister Uruguay (zwei Titel), Italien (vier Titel) und England (ein Titel) sowie Griechenland, den Europameister von 2004. „Wir haben Wunderbares gegen große Kaliber des Fußballs erreicht. Wir haben eine gute Show gezeigt, schönen Fußball", stellte Trainer Jorge Luis Pinto fest. „Costa Rica tritt ab wie ein Champion", urteilte die Zeitung „Al Día". Und La Nación schrieb: „Costa Rica mit gebrochenem Herzen, aber intakter Seele. Der Abschied von der WM hinterlässt Schmerz, aber deutlich mehr Stolz und Zufriedenheit."
Erst zum fünften Mal in der WM-Geschichte überhaupt erreichte mit Costa Rica ein Land aus Mittel- und Nordamerika das Viertelfinale. Zuvor war das Kuba (1938), Mexiko (1970, 1986) und den USA (2002) gelungen. 1930 erreichten die USA das Halbfinale, ein Viertelfinale gab es bei der WM-Premiere nicht.

Kurz vor Ende darf Hollands Tim Krul ins Spiel. Er hat nur einen Auftrag: Elfmeter halten. Er pariert zwei

Der erste Weg führte Jasper Cillessen direkt zu Tim Krul. Inmitten der wilden holländischen Jubelorgie sprang der Stammtorwart seinen Vertreter an und fiel ihm um den Hals. Wie entrückt tanzten beide eng umschlungen über den Rasen.
Cillessen und Krul hatten das umgesetzt, was im modernen Arbeitsleben unter dem Begriff „Job sharing" bekannt ist: die Besetzung eines Vollarbeitsplatzes durch mehrere Teilzeitarbeiter. Bis in die Verlängerung der Nachspielzeit (120. + 1) hatte Cillessen Hollands Tor gehütet und wurde dann von Trainer Louis van Gaal gegen den ausgewiesenen „Elfmeter-Killer" Krul ausgewechselt. Der Schachzug brachte den Sieg im Elfmeter-Krimi gegen Costa Rica. Ohne eine Ballberührung bis zum Ende der Spielzeit wehrte Krul die Versuche von Bryan Ruiz

> »Du sitzt auf der Bank und musst dann das Halbfinale retten«

und Michael Umaña ab und bescherte Holland nach 120 meist faden und torlosen Minuten den 4:3-Sieg i. E.
„Es war vorher geplant, Tim einzuwechseln, falls es zum Elfmeterschießen kommt", erläuterte van Gaal seine mutige Maßnahme. „Wir fanden alle, dass er der bessere Torwart wäre, um Elfmeter zu halten. Er hat eine große Reichweite."
Nicht nur sein Gardemaß von 1,93 Metern kam Krul zugute, er verwirrte mit verbalen Scharmützeln und seiner Gestik auch Costa Ricas Schützen. „So etwas habe ich noch nie gesehen", wunderte sich Mittelfeldspieler Celso Borges, „aber es war alles richtig, Krul hat seinen Job gemacht."
Tim Krul konnte sein Glück lange Zeit nicht fassen: „Das ist nicht normal. Da sitzt du die ganze Partie über auf der Bank und musst dann das Halbfinale retten."
Die knappe Analyse brachte Hollands ganze Dramatik auf den Punkt. Die Elf lag in allen relevanten Statistiken und einer Ballbesitzquote von 64 Prozent vorn, allein der Spielaufbau war uninspiriert. Und im Abschluss blieben die Holländer glücklos: Erst kratzte Costa Ricas bestens aufgelegter Torhüter Keylor Navas einen Freistoß von Wesley Sneijder aus dem Torwinkel (39.). Acht Minuten vor dem Ende der regulären Spielzeit traf Sneijder mit Freistoß nur den Pfosten, in der 89. Minute verstolperte Robin van Persie frei am Fünfmeterraum, dann lenkte Yeltsin Tejeda einen Schuss von van Persie mit dem Oberschenkel an die Querlatte (90. + 2). Schließlich traf Sneijder kurz vor Ablauf der Verlängerung mit einem Distanzschuss noch einmal die Latte.
Demgegenüber stand nur eine hochkarätige Chance Costa Ricas: In der 117. Minute wehrte Cillessen den Schuss von Marco Ureña aus sechs Metern ab. So hatte auch er noch einen Riesenanteil am Einzug ins Halbfinale.

HOLLAND – COSTA RICA

🇳🇱 **4:3 n. E. (0:0, 0:0)** 🇨🇷

HOLLAND-DATEN

Torhüter	Min.	Schüsse gehalten (von)	Flanken/Ecken abgefangen	Glanz-taten	Schwere Fehler	Lange Pässe angekommen (von)	Note
Cillessen	119	100 % (1)	0	0	0	33 % (9)	3
Krul	1	0 % (0)	0	0	0	0 % (0)	1

Spieler	Ballkontakte in Min.	Zweik. gew. (von)	Fouls/gefoult worden	Pässe angek. (von)	Schüsse/Schussvorlagen	Tore/Torvorlagen	Note
de Vrij	116 in 120	78 % (27)	2/0	83 % (82)	1/0	0/0	3
Vlaar	91 in 120	81 % (21)	0/0	99 % (70)	2/0	0/0	3
1. Martins Indi	92 in 105	55 % (11)	2/0	95 % (86)	0/0	0/0	4 +
1. Huntelaar	9 in 15	25 % (4)	2/0	71 % (7)	0/1	0/0	4
Kuyt	101 in 120	37 % (27)	1/0	79 % (70)	1/1	0/0	3
Blind	102 in 120	44 % (18)	0/2	86 % (77)	0/1	0/0	3 –
Wijnaldum	66 in 120	53 % (15)	1/1	94 % (54)	0/1	0/0	3 –
Sneijder	106 in 120	36 % (11)	1/0	82 % (88)	5/2	0/0	2
Robben	87 in 120	56 % (34)	1/8	90 % (42)	5/10	0/0	2
Depay	35 in 75	43 % (14)	0/0	85 % (20)	1/1	0/0	4
Lens	15 in 45	46 % (13)	0/0	75 % (8)	1/1	0/0	4
van Persie	39 in 120	12 % (25)	4/0	71 % (24)	5/2	0/0	4 +

5. JULI, 22.00 UHR, SALVADOR DA BAHIA

Schiedsrichter: *Rawschan Irmatow (Usbekistan).* **Assistenten:** *Abduxamidullo Rasulow (Usbekistan), Bakhadyr Kotschkarow (Kirgisistan).* **Tore:** *Elfmeterschießen: 0:1 Borges, 1:1 van Persie, Krul hält gegen Ruiz, 2:1 Robben, 2:2 González, 3:2 Sneijder, 3:3 Bolaños, 4:3 Kuyt, Krul hält gegen Umaña.* **Einwechslungen:** *Lens für Depay (76.), Huntelaar für Martins Indi (106.), Krul für Cillessen (120.+1.) – Ureña für Campbell (66.), Myrie für Gamboa (79.), Cubero für Tejeda (97.).* **Zuschauer:** *51 179.* **Wetter:** *26 Grad, teilweise bewölkt, 81 % Luftfeuchte.*

COSTA RICA-DATEN

Torhüter	Min.	Schüsse gehalten (von)	Flanken/Ecken abgefangen	Glanz-taten	Schwere Fehler	Lange Pässe angekommen (von)	Note
Navas	120	100 % (7)	0	0	0	50 % (2)	1 –

Spieler	Ballkontakte in Min.	Zweik. gew. (von)	Fouls/gefoult worden	Pässe angek. (von)	Schüsse/Schussvorlagen	Tore/Torvorlagen	Note
1. Acosta	57 in 120	73 % (15)	1/2	83 % (36)	1/0	0/0	3 +
2. González	58 in 120	86 % (28)	1/2	90 % (29)	1/0	0/0	2 +
1. Umaña	38 in 120	46 % (13)	1/1	88 % (25)	0/0	0/0	3
Gamboa	33 in 78	64 % (14)	2/2	75 % (12)	0/0	0/0	3
Myrie	13 in 42	71 % (7)	0/1	75 % (4)	0/0	0/0	3 –
1. Díaz	57 in 120	48 % (23)	2/0	68 % (22)	0/0	0/0	3 –
Tejeda	35 in 96	60 % (10)	0/0	81 % (26)	0/1	0/0	3 +
Cubero	13 in 24	50 % (4)	0/0	86 % (7)	0/0	0/0	4
Borges	34 in 120	78 % (9)	1/1	84 % (25)	0/1	0/0	4
Ruiz	56 in 120	35 % (31)	1/2	85 % (34)	0/0	0/0	4
Bolaños	41 in 120	27 % (30)	2/1	70 % (20)	2/1	0/0	3 +
Campbell	27 in 65	50 % (12)	0/1	71 % (14)	0/0	0/0	4 –
Ureña	24 in 55	21 % (24)	0/0	80 % (10)	1/1	0/0	3

❶ Beim Stand von 1:1 taucht Tim Krul in seine untere linke Ecke, hält den Ball von Bryan Ruiz. ❷ Die Entscheidung gegen Costa Rica: Krul pariert den von Michael Umaña halbhoch geschossenen Ball. Holland gewinnt 4:3 i. E. ❸ Sekunden später entlädt sich die ganze Anspannung. Einer der ersten Gratulanten Kruls (3. v. l.) ist Stammtorwart Jasper Cillessen (2. v. l.)

Halbfinale

- **Brasilien**
- **Deutschland**
- **Holland**
- **Argentinien**

Dienstag, 8. Juli, Belo Horizonte
Brasilien – Deutschland   **1:7 (0:5)**

Mittwoch, 9. Juli, São Paulo
Holland – Argentinien   **2:4 n. E. (0:0)**

ANALYSE HALBFINALE

Brasilien macht es Deutschland leicht

Nach dem historischen 7:1-Sieg gegen Brasilien verneigte sich die Fußballwelt vor den Deutschen. „Am Tag des Weltuntergangs wird man sich noch an dieses Halbfinale erinnern", schwärmte die französische Sportzeitung „L'Équipe". Hollands Fußball-Ikone Johan Cruyff nannte Deutschland „die beste Mannschaft des Turniers. Ballkontrolle, Laufwege, Positionsspiel – alles stimmt." Die meisten der im Schnitt 32,57 Millionen TV-Zuschauer in Deutschland (Rekord seit Aufzeichnung der Daten) fühlten genauso. Nach ausgeglichenen ersten zehn Minuten nahm die Mannschaft von Joachim Löw, erstmals in gleicher Aufstellung wie beim Spiel zuvor, das Heft in die Hand und spielte Brasilien schwindelig. Vom Schock des frühen 1:0 durch Thomas Müller erholten sich die Brasilianer nicht mehr, ließen sich wie Kreisklassen-Fußballer über den Platz scheuchen. Psychologen nennen das einen mentalen Zusammenbruch, die Spieler zerbrachen am Erwartungsdruck im Land. Mit dem verletzten Neymar und dem gelbgesperrten Thiago Silva fehlten dem WM-Gastgeber zudem zwei wesentliche Stützen. Dante konnte Thiago Silva nie in der Abwehr ersetzen, er spielte wie David Luiz, sein Kollege in der Innenverteidigung, vogelwild. In der gesamten Defensive taten sich riesige Lücken auf, fast nie stellten die Brasilianer Lauf- und Passwege zu, standen weit weg von ihren Gegenspielern. Diesen unverhofften Freiraum nutzten die Deutschen, zelebrierten Fußball. Spielend leicht kamen sie immer wieder vor das brasilianische Tor. Herausragend diesmal: der zweifache Torschütze Toni Kroos. Brasilien selbst vermisste im Angriff schmerzlich Neymar, auf den das ganze – und für den Gegner berechenbare – Spiel zugeschnitten war bei dieser WM. Deutschland zeigte, wie schön Fußball sein kann. Ganz im Gegensatz zum taktischen Gewürge im zweiten Halbfinale. Holländer und Argentinier waren nur darauf bedacht, ein Gegentor zu verhindern. Immerhin das gelang in 120 unsagbar langweiligen Minuten.

Nach Pass von Thomas Müller (hinten) braucht Miroslav Klose (M.) zwei Versuche, dann ist er in der 23. Minute endlich alleiniger WM-Rekordtorschütze. Seinen ersten Schuss pariert Brasiliens Torwart Júlio César noch, den Abpraller verwandelt Klose zum 2:0 (r.; kleines Foto). Die frühe Vorentscheidung im Halbfinale, Marcelo ist förmlich erstarrt. Es ist Kloses 16. Tor im 23. WM-Spiel, der 36-Jährige führt nun die ewige Torschützenliste mit einem Treffer Vorsprung auf den Brasilianer Ronaldo an

191

SCORER-LISTE HALBFINALE

	Tore	Torvorlagen	Scorer-Punkte
Thomas Müller (D)	1	3	4
Toni Kroos (D)	2	1	3
André Schürrle (D)	2	–	2
Sami Khedira (D)	1	1	2
Miroslav Klose (D)	1	–	1
Oscar (BRA)	1	–	1
Philipp Lahm (D)	–	1	1
Mesut Özil (D)	–	1	1
Marcelo (BRA)	–	1	1

Der Start in einen unvergesslichen Abend – und ein geschichtsträchtiges Tor: Thomas Müller (Nr. 13) bringt Deutschland in der elften Minute in Führung. Noch ahnen Brasiliens Torwart Júlio César und Aushilfs-Kapitän David Luiz (l.) nichts von dem Unheil, das bald über sie hereinbrechen wird. Müllers 1:0, ein Volleyschuss nach Eckball von Toni Kroos, ist sein zehnter WM-Treffer und der 2000. in der deutschen Länderspiel-Historie

DAS FOTO DES HALBFINALS

Sieben Tore für die Ewigkeit

Jubel-Pyramide: Miroslav Klose (l.) und Sami Khedira (u.) feiern Toni Kroos nach seinem Tor zum 4:0. Die Vorlage gab Khedira

Pressestimmen: „Brasilien wurde massakriert"

Völlig verstört: Innenverteidiger David Luiz (l.) und der gesperrte Thiago Silva

Folha de S. Paulo (Brasilien): „Historische Schmach. Brasilien wird erneut beim Versuch erniedrigt, eine WM zu Hause zu gewinnen."

O Globo (Brasilien): „Beschämende Leistung. Brasilien wurde von Deutschland massakriert."

L'Équipe (Frankreich): „Dem rostresistenten Miroslav Klose gelang gegen eine apathische brasilianische Abwehr sein 16. WM-Tor."

Le Parisien (Frankreich): „Der Planet Fußball versteht die Welt nicht mehr. Deutschland zerquetscht Brasilien."

Daily Telegraph (England): „Die Deutschen spielten so flüssig in ihren Bewegungen, so nüchtern in ihren Abschlüssen, dass selbst die Besiegten applaudieren mussten."

Marca (Spanien): „Deutsche Ekstase: Was zwischen der 11. und der 28. Minute geschah, wird in die WM-Geschichte eingehen."

Sport (Spanien): „Es werden Jahrzehnte vergehen, bis die Brasilianer diese Erniedrigung verarbeitet haben. Deutschlands Tiki-Taka im Mittelfeld war tödlich."

El Mundo Deportivo (Spanien): „Deutschland dominiert mit Spielfreude, ist aber auch ein Killer, den man unmöglich bremsen kann."

De Volkskrant (Holland): „Dieser schreckliche Albtraum konnte nicht wahr sein, aber er war die knallharte Realität."

---

60 Jahre nach dem „Wunder von Bern" gelingt der deutschen Elf das „Wunder von Belo Horizonte"

Der Abpfiff war gerade ertönt, da sank David Luiz auf die Knie. Brasiliens Aushilfskapitän an diesem denkwürdigen Abend schloss die Augen und richtete die Hände zum Himmel. Luiz betete zu Gott, bat um Vergebung. „Alles, was wir wollten, war, unserem Volk Freude zu bereiten", erklärte er später mit tränenerstickter Stimme. „Ich möchte mich bei allen Brasilianern entschuldigen."

Es war ein historischer Fußball-Abend im Estádio Mineirão von Belo Horizonte. So ein Spiel hatte es bei einer WM noch nie gegeben. Am Ende standen gedemütigte Brasilianer, verspottet von den eigenen Fans. Und deutsche Spieler, die „Fußball vom anderen Stern" dargeboten hatten, wie DFB-Präsident Wolfgang Niersbach überwältigt feststellte. Mit 7:1 hatten sie den WM-Gastgeber demontiert.

> »Alles, was wir wollten, war, unserem Volk Freude zu bereiten«

Auf den Tag genau 60 Jahre und vier Tage nach dem „Wunder von Bern", dem 3:2-Endspielsieg 1954 gegen Ungarn, schufen die deutschen Spieler das „Wunder von Belo Horizonte" und bereiteten der Seleção die größte Schmach seit der WM 1950. Auch damals war Brasilien Gastgeber, auch damals wollte das Land den WM-Titel, verlor aber in der Finalrunde 1:2 gegen Uruguay. Noch heute leiden viele Brasilianer unter dieser fußballerischen Katastrophe namens „Maracanaço". Nun ereignete sich das „Mineiraço".

Voller Inbrunst sangen die brasilianischen Spieler und Fans vor dem Spiel ihre Nationalhymne. David Luiz und Torwart Júlio César hielten dabei ein Trikot des verletzten Superstars Neymar in den Händen, die emotionale Bedeutung dieses Spiels konnte nicht größer sein. Und der Schmerz, der folgte und ein ganzes Land traf, auch nicht.

Die 11. Minute: Toni Kroos schlägt eine Ecke von rechts in den Strafraum, Thomas Müller steht völlig frei. Luiz, zuvor von Miroslav Klose geblockt, eilt noch herbei, kommt aber zu spät: Volley schießt Müller aus sechs Metern zum 1:0 ein. Es war sein fünfter Treffer bei dieser WM und das 2000. Tor in der deutschen Länderspiel-Historie (seit 1908).

Es folgen die verrücktesten sechs Minuten in der WM-Geschichte.

23. Minute: Kroos steckt auf Müller durch, dieser überlässt Klose. Der 36-Jährige schießt flach ins untere rechte Eck, César hält. Der Abpraller fällt Klose direkt vor die Füße, im zweiten Versuch trifft er – 2:0! Das insgesamt 16. WM-Tor von Klose. Auf der Tribüne muss der Brasilianer Ronaldo, als Fernseh-Experte im Einsatz, mit ansehen, wie er in der ewigen WM-Torschützenliste überflügelt wird.

24. Minute: Mesut Özil passt auf der rechten Seite steil auf Philipp Lahm, der flankt flach in die Mitte. ›

194

BRASILIEN – DEUTSCHLAND

 1:7 (0:5)

BRASILIEN-DATEN

Torhüter	Min.	Schüsse gehalten (von)	Flanken/Ecken abgefangen	Glanz-taten	Schwere Fehler	Lange Pässe angekommen (von)	Note
César	90	30 % (10)	0	1	0	50 % (6)	4 –

Spieler	Ballkontakte in Min.	Zweik. gew. (von)	Fouls gefoult worden	Pässe angek. (von)	Schüsse/ Schussvorlagen	Tore/ Torvorlagen	Note
Maicon	43 in 90	50 % (8)	0/0	96 % (26)	0/0	0/0	5
David Luiz	68 in 90	64 % (22)	2/5	81 % (53)	1/1	0/0	5
Dante	61 in 90	21 % (14)	1/0	90 % (49)	0/0	0/0	5
Marcelo	74 in 90	60 % (15)	1/2	77 % (52)	3/4	0/1	3 –
L. Gustavo	62 in 90	52 % (23)	3/1	96 % (46)	0/1	0/0	5
Fernandinho	22 in 45	50 % (8)	0/0	82 % (17)	0/0	0/0	5
Paulinho	24 in 45	13 % (8)	1/0	100 % (15)	3/0	0/0	5
Hulk	20 in 45	38 % (8)	0/1	58 % (12)	0/0	0/0	5
Ramires	26 in 45	33 % (6)	1/1	89 % (18)	4/3	0/0	5
Oscar	44 in 90	64 % (11)	0/2	88 % (24)	5/0	1/0	5
Bernard	49 in 90	29 % (21)	1/1	90 % (30)	1/3	0/0	4 –
Fred	18 in 68	33 % (9)	0/0	67 % (9)	1/1	0/0	6
Willian	16 in 22	67 % (3)	0/0	93 % (15)	1/4	0/0	5

8. JULI, 22.00 UHR, BELO HORIZONTE

Schiedsrichter: Marco Rodríguez (Mexiko).
Assistenten: Marvin Torrentera, Marcos Quintero (beide Mexiko).
Tore: 0:1 Müller (11.), 0:2 Klose (23.), 0:3 Kroos (24.), 0:4 Kroos (26.), 0:5 Khedira (29.), 0:6 Schürrle (69.), 0:7 Schürrle (79.), 1:7 Oscar (90.).
Einwechslungen: Ramires für Hulk (46.), Paulinho für Fernandinho (46.), Willian für Fred (69.) – Mertesacker für Hummels (46.), Schürrle für Klose (58.), Draxler für Khedira (76.).
Zuschauer: 58 141.
Wetter: 22 Grad, bewölkt, 51 % Luftfeuchte.

DEUTSCHLAND-DATEN

Torhüter	Min.	Schüsse gehalten (von)	Flanken/Ecken abgefangen	Glanz-taten	Schwere Fehler	Lange Pässe angekommen (von)	Note
Neuer	90	88 % (8)	0	1	0	50 % (6)	1

Spieler	Ballkontakte in Min.	Zweik. gew. (von)	Fouls gefoult worden	Pässe angek. (von)	Schüsse/ Schussvorlagen	Tore/ Torvorlagen	Note
Lahm	61 in 90	73 % (15)	0/0	93 % (40)	0/3	0/1	2
Boateng	58 in 90	63 % (8)	0/0	82 % (49)	0/0	0/0	2
Hummels	22 in 45	86 % (7)	0/0	77 % (13)	0/0	0/0	2
Mertesacker	30 in 45	83 % (6)	0/0	90 % (21)	0/0	0/0	3
Höwedes	51 in 90	50 % (10)	3/1	78 % (27)	0/0	0/0	2
Khedira	51 in 75	57 % (14)	1/1	88 % (42)	2/2	1/1	1 –
Draxler	8 in 15	0 % (1)	1/0	100 % (7)	0/1	0/0	3
Schweinsteiger	69 in 90	53 % (15)	1/0	95 % (57)	0/0	0/0	2
Müller	58 in 90	53 % (32)	2/6	80 % (30)	3/5	1/3	1
Kroos	79 in 90	57 % (14)	1/1	92 % (64)	3/2	2/1	1
Özil	55 in 90	44 % (16)	0/0	93 % (45)	2/2	0/1	3
Klose	27 in 57	33 % (15)	3/0	54 % (13)	3/0	1/0	2
Schürrle	27 in 33	0 % (3)	1/0	85 % (20)	2/0	2/0	1

BRASILIEN – DEUTSCHLAND

Vier Treffer in sechs Minuten

Deutschland der größte Gastgeber-Schreck

Genießt den historischen Sieg ausgelassen: Bastian Schweinsteiger

Magischer 8. Juli: Das 7:1 war der dritte ganz große Sieg einer deutschen Mannschaft just an diesem Tag. Am 8. Juli 1982 besiegte Deutschland im WM-Halbfinale Frankreich nach 1:3-Rückstand in der Verlängerung noch mit 8:7 n. E. Am 8. Juli 1990 gewann Deutschland das Endspiel gegen Argentinien durch einen Elfmeter von Andreas Brehme 1:0 und holte seinen dritten WM-Titel.

Für Brasilien war es die erste Heimniederlage seit fast zwölf Jahren (21. 8. 2002; 0:1 gegen Paraguay in Fortaleza). Seitdem gewann die Seleção in 41 Heimspielen 31-mal und spielte zehnmal unentschieden. Noch schlimmer: Das 1:7 gegen Deutschland bedeutete die höchste Länderspiel-Niederlage seit fast 100 Jahren. Am 18. September 1920 verlor Brasilien 0:6 gegen Uruguay. Mit nun fünf Siegen ist die Auswahl des DFB auch der größte Gastgeber-Schreck der WM-Historie.

Die vorherigen Siege:
1962: Vorrunde, 2:0 gegen Chile.
1982: 2. Finalrunde, 2:1 gegen Spanien.
1986: Viertelfinale, 4:1 n. E. gegen Mexiko.
2002: Halbfinale, 1:0 gegen Südkorea.

> Müller verpasst, Kroos versenkt den Ball von der Strafraumgrenze per Dropkick mit dem linken Fuß zum 3:0.

26. Minute: Kroos spitzelt Fernandinho den Ball vom Fuß, passt nach links auf Sami Khedira, der spielt sofort zurück in die Mitte. Mit dem Innenrist schiebt Kroos den Ball an Dante vorbei ins Netz – 4:0.

29. Minute: Nach Vorstoß von Mats Hummels passt Khedira nach links zu Özil, bekommt den Ball direkt zurück und schießt zum 5:0 ein.

Vier Tore in sechs Minuten – unfassbar! Nie zuvor führte eine Mannschaft in einem WM-Spiel nach einer halben

»Es war wichtig, der Leidenschaft mit Abgeklärtheit zu begegnen«

Stunde 5:0. Viele der brasilianischen Zuschauer heulten hemmungslos, und die deutschen Fans stimmten einen selten gehörten Gassenhauer an: „So ein Tag, so wunderschön wie heute."

Nach der Halbzeit wechselte Bundestrainer Joachim Löw den leicht angeschlagenen Hummels (Sehnenreizung im Knie) aus und Per Mertesacker ein. Die deutsche Mannschaft ließ es etwas ruhiger angehen, die Brasilianer unternahmen zaghafte Versuche der Ergebniskorrektur. Dass Oscar, Fred und Maicon es dabei auch mit leicht durchschaubaren Schwalben probierten, passte zur erbärmlichen Vorstellung der Brasilianer. Zwei Chancen von Oscar (52.) und Paulinho (53.) vereitelte Manuel Neuer mit unvergleichbarer Klasse.

Die brasilianischen Zuschauer suchten einen Sündenbock und fanden ihn in Fred. Bei jedem Ballkontakt pfiffen sie den schwachen Mittelstürmer gnadenlos aus. Mit André Schürrle (ab der 58. Minute für Klose) kam wieder Schwung ins deutsche Spiel. In der 61. Minute konnte César noch einen Schlenzer von Müller aus dem Winkel holen, in der 69. Minute war er erneut geschlagen: Lahm bediente Schürrle, der musste nur noch einschieben – das 6:0. Und es wurde noch schöner: Nach Flanke von Müller jagte Schürrle den Ball aus spitzem Winkel unter die Latte – 7:0 (79.).

In der 90. Minute hatte Özil völlig frei stehend das 8:0 auf dem Fuß, doch er schoss knapp daneben. Im Gegenzug dribbelte Oscar nach langem Pass von Marcelo an Jérôme Boateng vorbei und erzielte den Ehrentreffer zum 1:7 (90.). Ein deutscher Spieler war darüber richtig sauer: Manuel Neuer. Er wollte das Spiel ohne Gegentor überstehen.

Löw hatte Mitleid mit den Brasilianern. „Ich kann nachvollziehen, wie sie sich fühlen. Wir hatten 2006 bei der Heim-WM auch mit den hohen Erwartungen zu kämpfen", sagte er, Deutschland scheiterte im Halbfinale an Italien (0:2 n. V.). „Es war heute wichtig, dieser Leidenschaft und diesen Emotionen von Brasilien mit Ruhe und Abgeklärtheit zu begegnen, natürlich auch mit Mut und unserer eigenen Stärke." So nüchtern lässt sich der größte Sieg seit der WM 1990 auch schildern. ●

Das 7:0 von André Schürrle (l.) – der Schlusspunkt deutscher Schaffenskraft. David Luiz (M.) ist wieder nicht auf der Höhe. Rechts: Luiz Gustavo

Überragt alle: Manuel Neuer schnappt Fred (Nr. 9), Paulinho (8) und Dante (13) den Ball weg. Benedikt Höwedes (r.) duckt sich weg, Per Mertesacker (l.) muss erst gar nicht eingreifen

Robben? Messi? Sergio Romero!

Elfmeter-Drama: Van Gaal tauscht zu früh und verliert

Jasper Cillessen kniet verzweifelt am Boden: Er konnte keinen Elfmeter halten

Holland und Argentinien neutralisieren sich. Der Star des Spiels wird einer, mit dem keiner gerechnet hat

Wer wird der Star dieses Halbfinals – Zauberfuß Lionel Messi oder Tempo-Dribbler Arjen Robben? Einer der beiden Superstars würde das Duell in São Paulo entscheiden, waren sich Fans und Experten einig. Doch es kam ganz anders.

Nach 120 langweiligen und torlosen Minuten, in denen Messi und Robben in der grauen Masse ihrer Mitspieler untergingen, entschied Sergio Romero das Spiel. Der argentinische Torwart parierte zwei Elfmeter und führte seine Mannschaft mit dem 4:2 n. E. ins Finale gegen Deutschland.

Dass einer zum Helden aufstieg, mit dem keiner gerechnet hatte, trug die Handschrift der Trainer. Hollands Louis van Gaal und Alejandro Sabella hatten ihren Mannschaften ein konzentriertes Defensivsystem verordnet. Oberste Maxime: kein Risiko eingehen.

»Wir hatten es mehr verdient. Dieses Ausscheiden ist tragisch«

Nicht die geringste Lücke boten sie dem Gegner. Und hatten die Kreativkünstler Messi und Robben den Ball, stürzten sich sogleich zwei oder drei Gegenspieler auf sie. Jeder Angriffsversuch wurde im Keim erstickt.

So sorgten in der ersten Halbzeit allein Standards für einen Hauch von Torgefahr. Messi schoss einen Freistoß in die Arme von Torwart Jasper Cillessen (15.), nach einer Ecke verfchlte Ezequiel Garay mit dem Kopf knapp Hollands Tor (24.).

Die erste Großchance der Partie hatte der argentinische Stürmer Gonzalo Higuaín in der 75. Minute, als er in eine scharfe Pérez-Hereingabe grätschte und den Ball ans Außennetz setzte. Auf der Gegenseite tauchte Robben in der Nachspielzeit auf einmal frei vor Romero auf, doch Javier Mascherano blockte im letzten Augenblick seinen Schuss.

In der Nachspielzeit steuerten beide Teams zielgenau auf das Elfmeterschießen zu, ehe der eingewechselte Rodrigo Palacio in der 115. Minute plötzlich frei vor Cillessen auftauchte – doch sein Kopfball ähnelte einer Rückgabe.

Es kam, wie es kommen musste. Und diesmal – anders als im Viertelfinale gegen Costa Rica – hatten die Holländer bei der Entscheidung vom Punkt das schlechte Ende für sich. Elfmeter-Killer Tim Krul musste auf der Bank bleiben, da Louis van Gaal das Wechselkontingent bereits ausgeschöpft hatte. Stammtorwart Cillessen konnte keinen Strafstoß parieren, Romero dagegen hielt die Schüsse von Ron Vlaar und Wesley Sneijder. „Heiliger Romero", titelte die argentinische Zeitung „Olé".

Romero, beim AS Monaco in der Saison 2013/14 meist Bankdrücker, bedankte sich bei seinem Trainer: „Alejandro hat immer zu mir gehalten." Arjen Robben war völlig bedient: „Wir hatten es eigentlich mehr verdient. Dieses Ausscheiden ist tragisch."

Es wäre der Augenblick für Tim Krul gewesen. Das Halbfinale ging ins Elfmeterschießen, doch anders als im Viertelfinale gegen Costa Rica hatte Trainer Louis van Gaal sein Wechselkontingent bereits erschöpft. In der Verlängerung wechselte er lieber Klaas-Jan Huntelaar ein, als sich die Option mit Elfmeter-Killer Krul offenzuhalten. Krul stand schmollend an der Seitenlinie, Jasper Cillessen musste im Tor bleiben – und hielt keinen Strafstoß. Ein Fehler von van Gaal? „Für jeden einzelnen Wechsel zuvor gab es gute Gründe", erklärte van Gaal. „Martins Indi hatte schon eine Gelbe Karte. Bei de Jong wollte ich nicht riskieren, dass er sich wieder ernsthaft verletzt. Außerdem ist Clasie offensiv stärker. Van Persie habe ich gegen Huntelaar ausgewechselt, weil er völlig erschöpft war." Dann fügte van Gaal an: „Viel ärgerlicher war, dass ich derjenige war, der Argentiniens Torwart in Alkmaar beigebracht hat, wie man Elfmeter pariert." 2007 hatte van Gaal Romero in die holländische Liga geholt. Nach dem Halbfinale bedankte sich Romero nun: „Er hat mir in meiner Karriere sehr geholfen. Ich kam in ein neues Land, verstand die Sprache nicht. Aber van Gaal sprach Spanisch mit mir. Er ist überhaupt ein Trainer, der seinen Spielern sehr viel mit auf den Weg gibt."

Der Moment, der alle Anspannung löst: Argentiniens Spieler stürmen nach dem 4:2 von Maxi Rodríguez zu ihrem Torwart Sergio Romero (r.), die Holländer verzweifeln. Sie haben nur zwei Elfmeter verwandelt

HOLLAND – ARGENTINIEN

🇳🇱 **2:4 n. E. (0:0, 0:0)** 🇦🇷

HOLLAND-DATEN

Torhüter	Min.	Schüsse gehalten (von)	Flanken/ Ecken abgefangen	Glanz- taten	Schwere Fehler	Lange Pässe angekommen (von)	Note
Cillessen	120	100 % (4)	0	0	0	0 % (5)	3

Spieler	Ball- kontakte in Min.	Zweik. gew. (von)	Fouls/ gefoult worden	Pässe angek. (von)	Schüsse/ Schuss- vorlagen	Tore/ Torvor- lagen	Note
Vlaar	93 in 120	70 % (23)	2/0	90 % (68)	0/0	0/0	2
de Vrij	106 in 120	78 % (18)	2/0	93 % (86)	1/0	0/0	3
Martins Indi	38 in 45	50 % (12)	2/0	87 % (30)	0/0	0/0	4
Janmaat	71 in 75	71 % (14)	1/0	71 % (49)	0/1	0/0	3 –
Kuyt	106 in 120	59 % (22)	2/0	81 % (77)	1/0	0/0	3 +
Blind	84 in 120	57 % (21)	0/1	88 % (66)	0/0	0/0	4 +
Wijnaldum	65 in 120	40 % (20)	1/1	94 % (53)	0/0	0/0	3 –
de Jong	46 in 61	45 % (11)	0/0	88 % (43)	0/0	0/0	3 +
Clasie	50 in 59	45 % (11)	1/0	95 % (40)	1/0	0/0	3
Sneijder	74 in 120	52 % (23)	0/3	87 % (47)	2/2	0/0	3 –
Robben	64 in 120	26 % (27)	2/1	95 % (38)	2/1	0/0	4
van Persie	21 in 95	18 % (22)	2/1	100 % (8)	0/0	0/0	5
Huntelaar	10 in 25	17 % (6)	1/0	88 % (8)	0/0	0/0	4 –

9. JULI, 22.00 UHR, SÃO PAULO

Schiedsrichter: Cüneyt Cakir (Türkei). **Assistenten:** Bahattin Duran, Tarik Ongun (beide Türkei). **Tore:** Elfmeterschießen: Romero hält gegen Vlaar, 0:1 Messi, 1:1 Robben, 1:2 Garay, Romero hält gegen Sneijder, 1:3 Agüero, 2:3 Kuyt, 2:4 Rodríguez. **Einwechslungen:** Janmaat für Martins Indi (46.), Clasie für de Jong (62.), Huntelaar für van Persie (96.) – Palacio für Pérez (81.), Agüero für Higuaín (82.), Rodríguez für Lavezzi (101.). **Zuschauer:** 63 267. **Wetter:** 15 Grad, bewölkt, 79 % Luftfeuchte.

ARGENTINIEN-DATEN

Torhüter	Min.	Schüsse gehalten (von)	Flanken/ Ecken abgefangen	Glanz- taten	Schwere Fehler	Lange Pässe angekommen (von)	Note
Romero	120	100 % (1)	0	0	0	0 % (6)	1

Spieler	Ball- kontakte in Min.	Zweik. gew. (von)	Fouls/ gefoult worden	Pässe angek. (von)	Schüsse/ Schuss- vorlagen	Tore/ Torvor- lagen	Note
Zabaleta	87 in 120	40 % (20)	2/2	74 % (54)	0/0	0/0	3 +
Demichelis	82 in 120	84 % (19)	2/0	95 % (58)	0/0	0/0	3
Garay	77 in 120	100 % (14)	0/0	93 % (56)	1/0	0/0	2
Rojo	61 in 120	50 % (22)	2/2	89 % (38)	1/1	0/0	3
Mascherano	94 in 120	81 % (16)	0/3	82 % (88)	0/0	0/0	2
Biglia	66 in 120	50 % (16)	1/2	92 % (51)	0/0	0/0	3
Pérez	58 in 80	35 % (7)	0/2	91 % (45)	1/1	0/0	3 –
Palacio	15 in 40	45 % (11)	0/0	80 % (5)	1/0	0/0	4
Messi	57 in 120	54 % (35)	1/3	79 % (33)	1/2	0/0	4
Higuaín	23 in 81	26 % (19)	1/1	86 % (14)	0/0	0/0	4 –
Agüero	16 in 39	22 % (18)	1/0	29 % (7)	0/0	0/0	5
Lavezzi	37 in 100	35 % (20)	0/1	80 % (15)	1/2	0/0	3 +
Rodríguez	9 in 20	20 % (5)	0/0	100 % (3)	1/1	0/0	3

FINALE

DEUTSCHLAND
ARGENTINIEN

Sonntag, 13. Juli, Rio de Janeiro
Deutschland – Argentinien   1:0 n. V. (0:0)

SPIEL UM PLATZ 3

BRASILIEN
HOLLAND

Samstag, 12. Juli, Brasília
Brasilien – Holland   0:3 (0:2)

Der Schuss ins Glück: Mario Götze sieht im Liegen sein großes Werk. Der Ball, der ihm von André Schürrle serviert wurde und den er mit feiner Technik angenommen und dann geschossen hat, rauscht an Argentiniens Torwart Sergio Romero vorbei ins Netz. Das 1:0 in der 113. Minute. Besten Blick auf die Szene hat Martín Demichelis. Knappe zehn Minuten später ist Deutschland zum vierten Mal in seiner Geschichte Weltmeister

SCORER-LISTE FINALSPIELE

	Tore	Torvorlagen	Scorer-Punkte
Daley Blind (HOL)	1	–	1
Mario Götze (D)	1	–	1
Robin van Persie (HOL)	1	–	1
Georginio Wijnaldum (HOL)	1	–	1
Jonathan de Guzman (HOL)	–	1	1
Daryl Janmaat (HOL)	–	1	1
Arjen Robben (HOL)	–	1	1
André Schürrle (D)	–	1	1

DAS FOTO DES FINALS

Die Sekunde, in der Schiedsrichter Nicola Rizzoli aus Italien das Finale abpfeift: Für Jérôme Boateng, Bastian Schweinsteiger, Per Mertesacker, Mats Hummels, Benedikt Höwedes, Toni Kroos, Philipp Lahm, André Schürrle und Thomas Müller (v. l.) der Beginn einer wilden Jubelorgie. Für Pablo Zabaleta (hinter dem Schiedsrichter) und Rodrigo Palacio (Nr. 18) beginnt in diesem Moment die Trauerarbeit. Rechts am Bildrand: Mario Götze

Traumtor zum WM-Triumph

Die 113. Minute im WM-Finale: Mario Götze dreht nach seinem goldenen Tor jubelnd ab, Argentiniens Torwart Sergio Romero sitzt auf dem Hosenboden. 1:0 – der Sieg im Finale

Philipp Lahm: „Man muss die beste Mannschaft haben"

Der größte Moment seiner Karriere: Philipp Lahm feiert das 1:0 gegen Argentinien

Philipp Lahm: „Unglaublich, was wir wieder geleistet haben. Die 120 Minuten, die wir geackert haben als Mannschaft. Ob wir die besten Einzelspieler haben oder was auch immer, ist vollkommen egal. Man muss die beste Mannschaft haben. Wir haben uns in dem Turnier immer wieder gesteigert, haben uns von irgendwelchen Störfeuern nicht irritieren lassen, sind unseren Weg gegangen. Und am Ende stehst du da als Weltmeister."

Mats Hummels: „Weltmeister wird man nur, wenn man als Mannschaft agiert. Das haben wir allen die ganze Zeit klarmachen wollen, und das haben wir geschafft. Auch wenn uns im Finale das Quäntchen Glück beigestanden hat, als wir schon ein bisschen auf das Elfmeterschießen gewartet haben."

Manuel Neuer: „Wir hatten alle einen unglaublichen Zusammenhalt schon seit der Vorbereitung, als wir ein paar Rückschläge hatten und Spieler wie die Benders oder Marco Reus verloren haben, die aber auch Weltmeister sind. Ganz Deutschland ist Weltmeister."

Bastian Schweinsteiger: „Unglaubliche Leistung. Wie die Jungs von der Bank mitgegangen sind – ich habe so was noch nie erlebt. Das gibt so viel Power, nur deswegen haben wir den Pokal gewonnen."

Zwei Joker entscheiden das Finale: Schürrle flankt, Götze trifft. Deutschland ist zum vierten Mal Champion

Es lief die 113. Minute im Maracanã-Stadion. Ein hochklassiges, intensives WM-Finale zwischen Deutschland und Argentinien steuerte auf das Elfmeterschießen zu. Die Kräfte bei den Spielern schwanden, die Risikobereitschaft beim Stand von 0:0 ließ nach. Doch dann fasste sich André Schürrle auf der linken Außenbahn ein Herz und zog noch einmal einen Sprint an.

Javier Mascherano versuchte, ihm zu folgen – vergeblich. Schürrle flankte, „mit letzter Kraft, wir waren alle am Ende", wie er später schilderte, in die Mitte. Dort lauerte Mario Götze, der in der 88. Minute für Miroslav Klose ins Spiel gekommen war.

Was folgte, ist nun Sportgeschichte. Götze traf zum 1:0. Das goldene Tor. Der Treffer zum WM-Sieg.

Es war bis dahin nicht die WM des Mario Götze gewesen. Im Achtelfinale gegen Algerien

»Es war kein einfaches Jahr für mich. Es ist wie im Traum«

wurde der Hochveranlagte bereits zur Halbzeit ausgewechselt. Im Viertelfinale gegen Frankreich durfte er nur die letzten acht Minuten aufs Spielfeld. Im Halbfinale gegen Brasilien schmorte er die gesamte Spielzeit auf der Bank. Die ganze Fußballwelt schwärmte von dieser deutschen Mannschaft, nur von Götze sprach niemand. Die WM schien sich nahtlos an sein mäßiges erstes Jahr bei Bayern München anzuschließen. Doch dann, in dieser einen Sekunde, zeigte Götze, welch außergewöhnliche Fähigkeiten er besitzt.

Er sprang hoch, nahm den Ball mit der Brust an und schoss ihn im Fallen direkt mit dem linken Fuß an Torwart Sergio Romero vorbei ins lange Eck. Götze reihte sich ein in die Ahnenreihe der Weltmeister-Siegtorschützen Helmut Rahn (1954 zum 3:2 gegen Ungarn), Gerd Müller (1974 zum 2:1 gegen Holland) und Andreas Brehme (1990 zum 1:0 gegen Argentinien).

Das Drama begann schon gut zwei Stunden zuvor: Kurz vor Anpfiff musste Bundestrainer Joachim Löw einen Schock verdauen. Sami Khedira klagte über Wadenprobleme und konnte nicht auflaufen. Christoph Kramer ersetzte ihn. Der Mann, den Löw erst am 13. Mai im Testländerspiel gegen Polen entdeckt und nachträglich in seinen WM-Kader geholt hatte, stand plötzlich im WM-Finale auf dem Platz.

Die deutsche Elf bestimmte das Spiel, die klareren Aktionen hatte Argentinien. In der 4. Minute knallte Toni Kroos einen Freistoß in die Mauer, die Argentinier konterten schnell. Ezequiel Lavezzi lief Mats Hummels davon, Gonzalo Higuaín schoss aus spitzem Winkel knapp vorbei. In der 9. Minute wurde der glänzend aufgelegte Lionel Messi erst im letzten Moment von Bastian Schweinsteiger gestoppt.

Der nächste Schock in der ›

DEUTSCHLAND – ARGENTINIEN

 1:0 n. V. (0:0)

DEUTSCHLAND-DATEN

Torhüter	Min.	Schüsse gehalten (von)	Flanken/ Ecken abgefangen	Glanz- taten	Schwere Fehler	Lange Pässe angekommen (von)	Note
Neuer	120	0 % (0)	3	0	0	57 % (7)	2

Spieler	Ball- kontakte in Min.	Zweik. gew. (von)	Fouls/ gefoult worden	Pässe angek. (von)	Schüsse/ Schuss- vorlagen	Tore/ Torvor- lagen	Note
Lahm	124 in 120	69 % (16)	0/3	87 % (95)	0/1	0/0	2
Boateng	89 in 120	68 % (28)	0/0	87 % (69)	0/0	0/0	1
Hummels	73 in 120	59 % (27)	1/0	96 % (51)	0/0	0/0	2
Höwedes	77 in 120	53 % (19)	2/0	87 % (52)	1/0	0/0	3+
Kramer	12 in 30	25 % (8)	0/0	100 % (9)	0/0	0/0	3
Schürrle	79 in 90	68 % (28)	2/0	92 % (50)	3/2	0/1	3
Schweinsteiger	118 in 120	69 % (29)	2/6	92 % (95)	0/0	0/0	2
Müller	74 in 120	46 % (41)	3/1	77 % (51)	0/3	0/0	2
Kroos	121 in 120	37 % (19)	3/1	88 % (97)	3/1	0/0	4+
Özil	88 in 119	46 % (26)	2/2	85 % (68)	1/2	0/0	3+
Mertesacker	1 in 1	100 % (1)	0/0	0 % (0)	0/0	0/0	–
Klose	27 in 87	39 % (26)	3/2	89 % (9)	0/0	0/0	3
Götze	23 in 33	60 % (10)	1/0	93 % (14)	2/1	1/0	3

13. JULI, 21.00 UHR, RIO DE JANEIRO

Schiedsrichter: Nicola Rizzoli (Italien).
Assistenten: Renato Faverani, Andrea Stefani (beide Italien).
Tor: 1:0 Götze (113.).
Einwechslungen: Schürrle für Kramer (31.), Götze für Klose (88.), Mertesacker für Özil (120.) – Agüero für Lavezzi (46.), Palacio für Higuaín (78.), Gago für Pérez (86.).
Zuschauer: 74 738 (ausverkauft).
Wetter: 23 Grad, leicht bewölkt, 65 % Luftfeuchte.

ARGENTINIEN-DATEN

Torhüter	Min.	Schüsse gehalten (von)	Flanken/ Ecken abgefangen	Glanz- taten	Schwere Fehler	Lange Pässe angekommen (von)	Note
Romero	120	83 % (6)	1	0	0	22 % (9)	2

Spieler	Ball- kontakte in Min.	Zweik. gew. (von)	Fouls/ gefoult worden	Pässe angek. (von)	Schüsse/ Schuss- vorlagen	Tore/ Torvor- lagen	Note
Zabaleta	65 in 120	46 % (26)	1/1	77 % (26)	0/0	0/0	3+
Demichelis	55 in 120	55 % (22)	2/2	90 % (39)	0/0	0/0	2
Garay	55 in 120	68 % (19)	1/0	95 % (37)	0/0	0/0	2
Rojo	61 in 120	29 % (31)	1/1	71 % (31)	0/3	0/0	3–
Mascherano	76 in 120	65 % (26)	2/3	80 % (56)	0/0	0/0	2
Biglia	58 in 120	50 % (22)	2/4	85 % (39)	1/1	0/0	3
Perez	41 in 85	56 % (16)	0/0	92 % (26)	0/1	0/0	3
Gago	28 in 35	44 % (9)	1/3	79 % (19)	0/0	0/0	3–
Lavezzi	19 in 45	63 % (16)	0/3	83 % (6)	0/0	0/0	3+
Agüero	28 in 75	29 % (34)	2/0	83 % (12)	2/1	0/0	4
Messi	56 in 120	38 % (34)	1/2	73 % (30)	4/2	0/0	2
Higuain	23 in 77	15 % (13)	1/0	73 % (15)	3/0	0/0	3
Palacio	13 in 43	33 % (12)	3/0	80 % (5)	2/1	0/0	4

DEUTSCHLAND – ARGENTINIEN

Löw: „Der Titel war jetzt fällig"

Deutschland zum dritten Mal in Folge torgefährlichste Elf

Bester deutscher Joker: André Schürrle (r.), hier im Finale gegen Lavezzi

171 Tore in 64 Spielen, 163 in der regulären Spielzeit und acht in der Verlängerung: Die Spieler stellten in Brasilien einen historischen Torrekord ein und erreichten die bisherige Bestmarke von 171 Treffern bei der WM 1998 in Frankreich. Dazu kamen weitere 26 Tore in vier Elfmeterschießen, die aber nicht in die Statistik einfließen.
Maßgeblich dafür verantwortlich war mit 18 Toren die deutsche Nationalmannschaft. Nicht zuletzt dank ihrer Schützenfeste zum Auftakt gegen Portugal (4:0) und im Halbfinale gegen Brasilien (7:1) gelang den Deutschen ein einmaliger Hattrick: Nach den Turnieren im eigenen Land 2006 (14 Tore) und 2010 in Südafrika (16) stellten sie zum dritten Mal in Folge das torgefährlichste WM-Team.
Die extremen klimatischen Bedingungen begünstigten zudem einen weiteren Rekord: Noch nie fielen so viele Tore durch Einwechselspieler. Der bisherige Spitzenwert von 23 Joker-Toren, aufgestellt 2006, wurde bereits in der Vorrunde übertroffen. Insgesamt trafen Joker in Brasilien 32-mal. Zuletzt Mario Götze im Finale. Erfolgreichster Akteur in dieser Kategorie: André Schürrle.

› 17. Minute: Kramer ging nach einem Schulter-Check von Ezequiel Garay benommen zu Boden. Nach einer Behandlungspause konnte er weiterspielen – zunächst.
In der 22. Minute nahm sich Kroos seinen Aussetzer: Er köpfte den Ball unbedrängt zurück in Richtung von Manuel Neuer, übersah dabei aber Higuaín. Dieser lief völlig frei auf Neuer zu, schoss aber viel zu überhastet, der Ball kullerte neben das Tor.
Kramer, der mutig und forsch aufspielte, musste weiter einstecken – und in der 31. Minute von zwei Betreuern gestützt das Spielfeld verlassen.

»Nur mit deutschen Tugenden wäre es nicht gegangen«

André Schürrle kam aufs Feld, Özil rückte ins zentrale, Kroos ins defensive Mittelfeld.
In der 37. Minute kam die deutsche Mannschaft zu ihrer bis dahin klarsten Chance: Thomas Müller setzte sich auf der linken Seite durch, passte zurück auf Schürrle, dessen Schuss Romero abwehrte. In der 40. Minute wirbelte erneut Messi auf der rechten Seite, Jérôme Boateng klärte im Fünfmeterraum. In der Nachspielzeit der ersten Hälfte dann die größte Gelegenheit: Nach einer Ecke von Kroos köpfte der heranfliegende Benedikt Höwedes den Ball an den Pfosten.
Zu Beginn der zweiten Hälfte näherte sich Messi diesmal von der linken Seite bedrohlich dem deutschen Tor, sein Schuss rauschte nur knapp daneben. Als Higuaín in der 56. Minute einen langen Pass erlaufen wollte, eilte Neuer heraus und rammte den Argentinier bei der Faustabwehr zu Boden. Glück, dass er dafür kein Gelb sah.
Je länger das Finale dauerte, desto rarer wurden die Torszenen. Messi schüttelte in der 75. Minute drei Gegenspieler ab und verfehlte nur knapp des Tor. In der 82. Minute wurde Kroos von Özil mustergültig freigespielt, doch er schlenzte den Ball vorbei.

Dann kam Götze. Sein erster Schuss in der 90. Minute war noch harmlos. In der 91. Minute bereitete er eine Riesenchance von Schürrle vor, die Romero vereitelte. Nachdem in der 97. Minute Rodrigo Palacio völlig frei vor Neuer aufgetaucht war, den Heber aber neben das Tor gesetzt hatte, brach die spielentscheidende 113. Minute an.
Als Philipp Lahm schon lange den WM-Pokal in den Himmel gereckt hatte, konnte Götze sein Glück immer noch nicht fassen: „Es war kein einfaches Jahr für mich und kein einfaches Turnier. Es ist wie im Traum", sagte er.
Löw berichtete derweil von seinen Worten bei der Einwechslung: „Ich habe Mario gesagt: Zeig der Welt, dass du besser bist als Messi." Dann blickte er noch weiter zurück: „Die Arbeit begann vor zehn Jahren mit Jürgen Klinsmann. Seitdem haben wir uns kontinuierlich gesteigert, spielerisch weiterentwickelt. Nur mit deutschen Tugenden wäre es nicht gegangen. Der Titel war jetzt fällig."

Die deutsche WM-Mannschaft
Hintere Reihe v. l.:
Sami Khedira, Mats Hummels, Toni Kroos, Jérôme Boateng, Per Mertesacker, Benedikt Höwedes, Lukas Podolski, André Schürrle.
Mittlere Reihe: Bundestrainer Joachim Löw, Co-Trainer Hansi Flick, Kevin Großkreutz, Bastian Schweinsteiger, Miroslav Klose, Mesut Özil, Thomas Müller, Christoph Kramer, Torwarttrainer Andreas Köpke, Teammanager Oliver Bierhoff.
Vordere Reihe:
Erik Durm, Mario Götze, Julian Draxler, Roman Weidenfeller, Manuel Neuer, Ron-Robert Zieler, Philipp Lahm, Shkodran Mustafi (Foto-Montage), Matthias Ginter

Nach zehn Jahren am großen Ziel seiner Arbeit: Joachim Löw hält den WM-Pokal in Händen. 2004 wurde er Assistent von Jürgen Klinsmann in der Nationalelf, übernahm 2006 die Mannschaft als Bundestrainer und formte sie gegen alle Widerstände nach seinen Vorstellungen

WM-TORJÄGER

		Tore
1.	James Rodríguez (Kolumbien)	6
2.	Thomas Müller (Deutschland)	5
3.	Lionel Messi (Argentinien)	4
	Neymar (Brasilien)	4
	Robin van Persie (Holland)	4
6.	Karim Benzema (Frankreich)	3
	Arjen Robben (Holland)	3
	André Schürrle (Deutschland)	3
	Xherdan Shaqiri (Schweiz)	3
	Enner Valencia (Ecuador)	3

EWIGE REKORDSCHÜTZEN

		Tore
1.	Miroslav Klose (Deutschland)	16
2.	Ronaldo (Brasilien)	15
3.	Gerd Müller (Deutschland)	14
4.	Just Fontaine (Frankreich)	13
5.	Pelé (Brasilien)	12
6.	Sandor Kocsis (Ungarn)	11
	Jürgen Klinsmann (Deutschland)	11
8.	Thomas Müller (Deutschland)	10
	Helmut Rahn (Deutschland)	10
	Teófilo Cubillas (Peru)	10
	Gary Lineker (England)	10
	Gabriel Batistuta (Argentinien)	10
	Grzegorz Lato (Polen)	10

EWIGE REKORDSPIELER

		Spiele
1.	Lothar Matthäus (Deutschland)	25
2.	Miroslav Klose (Deutschland)	24
3.	Paolo Maldini (Italien)	23
4.	Diego Maradona (Argentinien)	21
	Wladyslaw Zmuda (Polen)	21
	Uwe Seeler (Deutschland)	21
7.	Cafú (Brasilien)	20
	Philipp Lahm (Deutschland)	20
	Grzegorz Lato (Polen)	20
	Bastian Schweinsteiger (Deutschland)	20
11.	Wolfgang Overath (Deutschland)	19
	Berti Vogts (Deutschland)	19
	Karl-Heinz Rummenigge (Deutschland)	19
	Ronaldo (Brasilien)	19
	Per Mertesacker (Deutschland)	19

MEISTE WM-SIEGE

		Siege
1.	Miroslav Klose (Deutschland)	17
2.	Cafú (Brasilien)	16
3.	Philipp Lahm (Deutschland)	15
	Lothar Matthäus (Deutschland)	15
	Wolfgang Overath (Deutschland)	15
	Ronaldo (Brasilien)	15
	Bastian Schweinsteiger (Deutschland)	15
8.	Franz Beckenbauer (Deutschland)	14
	Paolo Maldini (Italien)	14
	Lúcio (Brasilien)	14

Die Helden in Zahlen

1 Manuel Neuer (Torwart)

In der Vorrunde selten geprüft. Hatte dort kaum eine Chance, sich auszuzeichnen. Ab dem Achtelfinale zeigte Neuer dann, dass er der beste Torwart der Welt ist. Gigantisch!

NOTE 1

	Portugal	Ghana	USA	Algerien	Frankreich	Brasilien	Argentinien	SUMME
Minuten gespielt	90	90	90	120	90	90	120	690
Ausw./Einw.	0/0	0/0	0/0	0/0	0/0	0/0	0/0	0/0
Ballkontakte	33	36	38	53	51	53	45	309
Schüsse aufs Tor	4	7	0	3	5	8	0	27
Gegentore	0	2	0	1	0	1	0	4
abgewehrt	4	5	0	2	5	7	0	23
davon festgehalten	1	3	0	2	2	4	0	12
anders abgewehrt	3	2	0	0	3	3	0	11
Großchancen vereitelt	0	0	0	0	0	2	0	2
Hohe Hereingaben abgefangen	0	2	0	2	1	3	3	11
Laufleistung (km)	5,0	5,1	4,8	5,5	5,3	5,8	7,0	38,5

20 Jérôme Boateng (Rechts- und Innenverteidiger)

Nahm Ronaldo im ersten Spiel die Lust am Fußball und sorgte so mit für einen Traumstart. Wechselte später in die geliebte Innenverteidigung, spielte abgeklärt. Glänzte im Finale.

NOTE 2

	Portugal	Ghana	USA	Algerien	Frankreich	Brasilien	Argentinien	SUMME
Minuten gespielt	90	45	90	120	90	90	120	645
Ausw./Einw.	0/0	1/0	0/0	0/0	0/0	0/0	0/0	1/0
Ballkontakte	53	29	69	112	62	58	89	472
Zweikämpfe	16	6	7	20	18	8	28	103
gewonnen	10	6	4	15	10	5	19	69
verloren	6	0	3	5	8	3	9	34
Fouls begangen	2	0	1	1	0	0	0	4
Gefoult worden	2	0	0	1	0	0	0	3
Tore	0	0	0	0	0	0	0	0
Torschüsse gesamt	0	0	0	0	0	0	0	0
Vorlagen zu Toren	0	0	1	0	0	0	0	1
Torschuss-Vorlagen	1	0	3	1	0	0	0	5
Ecken/Flanken	0/1	0/1	0/8	0/1	0/0	0/0	0/0	0/11
Im Abseits	0	0	0	0	0	0	0	0
Laufleistung (km)	9,5	5,1	10,5	11,1	9,6	10,8	13,7	70,3

17 Per Mertesacker (Innenverteidiger)

Bot nur durchschnittliche Leistungen, war aber ein Muster an Zuverlässigkeit. In einigen Szenen zu langsam. Wurde ab dem Frankreich-Spiel von Boateng im Abwehrzentrum verdrängt.

NOTE 3−

	Portugal	Ghana	USA	Algerien	Frankreich	Brasilien	Argentinien	SUMME
Minuten gespielt	90	90	90	120	−	45	1	436
Ausw./Einw.	0/0	0/0	0/0	0/0	−	0/1	0/1	0/2
Ballkontakte	34	75	111	102	−	30	1	353
Zweikämpfe	6	14	3	18	−	6	1	48
gewonnen	2	7	3	14	−	5	1	32
verloren	4	7	0	4	−	1	0	16
Fouls begangen	2	0	0	1	−	0	0	3
Gefoult worden	0	0	0	3	−	0	0	3
Tore	0	0	0	0	−	0	0	0
Torschüsse gesamt	0	0	0	1	−	0	0	1
Vorlagen zu Toren	0	0	1	0	−	0	0	1
Torschuss-Vorlagen	0	0	0	0	−	0	0	0
Ecken/Flanken	0/0	0/0	0/0	0/0	−	0/0	0/0	0/0
Im Abseits	0	0	0	0	−	0	0	0
Laufleistung (km)	9,0	9,7	9,6	10,8	−	5,2	0,4	44,7

5 Mats Hummels (Innenverteidiger)

Stieg schon im ersten Spiel zu Deutschlands bestem Abwehrspieler auf. Bestach mit Kopfballstärke – auch im Angriff – und intelligentem und hartem Zweikampfverhalten.

NOTE 2

	Portugal	Ghana	USA	Algerien	Frankreich	Brasilien	Argentinien	SUMME
Minuten gespielt	73	90	90	−	90	45	120	508
Ausw./Einw.	1/0	0/0	0/0	−	1/0	0/0	2/0	−
Ballkontakte	58	78	64	−	50	22	73	345
Zweikämpfe	12	19	15	−	14	7	27	94
gewonnen	9	14	7	−	10	6	16	62
verloren	3	5	8	−	4	1	11	32
Fouls begangen	1	1	1	−	1	0	1	5
Gefoult worden	0	1	0	−	2	0	0	3
Tore	1	0	0	−	1	0	0	2
Torschüsse gesamt	1	0	1	−	1	0	0	2
Vorlagen zu Toren	0	0	0	−	0	0	0	0
Torschuss-Vorlagen	0	0	0	−	0	0	0	0
Ecken/Flanken	0/0	0/0	0/1	−	0/0	0/0	0/0	0/1
Im Abseits	0	0	0	−	0	0	0	0
Laufleistung (km)	7,7	10,3	10,0	−	9,6	5,2	13,0	55,8

21 Shkodran Mustafi (Rechtsverteidiger)

Der Jung-Profi, für den verletzten Marco Reus überraschend nachnominiert, war überfordert. Sollte eigentlich lernen bei der WM. Löw tat ihm keinen Gefallen mit seinen Einsätzen.

NOTE 4−

	Portugal	Ghana	USA	Algerien	Frankreich	Brasilien	Argentinien	SUMME
Minuten gespielt	18	45	−	69	−	−	−	132
Ausw./Einw.	0/1	0/1	−	1/0	−	−	−	1/2
Ballkontakte	13	33	−	40	−	−	−	86
Zweikämpfe	1	5	−	8	−	−	−	14
gewonnen	1	3	−	5	−	−	−	9
verloren	0	2	−	3	−	−	−	5
Fouls begangen	0	1	−	0	−	−	−	1
Gefoult worden	0	0	−	0	−	−	−	0
Tore	0	0	−	0	−	−	−	0
Torschüsse gesamt	0	0	−	1	−	−	−	1
Vorlagen zu Toren	0	0	−	0	−	−	−	0
Torschuss-Vorlagen	0	0	−	2	−	−	−	2
Ecken/Flanken	0/0	0/2	−	0/3	−	−	−	0/5
Im Abseits	0	0	−	1	−	−	−	1
Laufleistung (km)	2,2	5,9	−	6,6	−	−	−	14,7

4 Benedikt Höwedes (Linksverteidiger)

Ihm drohte ein Turnier auf der Ersatzbank, dann machte ihn Löw zum Stamm-Linksverteidiger. Eine Position, die er bis dahin kaum gespielt hatte. Höwedes verbiss sich in die Aufgabe. Sehr solide.

NOTE 3

	Portugal	Ghana	USA	Algerien	Frankreich	Brasilien	Argentinien	SUMME
Minuten gespielt	90	90	90	120	90	90	120	690
Ausw./Einw.	0/0	0/0	0/0	0/0	0/0	0/0	0/0	0/0
Ballkontakte	65	48	71	67	45	51	77	424
Zweikämpfe	15	15	22	19	19	9	19	118
gewonnen	8	9	12	11	13	5	10	68
verloren	7	6	10	8	6	4	9	50
Fouls begangen	0	0	2	1	1	2	2	8
Gefoult worden	1	1	1	1	1	1	0	6
Tore	0	0	0	0	0	0	0	0
Torschüsse gesamt	0	1	2	1	0	1	6	11
Vorlagen zu Toren	0	1	0	0	0	0	0	1
Torschuss-Vorlagen	0	1	0	0	0	0	0	1
Ecken/Flanken	0/0	0/0	0/1	0/0	0/0	0/0	0/1	0/2
Im Abseits	1	0	0	0	0	0	0	1
Laufleistung (km)	10,3	11,0	10,8	12,5	10,3	11,4	14,1	80,4

16 Philipp Lahm (def. Mittelfeld, Rechtsverteidiger)

Der Kapitän fand lange nicht seine Form, agierte auf seiner Wunschposition im Mittelfeld fahrig, langsam und fehlerhaft. Als Rechtsverteidiger ab dem Frankreich-Spiel besser. Bestes Spiel im Finale.

NOTE 3+

	Portugal	Ghana	USA	Algerien	Frankreich	Brasilien	Argentinien	SUMME
Minuten gespielt	90	90	90	120	90	90	120	690
Ausw./Einw.	0/0	0/0	0/0	0/0	0/0	0/0	0/0	0/0
Ballkontakte	88	88	118	113	83	61	124	675
Zweikämpfe	17	13	5	16	13	15	16	95
gewonnen	12	8	3	9	7	11	11	61
verloren	5	5	2	7	6	4	5	34
Fouls begangen	0	0	1	1	0	0	0	2
Gefoult worden	2	2	2	0	0	0	3	9
Tore	0	0	0	0	0	0	0	0
Torschüsse gesamt	1	0	0	2	0	0	0	3
Vorlagen zu Toren	0	0	0	0	0	1	0	1
Torschuss-Vorlagen	0	2	1	2	0	3	1	9
Ecken/Flanken	0/1	0/0	0/0	0/1	0/0	0/2	0/6	0/10
Im Abseits	0	0	0	0	0	0	0	0
Laufleistung (km)	11,1	11,8	11,7	12,4	9,5	10,7	13,7	80,9

6 Sami Khedira (def. Mittelfeld)

Es war ein Wunder, dass Khedira nach Kreuzbandriss im November 2013 noch rechtzeitig fit wurde. Erreichte natürlich nicht Höchstform, steigerte sich kontinuierlich. Fehlte verletzt im Finale.

NOTE 3

	Portugal	Ghana	USA	Algerien	Frankreich	Brasilien	Argentinien	SUMME
Minuten gespielt	90	69	−	51	90	76	−	375
Ausw./Einw.	0/0	1/0	−	0/1	0/0	1/0	−	2/1
Ballkontakte	60	56	−	41	41	51	−	249
Zweikämpfe	14	18	−	7	12	13	−	64
gewonnen	5	6	−	6	6	8	−	31
verloren	9	12	−	1	6	5	−	33
Fouls begangen	0	3	−	0	2	1	−	6
Gefoult worden	2	2	−	1	0	1	−	6
Tore	0	0	−	0	0	1	−	1
Torschüsse gesamt	1	0	−	1	0	2	−	4
Vorlagen zu Toren	0	0	−	0	0	0	−	0
Torschuss-Vorlagen	2	0	−	3	0	2	−	7
Ecken/Flanken	0/0	0/0	−	0/2	0/0	0/0	−	0/2
Im Abseits	0	0	−	0	0	0	−	0
Laufleistung (km)	11,3	8,7	−	6,8	10,5	10,0	−	47,3

7 Bastian Schweinsteiger (def. Mittelfeld)

Im Portugal-Spiel noch Ersatz, dann rutschte er auch auf dem Spielfeld immer mehr in seine Chefrolle. Dirigierte in altbekannter Manier, Super-Kämpfer und -Stratege im Endspiel.

NOTE 2−

	Portugal	Ghana	USA	Algerien	Frankreich	Brasilien	Argentinien	SUMME
Minuten gespielt	−	21	75	108	90	90	120	504
Ausw./Einw.	−	0/1	1/0	1/0	0/0	0/0	0/0	2/1
Ballkontakte	−	24	95	111	59	69	118	476
Zweikämpfe	−	9	16	30	11	16	29	111
gewonnen	−	7	10	15	5	8	20	65
verloren	−	2	6	15	6	8	9	46
Fouls begangen	−	0	2	3	2	1	2	10
Gefoult worden	−	3	5	2	0	0	6	16
Tore	−	0	0	0	0	0	0	0
Torschüsse gesamt	−	3	1	2	0	0	1	7
Vorlagen zu Toren	−	0	0	0	0	0	0	0
Torschuss-Vorlagen	−	0	2	2	0	1	0	5
Ecken/Flanken	−	0/0	0/3	0/1	0/0	0/0	0/2	0/6
Im Abseits	−	0	0	0	0	0	0	0
Laufleistung (km)	−	3,4	9,6	11,6	10,6	12,6	15,3	63,1

STATISTIK

Bundestrainer Joachim Löw setzte 18 seiner 23 Spieler ein. Das leisteten sie vom Auftaktspiel bis zum Finale gegen Argentinien

23 Christoph Kramer (def. Mittelfeld) — NOTE –

Rutschte erst im letzten Moment in den WM-Kader, war Löws Spieler für taktische Wechsel in der Schlussphase. War dort trotz Minuten-Einsätzen sofort präsent. Im Endspiel leider früh verletzt raus.

	Portugal	Ghana	USA	Algerien	Frankreich	Brasilien	Argentinien	SUMME
Minuten gespielt	–	–	–	12	1	–	30	43
Ausw./Einw.	–	–	–	0/1	0/1	–	1/0	1/2
Ballkontakte	–	–	–	9	1	–	12	22
Zweikämpfe	–	–	–	3	0	–	8	11
gewonnen	–	–	–	2	0	–	2	4
verloren	–	–	–	1	0	–	6	7
Fouls begangen	–	–	–	0	0	–	0	0
Gefoult worden	–	–	–	0	0	–	0	0
Tore	–	–	–	0	0	–	0	0
Torschüsse gesamt	–	–	–	1	0	–	0	1
Vorlagen zu Toren	–	–	–	0	0	–	0	0
Torschuss-Vorlagen	–	–	–	0	0	–	0	0
Ecken/Flanken	–	–	–	0/0	0/0	–	0/0	0/0
Im Abseits	–	–	–	0	0	–	0	0
Laufleistung (km)	–	–	–	2,0	0,4	–	4,1	6,5

18 Toni Kroos (off. Mittelfeld) — NOTE 2

Entwickelte sich zu Deutschlands Spielmacher. Inszenierte mit feiner Technik und Übersicht das Offensivspiel. Nutzte gegen Brasilien dann auch endlich seine Schusskraft. Schwächer im Finale.

	Portugal	Ghana	USA	Algerien	Frankreich	Brasilien	Argentinien	SUMME
Minuten gespielt	90	90	90	120	89	90	120	689
Ausw./Einw.	0/0	0/0	0/0	0/0	1/0	0/0	0/0	1/0
Ballkontakte	95	121	116	121	48	79	121	701
Zweikämpfe	11	17	10	15	14	15	19	101
gewonnen	5	8	5	11	5	8	7	49
verloren	6	9	5	4	9	7	12	52
Fouls begangen	0	1	0	0	1	2	3	7
Gefoult worden	0	4	0	3	3	1	1	12
Tore	0	0	0	0	0	2	0	2
Torschüsse gesamt	1	3	2	2	2	3	3	16
Vorlagen zu Toren	2	0	0	0	1	1	0	4
Torschuss-Vorlagen	2	3	0	7	2	2	1	17
Ecken/Flanken	3/1	7/2	1/0	9/4	3/1	2/0	5/0	30/8
Im Abseits	0	0	0	0	0	0	0	0
Laufleistung (km)	11,7	11,6	11,1	12,0	10,2	11,7	14,3	82,6

8 Mesut Özil (off. Mittelfeld) — NOTE 3

Wollte der Spielmacher sein, wurde aber von Löw auf die linke Außenbahn verbannt. Dort seltsam gehemmt, zuweilen lustlos und zweikampfschwach. Bestes Spiel im Finale.

	Portugal	Ghana	USA	Algerien	Frankreich	Brasilien	Argentinien	SUMME
Minuten gespielt	62	90	88	120	82	90	119	651
Ausw./Einw.	1/0	0/0	1/0	0/0	1/0	0/0	1/0	4/0
Ballkontakte	39	65	72	90	36	55	88	445
Zweikämpfe	10	17	17	24	11	16	26	121
gewonnen	5	6	7	10	2	7	12	49
verloren	5	11	10	14	9	9	14	72
Fouls begangen	0	0	1	0	0	0	2	3
Gefoult worden	1	1	1	3	0	0	2	8
Tore	0	0	0	1	0	0	0	1
Torschüsse gesamt	1	0	2	3	0	2	1	9
Vorlagen zu Toren	0	0	0	0	0	1	0	1
Torschuss-Vorlagen	2	5	4	4	2	2	2	21
Ecken/Flanken	0/1	0/3	2/2	1/3	0/2	3/0	0/2	6/13
Im Abseits	0	0	1	1	0	0	1	3
Laufleistung (km)	7,2	10,3	10,0	11,3	8,8	11,4	14,1	73,1

9 André Schürrle (off. Mittelfeld, Stürmer) — NOTE 2

Der Super-Joker mit drei Toren. Immer wenn Schürrle eingewechselt wurde, belebte er mit seinem Sturm und Drang das deutsche Angriffsspiel. Sprühte vor Einsatzwillen.

	Portugal	Ghana	USA	Algerien	Frankreich	Brasilien	Argentinien	SUMME
Minuten gespielt	28	–	2	75	22	32	90	239
Ausw./Einw.	0/1	–	0/1	0/1	0/1	0/1	0/1	0/6
Ballkontakte	18	–	3	43	16	27	79	186
Zweikämpfe	6	–	1	21	15	3	28	74
gewonnen	1	–	0	8	5	0	19	33
verloren	5	–	1	13	10	3	9	41
Fouls begangen	1	–	0	1	2	1	2	7
Gefoult worden	0	–	0	0	2	0	0	2
Tore	0	–	0	1	0	2	0	3
Torschüsse gesamt	0	–	1	7	3	2	3	16
Vorlagen zu Toren	1	–	0	1	0	0	1	3
Torschuss-Vorlagen	2	–	0	1	0	0	2	5
Ecken/Flanken	0/0	–	0/0	0/3	0/0	0/1	0/2	0/6
Im Abseits	1	–	0	1	0	0	0	2
Laufleistung (km)	3,3	–	0,7	6,3	3,1	4,0	11,2	28,6

19 Mario Götze (off. Mittelfeld) — NOTE 3

Spielte stark gegen Portugal, wurde dann immer schlechter, war die große Enttäuschung, gegen Brasilien ohne Einsatz. Und dann entschied er als Joker mit seinem Tor das Endspiel – das pure Glück.

	Portugal	Ghana	USA	Algerien	Frankreich	Brasilien	Argentinien	SUMME
Minuten gespielt	90	68	15	45	8	–	33	259
Ausw./Einw.	0/0	1/0	0/1	1/0	0/1	–	0/1	2/3
Ballkontakte	61	38	21	27	4	–	23	174
Zweikämpfe	26	21	8	10	4	–	10	79
gewonnen	13	8	5	4	1	–	6	37
verloren	13	13	3	6	3	–	4	42
Fouls begangen	1	2	0	1	1	–	1	6
Gefoult worden	2	0	1	1	1	–	0	5
Tore	0	1	0	0	0	–	1	2
Torschüsse gesamt	5	1	0	2	0	–	2	10
Vorlagen zu Toren	1	0	0	0	0	–	0	1
Torschuss-Vorlagen	2	0	0	0	0	–	1	3
Ecken/Flanken	0/1	0/2	0/0	0/0	0/0	–	0/1	0/4
Im Abseits	0	1	0	0	0	–	0	1
Laufleistung (km)	11,6	9,1	2,5	6,1	1,6	–	5,4	36,3

10 Lukas Podolski (off. Mittelfeld) — NOTE 4

Konnte nie seine Leistungen aus der erstklassigen Vorbereitung wiederholen. Ein Mitläufer. Nach einer schwachen ersten Halbzeit gegen die USA mit Stammplatz auf der Ersatzbank.

	Portugal	Ghana	USA	Algerien	Frankreich	Brasilien	Argentinien	SUMME
Minuten gespielt	9	–	45	–	–	–	–	54
Ausw./Einw.	0/1	–	1/0	–	–	–	–	1/1
Ballkontakte	13	–	34	–	–	–	–	47
Zweikämpfe	2	–	9	–	–	–	–	11
gewonnen	2	–	5	–	–	–	–	7
verloren	0	–	4	–	–	–	–	4
Fouls begangen	0	–	0	–	–	–	–	0
Gefoult worden	0	–	1	–	–	–	–	1
Tore	0	–	0	–	–	–	–	0
Torschüsse gesamt	0	–	2	–	–	–	–	2
Vorlagen zu Toren	0	–	0	–	–	–	–	0
Torschuss-Vorlagen	0	–	1	–	–	–	–	1
Ecken/Flanken	0/0	–	0/2	–	–	–	–	0/2
Im Abseits	0	–	1	–	–	–	–	1
Laufleistung (km)	1,2	–	5,3	–	–	–	–	6,5

13 Thomas Müller (off. Mittelfeld, Mittelstürmer) — NOTE 1

Der mit Abstand beste deutsche Spieler. Ein Musterbeispiel an Einsatzfreude, Willenskraft und Effizienz. Riss seine Mitspieler immer wieder mit und schoss die wichtigen Tore.

	Portugal	Ghana	USA	Algerien	Frankreich	Brasilien	Argentinien	SUMME
Minuten gespielt	81	90	90	120	90	90	120	681
Ausw./Einw.	1/0	0/0	0/0	0/0	0/0	0/0	0/0	1/0
Ballkontakte	46	34	42	66	45	58	74	365
Zweikämpfe	18	16	17	39	32	32	41	195
gewonnen	11	7	4	21	11	17	19	90
verloren	7	9	13	18	21	15	22	105
Fouls begangen	1	2	0	0	5	2	3	13
Gefoult worden	0	1	2	2	4	6	1	16
Tore	3	0	1	0	0	1	0	5
Torschüsse gesamt	4	1	3	6	2	3	0	19
Vorlagen zu Toren	0	1	0	1	0	3	0	5
Torschuss-Vorlagen	2	2	4	4	4	3	4	23
Ecken/Flanken	1/2	0/3	0/4	0/2	0/0	0/5	0/4	1/20
Im Abseits	0	1	0	0	2	0	0	3
Laufleistung (km)	10,6	12,2	11,1	12,5	11,0	11,4	15,2	84,0

11 Miroslav Klose (Mittelstürmer) — NOTE 3+

Der alte Mann zeigte es seinen Kritikern. Arrangierte sich anfangs mit der Ersatzrolle, führte nach Umstellung auf das 4-2-3-1-System den Sturm an. Laufstark und torgefährlich.

	Portugal	Ghana	USA	Algerien	Frankreich	Brasilien	Argentinien	SUMME
Minuten gespielt	–	22	45	–	68	58	87	279
Ausw./Einw.	–	0/1	0/1	–	1/0	1/0	1/0	3/2
Ballkontakte	–	5	14	–	29	27	27	102
Zweikämpfe	–	2	7	–	28	15	26	78
gewonnen	–	1	3	–	11	5	10	30
verloren	–	1	4	–	17	10	16	48
Fouls begangen	–	1	1	–	0	3	3	8
Gefoult worden	–	0	1	–	1	2	1	5
Tore	–	1	0	–	0	1	0	2
Torschüsse gesamt	–	2	1	–	0	3	1	7
Vorlagen zu Toren	–	0	0	–	0	0	0	0
Torschuss-Vorlagen	–	0	0	–	0	0	0	0
Ecken/Flanken	–	0/0	0/0	–	0/0	0/0	0/1	0/1
Im Abseits	–	0	0	–	1	0	1	2
Laufleistung (km)	–	2,7	5,1	–	7,1	6,7	8,9	30,5

14 Julian Draxler (off. Mittelfeld) — NOTE –

War schon froh, dass er angesichts des Überangebots im linken Mittelfeld nominiert wurde. Erhielt gegen Brasilien als Joker die Chance und nutzte den Kurzeinsatz redlich.

	Portugal	Ghana	USA	Algerien	Frankreich	Brasilien	Argentinien	SUMME
Minuten gespielt	–	–	–	–	–	14	–	15
Ausw./Einw.	–	–	–	–	–	0/1	–	0/1
Ballkontakte	–	–	–	–	–	8	–	8
Zweikämpfe	–	–	–	–	–	1	–	1
gewonnen	–	–	–	–	–	0	–	0
verloren	–	–	–	–	–	1	–	1
Fouls begangen	–	–	–	–	–	1	–	1
Gefoult worden	–	–	–	–	–	0	–	0
Tore	–	–	–	–	–	0	–	0
Torschüsse gesamt	–	–	–	–	–	0	–	0
Vorlagen zu Toren	–	–	–	–	–	0	–	0
Torschuss-Vorlagen	–	–	–	–	–	1	–	1
Ecken/Flanken	–	–	–	–	–	0/0	–	0/0
Im Abseits	–	–	–	–	–	0	–	0
Laufleistung (km)	–	–	–	–	–	2,3	–	2,3

Brasilien ein Bild des Jammers

„Ein Esel hat einen höheren IQ als unser Trainer Scolari"

Uneinsichtig: Luiz Felipe Scolari rauft sich die Haare, fühlt sich aber unschuldig

„Wir müssen beim Volk um Entschuldigung bitten", sagte Kapitän Thiago Silva mit weinerlicher Stimme. „Ich weiß nicht, was ich sagen soll. Es ist ein fürchterliches Gefühl", gestand Mittelfeldspieler Oscar, und Innenverteidiger Dante meinte: „Ich bin sehr, sehr enttäuscht." Mit Leidensmiene suchten Brasiliens Spieler nach Gründen für das neuerliche Debakel – und fanden keine. Allein Trainer Luiz Felipe Scolari wollte keine Schuld auf sich nehmen und erklärte den aufgebrachten brasilianischen Journalisten noch: „Wir haben die Top Vier erreicht. Ich denke nicht, dass wir das Nationalteam kritisieren können." Und auch er selber habe keine Fehler gemacht, wolle nicht zurücktreten. Damit brachte Scolari die Öffentlichkeit erst recht gegen sich auf. Die entlud sich in drastischen Kommentaren: „Scolari einen Esel zu nennen ist ungerecht. Dieses Tier hat einen IQ, der sogar den einiger Zweibeiner übertrifft, zum Beispiel den unseres Trainers", ätzte die Zeitung „O Dia". Und „Correio Braziliense" schrieb: „Die Fußball-Armut des Teams von Scolari wurde einmal mehr deutlich."

Die Partie gegen Holland wird zum Offenbarungseid. Konfus stürmt der WM-Gastgeber ins nächste Debakel

Luiz Felipe Scolari und seine Spieler trauten sich nach der Pause kaum aus dem Kabinengang. Nach einer indiskutablen ersten Halbzeit waren die Brasilianer und ihr umstrittener Trainer regelrecht in die Katakomben geflüchtet. In einem Orkan aus Pfiffen und wüsten Beschimpfungen. 0:2 stand es da gegen Holland im „kleinen Finale".

Das als Wiedergutmachung apostrophierte Spiel war gänzlich anders gelaufen als geplant – und wurde in der zweiten Hälfte nicht besser. Nach konfuser Vorstellung unterlag Brasilien keineswegs überragenden Holländern 0:3. Viele Fans erlebten das Ende dieser Peinlichkeit gar nicht mehr mit, sie hatten bereits den Heimweg angetreten.

1:7 gegen Deutschland, 0:3 gegen Holland, addiert 1:10 in zwei Spielen – selten wurden einer vermeintlichen Top-Spitze wirkte die Vierer-Abwehrkette überfordert und verunsichert. Die Holländer nutzten das bereits kurz nach Anpfiff. Thiago Silva riss Arjen Robben Zentimeter vor der Strafraumgrenze um, der schwache Schiedsrichter Djamel Haimoudi aus Algerien gab jedoch Elfmeter und zeigte Silva Gelb statt Rot. Van Persie verwandelte eiskalt zum 0:1 (3.). Nach 17 Minuten köpfte David Luiz eine Rechtsflanke von Jonathan de Guzman planlos in die Nähe des Elfmeterpunkts. Der aufgerückte Mittelfeldspieler Daley Blind nahm den Ball an, legte ihn sich zurecht und schoss ihn zum 2:0 unter die Latte.

Dem brasilianischen Offensivspiel fehlte es an jeglichen Ideen, gefährlich wurde es für Holland allenfalls bei Standardsituationen. In der 34. Minute klärte Torwart Jasper Cillessen mit einer Hand nach einer Freistoßflanke von Oscar, dem einzigen Spieler in Normalform.

»Wir haben den Kater ein wenig weggespült, Enttäuschung bleibt«

Mannschaft derart brutal ihre Unzulänglichkeiten vorgeführt. „Dieses Ende haben wir nicht verdient", warb Kapitän Thiago Silva um Nachsicht, konnte aber natürlich die weltweite Häme nicht verhindern, die die portugiesische Zeitung „Público" treffend auf den Punkt brachte: „Die WM geht zu Ende, und das ist die beste Nachricht für Brasilien."

Der Gastgeber verfiel in die gleichen stümperhaften Fehler wie gegen Deutschland. Bei schnellem Direktspiel in die

Nach dem Wechsel präsentierte sich die Seleção zwar etwas geordneter, doch die ungestüm vorgetragenen Angriffe endeten meist an der Strafraumgrenze. So erzielte Georginio Wijnaldum nur noch den 0:3-Endstand (90.+1).

Freude über den respektablen dritten Platz kam indes nur bedingt auf. „Wir haben den Kater ein wenig weggespült, die Enttäuschung überwiegt weiter", sagte Robben. Die Enttäuschung über das verlorene Halbfinale. ●

Emsig, aber meistens einen Schritt zu spät: David Luiz (o.) beobachtet Arjen Robben bei der Ballannahme. Diesmal hat Brasiliens Innenverteidiger Glück. Robben spielt den Ball mit dem Oberarm, die Aktion wird abgepfiffen

BRASILIEN – HOLLAND

 0:3 (0:2)

BRASILIEN-DATEN

Torhüter	Min.	Schüsse gehalten (von)	Flanken/ Ecken abgefangen	Glanz- taten	Schwere Fehler	Lange Pässe angekommen (von)	Note
Júlio César	90	40 % (5)	0	0	0	0 % (1)	4

Spieler	Ball- kontakte in Min.	Zweik. gew. (von)	Fouls/ gefoult worden	Pässe angek. (von)	Schüsse/ Schuss- vorlagen	Tore/ Torvor- lagen	Note
Maicon	75 in 90	67 % (18)	0/3	86 % (51)	2/2	0/0	4
3. Silva	53 in 90	70 % (10)	1/1	90 % (42)	0/0	0/0	4 –
David Luiz	69 in 90	54 % (13)	0/3	78 % (54)	3/0	0/0	4 –
Maxwell	54 in 90	53 % (15)	1/0	94 % (32)	1/0	0/0	4
Paulinho	19 in 56	33 % (9)	1/1	86 % (14)	0/0	0/0	5
Hernanes	24 in 34	31 % (13)	3/1	85 % (13)	0/0	0/0	4
Gustavo	31 in 45	44 % (9)	2/1	96 % (27)	1/1	0/0	5
2. Fernandinho	53 in 45	40 % (15)	2/1	86 % (42)	0/0	0/0	5
Ramires	28 in 72	50 % (22)	2/2	77 % (13)	1/1	0/0	4
Hulk	12 in 18	50 % (8)	0/2	100 % (3)	1/0	0/0	4
1. Oscar	77 in 90	41 % (22)	0/4	86 % (49)	3/5	0/0	3
Willian	65 in 90	40 % (15)	2/1	94 % (53)	0/2	0/0	4
Jo	33 in 90	17 % (12)	0/0	92 % (24)	0/1	0/0	5

12. JULI, 22.00 UHR, BRASÍLIA

Schiedsrichter: Djamel Haimoudi (Algerien).
Assistenten: Redouane Achik (Marokko), Abdelhak Etchiali (Algerien).
Tore: 0:1 van Persie (3., Foulelfmeter), 0:2 Blind (17.), 0:3 Wijnaldum (90.+1).
Einwechslungen: Fernandinho für Luiz Gustavo (46.), Hernanes für Paulinho (57.), Hulk für Ramires (73.) – Janmaat für Blind (70.), Veltman für Clasie (90.), Vorm für Cillessen (90.+3.).
Zuschauer: 68 034.
Wetter: 26 Grad, teilweise bewölkt, Luftfeuchte: 50 %.

HOLLAND-DATEN

Torhüter	Min.	Schüsse gehalten (von)	Flanken/ Ecken abgefangen	Glanz- taten	Schwere Fehler	Lange Pässe angekommen (von)	Note
Cillessen	89	100 % (2)	0	0	0	30 % (10)	3
Vorm	1	0 % (0)	0	0	0	0 % (0)	(10)

Spieler	Ball- kontakte in Min.	Zweik. gew. (von)	Fouls/ gefoult worden	Pässe angek. (von)	Schüsse/ Schuss- vorlagen	Tore/ Torvor- lagen	Note
de Vrij	44 in 90	84 % (19)	2/1	75 % (28)	0/0	0/0	3 +
Vlaar	38 in 90	71 % (17)	1/1	88 % (16)	0/0	0/0	2
Martins Indi	33 in 90	50 % (10)	1/0	92 % (25)	0/0	0/0	3
Kuyt	42 in 90	38 % (21)	0/0	93 % (28)	1/0	0/0	3
Blind	37 in 69	75 % (8)	1/0	91 % (23)	1/1	1/0	3 +
Janmaat	20 in 21	67 % (6)	1/0	90 % (10)	0/1	0/1	3
Wijnaldum	54 in 90	73 % (15)	1/4	87 % (38)	2/1	1/0	2
Clasie	40 in 89	42 % (19)	1/1	100 % (25)	0/0	0/0	3 –
Veltman	1 in 1	0 % (0)	0/0	0 % (1)	0/0	0/0	–
2. de Guzman	35 in 90	42 % (12)	5/0	86 % (29)	1/1	0/0	3
van Persie	34 in 90	27 % (26)	4/1	71 % (14)	2/0	1/0	3 +
1. Robben	54 in 90	57 % (28)	3/6	90 % (31)	1/4	0/1	2 –

20. WM-ENDRUNDE

GRUPPE A

Datum	Ort	Spiel	Ergebnis
12.6.	São Paulo	Brasilien – Kroatien	3:1
13.6.	Natal	Mexiko – Kamerun	1:0
17.6.	Fortaleza	Brasilien – Mexiko	0:0
18.6.	Manaus	Kamerun – Kroatien	0:4
23.6.	Brasilia	Kamerun – Brasilien	1:4
23.6.	Recife	Kroatien – Mexiko	1:3

	Team	G	U	V	Tore	Punkte
1.	Brasilien	2	1	0	7:2	7
2.	Mexiko	2	1	0	4:1	7
3.	Kroatien	1	0	2	6:6	3
4.	Kamerun	0	0	3	1:9	0

GRUPPE B

Datum	Ort	Spiel	Ergebnis
13.6.	Salvador da Ba.	Spanien – Holland	1:5
13.6.	Cuiabá	Chile – Australien	3:1
18.6.	Porto Alegre	Australien – Holland	2:3
18.6.	Rio de Janeiro	Spanien – Chile	0:2
23.6.	Curitiba	Australien – Spanien	0:3
23.6.	São Paulo	Holland – Chile	2:0

	Team	G	U	V	Tore	Punkte
1.	Holland	3	0	0	10:3	9
2.	Chile	2	0	1	5:3	6
3.	Spanien	1	0	2	4:7	3
4.	Australien	0	0	3	3:9	0

GRUPPE C

Datum	Ort	Spiel	Ergebnis
14.6.	Belo Horizonte	Kolumbien – Griechenland	3:0
15.6.	Recife	Elfenbeinküste – Japan	2:1
19.6.	Brasília	Kolumbien – Elfenbeinküste	2:1
19.6.	Natal	Japan – Griechenland	0:0
24.6.	Cuiabá	Japan – Kolumbien	1:4
24.6.	Fortaleza	Griechenland – Elfenbeinküste	2:1

	Team	G	U	V	Tore	Punkte
1.	Kolumbien	3	0	0	9:2	9
2.	Griechenland	1	1	1	2:4	4
3.	Elfenbeinküste	1	0	2	4:5	3
4.	Japan	0	1	2	2:6	1

GRUPPE D

Datum	Ort	Spiel	Ergebnis
14.6.	Fortaleza	Uruguay – Costa Rica	1:3
14.6.	Manaus	England – Italien	1:2
19.6.	São Paulo	Uruguay – England	2:1
20.6.	Recife	Italien – Costa Rica	0:1
24.6.	Natal	Italien – Uruguay	0:1
24.6.	Belo Horizonte	Costa Rica – England	0:0

	Team	G	U	V	Tore	Punkte
1.	Costa Rica	2	1	0	4:1	7
2.	Uruguay	2	0	1	4:4	6
3.	Italien	1	0	2	2:3	3
4.	England	0	1	2	2:4	1

GRUPPE E

Datum	Ort	Spiel	Ergebnis
15.6.	Brasilia	Schweiz – Ecuador	2:1
15.6.	Porto Alegre	Frankreich – Honduras	3:0
20.6.	Salvador da Ba.	Schweiz – Frankreich	2:5
20.6.	Curitiba	Honduras – Ecuador	1:2
25.6.	Manaus	Honduras – Schweiz	0:3
25.6.	Rio de Janeiro	Ecuador – Frankreich	0:0

	Team	G	U	V	Tore	Punkte
1.	Frankreich	2	1	0	8:2	7
2.	Schweiz	2	0	1	7:6	6
3.	Ecuador	1	1	1	3:3	4
4.	Honduras	0	0	3	1:8	0

GRUPPE F

Datum	Ort	Spiel	Ergebnis
15.6.	Rio de Janeiro	Argentinien – Bosnien	2:1
16.6.	Curitiba	Iran – Nigeria	0:0
21.6.	Belo Horizonte	Argentinien – Iran	1:0
21.6.	Cuiabá	Nigeria – Bosnien	1:0
25.6.	Porto Alegre	Nigeria – Argentinien	2:3
25.6.	Salvador da Ba.	Bosnien – Iran	3:1

	Team	G	U	V	Tore	Punkte
1.	Argentinien	3	0	0	6:3	9
2.	Nigeria	1	1	1	3:3	4
3.	Bosnien	1	0	2	4:4	3
4.	Iran	0	1	2	1:4	1

GRUPPE G

Datum	Ort	Spiel	Ergebnis
16.6.	Salvador da Ba.	Deutschland – Portugal	4:0
16.6.	Natal	Ghana – USA	1:2
21.6.	Fortaleza	Deutschland – Ghana	2:2
22.6.	Manaus	USA – Portugal	2:2
26.6.	Recife	USA – Deutschland	0:1
26.6.	Brasília	Portugal – Ghana	2:1

	Team	G	U	V	Tore	Punkte
1.	Deutschland	2	1	0	7:2	7
2.	USA	1	1	1	4:4	4
3.	Portugal	1	1	1	4:7	4
4.	Ghana	0	1	2	4:6	1

GRUPPE H

Datum	Ort	Spiel	Ergebnis
17.6.	Belo Horizonte	Belgien – Algerien	2:1
17.6.	Cuiabá	Russland – Südkorea	1:1
22.6.	Rio de Janeiro	Belgien – Russland	1:0
22.6.	Porto Alegre	Südkorea – Algerien	2:4
26.6.	São Paulo	Südkorea – Belgien	0:1
26.6.	Curitiba	Algerien – Russland	0:0

	Team	G	U	V	Tore	Punkte
1.	Belgien	3	0	0	4:1	9
2.	Algerien	1	1	1	6:5	4
3.	Russland	0	2	1	2:3	2
4.	Südkorea	0	1	2	3:6	1

ACHTELFINALE

28.6.	Belo Horizonte	Brasilien – Chile	4:3 n. E.
28.6.	Rio de Janeiro	Kolumbien – Uruguay	2:0
29.6.	Fortaleza	Holland – Mexiko	2:1
29.6.	Recife	Costa Rica – Griechenland	6:4 n. E.
30.6.	Brasília	Frankreich – Nigeria	2:0
30.6.	Porto Alegre	Deutschland – Algerien	2:1 n. V.
1.7.	São Paulo	Argentinien – Schweiz	1:0 n. V.
1.7.	Salvador da B.	Belgien – USA	2:1 n. V.

VIERTELFINALE

Datum	Ort	Spiel	Ergebnis
4.7.	Fortaleza	Brasilien – Kolumbien	2:1
4.7.	Rio de Janeiro	Frankreich – Deutschland	0:1
5.7.	Salvador da B.	Holland – Costa Rica	4:3 n. E.
5.7.	Brasília	Argentinien – Belgien	1:0

HALBFINALE

8.7.	Belo Horizonte	Brasilien – Deutschland	1:7
9.7.	São Paulo	Holland – Argentinien	2:4 n. E.

SPIEL UM PLATZ 3

12.7.	Brasília	Brasilien – Holland	0:3

FINALE

13.7.	Rio de Janeiro	Deutschland – Argentinien	1:0 n. V.

Miroslav Klose (r.) beglückwünscht Toni Kroos, zweifacher Torschütze beim 7:1 gegen Brasilien

KADER BRASILIEN

Nr.	Name	Spiele	Tore
	TORWART*		
1	Jefferson	0	0
12	Júlio César	7	14
22	Victor	0	0
	ABWEHR		
2	Dani Alves	4	0
13	Dante	1	0
15	Henrique	1	0
4	David Luiz	7	1
23	Maicon	3	0
6	Marcelo	6	0
14	Maxwell	1	0
3	Thiago Silva	6	1
	MITTELFELD		
5	Fernandinho	5	1
18	Hernanes	3	0
17	Luiz Gustavo	6	0
11	Oscar	7	2
8	Paulinho	6	0
16	Ramires	7	0
19	Willian	5	0
	ANGRIFF		
20	Bernard	3	0
9	Fred	6	1
7	Hulk	6	0
21	Jô	3	0
10	Neymar	5	4
	TRAINER		
	Luiz Felipe Scolari		

KADER KROATIEN

Nr.	Name	Spiele	Tore
	TORWART*		
1	Stipe Pletikosa	3	6
23	Danijel Subasic	0	0
12	Oliver Zelenika	0	0
	ABWEHR		
5	Vedran Corluka	3	0
6	Dejan Lovren	3	0
3	Danijel Pranjic	2	0
13	Gordon Schildenfeld	0	0
11	Darijo Srna	3	0
21	Domagoj Vida	0	0
2	Sime Vrsaljko	2	0
	MITTELFELD		
15	Milan Badelj	0	0
14	Marcelo Brozovic	1	0
20	Mateo Kovacic	3	0
10	Luka Modric	3	0
4	Ivan Perisic	3	2
7	Ivan Rakitic	3	0
19	Sammir	1	0
8	Ognjen Vukojevic	0	0
	ANGRIFF		
22	Eduardo	1	0
9	Nikica Jelavic	2	0
17	Mario Mandzukic	2	2
18	Ivica Olic	3	1
16	Ante Rebic	3	0
	TRAINER		
	Niko Kovac		

KADER MEXIKO

Nr.	Name	Spiele	Tore
	TORWART*		
1	José Corona	0	0
13	Guillermo Ochoa	4	3
12	Alfredo Talavera	0	0
	ABWEHR		
22	Paul Aguilar	4	0
18	Andrés Guardado	4	1
7	Miguel Layún	4	0
4	Rafael Márquez	4	1
2	Maza	4	0
15	Héctor Moreno	4	0
16	Miguel Ponce	0	0
5	Diego Reyes	1	0
3	Carlos Salcido	2	0
	MITTELFELD		
20	Javier Aquino	1	0
17	Isaác Brizuela	0	0
6	Héctor Herrera	4	0
8	Marco Fabián	3	0
21	Carlos Peña	1	0
23	José Vázquez	3	0
	ANGRIFF		
10	Giovani dos Santos	4	1
14	Javier Hernández	4	1
19	Oribe Peralta	4	1
11	Alan Pulido	0	0
9	Raúl Jiménez	1	0
	TRAINER		
	Miguel Herrera		

KADER KAMERUN

Nr.	Name	Spiele	Tore
	TORWART*		
1	Loïc Feudjou	0	0
16	Charles Itandje	3	9
23	Sammy N'djock	0	0
	ABWEHR		
2	Benoît Assou-Ekotto	2	0
12	Henri Bedimo	1	0
14	Aurélien Chedjou	2	0
4	Cédric Djeugoué	1	0
3	Nicolas N'Koulou	3	0
5	Dany Nounkeu	2	0
22	Allan Nyom	1	0
	MITTELFELD		
18	Enoh Eyong	3	0
11	Jean II Makoun	1	0
21	Joel Matip	2	1
17	Stéphane Mbia	3	0
7	Landry N'Guémo	1	0
20	Edgar Salli	2	0
6	Alexandre Song	2	0
	ANGRIFF		
10	Vincent Aboubakar	2	0
13	Eric Maxim Choupo-Moting	3	0
9	Samuel Eto'o	1	0
8	Benjamin Moukandjo	3	0
19	Fabrice Olinga	0	0
15	Pierre Webó	3	0
	TRAINER		
	Volker Finke		

* bei Torhütern = Gegentore

STATISTIK

GRUPPE A

Brasilien – Kroatien 3:1 (1:1)
Arena Corinthians, São Paulo
Brasilien: César – Alves, Thiago Silva, David Luiz, Marcelo – Paulinho ab 63. Hernanes, Luiz Gustavo – Hulk ab 68. Bernard , Neymar ab 88. Ramires , Oscar – Fred.
Kroatien: Pletikosa – Srna, Corluka, Lovren, Vrsaljko – Modric, Rakitic – Perisic, Kovacic ab 61. Brozovic, Olic – Jelavic ab 78. Rebic.
Tore: 0:1 Marcelo (11., Eigentor), 1:1 Neymar (29.), 2:1 Neymar (71., Foulelfmeter), 3:1 Oscar (90.+1).
Schiedsrichter: Nishimura (Japan).
Gelb: Neymar, Luiz Gustavo / Corluka, Lovren.
Zuschauer: 62 103 (ausverkauft).

Mexiko – Kamerun 1:0 (0:0)
Arena das Dunas, Natal
Mexiko: Ochoa – Aguilar, Maza, R. Marquez, Moreno, Layun – Vazquez – Herrera ab 90.+2 Salcido, Guardado ab 69. Fabian – Dos Santos, Peralta 73. Hernandez.
Kamerun: Itandje – Djeugoue ab 46. Nounkeu, N'koulou, Chedjou, Assou-Ekotto – Song ab 79. Webo – Mbia, Enoh – Moukandjo, Eto'o, Choupo-Moting.
Tor: 1:0 Peralta (61.).
Schiedsrichter: Roldan (Kolumbien).
Gelb: Moreno / Nounkeu.
Zuschauer: 39 216.

Brasilien – Mexiko 0:0
Estádio Castelão, Fortaleza
Brasilien: César – Alves, Thiago Silva, David Luiz, Marcelo – Paulinho, Luiz Gustavo – Ramires ab 46. Bernard, Neymar, Oscar ab 84. Willian – Fred ab 68. Jô.
Mexiko: Ochoa – Rodríguez, Márquez, Moreno, Layún – Herrera ab 76. Fabián, Vázquez, Guardado – dos Santos ab 84. Jiménez, Peralta ab 74. Hernández.
Tore: –.
Schiedsrichter: Cakir (Türkei).
Gelb: Ramires, Silva / Aguilar, Vázquez.
Zuschauer: 60 342 (ausverkauft).

Kamerun – Kroatien 0:4 (0:1)
Arena da Amazônia, Manaus
Kamerun: Itandje – Mbia, N'Koulou, Chedjou ab 46. Nounkeu, Assou-Ekotto – Matip, Song, Enoh – Moukandjo, Choupo-Moting ab 75. Salli – Aboubakar ab 70. Webó.
Kroatien: Pletikosa – Srna, Corluka, Lovren, Pranjic – Modric, Rakitic – Perisic ab 78. Rebic, Sammir ab 72. Kovacic, Olic ab 69. Eduardo – Mandzukic.
Tore: 0:1 Olic (11.), 0:2 Perisic (48.), 0:3 Mandzukic (61.), 0:4 Mandzukic (73.).
Schiedsrichter: Proença (Portugal).
Rot: Song (40./Tätlichkeit).
Gelb: – / Eduardo.
Zuschauer: 39 982.

Kamerun – Brasilien 1:4 (1:2)
Estádio Nacional Mané Garrincha, Brasilia
Kamerun: Itandje – Nyom, N'Koulou, Matip, Bedimo – N'Guémo – Mbia, Enoh – Choupo-Moting ab 81. Makoun, Moukandjo ab 58. Salli– Aboubakar ab 72. Webó.
Brasilien: César – Alves, Silva, David Luiz, Marcelo – Luiz Gustavo – Paulinho ab 46. Fernandinho, Oscar – Hulk ab 63. Ramires, Neymar ab 71. Willian – Fred.
Tore: 0:1 Neymar (17.), 1:1 Matip (26.), 1:2 Neymar (35.), 1:3 Fred (49.), 1:4 Fernandinho (84.).
Schiedsrichter: Eriksson (Schweden).
Gelb: Enoh, Salli, Mbia /–.
Zuschauer: 69 112 (ausverkauft).

Kroatien – Mexiko 1:3 (0:0)
Arena Pernambuco, Recife
Kroatien: Pletikosa – Srna, Corluka, Lovren, Vrsaljko ab 58. Kovacic– Rakitic, Pranjic ab 74. Jelavic – Modric – Perisic, Olic ab 69. Rebic – Mandzukic.
Mexiko: Ochoa – Rodríguez, Márquez, Moreno – Aguilar, Layún – Vázquez – Herrera, Guardado ab 84. Fabián – dos Santos ab 62. Hernández – Peralta ab 79. Peña.
Tore: 0:1 Márquez (72.), 0:2 Guardado (75.), 0:3 Hernández (82.), 1:3 Perisic (87.).
Schiedsrichter: Irmatow (Usbekistan).
Rot: Rebic (89./grobes Foul).
Gelb: Rakitic / Márquez, Vázquez (2).
Zuschauer: 41 212.

GRUPPE B

Spanien – Holland 1:5 (1:1)
Arena Fonte Nova, Salvador da Bahia
Spanien: Casillas – Azpilicueta, Piqué, Ramos, Alba – Busquets – Xavi, Alonso ab 62. Pedro – Silva ab. 78 Fàbregas, Iniesta – Costa ab 62. Torres.
Holland: Cillessen – de Vrij, Vlaar, Martins Indi – Janmaat, Blind – de Guzman ab 62. Wijnaldum, de Jong – Sneijder – van Persie ab 79. Lens, Robben.
Tore: 1:0 Alonso (27./ Foulelfm.), 1:1 van Persie (44.), 1:2 Robben (53.), 1:3 de Vrij (65.), 1:4 Robin van Persie (72.), 1: 5 Robben (79.).
Schiedsrichter: Rizzoli (Italien).
Gelb: Casillas / de Guzman, de Vrij, van Persie.
Zuschauer: 48 173.

Chile – Australien 3:1 (2:1)
Arena Pantanal, Cuiabá
Chile: Bravo – Isla, Medel, Jara, Mena – Díaz – Aránguiz, Vidal ab 60. Gutiérrez – Sánchez, Vargas ab 88. Pinilla – Valdivia ab 68. Beausejour,.
Australien: Ryan – Franjic ab 49. McGowan, Wilkinson, Spiranovic, Davidson – Jedinak, Milligan – Leckie, Bresciano ab 78. Troisi, Oar ab 68. Halloran – Cahill.
Tore: 1:0 Sánchez (12.), 2:0 Vladivia (14.), 2:1 Cahill (35.), 3: 1 Beausejour (90.+Z).
Schiedsrichter: Doué (Elfenbeinküste).
Gelb: Aránguiz / Cahill, Jedinak, Milligan.
Zuschauer: 40 275.

Australien – Holland 2:3 (1:1)
Estádio Beira-Rio, Porto Alegre
Australien: Ryan – McGowan, Wilkinson, Spiranovic, Davidson – Jedinak, Milligan – Leckie, Bozanic, Oar ab 77. Taggart – Cahill ab 69. Halloran.
Holland: Cillessen – de Vrij, Vlaar, Martins Indi ab 45.+3 Depay, Janmaat, Blind – de Guzman ab 78. Wijnaldum, de Jong – Sneijder – van Persie ab 87. Lens, Robben.
Tore: 0:1 Robben (20.), 1:1 Cahill (21.), 2:1 Jedinak (54., Handelfmeter), 2:2 van Persie (58.), 2:3 Depay (68.).
Schiedsrichter: Haimoudi (Algerien).
Gelb: Cahill (2) / van Persie (2).
Zuschauer: 42 877.

Spanien – Chile 0:2 (0:2)
Estádio do Maracanã, Rio de Janeiro
Spanien: Casillas – Azpilicueta, Martínez, Ramos, Alba – Busquets, Alonso ab 46. Koke – Pedro ab 76. Cazorla, Silva, Iniesta – Costa ab 64. Torres.
Chile: Bravo – Silva, Medel, Jara – Isla, Mena – Díaz, Aránguiz ab 64. Gutiérrez – Vidal ab 88. Carmona – Sánchez, Vargas ab 85. Valdivia.
Tore: 0:1 Vargas (20.), 0:2 Aránguiz (43.).
Schiedsrichter: Geiger (USA).
Gelb: Alonso / Vidal, Mena.
Zuschauer: 74 101.

Australien – Spanien 0:3 (0:1)
Arena da Baixada, Curitiba
Australien: Ryan – McGowan, Spiranovic, Wilkinson, Davidson – Jedinak – McKay, Bozanic ab 72. Bresciano – Leckie, Oar ab 61. Troisi – Taggart ab 46. Halloran.
Spanien: Reina – Juanfran, Albiol, Ramos, Alba – Alonso ab 83. Silva, Koke – Iniesta – Cazorla ab 68. Fàbregas, Villa ab 56. Mata – Torres.
Tore: 0:1 Villa (36.), 0:2 Torres (69.), 0:3 Mata (82.).
Schiedsrichter: Shukralla (Bahrain).
Gelb: Spiranovic, Jedinak (2) / Ramos.
Zuschauer: 39 375.

Holland – Chile 2:0 (0:0)
Arena Corinthians, São Paulo
Holland: Cillessen – Janmaat, Vlaar, de Vrij, Blind – de Jong – Wijnaldum, Kuyt ab 89. Kongolo – Sneijder ab 75. Fer –Robben, Lens ab 69. Depay.
Chile: Bravo – Medel, Silva ab 70. Valdivia, Jara – Isla, Mena – Aránguiz, Díaz – Gutiérrez ab 46. Beausejour– Sánchez, Vargas ab 81. Pinilla.
Tore: 1:0 Fer (77.), 2:0 Depay (90.+2.).
Schiedsrichter: Gassama (Gambia).
Gelb: Blind / Silva.
Zuschauer: 62 996 (ausverkauft).

KADER SPANIEN

	Name	Spiele	Tore
	TORWART*		
1	Iker Casillas	2	7
12	David de Gea	0	0
23	José Manuel Reina	1	0
	ABWEHR		
18	Jordi Alba	3	0
5	Juanfran	1	0
3	Gerard Piqué	1	0
2	Raúl Albiol	1	0
15	Sergio Ramos	3	0
	MITTELFELD		
22	César Azpilicueta	2	0
16	Sergio Busquets	2	0
10	Cesc Fàbregas	2	0
6	Andrés Iniesta	3	0
17	Koke	2	0
4	Javi Martínez	1	0
20	Santi Cazorla	2	0
21	David Silva	3	0
14	Xabi Alonso	3	1
8	Xavi	1	0
	ANGRIFF		
19	Diego Costa	2	0
13	Juan Mata	1	1
9	Fernando Torres	3	1
11	Pedro	2	0
7	David Villa	1	1
	TRAINER		
	Vicente del Bosque		

KADER HOLLAND

	Name	Spiele	Tore
	TORWART*		
1	Jasper Cillessen	7	4
23	Tim Krul	1	0
22	Michel Vorm	1	0
	ABWEHR		
5	Daley Blind	7	1
3	Stefan de Vrij	7	1
7	Daryl Janmaat	5	0
14	Terence Kongolo	1	0
4	Bruno Martins Indi	6	0
13	Joel Veltman	2	0
12	Paul Verhaegh	1	0
2	Ron Vlaar	7	0
	MITTELFELD		
16	Jordy Clasie	2	0
8	Jonathan de Guzman	3	0
6	Nigel de Jong	5	0
18	Leroy Fer	1	1
10	Wesley Sneijder	6	1
20	Georginio Wijnaldum	7	1
	ANGRIFF		
21	Memphis Depay	4	2
19	Klaas-Jan Huntelaar	3	1
15	Dirk Kuijt	5	0
17	Jeremain Lens	4	0
11	Arjen Robben	7	3
9	Robin van Persie	6	4
	TRAINER		
	Louis van Gaal		

KADER CHILE

	Name	Spiele	Tore
	TORWART*		
1	Claudio Bravo	4	4
23	Johnny Herrera	0	0
12	Cristopher Toselli,	0	0
	ABWEHR		
3	Miiko Albornoz	0	0
4	Mauricio Isla	4	0
18	Gonzalo Jara	4	0
17	Gary Medel	4	0
2	Eugenio Mena	4	0
13	José Rojas	1	0
	MITTELFELD		
20	Charles Aránguiz	4	1
15	Jean Beausejour	2	1
7	Carlos Carmona	1	0
21	Marcelo Díaz	4	0
19	José Pedro Fuenzalida	0	0
16	Felipe Gutiérrez	4	0
5	Francisco Silva	3	0
10	Jorge Valdivia	3	1
8	Arturo Vidal	3	0
	ANGRIFF		
14	Fabian Orellana	0	0
22	Esteban Paredes	0	0
9	Mauricio Pinilla	3	0
7	Alexis Sánchez	4	2
11	Eduardo Vargas	4	1
	TRAINER		
	Jorge Sampaoli		

KADER AUSTRALIEN

	Name	Spiele	Tore
	TORWART*		
18	Eugene Galekovic	0	0
12	Mitchell Langerak	0	0
1	Mathew Ryan	3	9
	ABWEHR		
3	Jason Davidson	3	0
2	Ivan Franjic	1	0
19	Ryan McGowan	3	0
6	Matthew Spiranovic	3	0
22	Alex Wilkinson	3	0
8	Bailey Wright	0	0
	MITTELFELD		
13	Oliver Bozanic	2	0
23	Mark Bresciano	3	0
16	James Holland	0	0
15	Mile Jedinak	3	1
21	Massimo Luongo	0	0
17	Matthew McKay	2	0
5	Mark Milligan	1	0
11	Tommy Oar	3	0
14	James Troisi	2	0
20	Dario Vidosic	0	0
	ANGRIFF		
4	Tim Cahill	2	2
10	Ben Halloran	3	0
7	Mathew Leckie	3	0
9	Adam Taggart	2	0
	TRAINER		
	Ange Postecoglou		

GRUPPE C

Kolumbien – Griechenland 3:0 (1:0)
Estádio Mineirão, Belo Horizonte
Kolumbien: Ospina – Zúñiga, Zapata, Yepes, Armero ab 74. Arias – Aguilar ab 69. Mejía, Sánchez – Cuadrado, Rodríguez, Ibarbo – Gutiérrez ab 76. Martínez.
Griechenland: Karnezis – Torosidis, Manolas, Sokratis, Holebas – Katsouranis – Maniatis, Kone ab 78. Karagounis – Salpingidis ab 57. Fetfatzidis, Samaras – Gekas ab 64. Mitroglou.
Tore: 1:0 Armero (5.), 2:0 Gutiérrez (58.), 3:0 Rodríguez (90.+3).
Schiedsrichter: Geiger (USA).
Gelb: Sánchez / Sokratis, Salpingidis.
Zuschauer: 57 174.

Elfenbeinküste – Japan 2:1 (0:1)
Arena Pernambuco, Recife
Elfenbeinküste: Barry – Aurier, Zokora, Bamba, Boka ab 75. Djakpa – Tioté, Serey Die ab 62. Drogba – Touré – Kalou, Gervinho – Bony ab 78. Ya Konan.
Japan: Kawashima – Uchida, Yoshida, Morishige, Nagatomo – Yamaguchi, Hasebe ab 54. Endo – Okazaki, Honda, Kagawa ab 86. Kakitani – Osako ab 67. Okubo.
Tore: 0:1 Honda (16.), 1:1 Bony (64.), 2:1 Gervinho (66.).
Schiedsrichter: Osses (Chile).
Gelb: Bamba, Zokora / Yoshida, Morishige.
Zuschauer: 40 267.

Kolumbien – Elfenbeinküste 2:1 (0:0)
Estádio Nacional Mané Garrincha, Brasília
Kolumbien: Ospina – Zúñiga, Zapata, Yepes, Armero ab 72. Arias – Aguilar ab 79. Mejía, Sánchez – Cuadrado, Rodríguez, Ibarbo ab 53. Quintero – Gutiérrez.
Elfenbeinküste: Barry – Aurier, Zokora, Bamba, Boka – Tioté, Die ab 73. Bolly – Gervinho, Touré, Gradel ab 67. Kalou – Bony ab 60. Drogba.
Tore: 1:0 Rodríguez (64.), 2:0 Quintero (70.), 2:1 Gervinho (73.).
Schiedsrichter: Webb (England).
Gelb: – / Zokora (2), Tioté.
Zuschauer: 68 748.

Japan – Griechenland 0:0
Arena das Dunas, Natal
Japan: Kawashima – Uchida, Yoshida, Konno, Nagatomo – Hasebe ab 46. Endo, Yamaguchi – Okazaki, Honda, Okubo – Osako ab 57. Minute Kagawa.
Griechenland: Karnezis – Torosidis, Manolas, Sokratis, Holebas – Katsouranis – Maniatis, Kone ab 81. Salpingidis – Fetfatzidis ab 41. Karagounis, Samaras – Mitroglou ab 35. Gekas.
Tore: –.
Schiedsrichter: Aguilar (El Salvador).
Gelb/Rot: Katsouranis (38./wiederh. Foulspiel).
Gelb: Hasebe / Samaras, Torosidis.
Zuschauer: 39 485.

Japan – Kolumbien 1:4 (1:1)
Arena Pantanal, Cuiabá
Japan: Kawashima – Uchida, Yoshida, Konno, Nagatomo – Aoyama ab 62. Yamaguchi, Hasebe ab 69. Kakitani, Honda, Kagawa ab 85. Kiyotake – Okubo.
Kolumbien: Ospina ab 85. Mondragón– Arias, Valdés, Balanta, Armero – Mejía, Guarín – Cuadrado ab 46. Carbonero, Quintero ab 46. Rodríguez– Ramos – Martínez.
Tore: 0:1 Cuadrado (17./ Foulelfmeter), 1:1 Okazaki (45.+1.), 1:2 Martínez (55.), 1:3 Martínez (82), 1:4 Rodríguez (90.).
Schiedsrichter: Proença (Portugal).
Gelb: Konno / Guarín.
Zuschauer: 40 340.

Griechenland – Elfenbeinküste 2:1 (1:0)
Estádio Castelão, Fortaleza
Griechenland: Karnezis ab 24. Glykos– Torosidis, Manolas, Sokratis, Holebas – Karagounis ab 78. Gekas– Maniatis, Lazaros – Kone ab 12. Samaris, Samaras – Salpingidis.
Elfenbeinküste: Barry – Aurier, K. Touré, Bamba, Boka – Tioté ab 61. Bony, Die – Y. Touré – Kalou, Gervinho ab 83. Sio – Drogba ab 78. Diomandé.
Tore: 1:0 Samaris (42.), 1:1 Bony (74.), 2:1 Samaras (90.+3).
Schiedsrichter: Vera (Ecuador).
Gelb: – / Drogba, Kalou, Die.
Zuschauer: 59 095.

GRUPPE D

Uruguay – Costa Rica 1:3 (1:0)
Estádio Castelão, Fortaleza
Uruguay: Muslera – Pereira, Lugano, Godín, Cáceres – Gargano ab 60. González, Arévalo Rios – Stuani, Rodríguez ab 76. Lodeiro, Cavani.
Costa Rica: Navas – Duarte, González, Umaña – Gamboa, Tejeda ab 74. Cubero, Borges, Díaz – Ruiz ab 83. Ureña, Bolaños ab 89. Barrantes – Campbell.
Tore: 1:0 Cavani (24./ Foulelfmeter), 1:1 Campbell (54.), 1:2 Duarte (57.), 1:3 Ureña (84.).
Schiedsrichter: Brych (Deutschland).
Rot: Pereira, grobes Foul (90.+4).
Gelb: Lugano, Gargano, Cáceres / –.
Zuschauer: 58 679.

England – Italien 1:2 (1:1)
Arena da Amazônia, Manaus
England: Hart – Johnson, Cahill, Jagielka, Baines – Henderson ab 73. Wilshere, Gerrard – Welbeck ab 61. Barkley, Rooney, Sterling – Sturridge ab 80. Lallana.
Italien: Sirigu – Darmian, Barzagli, Paletta, Chiellini – de Rossi – Verratti ab 57. Motta, Pirlo – Candreva ab 79. Parolo, Marchisio – Balotelli ab 73. Immobile.
Tore: 0:1 Marchisio (35.), 1:1 Sturridge (37.), 1:2 Balotelli (50.).
Schiedsrichter: Kuipers (Holland).
Gelb: Sterling / –.
Zuschauer: 39 800.

Uruguay – England 2:1 (1:0)
Arena Corinthians, São Paulo
Uruguay: Muslera – Cáceres, Giménez, Godín, Pereira – Arévalo – González ab 79. Fucile, Rodríguez – Lodeiro ab 67. Stuani – Suárez ab 88. Coates, Cavani.
England: Hart – Johnson, Cahill, Jagielka, Baines – Gerrard, Henderson ab 87. Lambert – Sterling ab 64. Barkley, Rooney, Welbeck ab 71. Lallana – Sturridge.
Tore: 1:0 Suárez (39.), 1:1 Rooney (75.), 2:1 Suárez (85.).
Schiedsrichter: Carballo (Spanien).
Gelb: Godín / Gerrard.
Zuschauer: 62 575.

Italien – Costa Rica 0:1 (0:1)
Arena Pernambuco, Recife
Italien: Buffon – Abate, Barzagli, Chiellini, Darmian – de Rossi – Pirlo, Motta ab 46. Cassano – Candreva ab 57. Insigne, Marchisio ab 69. Cerci – Balotelli.
Costa Rica: Navas – Duarte, González, Umaña – Gamboa, Tejeda ab 68. Cubero, Borges, Díaz – Ruiz ab 81. Brenes, Bolaños – Campbell ab 74. Ureña.
Tor: 0:1 Ruiz (44.).
Schiedsrichter: Osses (Chile).
Gelb: Balotelli / Cubero.
Zuschauer: 40 285.

Italien – Uruguay 0:1 (0:0)
Arena das Dunas, Natal
Italien: Buffon – Barzagli, Bonucci, Chiellini – Verratti ab 75. Motta, Marchisio – Darmian, Pirlo, de Sciglio – Immobile ab 71. Cassano – Balotelli ab 46. Cerci.
Uruguay: Muslera – Cáceres, Giménez, Godín, Á. Pereira ab 63. Stuani – González, Arévalo, Rodríguez ab 78. Ramírez – Lodeiro ab 46. M. Pereira – Suárez, Cavani.
Tor: 1 Godín (81.).
Rot: Marchisio (59./ grobes Foul).
Gelb: Balotelli (2), de Sciglio / Arévalo, Muslera.
Zuschauer: 39 706.

Costa Rica – England 0:0
Estádio Mineirão, Belo Horizonte
Costa Rica: Navas – Gamboa, Duarte, González, Miller, Díaz – Borges ab 78. Barrantes – Ruiz, Tejeda ab 59. Bolaños– Campbell ab 65. Ureña.
England: Foster – Jones, Cahill, Smalling, Shaw – Lampard, Wilshere ab 73. Gerrard – Milner ab 76. Rooney, Barkley, Lallana ab 62. Sterling – Sturridge.
Tore: –.
Schiedsrichter: Hamoudi (Algerien).
Gelb: González / Barkley, Lallana.
Zuschauer: 57 823.

KADER KOLUMBIEN

	Name	Spiele	Tore
	TORWART*		
22	Faryd Mondragón	1	0
1	David Ospina	5	4
12	Camilo Vargas	0	0
	ABWEHR		
16	Éder Balanta	1	0
4	Santiago Arias	3	0
7	Pablo Armero	5	1
23	Carlos Valdés	1	0
3	Mario Yepes	4	0
2	Cristián Zapata	4	0
18	Juan Zúñiga	4	0
	MITTELFELD		
8	Abel Aguilar	3	0
5	Carlos Carbonero	1	0
11	Juan Cuadrado	5	1
13	Fredy Guarín	3	0
10	James Rodríguez	5	6
15	Alexander Mejía	4	0
20	Juan Quintero	3	1
6	Carlos Sánchez	4	0
	ANGRIFF		
17	Carlos Bacca	1	0
9	Teófilo Gutiérrez	4	1
14	Víctor Ibarbo	3	0
21	Jackson Martínez	3	2
19	Adrián Ramos	3	0
	TRAINER		
	José Pékerman		

KADER GRIECHENLAND

	Name	Spiele	Tore
	TORWART*		
12	Panagiotis Glykos	1	1
13	Stefanos Kapino	0	0
1	Orestis Karnezis	4	4
	ABWEHR		
20	José Holebas	4	0
4	Kostas Manolas	4	0
5	Evangelos Moras	0	0
19	Sokratis	4	0
15	Vasilios Torosidis	4	0
3	Giorgos Tzavellas	0	0
11	Loukas Vyntra	0	0
	MITTELFELD		
16	Lazaros Christodoulopoulos	2	0
10	Giorgos Karagounis	4	0
21	Kostas Katsouranis	3	0
8	Panagiotis Kone	3	0
2	Joannis Maniatis	4	0
22	Andreas Samaris	2	1
23	Panagiotis Tachtsidis	0	0
6	Alexandros Tziolis	0	0
	ANGRIFF		
18	Joannis Fetfatzidis	2	0
17	Theofanis Gekas	4	0
9	Kostas Mitroglou	3	0
14	Dimitrios Salpingidis	4	0
7	Giorgos Samaras	4	1
	TRAINER		
	Fernando Santos		

KADER ELFENBEINKÜSTE

	Name	Spiele	Tore
	TORWART*		
1	Boubacar Barry	3	5
16	Sylvain Gbohouo	0	0
23	Sayouba Mandé	0	0
	ABWEHR		
7	Jean-Daniel Akpa Akpro	0	0
17	Serge Aurier	3	0
22	Souleymane Bamba	3	0
3	Arthur Boka	3	0
18	Constant Djakpa	1	0
4	Kolo Touré	1	0
2	Ousmane Diarrassouba	0	0
5	Didier Zokora	2	0
	MITTELFELD		
6	Mathis Bolly	1	0
14	Ismaël Diomandé	1	0
15	Max Gradel	1	0
20	Geoffroy Serey Die	3	0
9	Cheik Ismaël Tioté	3	0
13	Didier Ya Konan	1	0
19	Yaya Touré	3	0
	ANGRIFF		
12	Wilfried Bony	3	2
11	Didier Drogba	3	0
10	Gervinho	3	2
8	Salomon Kalou	3	0
21	Giovanni Sio	1	0
	TRAINER		
	Sabri Lamouchi		

KADER JAPAN

	Name	Spiele	Tore
	TORWART*		
23	Shuichi Gonda	0	0
1	Eiji Kawashima	3	6
12	Shusaku Nishikawa	0	0
	ABWEHR		
19	Masahiko Inoha	0	0
15	Yasuyuki Konno	2	0
6	Masato Morishige	1	0
5	Yuto Nagatomo	3	0
3	Gotoku Sakai	0	0
21	Hiroki Sakai	0	0
2	Atsuto Uchida	3	0
22	Maya Yoshida	3	0
	MITTELFELD		
14	Toshihiro Aoyama	1	0
7	Yasuhito Endo	2	0
17	Makoto Hasebe	3	0
16	Hotaru Yamaguchi	3	0
	ANGRIFF		
4	Keisuke Honda	3	1
10	Shinji Kagawa	3	0
11	Yoichiro Kakitani	2	0
8	Hiroshi Kiyotake	1	0
9	Shinji Okazaki	3	1
13	Yoshito Okubo	3	0
18	Yuya Osako	2	0
20	Manabu Saito	0	0
	TRAINER		
	Alberto Zaccheroni		

* bei Torhütern = Gegentore

STATISTIK

Nationalstolz: Diese drei Fans feuern in Ecuadors Nationalfarben ihre Mannschaft an. Die wird „La Tricolor" genannt, die Dreifarbige

GRUPPE E

Schweiz – Ecuador 2:1 (0:1)
Estádio Nacional Mané Garrincha, Brasília
Schweiz: Benaglio – Lichtsteiner, Djourou, von Bergen, Rodríguez – Behrami, Inler – Shaqiri, Xhaka, Stocker ab 46. Mehmedi – Drmic ab 75. Seferovic.
Ecuador: Domínguez – Paredes, Guagua, Erazo, W. Ayoví – Noboa, Gruezo – A. Valencia, Montero ab 77. Rojas – E. Valencia, Caicedo ab 70. Arroyo.
Tore: 0:1 E. Valencia (22.), 1:1 Mehmedi (48.), 2:1 Seferovic (90. +3).
Schiedsrichter: Irmatov (Usbekistan).
Gelb: Djourou / Paredes. **Zuschauer:** 68 351.

Frankreich – Honduras 3:0 (1:0)
Estádio Beira-Rio, Porto Alegre
Frankreich: Lloris – Debuchy, Varane, Sakho, Evra – Pogba ab 57. Sissoko, Cabaye ab 65. Mavuba, Matuidi – Valbuena ab 78. Giroud, Benzema, Griezmann.
Honduras: Valladares – Beckeles, Bernárdez ab 46. Osman Chávez, Figueroa, Izaguirre – Nájar ab 58. Claros, Garrido, Wilson Palacios, Espinoza – Bengtson ab 46. Boniek García, Costly
Tore: 1:0 Benzema (45./Foulelfmeter), 2:0 Valladares (48./Eigentor), 3:0 Benzema (72.).
Schiedsrichter: Ricci (Brasilien).
Gelb/Rot: Palacios (43./w. Foulspiel).
Gelb: Cabaye, Evra, Pogba / Boniek García, Garrido.
Zuschauer: 43 012.

Schweiz – Frankreich 2:5 (0:3)
Arena Fonte Nova, Salvador da Bahia
Schweiz: Benaglio – Lichtsteiner, Djourou, von Bergen ab 9. Senderos, Rodríguez – Behrami ab 46. Dzemaili, Inler – Shaqiri, Xhaka, Mehmedi – Seferovic ab 69. Drmic.
Frankreich: Lloris – Debuchy, Varane, Sakho ab 66. Koscielny, Evra – Cabaye – Sissoko, Matuidi – Valbuena ab 82. Griezmann, Benzema – Giroud ab 63. Pogba, .
Tore: 0:1 Giroud (17.), 0:2 Matuidi (18.), 0:3 Valbuena (40.), 0:4 Benzema (67.), 0:5 Sissoko (73.), 1:5 Dzemaili (81.), 2:5 Xhaka (87.).
Schiedsrichter: Kuipers (Niederlande).
Besond. Vorkommnis: Benaglio (Schweiz) hält Foulelfmeter von Benzema (32.).
Gelb: – / Cabaye (2). **Zuschauer:** 51 003.

Honduras – Ecuador 1:2 (1:1)
Arena da Baixada, Curitiba
Honduras: Valladares – Beckeles, Bernárdez, Figueroa, Izaguirre ab 46. J. C. García – Garrido ab 71. Martínez, Claros – Ó. B. García ab 82. M. Cháves, Espinoza – Costly – Bengtson.
Ecuador: Domínguez – Paredes, Guagua, Erazo, W. Ayoví – Noboa, Minda ab 83. Gruezo – A. Valencia, Montero ab 90.+2 Achilier – Caicedo ab 82. Méndez, E. Valencia.
Tore: 1:0 Costly (31.), 1:1 Enner Valencia (34.), 1:2 Enner Valencia (65.).
Schiedsrichter: Williams (Australien).
Gelb: Bernárdez, Bengtson / Antonio Valencia, Enner Valencia, Montero.
Zuschauer: 39 224.

Honduras – Schweiz 0:3 (0:2)
Arena da Amazônia, Manaus
Honduras: Valladares – Beckeles, Bernárdez, Figueroa, J. C. García – Claros, W. Palacios – Ó. B. García ab 77. Najar, Espinoza ab 46. Chávez – Costly ab 40. J. Palacios – Bengtson.
Schweiz: Benaglio – Lichtsteiner, Djourou, Schär, Rodríguez – Behrami, Inler – Shaqiri ab 87. Dzemali, Xhaka, ab 77. Lang, Mehmedi – Drmic ab 73. Seferovic.
Tore: 0:1 Shaqiri (6.), 0:2 Shaqiri (31.), 0:3 Shaqiri (71.).
Schiedsrichter: Pitana (Argentinien).
Gelb: J. Palacios / – .
Zuschauer: 40 322.

Ecuador – Frankreich 0:0
Estádio do Maracanã, Rio de Janeiro
Ecuador: Domínguez – Paredes, Guagua, Erazo, W. Ayoví – Minda, Noboa ab 89. Caicedo – A. Valencia, Montero ab 63. Ibarra – Arroyo ab 82. Achilier, E. Valencia.
Frankreich: Lloris – Sagna, Koscielny, Sakho ab 61. Varane, Digne – Schneiderlin – Pogba, Matuidi ab 67. Giroud – Griezmann ab 79. Rémy, Sissoko – Benzema.
Tore: – .
Schiedsrichter: Doué (Elfenbeinküste).
Rot: A. Valencia (50./ grobes Foul).
Gelb: Erazo / – .
Zuschauer: 73 749.

KADER URUGUAY

	Name	Spiele	Tore
	TORWART*		
12	Rodrigo Muñoz	0	0
1	Fernando Muslera	4	6
23	Martin Silva	0	0
	ABWEHR		
22	Martín Cáceres	4	0
19	Sebastián Coates	1	0
4	Jorge Fucile	1	0
13	José María Giménez	3	0
3	Diego Godín	4	1
2	Diego Lugano	1	0
16	Maxi Pereira	3	0
	MITTELFELD		
6	Álvaro Pereira	3	0
17	Egidio Arévalo Ríos	4	0
5	Walter Gargano	1	0
20	Álvaro González	4	0
14	Nicolás Lodeiro	3	0
15	Diego Pérez	0	0
18	Gastón Ramírez	2	0
7	Cristian Rodríguez	4	0
	ANGRIFF		
21	Edinson Cavani	4	1
10	Diego Forlán	2	0
8	Abel Hernández	2	0
11	Christian Stuani	4	0
9	Luis Suárez	2	2
	TRAINER		
	Óscar Washington Tabárez		

KADER COSTA RICA

	Name	Spiele	Tore
	TORWART*		
23	Daniel Cambronero	0	0
1	Keylor Navas	5	2
18	Patrick Pemberton	0	0
	ABWEHR		
2	Johnny Acosta	2	0
6	Óscar Duarte	4	1
12	Waylon Francis	0	0
16	Cristian Gamboa	5	0
3	Giancarlo González	5	0
15	Júnior Díaz	5	0
19	Roy Miller	1	0
8	Dave Myrie	1	0
4	Michael Umaña	4	0
	MITTELFELD		
11	Michael Barrantes	2	0
7	Christian Bolaños	5	0
5	Celso Borges	5	0
20	Diego Calvo	0	0
22	José Miguel Cubero	4	0
13	Óscar Granados	0	0
17	Yeltsin Tejeda	5	0
	ANGRIFF		
14	Randall Brenes	3	0
9	Joel Campbell	5	1
10	Bryan Ruiz	5	2
21	Marco Ureña	4	1
	TRAINER		
	Jorge Luis Pinto		

KADER ENGLAND

	Name	Spiele	Tore
	TORWART*		
22	Fraser Forster	0	0
13	Ben Foster	1	0
1	Joe Hart	2	4
	ABWEHR		
3	Leighton Baines	2	0
5	Gary Cahill	3	0
6	Phil Jagielka	2	0
2	Glen Johnson	2	0
16	Phil Jones	0	0
23	Luke Shaw	1	0
12	Chris Smalling	1	0
	MITTELFELD		
21	Ross Barkley	3	0
4	Steven Gerrard	3	0
14	Jordan Henderson	2	0
20	Adam Lallana	3	0
8	Frank Lampard	1	0
17	James Milner	1	0
15	Alex Oxlade-Chamberlain	0	0
19	Raheem Sterling	3	0
7	Jack Wilshere	2	0
	ANGRIFF		
18	Rickie Lambert	1	0
10	Wayne Rooney	3	1
9	Daniel Sturridge	3	1
11	Danny Welbeck	2	0
	TRAINER		
	Roy Hodgson		

KADER ITALIEN

	Name	Spiele	Tore
	TORWART*		
1	Gianluigi Buffon	2	2
13	Mattia Perin	0	0
12	Salvatore Sirigu	1	1
	ABWEHR		
7	Ignazio Abate	1	0
15	Andrea Barzagli	3	0
19	Leonardo Bonucci	1	0
3	Giorgio Chiellini	3	0
4	Matteo Darmian	3	0
2	Mattia de Sciglio	1	0
20	Gabriel Paletta	1	0
	MITTELFELD		
14	Alberto Aquilani	0	0
6	Antonio Candreva	2	0
16	Daniele de Rossi	2	0
8	Claudio Marchisio	3	1
5	Thiago Motta	3	0
18	Marco Parolo	2	0
21	Andrea Pirlo	3	0
23	Marco Verratti	2	0
	ANGRIFF		
9	Mario Balotelli	3	1
10	Antonio Cassano	2	0
11	Alessio Cerci	1	0
17	Ciro Immobile	1	0
22	Lorenzo Insigne	1	0
	TRAINER		
	Cesare Prandelli		

215

GRUPPE F

Argentinien – Bosnien 2:1 (1:0)
Estádio do Maracanã, Rio de Janeiro
Argentinien: Romero – Zabaleta, Campagnaro ab 46. Gago, Augusto Fernández, Garay, Rojo – Rodríguez ab 46. Higuaín, Mascherano, Di María – Messi, Agüero ab 87. Biglia.
Bosnien-H.: Begovic – Mujdza ab 69. Ibisevic, Spahic, Bicakcic, Kolasinac – Besic, Hajrovic ab 71. Visca – Pjanic, Misimovic ab 74. Medunjanin, Lulic – Dzeko.
Tore: 1:0 Kolasinac (3./Eigentor), 2:0 Messi (65.), 2:1 Ibisevic (85.).
Schiedsrichter: Aguilar (El Salvador).
Gelb/Rot: –. Gelb: Rojo / Spahic.
Zuschauer: 74 738.

Iran – Nigeria 0:0
Arena da Baixada, Curitiba
Iran: A. Haghighi – Montazeri, Hosseini, Sadeghi, Pooladi – Teymourian, Nekounam – Heydari ab 89. Shojaei,Hajsafi, Dejagah ab 78. Jahanbakhsh –Ghoochannejad.
Nigeria: Enyeama – Ambrose, Omeruo, Oboabona ab 29. Yobo, Oshaniwa – Onazi, Mikel – Azeez ab 69. Odemwingie – Musa, Moses ab 52. Ameobi – Emenike.
Tore: –.
Schiedsrichter: Vera (Ecuador).
Gelb: Teymourian / –.
Zuschauer: 39 081.

Argentinien – Iran 1:0 (0:0)
Estádio Mineirão, Belo Horizonte
Argentinien: Romero – Zabaleta, Fernández, Garay, Rojo – Gago, Mascherano – Messi, Di María ab. 90.+4 Biglia – Higuaín ab 76. Palacio, Agüero ab 76. Lavezzi.
Iran: A. Haghighi – Montazeri, Hosseini, Sadeghi, Pooladi – Nekounam – Shojaei ab 76 Heydari ab 88. R. Haghighi, Dejagah ab 85. Jahanbaksh – Ghoochannejad.
Tore: 1:0 Messi (90.+1).
Schiedsrichter: Mazic (Serbien).
Gelb: – / Nekounam, Shojaei.
Zuschauer: 57 698.

Nigeria – Bosnien 1:0 (1:0)
Arena Pantanal, Cuiabá
Nigeria: Enyeama – Ambrose, Yobo, Omeruo – Onazi, Mikel – Odemwingie, Babatunde ab 75. Uzoenyi, Musa ab 65. Ameobi – Emenike.
Bosnien-Herzegowina: Begovic – Mujdza, Sunjic, Spahic, Lulic ab 58. Salihovic – Besic, Medunjanin ab 64. Susic – Hajrovic ab 57. Ibisevic, Pjanic, Misimovic – Dzeko.
Tor: 1:0 Odemwingie (29.).
Schiedsrichter: O'Leary (Neuseeland).
Gelb: Mikel / Medunjanin.
Zuschauer: 40 499.

Nigeria – Argentinien 2:3 (1:2)
Estádio Beira-Rio, Porto Alegre
Nigeria: Enyeama – Ambrose, Yobo, Oshaniwa, Omeruo – Onazi, Mikel, Babatunde ab 66. Uchebo – Odemwingie ab 80. Nwofor – Emenike.
Argentinien: Romero – Zabaleta, F. Fernández, Garay, Rojo – Mascherano – Gago, Di María – Messi ab 63. Álvarez – Higuaín ab 90.+1 Biglia, Agüero ab 38. Lavezzi.
Tore: 0:1 Messi (3.), 1:1 Musa (4.), 1:2 Messi (45.+1), 2:2 Musa (47.), 2:3 Rojo (50.).
Schiedsrichter: Rizzoli (Italien).
Gelb: Omeruo, Oshaniwa / –.
Zuschauer: 43 285.

Bosnien – Iran 3:1 (1:0)
Arena Fonte Nova, Salvador da Bahia
Bosnien-Herzegowina: Begovic – Sunjic, Spahic – Vrsajevic, Kolasinac, Pjanic, Besic – Hadzic ab 61. Vranjes, Susic ab 79. Salihovic – Dzeko ab 84. Visca, Ibisevic.
Iran: A. Haghighi – Montazeri, Hosseini, Sadeghi, Pooladi – Teymourian, Nekounam – Shojaei ab 46. Heydari – Dejagah ab 68. Ansarifard, Hajsafi ab 63. Jahanbakhsh– Ghoochannejad.
Tore: 1:0 Dzeko (23.), 2:0 Pjanic (59.), 2:1 Ghoochannejad (82.), 3:1 Vrsajevic (83.).
Schiedsrichter: Velasco Carballo (Spanien).
Gelb: Besic / Ansarifard.
Zuschauer: 48 011.

GRUPPE G

Deutschland – Portugal 4:0 (3:0)
Arena Fonte Nova, Salvador da Bahia
Deutschland: Neuer – Boateng, Hummels ab 73. Minute Mustafi, Mertesacker, Höwedes – Lahm, Khedira, Özil ab 63. Schürrle, Kroos, Götze – Müller ab 82. Podolski.
Portugal: Rui Patricio – Alves, Pepe, Pereira, Coentrão ab 65. A. Almeida – Veloso ab 46. Costa – Meireles, Moutinho – Ronaldo, Nani – H. Almeida ab 28. Eder.
Schiedsrichter: Mazic (Serbien).
Tore: 1:0 Müller (12., Foulelfmeter), 2:0 Hummels (32.), 3:0 Müller (45.+1), 4:0 Müller (79.).
Rot: Pepe (37./Tätlichkeit).
Gelb: – / Pereira.
Zuschauer: 51 081.

Ghana – USA 1:2 (0:1)
Arena das Dunas, Natal
Ghana: Kwarasey – Opare, Mensah, Boye, Asamoah – Rabiu ab 71. Minute Essien – A. Ayew, Muntari – J. Ayew ab 59. Boateng, Gyan, Atsu ab 78. Adomah.
USA: Howard – Johnson, Cameron, Besler ab der 46. Brooks, Beasley – Jones, Beckerman – Bedoya ab 77. Zusi, Bradley, Dempsey – Altidore ab 23. Johannsson.
Tore: 0:1 Dempsey (1.), 1:1 Andre Ayew (82.), 1:2 Brooks (86.).
Schiedsrichter: Eriksson (Schweden).
Gelb: Rabiu, Muntari / –.
Zuschauer: 39 760.

Deutschland – Ghana 2:2 (0:0)
Estádio Castelão, Fortaleza
Deutschland: Neuer – J. Boateng ab 46. Mustafi, Mertesacker, Hummels, Höwedes – Lahm – Khedira ab 70. Schweinsteiger, Kroos – Özil, Götze ab 69. Klose – Müller.
Ghana: Dauda – Afful, Boye, Mensah, Asamoah – Rabiu ab 78. Badu, Muntari – Atsu ab 72 Wakaso, A. Ayew – K.-P. Boateng ab 52. J. Ayew – Gyan.
Tore: 1:0 Götze (51.), 1:1 A. Ayew (54.), 1:2 Gyan (63.), 2:2 Klose (71.).
Schiedsrichter: Ricci (Brasilien).
Gelb: – / Muntari.
Zuschauer: 59 621.

USA – Portugal 2:2 (0:1)
Arena da Amazônia, Manaus
USA: Howard – Johnson, Cameron, Besler, Beasley – Beckerman, Jones – Bradley – Bedoya ab 72. Yedlin, Zusi ab 90.+1 González–Dempsey ab 87. Wondolowski.
Portugal: Beto – Pereira, Costa, Alves, A. Almeida ab 46. William – Veloso – Moutinho, Meireles ab 69. Varela – Nani, Ronaldo – Postiga ab 16. Éder.
Tore: 0:1 Nani (5.), 1:1 Jones (64.), 2:1 Dempsey (81.), 2:2 Varela (90.+5).
Schiedsrichter: Pitana (Argentinien).
Gelb: Jones / –.
Zuschauer: 40 123 .

USA – Deutschland 0:1 (0:0)
Arena Pernambuco, Recife
USA: Howard – Johnson, González, Besler, Beasley – Beckerman, Jones – Zusi ab 84. Yedlin, Bradley, Davis ab 59. Bedoya – Dempsey.
Deutschland: Neuer – Boateng, Mertesacker, Hummels, Höwedes – Lahm – Schweinsteiger ab 76. Götze, Kroos – Özil ab 89. Schürrle, Podolski ab 46. Klose – Müller.
Tor: 0:1 Müller (55.).
Schiedsrichter: Irmatow (Usbekistan).
Gelb: Beckerman, González / Höwedes.
Zuschauer: 41 876.

Portugal – Ghana 2:1 (1:0)
Estádio Nacional Mané Garrincha, Brasília
Portugal: Beto ab 89. Eduardo – Pereira ab 61. Varela, Pepe, Alves, Veloso – William – Moutinho, Amorim – Nani, C. Ronaldo – Éder ab 69. Vieirinha.
Ghana: Dauda – Afful, Boye, Mensah, Asamoah – Rabiu ab 76. Acquah, Agyemang-Badu – Atsu, A. Ayew ab 81. Wakaso Mubarak – Waris ab 71. J. Ayew, Gyan.
Tore: 1:0 Boye (31., Eigentor), 1:1 Gyan (57.), 2:1 C. Ronaldo (80.).
Schiedsrichter: Shukralla (Bahrain).
Gelb: Moutinho / Afful, J. Ayew, Waris.
Zuschauer: 67 540.

KADER SCHWEIZ

	Name	Spiele	Tore
	TORWART*		
1	Diego Benaglio	4	7
21	Roman Bürki	0	0
12	Yann Sommer	0	0
	ABWEHR		
20	Johan Djourou	4	0
6	Michael Lang	1	0
2	Stephan Lichtsteiner	4	0
13	Ricardo Rodríguez	4	0
22	Fabian Schär	2	0
4	Philippe Senderos	1	0
5	Steve von Bergen	2	0
3	Reto Ziegler	0	0
	MITTELFELD		
7	Tranquillo Barnetta	0	0
11	Valon Behrami	4	0
15	Blerim Dzemaili	3	1
16	Gelson Fernandes	1	0
8	Gökhan Inler	4	0
23	Xherdan Shaqiri	4	3
14	Valentin Stocker	1	0
10	Granit Xhaka	4	1
	ANGRIFF		
19	Josip Drmic	4	0
17	Mario Gavranovic	0	0
18	Admir Mehmedi	4	1
9	Haris Seferovic	4	1
	TRAINER		
	Ottmar Hitzfeld		

KADER ECUADOR

	Name	Spiele	Tore
	TORWART*		
1	Máximo Banguera	0	0
12	Adrián Bone	0	0
22	Alexander Domínguez	3	3
	ABWEHR		
21	Gabriel Achilier	2	0
10	Walter Ayoví	3	0
18	Óscar Bagüí	1	0
3	Frickson Erazo	3	0
2	Jorge Guagua	3	0
4	Juan Carlos Paredes	3	0
	MITTELFELD		
15	Michael Arroyo	2	0
23	Carlos Gruezo	2	0
5	Renato Ibarra	1	0
8	Edison Méndez	1	0
14	Oswalo Minda	2	0
6	Cristian Noboa	3	0
19	Luis Saritama	0	0
16	Antonio Valencia	3	0
	ANGRIFF		
17	Jaime Ayoví	0	0
11	Felipe Caicedo	3	0
20	Fidel Martínez	0	0
7	Jefferson Montero	1	0
13	Joao Rojas	1	0
13	Enner Valencia	3	3
	TRAINER		
	Reinaldo Rueda		

KADER FRANKREICH

	Name	Spiele	Tore
	TORWART*		
23	Mickaël Landreau	0	0
1	Hugo Lloris	5	3
16	Stéphane Ruffier	0	0
	ABWEHR		
2	Mathieu Debuchy	4	0
17	Lucas Digne	1	0
3	Patrice Evra	4	0
21	Laurent Koscielny	2	0
13	Eliaquim Mangala	0	0
15	Bacary Sagna	1	0
5	Mamadou Sakho	4	0
4	Raphaël Varane	5	0
	MITTELFELD		
6	Yohan Cabaye	4	0
14	Blaise Matuidi	5	1
12	Rio Mavuba	1	0
19	Paul Pogba	5	1
22	Morgan Schneiderlin	1	0
18	Moussa Sissoko	4	1
8	Mathieu Valbuena	4	1
	ANGRIFF		
10	Karim Benzema	5	3
7	Rémy Cabella	0	0
9	Olivier Giroud	5	1
11	Antoine Griezmann	5	0
20	Loïc Rémy	2	0
	TRAINER		
	Didier Deschamps		

KADER HONDURAS

	Name	Spiele	Tore
	TORWART*		
22	Donis Escober	0	0
1	Luis López	0	0
18	Noel Valladares	3	8
	ABWEHR		
21	Brayan Beckeles	3	0
5	Víctor Bernárdez	3	0
2	Osman Chávez	1	0
3	Maynor Figueroa	3	0
6	Juan Carlos García	2	0
4	Juan Pablo Montes	0	0
	MITTELFELD		
10	Marvin Chávez	2	0
20	Jorge Claros	3	0
12	Eder Delgado	0	0
15	Róger Espinoza	3	0
14	Óscar Boniek García	3	0
19	Luis Fernando Garrido	2	0
7	Emilio Izaguirre	2	0
23	Mario Martínez	1	0
17	Andy Najar	2	0
9	Jerry Palacios	1	0
8	Wilson Palacios	2	0
	ANGRIFF		
11	Jerry Bengtson	3	0
13	Carlo Costly	3	1
16	Rony Martínez	0	0
	TRAINER		
	Luis Fernando Suárez		

* bei Torhütern = Gegentore

STATISTIK

Stand gegen die USA im Regen und trocknete sich dann stilecht im Deutschland-Handtuch ab: Bundestrainer Joachim Löw

GRUPPE H

Belgien – Algerien   **2:1 (0:1)**
Estádio Mineirão, Belo Horizonte
Belgien: Courtois – Alderweireld, van Buyten, Kompany, Vertonghen – Witsel, Dembélé ab 65. Fellaini – De Bruyne, Chadli ab 46. Mertens, Hazard – Lukaku ab 58. Origi.
Algerien: M'Bolhi – Mostefa, Bougherra, Halliche, Ghoulam – Medjani ab 84. Ghilas, Bentaleb, Taïder – Feghouli, Mahrez ab 71. Lacen – Soudani ab 66. Slimani.
Tore: 0:1 Feghouli (25., Foulelfmeter), 1:1 Fellaini (70.), 2:1 Mertens (80.).
Schiedsrichter: Rodríguez (Mexiko).
Gelb: Vertonghen / Bentaleb.
Zuschauer: 56 800.

Russland – Südkorea   **1:1 (0:0)**
Arena Pantanal, Cuiabá
Russland: Akinfejew – Jeschtschen-ko, Beresutski, Ignaschewitsch, Kombarow – Gluschakow ab 72. Denisow – Schatow ab 59. Dsagojew, Faizulin – Samedow, Schirkow ab 71. Kerschakow – Kokorin.
Südkorea: Jung – Y. Lee, Hong ab 73. Hwang, Y. Kim, Yun – Han, Ki – C. Lee, Koo, Son ab 84. B. Kim – C. Park ab 56. K. Lee.
Tore: 0:1 Keun-Ho Lee (68.), 1:1 Kerschakow (74.).
Schiedsrichter: Pitana (Argentinien).
Gelb: Schatow / Son, Ki, Koo.
Zuschauer: 37 603.

Belgien – Russland   **1:0 (0:0)**
Estádio do Maracanã, Rio de Janeiro
Belgien: Courtois – Alderweireld, van Buyten, Kompany, Vermaelen ab 31. Vertonghen – Witsel, Fellaini – Mertens ab 75. Mirallas, De Bruyne, Hazard – Lukaku ab 57. Origi.
Russland: Akinfejew – Koslow ab 62. Jeschtschenko, Beresutski, Ignaschewitsch, Kombarow – Gluschakow – Faizulin – Samedow ab 90. Kerschakow, Schatow ab 83. Dsagojew, Kanunnikow – Kokorin.
Tor: 1:0 Origi (88.).
Schiedsrichter: Dr. Brych (Deutschland).
Gelb: Witsel, Alderweireld / Gluschakow.
Zuschauer: 73 819.

Südkorea – Algerien   **2:4 (0:3)**
Estádio Beira-Rio, Porto Alegre
Südkorea: Jung – Y. Lee, Hong, Y. Kim, Yun – Ki, Han ab 78. Ji – C. Lee ab 64. K. Lee, Koo, Son – C. Park ab 57. S. Kim.
Algerien: M'Bolhi – Mandi, Bougherra ab 89. Belkalem, Halliche, Mesbah – Medjani, Bentaleb – Feghouli, Brahimi ab 77. Lacen, Djabou ab 73. Ghilas – Slimani.
Tore: 0:1 Slimani (26.), 0:2 Halliche (28.), 0:3 Djabou (38.), 1:3 Son (50.), 1:4 Brahimi (62.), 2:4 Koo (72.).
Schiedsrichter: Roldan (Kolumbien).
Gelb: Y. Lee, Han / Bougherra.
Zuschauer: 42 732.

Südkorea – Belgien   **0:1 (0:0)**
Arena Corinthians, São Paulo
Südkorea: S.-G. Kim – Y. Lee, Y-G. Kim, Hong, Yun – Han ab 46. K.-H. Lee, Ki – C.-Y. Lee, Son ab 73. Ji – Koo – S.-W. Kim ab 66. B.-K. Kim.
Belgien: Courtois – van den Borre, van Buyten, Lombaerts, Vertonghen – Defour, Dembélé – Fellaini – Mertens ab 60. Origi, Januzaj ab 60. Chadli – Mirallas ab 88. Hazard.
Tor: 0:1 Vertonghen (78.).
Schiedsrichter: Williams (Australien).
Rot: Defour (45. / grobes Foul).
Gelb: Hong / Dembélé.
Zuschauer: 61 397.

Algerien – Russland   **1:1 (0:1)**
Arena da Baixada, Curitiba
Algerien: M'Bolhi – Mandi, Belkalem, Halliche, Mesbah – Medjani, Bentaleb – Feghouli, Brahimi ab 71. Yebda, Djabou ab 77. Ghilas – Slimani ab 90. Soudani.
Russland: Akinfejew – Koslow, W. Beresutski, Ignaschewitsch, Kombarow – Gluschakow ab 46. Denisow, Faisulin – Samedow, Kokorin, Schatow ab 67. Dsagojew – Kerschakow ab 81. Kanunnikow.
Tore: 0:1 Kokorin (6.), 1:1 Slimani (60.).
Schiedsrichter: Cakir (Türkei).
Gelb: Mesbah, Ghilas, Cadamuro (Reservespieler) / Kombarow, Koslow.
Zuschauer: 39 311.

KADER ARGENTINIEN

	Name	Spiele	Tore
	TORWART*		
21	Mariano Andújar	0	0
12	Agustin Orión	0	0
1	Sergio Romero	7	4
	ABWEHR		
23	José María Basanta	2	0
3	Hugo Campagnaro	1	0
15	Martín Demichelis	3	0
17	Federico Fernández	4	0
2	Ezequiel Garay	7	0
16	Marcos Rojo	6	1
4	Pablo Zabaleta	7	0
	MITTELFELD		
19	Ricardo Álvarez	1	0
13	Augusto Fernández	0	0
6	Lucas Biglia	7	0
7	Ángel Di María	5	1
5	Fernando Gago	6	0
14	Javier Mascherano	7	0
11	Maxi Rodríguez	2	0
8	Enzo Pérez	3	0
	ANGRIFF		
20	Sergio Agüero	5	0
9	Gonzalo Higuaín	7	1
22	Ezequiel Lavezzi	6	0
10	Lionel Messi	7	4
18	Rodrigo Palacio	5	0
	TRAINER		
	Alejandro Sabella		

KADER BOSNIEN

	Name	Spiele	Tore
	TORWART*		
22	Asmir Avdukic	0	0
1	Asmir Begovic	3	4
12	Jasmin Fejzic	0	0
	ABWEHR		
3	Ermin Bicakcic	1	0
5	Sead Kolasinac	2	0
13	Mensur Mujdza	2	0
4	Emir Spahic	3	0
15	Toni Sunjic	2	0
6	Ognjen Vranjes	1	0
2	Avdija Vrsajevic	1	1
	MITTELFELD		
7	Muhamed Besic	3	0
21	Anel Hadzic	1	0
20	Izet Hajrovic	2	0
17	Senijad Ibricic	0	0
16	Senad Lulic	2	0
18	Haris Medunjanin	2	0
10	Zvjezdan Misimovic	2	0
8	Miralem Pjanic	3	1
23	Sejad Salihovic	2	0
14	Tino-Sven Susic	2	0
19	Edin Visca	2	0
	ANGRIFF		
11	Edin Dzeko	3	1
9	Vedad Ibisevic	3	1
	TRAINER		
	Safet Susic		

KADER IRAN

	Name	Spiele	Tore
	TORWART*		
1	Rahman Ahmadi	0	0
22	Daniel Davari	0	0
12	Alireza Haghighi	3	4
	ABWEHR		
17	Ahmad Alenemeh	0	0
20	Steven Beitashour	0	0
4	Jalal Hosseini	3	0
13	Hossein Mahini	0	0
15	Pejman Montazeri	3	0
23	Mehrdad Pooladi	3	0
5	Amir Hossein Sadeghi	3	0
	MITTELFELD		
19	Hashem Beikzadeh	0	0
11	Ghasem Hadadifar	0	0
8	Reza Haghighi	1	0
3	Ehsan Hajsafi	3	0
6	Javad Nekounam	3	0
18	Bakhtiar Rahmani	0	0
14	Andranik Teymourian	3	0
	ANGRIFF		
10	Karim Ansarifard	1	0
21	Ashkan Dejagah	3	0
16	Reza Ghoochannejad	3	1
2	Khosro Heydari	3	0
9	Alireza Jahanbakhsh	3	0
7	Masoud Shojaei	3	0
	TRAINER		
	Carlos Queiroz		

KADER NIGERIA

	Name	Spiele	Tore
	TORWART*		
21	Chigozie Agbim	0	0
16	Austin Ejide	0	0
1	Vincent Enyeama	4	5
	ABWEHR		
5	Efe Ambrose	4	0
6	Azubuike Egwuekwe	0	0
14	Godfrey Oboabona	1	0
12	Ebenezer Odunlami	0	0
22	Kenneth Omeruo	4	0
13	Juwon Oshaniwa	4	0
2	Joseph Yobo	4	0
	MITTELFELD		
15	Ramon Azeez	1	0
4	Reuben Gabriel	1	0
10	John Obi Mikel	4	0
17	Ogenyi Onazi	4	0
3	Ejike Uzoenyi	1	0
	ANGRIFF		
23	Shola Ameobi	2	0
18	Michel Babatunde	2	0
9	Emmanuel Emenike	4	0
11	Victor Moses	2	0
7	Ahmed Musa	4	2
19	Uche Nwofor	2	0
8	Peter Odemwingie	4	1
20	Michael Uchebo	1	0
	TRAINER		
	Stephen Keshi		

217

ACHTELFINALE

Brasilien – Chile 4:3 n. E. (1:1, 1:1, 1:1)
Estádio Mineirão, Belo Horizonte
Brasilien: César – Alves, Silva, Luiz, Marcelo – Fernandinho ab 72, Ramires, Luiz Gustavo – Hulk, Oscar ab 106. Willian, Neymar – Fred ab 64. Jô.
Chile: Bravo – Silva, Medel ab 108. Rojas, Jara – Isla, Mena – Aránguiz, Díaz – Vidal ab 87. Pinilla – Sánchez, Vargas ab 57. Gutiérrez.
Tore: 1:0 D. Luiz (18), 1:1 Sánchez (32.). Elfmeterschießen: 2:1 D. Luiz, César hält gegen Pinilla, Willian verschießt, César hält gegen Sánchez, 3:1 Marcelo, 3:2 Aránguiz, Bravo hält gegen Hulk, 3:3 Díaz, 4:3 Neymar, Jara verschießt.
Schiedsrichter: Webb (England).
Gelb: Hulk, L. Gustavo (2.), Jô, Alves / Mena (2.), Silva (2.), Pinilla.
Zuschauer: 57 714.

Kolumbien – Uruguay 2:0 (1:0)
Estádio do Maracanã, Rio de Janeiro
Kolumbien: Ospina – Zúñiga, Zapata, Yepes, Armero – Aguilar, Sánchez – Cuadrado ab 81. Guarín, Rodríguez ab 85. Ramos – Gutiérrez ab 68. Mejía, Martínez.
Uruguay: Muslera – Cáceres, Giménez, Godín, Á. Pereira ab 53. Ramírez – González ab 67. Hernández, Arévalo – M. Pereira, Rodríguez – Cavani, Forlán ab 53. Stuani.
Tore: 1:0 Rodríguez (28.), 2:0 Rodríguez (50.).
Schiedsrichter: Kuipers (Holland).
Gelb: Armero / Giménez, Lugano (2., als Ersatzspieler).
Zuschauer: 73 804.

Holland – Mexiko 2:1 (0:0)
Estádio Castelão, Fortaleza
Holland: Cillessen – Verhaegh ab 56. Depay, Vlaar, de Vrij, Blind – Kuyt, de Jong ab 9. Martins Indi, Wijnaldum – Sneijder – Robben, van Persie ab 76. Huntelaar.
Mexiko: Ochoa – Aguilar, Rodríguez, Márquez, Moreno ab 46. Reyes, Layún – Herrera, Salcido, Guardado – dos Santos ab 61. Aquino, Peralta ab 75. Hernández.
Tore: 0:1 dos Santos (48.), 1:1 Sneijder (88.), 2:1 Huntelaar (90.+4 / Foulelfmeter).
Schiedsrichter: Proença (Portugal).
Gelb: – / Aguilar, Márquez, Guardado.
Zuschauer: 58 817.

Costa Rica – Griechenland 6:4 n. E. (1:1, 1:1, 0:0)
Arena Pernambuco, Recife
Costa Rica: Navas – Gamboa ab 77. Acosta, Duarte, González, Umaña, Díaz – Borges, Tejeda ab 66. Cubero – Ruiz, Bolaños ab 83. Brenes – Campbell.
Griechenland: Karnezis – Torosidis, Manolas, Sokratis, Holebas – Karagounis – Maniatis ab 78. Katsouranis, Samaris ab 58. Mitroglou – Salpingidis ab 69. Gekas, Lazaros – Samaras.
Tore: 1:0 Ruiz (52.), 1:1 Sokratis (90.+1). Elfmeterschießen: 2:1 Borges, 2:2 Mitroglou, 3:2 Ruiz, 3:3 Christodoulopoulos, 4:3 González, 4:4 Holebas, 5:4 Campbell, Navas hält gegen Gekas, 6:4 Umaña. Gelb/Rot: Duarte (66. /Foul).
Schiedsrichter: Williams (Australien).
Gelb: Tejeda, Granados (Ersatzspieler), Ruiz, Navas / Samaris, Manolas.
Zuschauer: 41 242.

Frankreich – Nigeria 2:0 (0:0)
Estádio Nacional Mané Garrincha, Brasília
Frankreich: Lloris – Debuchy, Varane, Koscielny, Evra – Cabaye, Pogba, Matuidi – Valbuena ab 90.+4 Sissoko, Benzema – Giroud ab 62. Griezmann.
Nigeria: Enyeama – Ambrose, Yobo, Oshaniwa, Omeruo – Onazi ab 59. Gabriel, Mikel – Musa, Moses ab 89. Nwofor – Odemwingie – Emenike.
Tore: 1:0 Pogba (79.), 2:0 Yobo (90.+2 / Eigentor).
Schiedsrichter: Geiger (USA).
Gelb: Matuidi / –.
Zuschauer: 67 882.

Deutschland – Algerien 2:1 n. V. (0:0, 0:0)
Estádio Beira-Rio, Porto Alegre
Deutschland: Neuer – Mustafi ab 70. Khedira, Mertesacker, Boateng, Höwedes – Lahm – Schweinsteiger ab 109. Kramer, Kroos – Özil, Götze ab 46. Schürrle – Müller.
Algerien: M'Bolhi – Mandi, Mostefa, Belkalem, Halliche ab 97. Bougherra, Ghoulam – Lacen – Taïder ab 78. Brahimi, Feghouli, Slimani – Soudani ab 100. Djabou.
Tore: 1:0 Schürrle (92.), 2:0 Özil (120.), 2:1 Djabou (120.+1).
Schiedsrichter: Ricci (Brasilien).
Gelb: Lahm / Halliche.
Zuschauer: 43 063.

Argentinien – Schweiz 1:0 n. V. (0:0, 0:0)
Arena de São Paulo, São Paulo
Argentinien: Romero – Zabaleta, F. Fernández, Garay, Rojo ab 105.+1 Basanta – Mascherano – Gago ab 106. Biglia, Di María – Messi – Lavezzi ab 74. Palacio – Higuaín.
Schweiz: Benaglio – Lichtsteiner, Djourou, Schär, Rodríguez – Behrami, Inler – Shaqiri, Xhaka ab 66. Fernandes, Mehmedi ab 113. Dzemaili – Drmic ab 82. Seferovic.
Tor: 1:0 Di María (118.).
Schiedsrichter: Eriksson (Schweden).
Gelb: Rojo (2), Di María, Garay / Xhaka, Fernandes.
Zuschauer: 63 255.

Belgien – USA 2:1 n. V. (0:0, 0:0)
Arena Fonte Nova, Salvador da Bahia
Belgien: Courtois – Alderweireld, van Buyten, Kompany, Vertonghen – Witsel, Fellaini – De Bruyne – Mertens ab 60. Mirallas, Hazard ab 111. Chadli – Origi ab 91. Lukaku.
USA: Howard – Cameron, González, Besler, Beasley – Jones – Zusi ab 72. Wondolowski, Bradley – Johnson ab 32. Yedlin, Bedoya ab 105.+2 Green – Dempsey.
Tore: 1:0 De Bruyne (93.), 2:0 Lukaku (105.), 2:1 Green (107.).
Schiedsrichter: Haimoudi (Algerien).
Gelb: Kompany / Cameron.
Zuschauer: 51 227.

Torschütze zum 1:0 im Achtelfinale gegen Algerien: André Schürrle

VIER...

Frankreich – Deutschland 0:1 (0:1)
Estádio do Maracanã, Rio de Janeiro
Frankreich: Lloris – Debuchy, Varane, Sakho ab 72. Koscielny, Evra – Pogba, Cabaye ab 73. Remy, Matuidi – Valbuena ab 85. Giroud, Griezmann – Benzema.
Deutschland: Neuer – Lahm, Boateng, Hummels, Höwedes – Schweinsteiger, Khedira – Müller, Kroos ab 90.+2 Kramer, Özil ab 83. Götze – Klose ab 69. Schürrle.
Tor: 0:1 Hummels (13.).
Schiedsrichter: Pitana (Argentinien).
Gelb: – / Khedira, Schweinsteiger.
Zuschauer: 74 240.

Brasilien – Kolumbien 2:1 (1:0)
Estádio Castelão, Fortaleza
Brasilien: César – Maicon, Silva, David Luiz, Marcelo – Fernandinho, Paulinho ab 86. Hernanes – Hulk ab 83. Ramires, Oscar, Neymar ab 88. Henrique – Fred.
Kolumbien: Ospina – Zúñiga, Zapata, Yepes, Armero – Guarín, Sánchez – Cuadrado ab 80. Quintero, Ibarbo ab 46. Ramos – Gutiérrez ab 70. Bacca, Rodríguez.
Tore: 1:0 Silva (7.), 2:0 David Luiz (69.), 2:1 Rodríguez (80., Foulelfmeter).
Schiedsrichter: Carballo (Spanien).
Gelb: Silva (2.), César / Rodríguez, Yepes.
Zuschauer: 60 342 (ausverkauft).

Brasilien – Deutschland 1:7 (0:5)
Estádio Mineirão, Belo Horizonte
Brasilien: César – Maicon, David Luiz, Dante, Marcelo – Luiz Gustavo, Paulinho ab 46. Hernanes – Hulk ab 46. Ramires, Oscar, Bernard – Fred ab 69. Willian.
Deutschland: Neuer – Lahm, Boateng, Hummels ab 46. Mertesacker, Höwedes – Khedira ab 76. Draxler, Schweinsteiger – Müller, Kroos ab 58. Schürrle – Özil – Klose ab 58. Schürrle.
Tore: 0:1 Müller (11.), 0:2 Klose (23.), 0:3 Kroos (24.), 0:4 Kroos (26.), 0:5 Khedira (29.), 0:6 Schürrle (69.), 0:7 Schürrle (79.), 1:7 Oscar (90.).
Schiedsrichter: Rodríguez (Mexiko).
Gelb: Dante / –.
Zuschauer: 58 141.

KADER DEUTSCHLAND

	Name	Spiele	Tore
	TORWART*		
1	Manuel Neuer	7	4
22	Roman Weidenfeller	0	0
12	Ron-Robert Zieler	0	0
	ABWEHR		
20	Jérôme Boateng	7	0
15	Erik Durm	0	0
3	Matthias Ginter	0	0
2	Kevin Großkreutz	0	0
4	Benedikt Höwedes	7	0
5	Mats Hummels	6	2
16	Philipp Lahm	7	0
17	Per Mertesacker	6	0
21	Shkodran Mustafi	3	0
	MITTELFELD		
14	Julian Draxler	1	0
19	Mario Götze	6	2
6	Sami Khedira	5	1
23	Christoph Kramer	3	0
18	Toni Kroos	7	2
13	Thomas Müller	7	5
8	Mesut Özil	7	1
10	Lukas Podolski	2	0
9	André Schürrle	7	3
7	Bastian Schweinsteiger	6	0
	ANGRIFF		
11	Miroslav Klose	5	2
	TRAINER		
	Joachim Löw		

KADER PORTUGAL

	Name	Spiele	Tore
	TORWART*		
22	Beto	2	3
1	Eduardo	1	0
12	Rui Patrício	1	4
	ABWEHR		
19	André Almeida	2	0
2	Bruno Alves	3	0
5	Fábio Coentrão	1	0
13	Ricardo Costa	2	0
14	Luís Neto	0	0
3	Pepe	2	0
21	João Pereira	3	0
	MITTELFELD		
20	Ruben Amorim	1	0
6	William Carvalho	2	0
16	Raul Meireles	2	0
8	João Moutinho	3	0
4	Miguel Veloso	3	0
	ANGRIFF		
9	Hugo Almeida	1	0
11	Éder	3	0
17	Nani	3	1
23	Hélder Postiga	1	0
15	Rafa	0	0
7	Cristiano Ronaldo	3	1
18	Varela	2	1
10	Vieirinha	1	0
	TRAINER		
	Paulo Bento		

KADER GHANA

	Name	Spiele	Tore
	TORWART*		
1	Stephen Adams	0	0
16	A. Fatawu Dauda	2	4
12	Adam Kwarasey	1	2
	ABWEHR		
23	Harrison Afful	2	0
21	John Boye	3	0
2	Samuel Inkoom	0	0
19	Jonathan Mensah	3	0
4	Daniel Opare	1	0
15	Rashid Sumaila	0	0
	MITTELFELD		
6	Afriyie Acquah	1	0
14	Albert Adomah	1	0
8	Emmanuel Agyemang Badu	2	0
20	Kwadwo Asamoah	3	0
7	Christian Atsu	3	0
10	André Ayew	3	2
9	Kevin-Prince Boateng	2	0
5	Michael Essien	1	0
11	Sulley Ali Muntari	2	0
17	Mohammed Rabiu	3	0
22	Mubarak Wakaso	2	0
	ANGRIFF		
13	Jordan Ayew	3	0
3	Asamoah Gyan	3	2
18	Abdul Majeed Waris	1	0
	TRAINER		
	James Kwesi Appiah		

KADER USA

	Name	Spiele	Tore
	TORWART*		
12	Brad Guzan	0	0
1	Tim Howard	4	6
22	Nick Rimando	0	0
	ABWEHR		
7	DaMarcus Beasley	4	0
5	Matt Besler	4	0
6	John Anthony Brooks	1	1
20	Geoff Cameron	3	0
21	Timothy Chandler	1	0
3	Omar González	3	0
23	Fabian Johnson	4	0
2	DeAndre Yedlin	3	0
	MITTELFELD		
15	Kyle Beckerman	3	0
11	Alejandro Bedoya	4	0
4	Michael Bradley	4	0
14	Brad Davis	1	0
10	Mikkel Diskerud	0	0
16	Julian Green	1	1
13	Jermaine Jones	4	1
19	Graham Zusi	4	0
	ANGRIFF		
17	Jozy Altidore	1	0
8	Clint Dempsey	4	2
9	Aron Johannsson	1	0
18	Chris Wondolowski	2	0
	TRAINER		
	Jürgen Klinsmann		

* bei Torhütern = Gegentore

STATISTIK

ALE

Argentinien – Belgien 1:0 (1:0)
Estádio Nacional Mané Garrincha, Brasília
Argentinien: Romero – Zabaleta, Demichelis, Garay, Basanta – Biglia, Mascherano – Lavezzi ab 71. Palacio, Di Maria ab 33. Pérez – Messi, Higuaín ab 81. Gago.
Belgien: Courtois – Alderweireld, van Buyten, Kompany, Vertonghen – Witsel, Fellaini – De Bruyne, Mirallas ab 60. Mertens, Hazard ab 75. Chadli – Origi ab 59. Lukaku.
Tor: 1:0 Higuaín (8.). **Schiedsrichter:** Rizzoli (Italien).
Gelb: Biglia / Alderweireld (2.), Hazard.
Zuschauer: 68 551.

Holland – Costa Rica 4:3 n. E. (0:0)
Arena Fonte Nova, Salvador da Bahia
Holland: Cillessen ab 120.+1 Krul – de Vrij, Vlaar, Martins Indi ab 106. Huntelaar – Kuyt, Blind – Wijnaldum, Sneijder – Robben, Depay ab 76. Lens – van Persie.
Costa Rica: Navas – Acosta, González, Umaña – Gamboa ab 79. Myrie, Díaz – Tejeda ab 97. Cubero, Borges – Ruiz, Bolaños – Campbell ab 66. Ureña.
Elfmeterschießen: 0:1 Borges, 1:1 van Persie, Krul hält gegen Ruiz, 2:1 Robben, 2:2 González, 3:2 Sneijder, 3:3 Bolaños, 4:3 Kuyt, Krul hält gegen Umaña.
Schiedsrichter: Irmatow (Usbekistan).
Gelb: Martins Indi, Huntelaar / Díaz, Umaña, González (2.), Acosta. **Zuschauer:** 51 179.

ALE

Holland – Argentinien 2:4 n. E. (0:0)
Arena de São Paulo, São Paulo
Holland: Cillessen – Vlaar, de Vrij, Martins Indi ab 46. Janmaat – Kuyt, Blind, Wijnaldum, de Jong ab 62. Clasie – Sneijder, Robben, van Persie ab 96. Huntelaar.
Argentinien: Romero – Zabaleta, Demichelis, Garay, Rojo – Mascherano – Biglia, Pérez ab 81. Palacio – Messi – Higuaín ab 82. Agüero, Lavezzi ab 101. Rodríguez.
Tore: Elfmeterschießen: Romero hält gegen Vlaar, 0:1 Messi, 1:1 Robben, 1:2 Garay, Romero hält gegen Sneijder, 1:3 Agüero, 2:3 Kuyt, 2:4 Rodríguez.
Schiedsrichter: Cakir (Türkei).
Gelb: Martins Indi (2.), Huntelaar (2.) / Demichelis.
Zuschauer: 63 267.

Erzielte das 5:0 im Halbfinale gegen Brasilien: Sami Khedira

SPIEL UM PLATZ 3

Brasilien – Holland 0:3 (0:2)
Estádio Nacional Mané Garrincha, Brasília
Brasilien: Júlio César – Maicon, Thiago Silva, David Luiz, Maxwell – Paulinho ab 57. Hernanes, Luiz Gustavo ab 46. Fernandinho – Ramires ab 73. Hulk, Oscar, Willian – Jô.
Holland: Cillessen ab 90.+3 Vorm – Kuyt, de Vrij, Vlaar, Martins Indi, Blind ab 70. Janmaat – Wijnaldum, Clasie ab 90. Veltman – de Guzman – van Persie, Robben.
Tore: 0:1 van Persie (3., Foulelfmeter), 0:2 Blind (17.), 0:3 Wijnaldum (90.+3.).
Schiedsrichter: Haimoudi (Algerien).
Gelb: Fernandinho, Thiago Silva, Oscar, de Guzman, Robben.
Zuschauer: 68 034.

FINALE

Deutschland – Argentinien 1:0 n. V. (0:0)
Estádio do Maracanã, Rio de Janeiro
Deutschland: Neuer – Lahm, Boateng, Hummels, Höwedes – Kramer ab 32. Schürrle, Schweinsteiger – Müller, Kroos, Özil ab 120. Mertesacker – Klose ab 88. Götze.
Argentinien: Romero – Zabaleta, Demichelis, Garay, Rojo – Mascherano, Biglia, Pérez ab 86. Gago, Lavezzi ab 46. Agüero – Messi – Higuaín ab 78. Palacio.
Tor: 1:0 Götze (113.).
Schiedsrichter: Rizzoli (Italien).
Gelb: Höwedes, Schweinsteiger – Mascherano, Agüero.
Zuschauer: 74 738 (ausverkauft).

KADER BELGIEN

Name	Spiele	Tore
TORWART		
13 Sammy Bossut	0	0
1 Thibaut Courtois	5	3
12 Simon Mignolet	0	0
ABWEHR		
2 Toby Alderweireld	4	0
23 Laurent Ciman	0	0
4 Vincent Kompany	4	0
18 Nicolas Lombaerts	1	0
15 Daniel van Buyten	5	0
21 Anthony Vanden Borre	1	0
3 Thomas Vermaelen	1	0
5 Jan Vertonghen	5	1
MITTELFELD		
22 Nacer Chadli	4	0
7 Kevin De Bruyne	4	1
16 Steven Defour	1	0
19 Moussa Dembélé	2	0
8 Marouane Fellaini	5	1
10 Eden Hazard	5	0
20 Adnan Januzaj	1	0
14 Dries Mertens	5	1
6 Axel Witsel	4	0
ANGRIFF		
9 Romelu Lukaku	4	1
11 Kevin Mirallas	4	0
17 Divock Origi	5	1
TRAINER		
Marc Wilmots		

KADER ALGERIEN

Name	Spiele	Tore
TORWART		
23 Raïs M'Bolhi	4	7
1 Cédric Si Mohamed	0	0
16 Mohamed Zemmamouche	0	0
ABWEHR		
4 Essaïd Belkalem	3	0
2 Madjid Bougherra	3	0
17 Liassine Cadamuro	0	0
3 Faouzi Ghoulam	2	0
5 Rafik Halliche	4	1
20 Aïssa Mandi	3	0
12 Carl Medjani	3	0
6 Djamel Mesbah	2	0
MITTELFELD		
14 Nabil Bentaleb	3	0
11 Yacine Brahimi	3	1
8 Mehdi Lacen	3	0
22 Mehdi Mostefa	2	0
19 Saphir Taïder	2	0
7 Hassan Yebda	1	0
ANGRIFF		
18 Abdelmoumene Djabou	3	2
10 Sofiane Feghouli	4	1
9 Nabil Ghilas	3	0
21 Riyad Mahrez	1	0
13 Islam Slimani	4	2
15 El Arbi Hillel Soudani	3	0
TRAINER		
Vahid Halilhodzic		

KADER RUSSLAND

Name	Spiele	Tore
TORWART		
1 Igor Akinfejew	3	3
12 Jurij Lodygin	0	0
16 Sergej Ryschikow	0	0
ABWEHR		
14 Wassili Beresutski	3	0
13 Wladimir Granat	0	0
4 Sergej Ignaschewitsch	3	0
22 Andrej Jeschtschenko	2	0
23 Dimitri Kombarow	3	0
2 Alexej Koslow	2	0
3 Georgi Schennikow	0	0
5 Andrej Semenow	0	0
MITTELFELD		
7 Igor Denisow	2	0
10 Alan Dsagojew	3	0
20 Wiktor Faizulin	3	0
8 Denis Gluschakow	3	0
15 Pawel Mogilewets	0	0
17 Oleg Schatow	3	0
ANGRIFF		
21 Alexej Jonow	0	0
6 Maxim Kanunnikow	2	0
11 Alexander Kerschakow	3	1
9 Alexander Kokorin	3	1
19 Alexander Samedow	3	0
18 Juri Schirkow	1	0
TRAINER		
Fabio Capello		

KADER SÜDKOREA

Name	Spiele	Tore
TORWART		
1 Sung-Ryong Jung	2	5
21 Seung-Gyu Kim	1	1
23 Bum-Young Lee	0	0
ABWEHR		
20 Jeong-Ho Hong	3	0
6 Seok-Ho Hwang	1	0
2 Chang-Soo Kim	0	0
5 Young-Ggwon Kim	3	0
4 Tae-Hwi Kwak	0	0
12 Yong Lee	3	0
22 Joo-Ho Park	0	0
3 Suk-Young Yun	3	0
MITTELFELD		
8 Dae-Sung Ha	0	0
14 Kook-Young Han	3	0
19 Dong-Won Ji	2	0
16 Sung-Yueng Ki	3	0
7 Bo-Kyung Kim	2	0
17 Chung-Yong Lee	3	0
15 Jong-Woo Park	0	0
9 Heung-Min Son	3	1
ANGRIFF		
18 Shin-Wook Kim	2	0
13 Ja-Cheol Koo	3	1
11 Keun-Ho Lee	3	1
10 Chu-Young Park	2	0
TRAINER		
Myung-Bo Hong		

Die 12 Arenen in Brasilien

ARENA CORINTHIANS, SÃO PAULO: 62 601 Plätze. In São Paulo (760 m über Meereshöhe) leben 11, 3 Mio. Einwohner

12. Juni, 22.00 Uhr	Gruppe A	Brasilien – Kroatien	3:1
19. Juni, 21.00 Uhr	Gruppe D	Uruguay – England	2:1
23. Juni, 18.00 Uhr	Gruppe B	Holland – Chile	2:0
26. Juni, 22.00 Uhr	Gruppe H	Südkorea – Belgien	0:1
1. Juli, 18.00 Uhr	Achtelfinale	Argentinien – Schweiz	1:0 n. V.
9. Juli, 22.00 Uhr	Halbfinale	Holland – Argentinien	2:4 n. E.

ARENA FONTE NOVA, SALVADOR DA BAHIA: 51 708 Plätze. In Salvador (8 m über Meereshöhe) leben 2,7 Millionen Einwohner

13. Juni, 21.00 Uhr	Gruppe B	Spanien – Holland	1:5
16. Juni, 18.00 Uhr	Gruppe G	Deutschland – Portugal	4:0
20. Juni, 21.00 Uhr	Gruppe E	Schweiz – Frankreich	2:5
25. Juni, 18.00 Uhr	Gruppe F	Bosnien – Iran	3:1
1. Juli, 22.00 Uhr	Achtelfinale	Belgien – USA	2:1 n. V.
5. Juli, 22.00 Uhr	Viertelfinale	Holland – Costa Rica	4:3 n. E.

ARENA PERNAMBUCO, RECIFE: 42 583 Plätze. In Recife (10 m über Meereshöhe) leben 1,6 Millionen Einwohner

15. Juni, 03.00 Uhr	Gruppe C	Elfenbeinküste – Japan	2:1
20. Juni, 18.00 Uhr	Gruppe D	Italien – Costa Rica	0:1
23. Juni, 22.00 Uhr	Gruppe A	Kroatien – Mexiko	1:3
26. Juni, 18.00 Uhr	Gruppe G	USA – Deutschland	0:1
29. Juni, 22.00 Uhr	Achtelfinale	Costa Rica – Griechenland	6:4 n. E.

ESTÁDIO BEIRA-RIO, PORTO ALEGRE: 43 394 Plätze. In Porto Alegre (10 m über Meereshöhe) leben 1,5 Mio. Einwohner

15. Juni, 21.00 Uhr	Gruppe E	Frankreich – Honduras	3:0
18. Juni, 18.00 Uhr	Gruppe B	Australien – Holland	2:3
22. Juni, 21.00 Uhr	Gruppe H	Südkorea – Algerien	2:4
25. Juni, 18.00 Uhr	Gruppe F	Nigeria – Argentinien	2:3
30. Juni, 22.00 Uhr	Achtelfinale	Deutschland – Algerien	2:1 n. V.

ARENA DAS DUNAS, NATAL: 39 971 Plätze. In Natal (30 m über Meereshöhe) leben 804 000 Einwohner

13. Juni, 18.00 Uhr	Gruppe A	Mexiko – Kamerun	1:0
16. Juni, 24.00 Uhr	Gruppe G	Ghana – USA	1:2
19. Juni, 24.00 Uhr	Gruppe C	Japan – Griechenland	0:0
24. Juni, 18.00 Uhr	Gruppe D	Italien – Uruguay	0:1

ARENA DA AMAZÔNIA, MANAUS: 40 549 Plätze. In Manaus (92 m über Meereshöhe) leben 2 Millionen Einwohner

14. Juni, 24.00 Uhr	Gruppe D	England – Italien	1:2
18. Juni, 24.00 Uhr	Gruppe A	Kamerun – Kroatien	0:4
22. Juni, 24.00 Uhr	Gruppe G	USA – Portugal	2:2
25. Juni, 22.00 Uhr	Gruppe E	Honduras – Schweiz	0:3

ESTÁDIO CASTELÃO, FORTALEZA: 60 348 Plätze. In Fortaleza (21 m über Meereshöhe) leben 2,6 Mio. Einwohner

14. Juni, 21.00 Uhr	Gruppe D	Uruguay – Costa Rica	1:3
17. Juni, 21.00 Uhr	Gruppe A	Brasilien – Mexiko	0:0
21. Juni, 21.00 Uhr	Gruppe G	Deutschland – Ghana	2:2
24. Juni, 22.00 Uhr	Gruppe C	Griechenland – Elfenbeinküste	2:1
29. Juni, 18.00 Uhr	Achtelfinale	Holland – Mexiko	2:1
4. Juli, 22.00 Uhr	Viertelfinale	Brasilien – Kolumbien	2:1

ARENA DA BAIXADA, CURITIBA: 39 631 Plätze. In Curitiba (935 m über Meereshöhe) leben 1,8 Mio. Einwohner

16. Juni, 21.00 Uhr	Gruppe F	Iran – Nigeria	0:0
20. Juni, 24.00 Uhr	Gruppe E	Honduras – Ecuador	1:2
23. Juni, 18.00 Uhr	Gruppe B	Australien – Spanien	0:3
26. Juni, 22.00 Uhr	Gruppe H	Algerien – Russland	1:1

ARENA PANTANAL, CUIABÁ: 41 112 Plätze. In Cuiabá (165 m über Meereshöhe) leben 551 000 Einwohner

13. Juni, 24.00 Uhr	Gruppe B	Chile – Australien	3:1
17. Juni, 24.00 Uhr	Gruppe H	Russland – Südkorea	1:1
21. Juni, 24.00 Uhr	Gruppe F	Nigeria – Bosnien	1:0
24. Juni, 22.00 Uhr	Gruppe C	Japan – Kolumbien	1:4

STADIEN

Mit rund 203 Millionen Einwohnern und einer Fläche von 8,5 Millionen km² ist Brasilien das größte Land Südamerikas. Zwischen den Spielorten Manaus und Porto Alegre liegen rund 3133 Kilometer Luftlinie.

ESTÁDIO NACIONAL MANÉ GARRINCHA, BRASÍLIA: 69 432 Plätze. In Brasília (1172 m über Meereshöhe) leben 2,8 Mio. Einwohner

15. Juni, 18.00 Uhr	Gruppe E	Schweiz – Ecuador	2:1
19. Juni, 18.00 Uhr	Gruppe C	Kolumbien – Elfenbeinküste	2:1
23. Juni, 22.00 Uhr	Gruppe A	Kamerun – Brasilien	1:4
26. Juni, 18.00 Uhr	Gruppe G	Portugal – Ghana	2:1
30. Juni, 18.00 Uhr	Achtelfinale	Frankreich – Nigeria	2:0
5. Juli, 18.00 Uhr	Viertelfinale	Argentinien – Belgien	1:0
12. Juli, 22.00 Uhr	3. Platz	Brasilien – Holland	0:3

ESTÁDIO MINEIRÃO, BELO HORIZONTE: 58 259 Plätze. In Belo Horizonte (852 m über Meereshöhe) leben 2,5 Mio. Einwohner

14. Juni, 18.00 Uhr	Gruppe C	Kolumbien – Griechenland	3:0
17. Juni, 18.00 Uhr	Gruppe H	Belgien – Algerien	2:1
21. Juni, 18.00 Uhr	Gruppe F	Argentinien – Iran	1:0
24. Juni, 18.00 Uhr	Gruppe D	Costa Rica – England	0:0
28. Juni, 18.00 Uhr	Achtelfinale	Brasilien – Chile	4:3 n. E.
8. Juli, 22.00 Uhr	Halbfinale	Brasilien – Deutschland	1:7

ESTÁDIO DO MARACANÃ, RIO DE JANEIRO: 74 738 Plätze. In Rio de Janeiro (0 – 1021 m über Meereshöhe) leben 6,3 Mio. Einwohner

15. Juni, 24.00 Uhr	Gruppe F	Argentinien – Bosnien	2:1
18. Juni, 21.00 Uhr	Gruppe B	Spanien – Chile	0:2
22. Juni, 18.00 Uhr	Gruppe H	Belgien – Russland	1:0
25. Juni, 22.00 Uhr	Gruppe E	Ecuador – Frankreich	0:0
28. Juni, 22.00 Uhr	Achtelfinale	Kolumbien – Uruguay	2:0
4. Juli, 18.00 Uhr	Viertelfinale	Frankreich – Deutschland	0:1
13. Juli, 21.00 Uhr	Finale	Deutschland – Argentinien	1:0 n. V.

221

STATISTIK — DIE TURNIERE 1930–1954

WM 1930 IN URUGUAY
WELTMEISTER URUGUAY

DER ERSTE WELTMEISTER
Mit letztem Einsatz drückt Pedro Cea (l.) in der 57. Minute den Ball über die Linie. Torwart Botasso ist bezwungen, Uruguay gleicht gegen den großen Nachbarn aus Argentinien zum 2:2 aus. Der Bann ist gebrochen, Iriarte und Castro treffen noch zum 3:2 und 4:2 – Uruguay gewinnt die WM-Premiere

Gruppe 1
13.7.	Pocitos*	Frankreich – Mexiko	4:1
15.7.	Central	Argentinien – Frankreich	1:0
16.7.	Central	Chile – Mexiko	3:0
19.7.	Centenario	Chile – Frankreich	1:0
19.7.	Centenario	Argentinien – Mexiko	6:3
22.7.	Centenario	Argentinien – Chile	3:1

	Team	G U V	Tore	Punkte
1.	Argentinien	3 0 0	10:4	6:0
2.	Chile	2 0 1	5:3	4:2
3.	Frankreich	1 0 2	4:3	2:4
4.	Mexiko	0 0 3	4:13	0:6

Gruppe 2
14.7.	Central	Jugoslawien – Brasilien	2:1
17.7.	Central	Jugoslawien – Bolivien	4:0
20.7.	Centenario	Brasilien – Bolivien	4:0

	Team	G U V	Tore	Punkte
1.	Jugoslawien	2 0 0	6:1	4:0
2.	Brasilien	1 0 1	5:2	2:2
3.	Bolivien	0 0 2	0:8	0:4

Gruppe 3
14.7.	Pocitos	Rumänien – Peru	3:1
18.7.	Centenario	Uruguay – Peru	1:0
22.7.	Centenario	Uruguay – Rumänien	4:0

	Team	G U V	Tore	Punkte
1.	Uruguay	2 0 0	5:0	4:0
2.	Rumänien	1 0 1	3:5	2:2
3.	Peru	0 0 2	1:4	0:4

Gruppe 4
13.7.	Central	USA – Belgien	3:0
17.7.	Central	USA – Paraguay	3:0
20.7.	Centenario	Paraguay – Belgien	1:0

	Team	G U V	Tore	Punkte
1.	USA	2 0 0	6:0	4:0
2.	Paraguay	1 0 1	1:3	2:2
3.	Belgien	0 0 2	0:4	0:4

Halbfinale
26.7.	Centenario	Argentinien – USA	6:1
27.7.	Centenario	Uruguay – Jugoslawien	6:1

Finale
Uruguay – Argentinien 4:2 (1:2)
30. Juli 1930, Centenario, Montevideo
Uruguay: Ballestrero – Nasazzi, Mascheroni – Andrade, Fernández, Gestido – Dorado, Scarone, Castro, Cea, Iriarte
Trainer: Alberto Suppici
Argentinien: Botasso – Della Torre, Paternóster – Juan Evaristo, Monti, Suárez – Peucelle, Varallo, Stábile, Ferreira, Marino Evaristo
Trainer: Francisco Olazar/Juan José Tramutola
Zuschauer: 68 346
Schiedsrichter: Langenus (Belgien)
Linienrichter: Christophe (Belgien), Saucedo (Bolivien)
Tore: 1:0 Dorado (12.), 1:1 Peucelle (20.), 1:2 Stábile (37.), 2:2 Cea (57.), 3:2 Iriarte (68.), 4:2 Castro (89.)

*Alle Stadien in Montevideo

Der Einmarsch der Finalisten: Uruguays Kapitän José Nasazzi trägt den Ball. Der ist noch ganz aus Leder

---

WM 1934 IN ITALIEN
WELTMEISTER ITALIEN

VOLKSHELD MEAZZA
Angetrieben vom überragenden Giuseppe Meazza (r.), gewinnt Italien das Finale gegen die Tschechoslowakei 2:1 n. V.

Achtelfinale
27.5.	Rom	Italien – USA	7:1
27.5.	Triest	Tschechoslowakei – Rumänien	2:1
27.5.	Florenz	Deutschland – Belgien	5:2
27.5.	Turin	Österreich – Frankreich	3:2 n. V.
27.5.	Genua	Spanien – Brasilien	3:1
27.5.	Mailand	Schweiz – Holland	3:2
27.5.	Bologna	Schweden – Argentinien	3:2
27.5.	Neapel	Ungarn – Ägypten	4:2

Viertelfinale
31.5.	Mailand	Deutschland – Schweden	2:1
31.5.	Bologna	Österreich – Ungarn	2:1
31.5.	Florenz	Italien – Spanien	1:1 n. V.
1.6.	Florenz	Italien – Spanien (Wiederholung)	1:0
31.5.	Turin	Tschechoslowakei – Schweiz	3:2

Halbfinale
3.6.	Mailand	Italien – Österreich	1:0
3.6.	Rom	Tschechoslowakei – Deutschland	3:1

Spiel um Platz 3
7.6.	Neapel	Deutschland – Österreich	3:2

Finale
Italien – Tschechoslowakei 2:1 (1:1, 0:0) n. V.
10. Juni 1934, Stadio Nazionale del PNF, Rom
Italien: Combi – Monzeglio, Allemandi – Ferraris, Monti, Bertolini – Guaita, Meazza, Schiavio, Ferrari, Orsi
Trainer: Vittorio Pozzo
Tschechoslowakei: Planicka – Zenisek, Ctyroky – Kostalek, Cambal, Krcil – Junek, Svoboda, Sobotka, Nejedly, Puc
Trainer: Karel Petru
Zuschauer: 55 000
Schiedsrichter: Eklind (Schweden).
Linienrichter: L. Baert (Belgien), Ivancsics (Ungarn)
Tore: 0:1 Puc (76.), 1:1 Orsi (81.), 2:1 Schiavio (96.)

WM 1938 IN FRANKREICH
WELTMEISTER ITALIEN

TITEL VERTEIDIGT
Italiens Verteidiger Foni verfehlt zwar den Ball, kann aber wenig später jubeln: Seine Elf gewinnt das Finale 4:2 gegen Ungarn

Achtelfinale
4.6.	Paris	Deutschland – Schweiz	1:1 n.
9.6.	Paris	Schweiz – Deutschland (Wiederh.)	4:
5.6.	Toulouse	Kuba – Rumänien	3:3 n.
9.6.	Toulouse	Kuba – Rumänien (Wiederh.)	2
5.6.	Le Havre	Tschechoslowakei – Holland	3:0 n.
5.6.	Paris	Frankreich – Belgien	3
5.6.	Reims	Ungarn – Niederländisch-Indien	6:
5.6.	Marseille	Italien – Norwegen	2:1 n.
5.6.	Straßburg	Brasilien – Polen	6:5 n.

Schweden erreichte kampflos das Viertelfinale, weil Gegner Österreich nicht antreten konnte

Viertelfinale
12.6.	Paris	Italien – Frankreich	3
12.6.	Antibes	Schweden – Kuba	8:
12.6.	Lille	Ungarn – Schweiz	2:
12.6.	Bordeaux	Brasilien – Tschechoslowakei	1:1 n.
14.6.	Bordeaux	Brasilien – Tschechosl. (Wiederh.)	2

Halbfinale
16.6.	Marseille	Italien – Brasilien	2
16.6.	Paris	Ungarn – Schweden	5

Spiel um Platz 3
19.6.	Bordeaux	Brasilien – Schweden	4:

Finale
Italien – Ungarn 4:2 (3:
19. Juni 1938, Stade de Colombes, Paris
Italien: Olivieri – Foni, Rava – Serantoni, Andreolo, Locatelli – Biavati, Meazza, Piola, Ferrari, Colaussi
Trainer: Vittorio Pozzo
Ungarn: Szabo – Polgar, S. Biro – Szalay, Szücs, Lazar – Sas, Vincze, G. Sarosi, Zsengeller, Titkos
Trainer: Alfred Schaffer
Zuschauer: 45 124
Schiedsrichter: Capdeville (Frankreich).
Linienrichter: Krist (Tschechoslowakei), Wüthrich (Schweiz)
Tore: 1:0 Colaussi (6.), 1:1 Titkos (7.), 2:1 Piola (16.), 3:1 Colaussi (35.), 3:2 Sarosi (70.), 4:2 Piola (82.)

222

WM 1950 IN BRASILIEN
WELTMEISTER URUGUAY

173 850 MENSCHEN TRAUERN
Wieder vorbei: Brasiliens Chico (2. v. r.) verfehlt das Tor von Máspoli. Im Maracanã-Stadion von Rio de Janeiro düpiert Uruguay vor der Rekordkulisse den Gastgeber. Im entscheidenden Finalrundenspiel siegt der Außenseiter 2:1, holt den WM-Titel und stürzt Brasilien ins Tal der Tränen

Gruppe 1

24.6. Rio de Janeiro	Brasilien – Mexiko		4:0
25.6. Belo Horizonte	Jugoslawien – Schweiz		3:0
28.6. São Paulo	Brasilien – Schweiz		2:2
28.6. Porto Alegre	Jugoslawien – Mexiko		4:1
1.7. Rio de Janeiro	Brasilien – Jugoslawien		2:0
2.7. Porto Alegre	Schweiz – Mexiko		2:1

Team	G U V	Tore	Punkte
1. Brasilien	2 1 0	8:2	5:1
2. Jugoslawien	2 0 1	7:3	4:2
3. Schweiz	1 1 1	4:6	3:3
4. Mexiko	0 0 3	2:10	0:6

Gruppe 2

25.6. Rio de Janeiro	England – Chile		2:0
25.6. Curitiba	Spanien – USA		3:1
29.6. Rio de Janeiro	Spanien – Chile		2:0
29.6. Belo Horizonte	USA – England		1:0
2.7. Rio de Janeiro	Spanien – England		1:0
2.7. Recife	Chile – USA		5:2

Team	G U V	Tore	Punkte
1. Spanien	3 0 0	6:1	6:0
2. England	1 0 2	2:2	2:4
3. Chile	1 0 2	5:6	2:4
4. USA	1 0 2	4:8	2:4

Gruppe 3

25.6. São Paulo	Schweden – Italien		3:2
29.6. Curitiba	Schweden – Paraguay		2:2
2.7. São Paulo	Italien – Paraguay		2:0

Team	G U V	Tore	Punkte
1. Schweden	1 1 0	5:4	3:1
2. Italien	1 0 1	4:3	2:2
3. Paraguay	0 1 1	2:4	1:3

Indien trat nicht an

Gruppe 4

2.7. Belo Horizonte	Uruguay – Bolivien		8:0

Team	G U V	Tore	Punkte
1. Uruguay	1 0 0	8:0	2:0
2. Bolivien	0 0 1	0:8	0:2

Schottland und die Türkei traten nicht an

Finalrunde

9.7. Rio de Janeiro	Brasilien – Schweden		7:1
9.7. São Paulo	Spanien – Uruguay		2:2
13.7. Rio de Janeiro	Brasilien – Spanien		6:1
13.7. São Paulo	Uruguay – Schweden		3:2
16.7. São Paulo	Schweden – Spanien		3:1
16.7. Rio de Janeiro	Uruguay – Brasilien		2:1

Team	G U V	Tore	Punkte
1. Uruguay	2 1 0	7:5	5:1
2. Brasilien	2 0 1	14:4	4:2
3. Schweden	1 0 2	6:11	2:4
4. Spanien	0 1 2	4:11	1:5

Entscheidendes Finalrundenspiel
Uruguay – Brasilien 2:1 (0:0)
16. Juli 1950, Estádio Maracanã, Rio de Janeiro
Uruguay: Máspoli – Matías González, Tejera – Gambetta, Varela, Andrade – Ghiggia, Pérez, Míguez, Schiaffino, Morán
Trainer: Juan López
Brasilien: Barbosa – Augusto, Juvenal – Bauer, Danilo, Bigode – Friaça, Zizinho, Ademir, Jair, Chico
Trainer: Flávio Costa
Zuschauer: 173 850
Schiedsrichter: Reader (England)
Linienrichter: Ellis (England), Mitchell (Schottland)
Tore: 0:1 Friaça (47.), 1:1 Schiaffino (66.), 2:1 Ghiggia (79.)

Das Tor zum WM-Titel: Ghiggia (hinter dem Ball) trifft zum 2:1 gegen Brasiliens Torwart Barbosa

---

WM 1954 IN DER SCHWEIZ
WELTMEISTER DEUTSCHLAND

DIE WENDE IM FINALE
Als Ungarn nach acht Minuten das 2:0 gegen Deutschland erzielt, scheint das Endspiel entschieden. Doch in der 10. Minute beginnt das „Wunder von Bern". Max Morlock (r.) trifft zum 1:2. Die Wende. Helmut Rahn macht mit seinewm zweiten Tor in der 84. Minute die Sensation perfekt. 3:2 – der Titel

Gruppe 1

16.6. Lausanne	Jugoslawien – Frankreich		1:0
16.6. Genf	Brasilien – Mexiko		5:0
19.6. Lausanne	Brasilien – Jugoslawien		1:1 n. V.
19.6. Genf	Frankreich – Mexiko		3:2

Team	G U V	Tore	Punkte
1. Brasilien	1 1 0	6:1	3:1
2. Jugoslawien	1 1 0	2:1	3:1
3. Frankreich	1 0 1	3:3	2:2
4. Mexiko	0 0 2	2:8	0:4

Gruppe 2

17.6. Zürich	Ungarn – Südkorea		9:0
17.6. Bern	Deutschland – Türkei		4:1
20.6. Basel	Ungarn – Deutschland		8:3
20.6. Genf	Türkei – Südkorea		7:0

Team	G U V	Tore	Punkte
1. Ungarn	2 0 0	17:3	4:0
2. Türkei	1 0 1	8:4	2:2
3. Deutschland	1 0 1	7:9	2:2
4. Südkorea	0 0 2	0:16	0:4

Entscheidungsspiel um Gruppenplatz 2
23.6. Zürich Deutschland – Türkei 7:2

Gruppe 3

16.6. Zürich	Österreich – Schottland		1:0
16.6. Bern	Uruguay – Tschechoslowakei		2:0
19.6. Zürich	Österreich – Tschechoslowakei		5:0
19.6. Basel	Uruguay – Schottland		7:0

Team	G U V	Tore	Punkte
1. Uruguay	2 0 0	9:0	4:0
2. Österreich	2 0 0	6:0	4:0
3. Tschechoslowakei	0 0 2	0:7	0:4
4. Schottland	0 0 2	0:8	0:4

Gruppe 4

17.6. Basel	England – Belgien		4:4 n. V.
17.6. Lausanne	Schweiz – Italien		2:1
20.6. Bern	England – Schweiz		2:0
20.6. Lugano	Italien – Belgien		4:1

Team	G U V	Tore	Punkte
1. England	1 1 0	6:4	3:1
2. Italien	1 0 1	5:3	2:2
3. Schweiz	1 0 1	2:3	2:2
4. Belgien	0 1 1	5:8	1:3

Entscheidungsspiel um Gruppenplatz 2
23.6. Basel Schweiz – Italien 4:1

Viertelfinale

26.6. Lausanne	Österreich – Schweiz		7:5
26.6. Basel	Uruguay – England		4:2
27.6. Bern	Ungarn – Brasilien		4:2
27.6. Genf	Deutschland – Jugoslawien		2:0

Halbfinale

30.6. Lausanne	Ungarn – Uruguay		4:2 n. V.
30.6. Basel	Deutschland – Österreich		6:1

Spiel um Platz 3

3.7. Zürich	Österreich – Uruguay		3:1

Finale
Deutschland – Ungarn 3:2 (2:2)
4. Juli 1954, Wankdorfstadion, Bern
Deutschland: Turek – Posipal, Kohlmeyer, Eckel, Liebrich, Mai – Rahn, Morlock, Ottmar Walter, Fritz Walter, Schäfer
Trainer: Sepp Herberger
Ungarn: Grosics – Buzanszky, Lantos – Bozsik, Lorant, Zakarias – Czibor, Kocsis, Hidegkuti, Puskas, Mihaly Toth
Trainer: Gusztav Sebes
Zuschauer: 62 471
Schiedsrichter: Ling (England)
Linienrichter: Orlandini (Italien), Griffiths (Wales)
Tore: 0:1 Puskas (6.), 0:2 Czibor (8.), 1:2 Morlock (10.), 2:2 Rahn (18.), 3:2 Rahn (84.)

223

STATISTIK — DIE TURNIERE 1958 – 1970

WM 1958 IN SCHWEDEN
WELTMEISTER BRASILIEN

DER STERN VON PELÉ GEHT AUF

Erst 17 Jahre ist er alt, überragt aber schon viele. Pelé (r.) begeistert die Fußballwelt im Finale gegen Gastgeber Schweden. In der 55. Minute erzielt er das 3:1, in der 90. Minute mit seinem sechsten Turniertreffer den 5:2-Endstand. Brasilien ist zum ersten Mal Weltmeister

Gruppe 1

8.6.	Halmstad	Nordirland – Tschechoslowakei	1:0
8.6.	Malmö	Deutschland – Argentinien	3:1
11.6.	Halmstad	Argentinien – Nordirland	3:1
11.6.	Helsingborg	Tschechoslowakei – Deutschland	2:2
15.6.	Malmö	Nordirland – Deutschland	2:2
15.6.	Helsingborg	Tschechoslowakei – Argentinien	6:1

	Team	G U V	Tore	Punkte
1.	Deutschland	1 2 0	7:5	4:2
2.	Tschechoslowakei	1 1 1	8:4	3:3
3.	Nordirland	1 1 1	4:5	3:3
4.	Argentinien	1 0 2	5:10	2:4

Entscheidungsspiel um Gruppenplatz 2
17.6. Malmö Nordirland – Tschechoslowakei 2:1 n. V.

Gruppe 2

8.6.	Västerås	Schottland – Jugoslawien	1:1
8.6.	Norrköping	Frankreich – Paraguay	7:3
11.6.	Norrköping	Paraguay – Schottland	3:2
11.6.	Västerås	Jugoslawien – Frankreich	3:2
15.6.	Örebro	Frankreich – Schottland	2:1
15.6.	Eskilstuna	Paraguay – Jugoslawien	3:3

	Team	G U V	Tore	Punkte
1.	Frankreich	2 0 1	11:7	4:2
2.	Jugoslawien	1 2 0	7:6	4:2
3.	Paraguay	1 1 1	9:12	3:3
4.	Schottland	0 1 2	4:6	1:5

Gruppe 3

8.6.	Stockholm	Schweden – Mexiko	3:0
8.6.	Sandviken	Ungarn – Wales	1:1
11.6.	Stockholm	Mexiko – Wales	1:1
12.6.	Stockholm	Schweden – Ungarn	2:1
15.6.	Stockholm	Schweden – Wales	0:0
15.6.	Sandviken	Ungarn – Mexiko	4:0

	Team	G U V	Tore	Punkte
1.	Schweden	2 1 0	5:1	5:1
2.	Ungarn	1 1 1	6:3	3:3
3.	Wales	0 3 0	2:2	3:3
4.	Mexiko	0 1 2	1:8	1:5

Entscheidungsspiel um Gruppenplatz 2
17.6. Stockholm Wales – Ungarn 2:1

Gruppe 4

8.6.	Uddevalla	Brasilien – Österreich	3:0
8.6.	Göteborg	England – Sowjetunion	2:2
11.6.	Borås	Sowjetunion – Österreich	2:0
11.6.	Göteborg	Brasilien – England	0:0
15.6.	Borås	Österreich – England	2:2
15.6.	Göteborg	Brasilien – Sowjetunion	2:0

	Team	G U V	Tore	Punkte
1.	Brasilien	2 1 0	5:0	5:1
2.	England	0 3 0	4:4	3:3
3.	Sowjetunion	1 1 1	4:4	3:3
4.	Österreich	0 1 2	2:7	1:5

Entscheidungsspiel um Gruppenplatz 2
17.6. Göteborg Sowjetunion – England 1:0

Viertelfinale

19.6.	Malmö	Deutschland – Jugoslawien	1:0
19.6.	Stockholm	Schweden – Sowjetunion	2:0
19.6.	Norrköping	Frankreich – Nordirland	4:0
19.6.	Göteborg	Brasilien – Wales	1:0

Halbfinale

24.6.	Göteborg	Schweden – Deutschland	3:1
24.6.	Stockholm	Brasilien – Frankreich	5:2

Spiel um Platz 3

28.6.	Göteborg	Frankreich – Deutschland	6:3

Finale

Brasilien – Schweden 5:2 (2:1)
29. Juni 1958, Råsunda-Stadion, Stockholm-Solna
Brasilien: Gilmar – Djalma Santos, Bellini, Orlando, Nílton Santos – Zito, Didí – Garrincha, Vavá, Pelé, Zagallo
Trainer: Vicente Viola
Schweden: Karl Svensson – Bergmark, Axbom – Börjesson, Gustavsson, Parling – Hamrin, Gren, Simonsson, Liedholm, Skoglund
Trainer: George Raynor
Zuschauer: 49 737
Schiedsrichter: Guigue (Frankreich)
Linienrichter: Dusch (Deutschland), Gardeazábal (Spanien)
Tore: 0:1 Liedholm (4.), 1:1, 2:1 Vavá (9., 32.), 3:1 Pelé (55.), 4:1 Zagallo (60.), 4:2 Simonsson (80.), 5:2 Pelé (90.)

WM 1962 IN CHILE
WELTMEISTER BRASILIEN

ZAUBER-FUSSBALLER HOLEN POKAL

Bis weit in die zweite Halbzeit müssen die Brasilianer zittern, dann endlich bringt Zito (l.) seine Mannschaft gegen Außenseiter CSSR mit 2:1 in Führung. Im Sprung nimmt er den Ball mit der Brust an und drückt ihn über die Linie (69.). Vavá erzielt in der 78. Minute des Finals den 3:1-Endstand

Gruppe 1

30.5.	Arica	Uruguay – Kolumbien	2:1
31.5.	Arica	Sowjetunion – Jugoslawien	2:0
2.6.	Arica	Jugoslawien – Uruguay	3:1
3.6.	Arica	Sowjetunion – Kolumbien	4:4
6.6.	Arica	Sowjetunion – Uruguay	2:1
7.6.	Arica	Jugoslawien – Kolumbien	5:0

	Team	G U V	Tore	Punkte
1.	Sowjetunion	2 1 0	8:5	5:1
2.	Jugoslawien	2 0 1	8:3	4:2
3.	Uruguay	1 0 2	4:6	2:4
4.	Kolumbien	0 1 2	5:11	1:5

Gruppe 2

30.5.	Santiago	Chile – Schweiz	3:1
31.5.	Santiago	Italien – Deutschland	0:0
2.6.	Santiago	Chile – Italien	2:0
3.6.	Santiago	Deutschland – Schweiz	2:1
6.6.	Santiago	Deutschland – Chile	2:0
7.6.	Santiago	Italien – Schweiz	3:0

	Team	G U V	Tore	Punkte
1.	Deutschland	2 1 0	4:1	5:1
2.	Chile	2 0 1	5:3	4:2
3.	Italien	1 1 1	3:2	3:3
4.	Schweiz	0 0 3	2:8	0:6

Gruppe 3

30.5.	Viña del Mar	Brasilien – Mexiko	2:0
31.5.	Viña del Mar	Tschechoslowakei – Spanien	1:0
2.6.	Viña del Mar	Brasilien – Tschechoslowakei	0:0
3.6.	Viña del Mar	Spanien – Mexiko	1:0
6.6.	Viña del Mar	Brasilien – Spanien	2:1
7.6.	Viña del Mar	Mexiko – Tschechoslowakei	3:1

	Team	G U V	Tore	Punkte
1.	Brasilien	2 1 0	4:1	5:1
2.	Tschechoslowakei	1 1 1	2:3	3:3
3.	Mexiko	1 0 2	3:4	2:4
4.	Spanien	1 0 2	2:3	2:4

Gruppe 4

30.5.	Rancagua	Argentinien – Bulgarien	1:0
31.5.	Rancagua	Ungarn – England	2:1
2.6.	Rancagua	England – Argentinien	3:1
3.6.	Rancagua	Ungarn – Bulgarien	6:1
6.6.	Rancagua	Argentinien – Ungarn	0:0
7.6.	Rancagua	Bulgarien – England	0:0

	Team	G U V	Tore	Punkte
1.	Ungarn	2 1 0	8:2	5:1
2.	England	1 1 1	4:3	3:3
3.	Argentinien	1 1 1	2:3	3:3
4.	Bulgarien	0 1 2	1:7	1:5

Viertelfinale

10.6.	Arica	Chile – Sowjetunion	2:1
10.6.	Santiago	Jugoslawien – Deutschland	1:0
10.6.	Viña del Mar	Brasilien – England	3:1
10.6.	Rancagua	Tschechoslowakei – Ungarn	1:0

Halbfinale

13.6.	Santiago	Brasilien – Chile	4:2
13.6.	Viña del Mar	Tschechoslowakei – Jugoslawien	3:1

Spiel um Platz 3

16.6.	Santiago	Chile – Jugoslawien	1:0

Finale

Brasilien – Tschechoslowakei 3:1 (1:1)
17. Juni 1962, Estadio Nacional, Santiago de Chile
Brasilien: Gilmar – Djalma Santos, Nílton Santos – Zito, Mauro, Zózimo – Garrincha, Didí, Vavá, Amarildo, Zagallo
Trainer: Aimoré Moreira
Tschechoslowakei: Schrojf – Tichy, Popluhar, Novak – Pluskal, Masopust – Pospichal, Scherer, Kadraba, Kvasnak, Jelinek
Trainer: Rudolf Vytlacil
Zuschauer: 68 679
Schiedsrichter: Latischew (Sowjetunion).
Linienrichter: Davidson (Schottland), Horn (Holland)
Tore: 0:1 Masopust (15.), 1:1 Amarildo (17.), 2:1 Zito (69.), 3:1 Vavá (78.)

WM 1966 IN ENGLAND
WELTMEISTER ENGLAND

IN DER 90. MINUTE IN DIE VERLÄNGERUNG GERETTET
Als ganz England schon den Gewinn des WM-Titels feiert, gelingt Wolfgang Weber (l.) kurz vor Abpfiff noch der Ausgleich zum 2:2. Die Freude hält aber nur kurz an: Hurst mit dem berühmten Wembley-Tor zum 3:2 (101.) und seinem Treffer zum 4:2 (120.) macht Englands ersten WM-Triumph perfekt

Gruppe A
11.7.	Wembley	England – Uruguay	0:0
13.7.	Wembley	Frankreich – Mexiko	1:1
15.7.	London	Uruguay – Frankreich	2:1
16.7.	Wembley	England – Mexiko	2:0
19.7.	Wembley	Uruguay – Mexiko	0:0
20.7.	Wembley	England – Frankreich	2:0

	Team	G U V	Tore	Punkte
1.	England	2 1 0	4:0	5:1
2.	Uruguay	1 2 0	2:1	4:2
3.	Mexiko	0 2 1	1:3	2:4
4.	Frankreich	0 1 2	2:5	1:5

Gruppe B
12.7.	Sheffield	Deutschland – Schweiz	5:0
13.7.	Birmingham	Argentinien – Spanien	2:1
15.7.	Sheffield	Spanien – Schweiz	2:1
16.7.	Birmingham	Argentinien – Deutschland	0:0
19.7.	Sheffield	Argentinien – Schweiz	2:0
20.7.	Birmingham	Deutschland – Spanien	2:1

	Team	G U V	Tore	Punkte
1.	Deutschland	2 1 0	7:1	5:1
2.	Argentinien	2 1 0	4:1	5:1
3.	Spanien	1 0 2	4:5	2:4
4.	Schweiz	0 0 3	1:9	0:6

Gruppe C
12.7.	Liverpool	Brasilien – Bulgarien	2:0
13.7.	Manchester	Portugal – Ungarn	3:1
15.7.	Liverpool	Ungarn – Brasilien	3:1
16.7.	Manchester	Portugal – Bulgarien	3:0
19.7.	Liverpool	Portugal – Brasilien	3:1
20.7.	Manchester	Ungarn – Bulgarien	3:1

	Team	G U V	Tore	Punkte
1.	Portugal	3 0 0	9:2	6:0
2.	Ungarn	2 0 1	7:5	4:2
3.	Brasilien	1 0 2	4:6	2:4
4.	Bulgarien	0 0 3	1:8	0:6

Gruppe D
12.7.	Middlesbrough	Sowjetunion – Nordkorea	3:0
13.7.	Sunderland	Italien – Chile	2:0
15.7.	Middlesbrough	Chile – Nordkorea	1:1
16.7.	Sunderland	Sowjetunion – Italien	1:0
19.7.	Middlesbrough	Nordkorea – Italien	1:0
20.7.	Sunderland	Sowjetunion – Chile	2:1

	Team	G U V	Tore	Punkte
1.	Sowjetunion	3 0 0	6:1	6:0
2.	Nordkorea	1 1 1	2:4	3:3
3.	Italien	1 0 2	2:2	2:4
4.	Chile	0 1 2	2:5	1:5

Viertelfinale
23.7.	Wembley	England – Argentinien	1:0
23.7.	Sheffield	Deutschland – Uruguay	4:0
23.7.	Liverpool	Portugal – Nordkorea	5:3
23.7.	Sunderland	Sowjetunion – Ungarn	2:1

Halbfinale
25.7.	Liverpool	Deutschland – Sowjetunion	2:1
26.7.	Wembley	England – Portugal	2:1

Spiel um Platz 3
28.7.	Wembley	Portugal – Sowjetunion	2:1

Finale
England – Deutschland 4:2 (2:2, 1:1) n. V.
30. Juli 1966, Empire Stadium, Wembley, London
England: Banks – Cohen, Jack Charlton, Moore, Wilson – Stiles, Bobby Charlton, Peters – Ball, Hurst, Hunt
Trainer: Alf Ramsey
Deutschland: Tilkowski – Höttges, Schulz, Weber, Schnellinger – Haller, Beckenbauer, Overath – Held, Seeler, Emmerich
Trainer: Helmut Schön
Zuschauer: 96 924
Schiedsrichter: Dienst (Schweiz)
Linienrichter: Galba (Tschechoslowakei), Bachramow (Sowjetunion)
Tore: 0:1 Haller (12.), 1:1 Hurst (18.), 2:1 Peters (78.), 2:2 Weber (90.), 3:2 Hurst (101.), 4:2 Hurst (120.)

WM 1970 IN MEXIKO
WELTMEISTER BRASILIEN

PELÉ KRÖNT SEINE KARRIERE
Nach Spielschluss im Azteken-Stadion tragen die Fans den größten Fußballer aller Zeiten auf Schultern. Zum dritten Mal ist Pelé Weltmeister, diesmal nach dem 4:1 gegen Italien. In der 18. Minute des Endspiels erzielte der Brasilianer sein letztes WM-Tor – per Kopfball zum 1:0

Gruppe 1
31.5.	Mexiko-Stadt	Mexiko – Sowjetunion	0:0
3.6.	Mexiko-Stadt	Belgien – El Salvador	3:0
6.6.	Mexiko-Stadt	Sowjetunion – Belgien	4:1
7.6.	Mexiko-Stadt	Mexiko – El Salvador	4:0
10.6.	Mexiko-Stadt	Sowjetunion – El Salvador	2:0
11.6.	Mexiko-Stadt	Mexiko – Belgien	1:0

	Team	G U V	Tore	Punkte
1.	Sowjetunion*	2 1 0	6:1	5:1
2.	Mexiko	2 1 0	5:0	5:1
3.	Belgien	1 0 2	4:5	2:4
4.	El Salvador	0 0 3	0:9	0:6

*Sowjetunion Gruppenerster nach Losentscheid

Gruppe 2
2.6.	Puebla	Uruguay – Israel	2:0
3.6.	Toluca	Italien – Schweden	1:0
6.6.	Puebla	Uruguay – Italien	0:0
7.6.	Toluca	Schweden – Israel	1:1
10.6.	Puebla	Schweden – Uruguay	1:0
11.6.	Toluca	Italien – Israel	0:0

	Team	G U V	Tore	Punkte
1.	Italien	1 2 0	1:0	4:2
2.	Uruguay	1 1 1	2:1	3:3
3.	Schweden	1 1 1	2:2	3:3
4.	Israel	0 2 1	1:3	2:4

Gruppe 3
2.6.	Guadalajara	England – Rumänien	1:0
3.6.	Guadalajara	Brasilien – Tschechoslowakei	4:1
6.6.	Guadalajara	Rumänien – Tschechoslowakei	2:1
7.6.	Guadalajara	Brasilien – England	1:0
10.6.	Guadalajara	Brasilien – Rumänien	3:2
11.6.	Guadalajara	England – Tschechoslowakei	1:0

	Team	G U V	Tore	Punkte
1.	Brasilien	3 0 0	8:3	6:0
2.	England	2 0 1	2:1	4:2
3.	Rumänien	1 0 2	4:5	2:4
4.	Tschechoslowakei	0 0 3	2:7	0:6

Gruppe 4
2.6.	León	Peru – Bulgarien	3:2
3.6.	León	Deutschland – Marokko	2:1
6.6.	León	Peru – Marokko	3:0
7.6.	León	Deutschland – Bulgarien	5:2
10.6.	León	Deutschland – Peru	3:1
11.6.	León	Bulgarien – Marokko	1:1

	Team	G U V	Tore	Punkte
1.	Deutschland	3 0 0	10:4	6:0
2.	Peru	2 0 1	7:5	4:2
3.	Bulgarien	0 1 2	5:9	1:5
4.	Marokko	0 1 2	2:6	1:5

Viertelfinale
14.6.	León	Deutschland – England	3:2 n. V.
14.6.	Toluca	Italien – Mexiko	4:1
14.6.	Guadalajara	Brasilien – Peru	4:2
14.6.	Mexiko-Stadt	Uruguay – Sowjetunion	1:0 n. V.

Halbfinale
17.6.	Mexiko-Stadt	Italien – Deutschland	4:3 n. V.
17.6.	Guadalajara	Brasilien – Uruguay	3:1

Spiel um Platz 3
20.6.	Mexiko-Stadt	Deutschland – Uruguay	1:0

Finale
Brasilien – Italien 4:1 (1:1)
21. Juni 1970, Estadio Azteca, Mexiko-Stadt
Brasilien: Félix – Carlos Alberto, Brito, Piazza, Everaldo – Clodoaldo, Gérson, Rivelino – Jairzinho, Pelé, Tostão
Trainer: Mario Zagallo
Italien: Albertosi – Burgnich (74. Juliano), Cera, Rosato, Facchetti – Bertini, Mazzola, de Sisti – Domenghini, Boninsegna (84. Rivera), Riva
Trainer: Ferruccio Valcareggi
Zuschauer: 107 412
Schiedsrichter: Glöckner (DDR)
Linienrichter: Scheurer (Schweiz), Coerezza (Argentinien)
Tore: 1:0 Pelé (18.), 1:1 Boninsegna (37.), 2:1 Gérson (66.), 3:1 Jairzinho (71.), 4:1 Carlos Alberto (87.)

STATISTIK — DIE TURNIERE 1974–1982

WM 1974 IN DEUTSCHLAND
WELTMEISTER DEUTSCHLAND

DER ZWEITE WM-TITEL
Ausgelassen feiern Gerd Müller und Bundestrainer Helmut Schön (l.) den 2:1-Triumph gegen Holland. Deutschland ist nach 1954 wieder Weltmeister. Müller erzielte in der 43. Minute den entscheidenden Treffer

Gruppe 1

Datum	Ort	Spiel	Erg.
14.6.	Berlin	Deutschland – Chile	1:0
14.6.	Hamburg	DDR – Australien	2:0
18.6.	Hamburg	Deutschland – Australien	3:0
18.6.	Berlin	Chile – DDR	1:1
22.6.	Berlin	Australien – Chile	0:0
22.6.	Hamburg	DDR – Deutschland	1:0

	Team	G U V	Tore	Punkte
1.	DDR	2 1 0	4:1	5:1
2.	Deutschland	2 0 1	4:1	4:2
3.	Chile	0 2 1	1:2	2:4
4.	Australien	0 1 2	0:5	1:5

Gruppe 2

Datum	Ort	Spiel	Erg.
13.6.	Frankfurt	Brasilien – Jugoslawien	0:0
14.6.	Dortmund	Schottland – Zaire	2:0
18.6.	Frankfurt	Brasilien – Schottland	0:0
18.6.	Gelsenkirchen	Jugoslawien – Zaire	9:0
22.6.	Frankfurt	Schottland – Jugoslawien	1:1
22.6.	Gelsenkirchen	Brasilien – Zaire	3:0

	Team	G U V	Tore	Punkte
1.	Jugoslawien	1 2 0	10:1	4:2
2.	Brasilien	1 2 0	3:0	4:2
3.	Schottland	1 2 0	3:1	4:2
4.	Zaire	0 0 3	0:14	0:6

Gruppe 3

Datum	Ort	Spiel	Erg.
15.6.	Hannover	Holland – Uruguay	2:0
15.6.	Düsseldorf	Bulgarien – Schweden	0:0
19.6.	Dortmund	Holland – Schweden	0:0
19.6.	Hannover	Bulgarien – Uruguay	1:1
23.6.	Dortmund	Holland – Bulgarien	4:1
23.6.	Düsseldorf	Schweden – Uruguay	3:0

	Team	G U V	Tore	Punkte
1.	Holland	2 1 0	6:1	5:1
2.	Schweden	1 2 0	3:0	4:2
3.	Bulgarien	0 2 1	2:5	2:4
4.	Uruguay	0 1 2	1:6	1:5

Gruppe 4

Datum	Ort	Spiel	Erg.
15.6.	München	Italien – Haiti	3:1
15.6.	Stuttgart	Polen – Argentinien	3:2
19.6.	Stuttgart	Argentinien – Italien	1:1
19.6.	München	Polen – Haiti	7:0
23.6.	München	Argentinien – Haiti	4:1
23.6.	Stuttgart	Polen – Italien	2:1

	Team	G U V	Tore	Punkte
1.	Polen	3 0 0	12:3	6:0
2.	Argentinien	1 1 1	7:5	3:3
3.	Italien	1 1 1	5:4	3:3
4.	Haiti	0 0 3	2:14	0:6

Finalrunde Gruppe A

Datum	Ort	Spiel	Erg.
26.6.	Hannover	Brasilien – DDR	1:0
26.6.	Gelsenkirchen	Holland – Argentinien	4:0
30.6.	Gelsenkirchen	Holland – DDR	2:0
30.6.	Hannover	Brasilien – Argentinien	2:1
3.7.	Dortmund	Holland – Brasilien	2:0
3.7.	Gelsenkirchen	Argentinien – DDR	1:1

	Team	G U V	Tore	Punkte
1.	Holland	3 0 0	8:0	6:0
2.	Brasilien	2 0 1	3:3	4:2
3.	DDR	0 1 2	1:4	1:5
4.	Argentinien	0 1 2	2:7	1:5

Finalrunde Gruppe B

Datum	Ort	Spiel	Erg.
26.6.	Düsseldorf	Deutschland – Jugoslawien	2:0
26.6.	Stuttgart	Polen – Schweden	1:0
30.6.	Frankfurt	Polen – Jugoslawien	2:1
30.6.	Düsseldorf	Deutschland – Schweden	4:2
3.7.	Frankfurt	Deutschland – Polen	1:0
3.7.	Düsseldorf	Schweden – Jugoslawien	2:1

	Team	G U V	Tore	Punkte
1.	Deutschland	3 0 0	7:2	6:0
2.	Polen	2 0 1	3:2	4:2
3.	Schweden	1 0 2	4:6	2:4
4.	Jugoslawien	0 0 3	2:6	0:6

Spiel um Platz 3

Datum	Ort	Spiel	Erg.
6.7.	München	Polen – Brasilien	1:0

Finale

Deutschland – Holland 2:1 (2:1)
7. Juli 1974, Olympiastadion, München
Deutschland: Maier – Vogts, Schwarzenbeck, Beckenbauer, Breitner – Hoeneß, Bonhof, Overath – Grabowski, Müller, Hölzenbein
Trainer: Helmut Schön
Holland: Jongbloed – Suurbier, Haan, Rijsbergen (69. de Jong), Krol – Jansen, van Hanegem, Neeskens, Rep, Cruyff, Rensenbrink (46. René van de Kerkhof)
Trainer: Rinus Michels
Zuschauer: 77 833
Schiedsrichter: Taylor (England)
Linienrichter: Barreto Ruiz (Uruguay), González Archundia (Mexiko)
Tore: 0:1 Neeskens (2., Foulelfmeter), 1:1 Breitner (26., Foulelfmeter), 2:1 Müller (43.)

Unüberwindbar: Sepp Maier (r.) ist in der 2. Hälfte gegen Holland bester Deutscher, beobachtet von (v. l.) Beckenbauer, van Hanegem und Schwarzenbeck

WM 1978 IN ARGENTINIEN
WELTMEISTER ARGENTINIEN

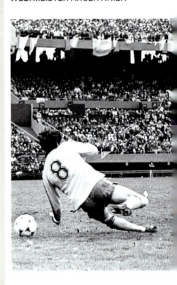

Gruppe 1

Datum	Ort	Spiel	Erg.
2.6.	Mar del Plata	Italien – Frankreich	2
2.6.	Buenos Aires	Argentinien – Ungarn	2
6.6.	Mar del Plata	Italien – Ungarn	3
6.6.	Buenos Aires	Argentinien – Frankreich	2
10.6.	Buenos Aires	Italien – Argentinien	1:
10.6.	Mar del Plata	Frankreich – Ungarn	3

	Team	G U V	Tore	Punkt
1.	Italien	3 0 0	6:2	6.
2.	Argentinien	2 0 1	4:3	4
3.	Frankreich	1 0 2	5:5	2:
4.	Ungarn	0 0 3	3:8	0

Gruppe 2

Datum	Ort	Spiel	Erg.
1.6.	Buenos Aires	Polen – Deutschland	0
2.6.	Rosario	Tunesien – Mexiko	
6.6.	Rosario	Polen – Tunesien	1
6.6.	Córdoba	Deutschland – Mexiko	6
10.6.	Córdoba	Tunesien – Deutschland	0:
10.6.	Rosario	Polen – Mexiko	3

	Team	G U V	Tore	Punkt
1.	Polen	2 1 0	4:1	5
2.	Deutschland	1 2 0	6:0	4
3.	Tunesien	1 1 1	3:2	3
4.	Mexiko	0 0 3	2:12	

Gruppe 3

Datum	Ort	Spiel	Erg.
3.6.	Mar del Plata	Brasilien – Schweden	
3.6.	Buenos Aires	Österreich – Spanien	2
7.6.	Buenos Aires	Österreich – Schweden	1:
7.6.	Mar del Plata	Brasilien – Spanien	0
11.6.	Mar del Plata	Brasilien – Österreich	1
11.6.	Buenos Aires	Spanien – Schweden	

	Team	G U V	Tore	Punkt
1.	Österreich	2 0 1	3:2	4
2.	Brasilien	1 2 0	2:1	4
3.	Spanien	1 1 1	2:2	3
4.	Schweden	0 1 2	1:3	

Gruppe 4

Datum	Ort	Spiel	Erg.
3.6.	Mendoza	Holland – Iran	3
3.6.	Córdoba	Peru – Schottland	
7.6.	Mendoza	Holland – Peru	0
7.6.	Córdoba	Iran – Schottland	
11.6.	Mendoza	Schottland – Holland	3
11.6.	Córdoba	Peru – Iran	

	Team	G U V	Tore	Punkt
1.	Peru	2 1 0	7:2	
2.	Holland	1 1 1	5:3	
3.	Schottland	1 1 1	5:6	
4.	Iran	0 1 2	2:8	

226

WM 1982 IN SPANIEN
WELTMEISTER ITALIEN

DRAMA IN 120 MINUTEN
Kurz vor der Halbzeit bringt der Argentinier Mario Kempes sein Team im Liegen mit 1:0 in Führung. Hollands Arie Haan (r.) und Jan Jongbloed sind machtlos. Kempes erzielt auch noch das 2:1, Argentinien siegt schließlich -3:1

IM FINALE GESTÜRZT
Im Flug und nicht ganz fair attackiert Hans-Peter Briegel (r.) Bruno Conti, trägt aber nur den Sieg im Zweikampf davon. Am Ende triumphieren Conti und seine Italiener, besiegen Deutschland im Endspiel 3:1

Finalrunde Gruppe A
4.6.	Buenos Aires	Deutschland – Italien	0:0
4.6.	Córdoba	Holland – Österreich	5:1
8.6.	Córdoba	Holland – Deutschland	2:2
8.6.	Buenos Aires	Italien – Österreich	1:0
1.6.	Buenos Aires	Holland – Italien	2:1
1.6.	Córdoba	Österreich – Deutschland	3:2

	Team	G U V	Tore	Punkte
	Holland	2 1 0	9:4	5:1
	Italien	1 1 1	2:2	3:3
	Deutschland	0 2 1	4:5	2:4
	Österreich	1 0 2	4:8	2:4

Finalrunde Gruppe B
4.6.	Mendoza	Brasilien – Peru	3:0
4.6.	Rosario	Argentinien – Polen	2:0
8.6.	Mendoza	Polen – Peru	1:0
8.6.	Rosario	Argentinien – Brasilien	0:0
1.6.	Mendoza	Brasilien – Polen	3:1
1.6.	Rosario	Argentinien – Peru	6:0

	Team	G U V	Tore	Punkte
	Argentinien	2 1 0	8:0	5:1
	Brasilien	2 1 0	6:1	5:1
	Polen	1 0 2	2:5	2:4
	Peru	0 0 3	0:10	0:6

Spiel um Platz 3
4.6.	Buenos Aires	Brasilien – Italien	2:1

Finale
Argentinien – Holland   3:1 (1:1, 1:0) n. V.
5. Juni 1978, Estadio Monumental, Buenos Aires
Argentinien: Fillol – Olguín, Luis Galván, Passarella, Tarantini – Ardiles (66. Larrosa), Gallego, Kempes – Bertoni, Luque, Ortíz (75. Houseman)
Trainer: Cesar Luís Menotti
Holland: Jongbloed – Jansen (72. Suurbier), Krol, Brandts, Poortvliet – Willy van de Kerkhof, Haan, Neeskens – René van de Kerkhof, Rep (59. Nanninga), Rensenbrink
Trainer: Ernst Happel
Zuschauer: 77 260
Schiedsrichter: Gonella (Italien)
Linienrichter: Barreto Ruiz (Uruguay), Linemayr (Österreich)
Tore: 1:0 Kempes (38.), 1:1 Nanninga (81.), 2:1 Kempes (105.), 3:1 Bertoni (115.)

Gruppe 1
14.6.	Vigo	Italien – Polen	0:0
15.6.	La Coruña	Kamerun – Peru	0:0
18.6.	Vigo	Italien – Peru	1:1
19.6.	La Coruña	Kamerun – Polen	0:0
22.6.	La Coruña	Polen – Peru	5:1
23.6.	Vigo	Kamerun – Italien	1:1

	Team	G U V	Tore	Punkte
1.	Polen	1 2 0	5:1	4:2
2.	Italien	0 3 0	2:2	3:3
3.	Kamerun	0 3 0	1:1	3:3
4.	Peru	0 2 1	2:6	2:4

Gruppe 2
16.6.	Gijón	Algerien – Deutschland	2:1
17.6.	Oviedo	Österreich – Chile	1:0
20.6.	Gijón	Deutschland – Chile	4:1
21.6.	Oviedo	Österreich – Algerien	2:0
24.6.	Oviedo	Algerien – Chile	3:2
25.6.	Gijón	Deutschland – Österreich	1:0

	Team	G U V	Tore	Punkte
1.	Deutschland	2 0 1	6:3	4:2
2.	Österreich	2 0 1	3:1	4:2
3.	Algerien	2 0 1	5:5	4:2
4.	Chile	0 0 3	3:8	0:6

Gruppe 3
13.6.	Barcelona	Belgien – Argentinien	1:0
15.6.	Elche	Ungarn – El Salvador	10:1
18.6.	Alicante	Argentinien – Ungarn	4:1
19.6.	Elche	Belgien – El Salvador	1:0
22.6.	Elche	Belgien – Ungarn	1:1
23.6.	Alicante	Argentinien – El Salvador	2:0

	Team	G U V	Tore	Punkte
1.	Belgien	2 1 0	3:1	5:1
2.	Argentinien	2 0 1	6:2	4:2
3.	Ungarn	1 1 1	12:6	3:3
4.	El Salvador	0 0 3	1:13	0:6

Gruppe 4
16.6.	Bilbao	England – Frankreich	3:1
17.6.	Valladolid	Tschechoslowakei – Kuwait	1:1
20.6.	Bilbao	England – Tschechoslowakei	2:0
21.6.	Valladolid	Frankreich – Kuwait	4:1
24.6.	Valladolid	Tschechoslowakei – Frankreich	1:1
25.6.	Bilbao	England – Kuwait	1:0

	Team	G U V	Tore	Punkte
1.	England	3 0 0	6:1	6:0
2.	Frankreich	1 1 1	6:5	3:3
3.	Tschechoslowakei	0 2 1	2:4	2:4
4.	Kuwait	0 1 2	2:6	1:5

Gruppe 5
16.6.	Valencia	Honduras – Spanien	1:1
17.6.	Saragossa	Nordirland – Jugoslawien	0:0
20.6.	Valencia	Spanien – Jugoslawien	2:1
21.6.	Saragossa	Nordirland – Honduras	1:1
24.6.	Saragossa	Jugoslawien – Honduras	1:0
25.6.	Valencia	Nordirland – Spanien	1:0

	Team	G U V	Tore	Punkte
1.	Nordirland	1 2 0	2:1	4:2
2.	Spanien	1 1 1	3:3	3:3
3.	Jugoslawien	1 1 1	2:2	3:3
4.	Honduras	0 2 1	2:3	2:4

Gruppe 6
14.6.	Sevilla	Brasilien – Sowjetunion	2:1
15.6.	Málaga	Schottland – Neuseeland	5:2
18.6.	Sevilla	Brasilien – Schottland	4:1
19.6.	Málaga	Sowjetunion – Neuseeland	3:0
22.6.	Málaga	Schottland – Sowjetunion	2:2
23.6.	Sevilla	Brasilien – Neuseeland	4:0

	Team	G U V	Tore	Punkte
1.	Brasilien	3 0 0	10:2	6:0
2.	Sowjetunion	1 1 1	6:4	3:3
3.	Schottland	1 1 1	8:8	3:3
4.	Neuseeland	0 0 3	2:12	0:6

Finalrunde Gruppe A
28.6.	Barcelona	Polen – Belgien	3:0
1.7.	Barcelona	Sowjetunion – Belgien	1:0
4.7.	Barcelona	Polen – Sowjetunion	0:0

	Team	G U V	Tore	Punkte
1.	Polen	1 1 0	3:0	3:1
2.	Sowjetunion	1 1 0	1:0	3:1
3.	Belgien	0 0 2	0:4	0:4

Finalrunde Gruppe B
29.6.	Madrid	England – Deutschland	0:0
2.7.	Madrid	Deutschland – Spanien	2:1
5.7.	Madrid	England – Spanien	0:0

	Team	G U V	Tore	Punkte
1.	Deutschland	1 1 0	2:1	3:1
2.	England	0 2 0	0:0	2:2
3.	Spanien	0 1 1	1:2	1:3

Finalrunde Gruppe C
29.6.	Barcelona	Italien – Argentinien	2:1
2.7.	Barcelona	Brasilien – Argentinien	3:1
5.7.	Barcelona	Italien – Brasilien	3:2

	Team	G U V	Tore	Punkte
1.	Italien	2 0 0	5:3	4:0
2.	Brasilien	1 0 1	5:4	2:2
3.	Argentinien	0 0 2	2:5	0:4

Finalrunde Gruppe D
28.6.	Madrid	Frankreich – Österreich	1:0
1.7.	Madrid	Österreich – Nordirland	2:2
4.7.	Madrid	Frankreich – Nordirland	4:1

	Team	G U V	Tore	Punkte
1.	Frankreich	2 0 0	5:1	4:0
2.	Österreich	0 1 1	2:3	1:3
3.	Nordirland	0 1 1	3:6	1:3

Halbfinale
8.7.	Barcelona	Italien – Polen	2:0
8.7.	Sevilla	Deutschland – Frankreich	3:3 n. V., 5:4 i.E.

Spiel um Platz 3
10.7.	Alicante	Polen – Frankreich	3:2

Finale
Italien – Deutschland   3:1 (0:0)
11. Juli 1982, Estadio Santiago Bernabéu, Madrid
Italien: Zoff – Gentile, Scirea, Collovati, Cabrini – Conti, Oriali, Bergomi, Tardelli – Rossi, Graziani (8. Altobelli, 89. Causio)
Trainer: Enzo Bearzot
Deutschland: Schumacher – Kaltz, Karlheinz Förster, Stielike, Bernd Förster – Dremmler (63. Hrubesch), Breitner, Briegel – Littbarski, Fischer, Rummenigge (70. Müller)
Trainer: Jupp Derwall
Zuschauer: 90 089
Schiedsrichter: Coelho (Brasilien)
Linienrichter: Christov (Tschechoslowakei), Klein (Israel)
Tore: 1:0 Rossi (57.), 2:0 Tardelli (69.), 3:0 Altobelli (81.), 3:1 Breitner (83.)
Besonderes Vorkommnis:
Der Italiener Cabrini verschießt Foulelfmeter (26. Minute, neben das deutsche Tor)

227

STATISTIK — DIE TURNIERE 1986 – 1994

WM 1986 IN MEXIKO
WELTMEISTER ARGENTINIEN

Gruppe A

31.5.	Mexiko-Stadt	Italien – Bulgarien	1:1
2.6.	Mexiko-Stadt	Argentinien – Südkorea	3:1
5.6.	Puebla	Italien – Argentinien	1:1
5.6.	Mexiko-Stadt	Bulgarien – Südkorea	1:1
10.6.	Mexiko-Stadt	Argentinien – Bulgarien	2:0
10.6.	Puebla	Italien – Südkorea	3:2

	Team	G U V	Tore	Punkte
1.	Argentinien	2 1 0	6:2	5:1
2.	Italien	1 2 0	5:4	4:2
3.	Bulgarien	0 2 1	2:4	2:4
4.	Südkorea	0 1 2	4:7	1:5

Gruppe B

3.6.	Mexiko-Stadt	Mexiko – Belgien	2:1
4.6.	Toluca	Paraguay – Irak	1:0
7.6.	Mexiko-Stadt	Mexiko – Paraguay	1:1
8.6.	Toluca	Belgien – Irak	2:1
11.6.	Toluca	Belgien – Paraguay	2:2
11.6.	Mexiko-Stadt	Mexiko – Irak	1:0

	Team	G U V	Tore	Punkte
1.	Mexiko	2 1 0	4:2	5:1
2.	Paraguay	1 2 0	4:3	4:2
3.	Belgien	1 1 1	5:5	3:3
4.	Irak	0 0 3	1:4	0:6

Gruppe C

1.6.	León	Frankreich – Kanada	1:0
2.6.	Irapuato	Sowjetunion – Ungarn	6:0
5.6.	León	Frankreich – Sowjetunion	1:1
6.6.	Irapuato	Ungarn – Kanada	2:0
9.6.	León	Frankreich – Ungarn	3:0
9.6.	Irapuato	Sowjetunion – Kanada	2:0

	Team	G U V	Tore	Punkte
1.	Sowjetunion	2 1 0	9:1	5:1
2.	Frankreich	2 1 0	5:1	5:1
3.	Ungarn	1 0 2	2:9	2:4
4.	Kanada	0 0 3	0:5	0:6

Gruppe D

1.6.	Guadalajara	Brasilien – Spanien	1:0
3.6.	Guadalajara	Algerien – Nordirland	1:1
6.6.	Guadalajara	Brasilien – Algerien	1:0
7.6.	Guadalajara	Spanien – Nordirland	2:1
12.6.	Guadalajara	Brasilien – Nordirland	3:0
12.6.	Monterrey	Spanien – Algerien	3:0

	Team	G U V	Tore	Punkte
1.	Brasilien	3 0 0	5:0	6:0
2.	Spanien	2 0 1	5:2	4:2
3.	Nordirland	0 1 2	2:6	1:5
4.	Algerien	0 1 2	1:5	1:5

Gruppe E

4.6.	Querétaro	Uruguay – Deutschland	1:1
4.6.	Nezahualcóyotl	Dänemark – Schottland	1:0
8.6.	Querétaro	Deutschland – Schottland	2:1
8.6.	Nezahualcóyotl	Dänemark – Uruguay	6:1
13.6.	Querétaro	Dänemark – Deutschland	2:0
13.6.	Nezahualcóyotl	Schottland – Uruguay	0:0

	Team	G U V	Tore	Punkte
1.	Dänemark	3 0 0	9:1	6:0
2.	Deutschland	1 1 1	3:4	3:3
3.	Uruguay	0 2 1	2:7	2:4
4.	Schottland	0 1 2	1:3	1:5

Gruppe F

2.6.	Monterrey	Marokko – Polen	0:0
3.6.	Monterrey	Portugal – England	1:0
6.6.	Monterrey	England – Marokko	0:0
7.6.	Monterrey	Polen – Portugal	1:0
11.6.	Monterrey	England – Polen	3:0
11.6.	Guadalajara	Marokko – Portugal	3:1

	Team	G U V	Tore	Punkte
1.	Marokko	1 2 0	3:1	4:2
2.	England	1 1 1	3:1	3:3
3.	Polen	1 1 1	1:3	3:3
4.	Portugal	1 0 2	2:4	2:4

MARADONAS GRÖSSTER TAG
Nach dem 3:2-Finalsieg gegen Deutschland strahlt der Argentinier mit dem WM-Pokal um die Wette

Die vier besten Gruppendritten Bulgarien, Belgien, Uruguay und Polen im Achtelfinale

Achtelfinale

15.6.	Mexiko-Stadt	Mexiko – Bulgarien	2:0
15.6.	León	Belgien – Sowjetunion	4:3 n. V.
16.6.	Guadalajara	Brasilien – Polen	4:0
16.6.	Puebla	Argentinien – Uruguay	1:0
17.6.	Mexiko-Stadt	Frankreich – Italien	2:0
17.6.	Monterrey	Deutschland – Marokko	1:0
18.6.	Mexiko-Stadt	England – Paraguay	3:0
18.6.	Querétaro	Spanien – Dänemark	5:1

Viertelfinale

21.6.	Guadalajara	Frankreich – Brasilien	1:1 n. V., 4:3 i. E.
21.6.	Monterrey	Deutschland – Mexiko	0:0 n. V., 4:1 i. E.
22.6.	Mexiko-Stadt	Argentinien – England	2:1
22.6.	Puebla	Belgien – Spanien	1:1 n. V., 5:4 i. E.

Halbfinale

25.6.	Guadalajara	Deutschland – Frankreich	2:0
25.6.	Mexiko-Stadt	Argentinien – Belgien	2:0

Spiel um Platz 3

28.6.	Puebla	Frankreich – Belgien	4:2 n. V.

Finale

Argentinien – Deutschland 3:2 (1:0)
29. Juni 1986, Estadio Azteca, Mexiko-Stadt
Argentinien: Pumpido – Brown – Cuciuffo, Ruggeri, Olarticoechea – Giusti, Batista, Maradona, Enrique – Burruchaga (88. Trobbiani), Valdano
Trainer: Carlos Bilardo
Deutschland: Schumacher – Jakobs – Berthold, Förster, Briegel – Brehme, Matthäus, Magath (60. Hoeneß), Eder – Rummenigge, Allofs (46. Völler)
Trainer: Franz Beckenbauer
Zuschauer: 114 600
Schiedsrichter: Arppi Filho (Brasilien)
Linienrichter: Fredriksson (Schweden), Ulloa (Costa Rica)
Tore: 1:0 Brown (23.), 2:0 Valdano (55.), 2:1 Rummenigge (74.), 2:2 Völler (82.), 3:2 Burruchaga (85.)

WM 1990 IN ITALIEN
WELTMEISTER DEUTSCHLAND

Gruppe A

9.6.	Rom	Italien – Österreich	1:0
10.6.	Florenz	Tschechoslowakei – USA	5:1
14.6.	Rom	Italien – USA	1:0
15.6.	Florenz	Tschechoslowakei – Österreich	1:0
19.6.	Rom	Italien – Tschechoslowakei	2:0
19.6.	Florenz	Österreich – USA	2:1

	Team	G U V	Tore	Punkte
1.	Italien	3 0 0	4:0	6:0
2.	Tschechoslowakei	2 0 1	6:3	4:2
3.	Österreich	1 0 2	2:3	2:4
4.	USA	0 0 3	2:8	0:6

Gruppe B

8.6.	Mailand	Kamerun – Argentinien	1:0
9.6.	Bari	Rumänien – Sowjetunion	2:0
13.6.	Neapel	Argentinien – Sowjetunion	2:0
14.6.	Bari	Kamerun – Rumänien	2:1
18.6.	Bari	Sowjetunion – Kamerun	4:0
18.6.	Neapel	Argentinien – Rumänien	1:1

	Team	G U V	Tore	Punkte
1.	Kamerun	2 0 1	3:5	4:2
2.	Rumänien*	1 1 1	4:3	3:3
3.	Argentinien*	1 1 1	3:2	3:3
4.	Sowjetunion	1 0 2	4:4	2:4

Gruppe C

10.6.	Turin	Brasilien – Schweden	2:1
11.6.	Genua	Costa Rica – Schottland	1:0
16.6.	Turin	Brasilien – Costa Rica	1:0
16.6.	Genua	Schottland – Schweden	2:1
20.6.	Genua	Costa Rica – Schweden	2:1
20.6.	Turin	Brasilien – Schottland	1:0

	Team	G U V	Tore	Punkte
1.	Brasilien	3 0 0	4:1	6:0
2.	Costa Rica	2 0 1	3:2	4:2
3.	Schottland	1 0 2	2:3	2:4
4.	Schweden	0 0 3	3:6	0:6

Gruppe D

9.6.	Bologna	Kolumbien – Ver. Arabische Emirate	2:0
10.6.	Mailand	Deutschland – Jugoslawien	4:1
14.6.	Bologna	Jugoslawien – Kolumbien	1:0
15.6.	Mailand	Deutschland – Ver. Arabische Emirate	5:1
19.6.	Mailand	Kolumbien – Deutschland	1:1
19.6.	Bologna	Jugoslawien – Ver. Arabische Emirate	4:1

	Team	G U V	Tore	Punkte
1.	Deutschland	2 1 0	10:3	5:1
2.	Jugoslawien	2 0 1	6:5	4:2
3.	Kolumbien	1 1 1	3:2	3:3
4.	Ver. Arab. Emirate	0 0 3	2:11	0:6

Gruppe E

12.6.	Verona	Belgien – Südkorea	2:0
13.6.	Udine	Spanien – Uruguay	0:0
17.6.	Udine	Spanien – Südkorea	3:1
17.6.	Verona	Belgien – Uruguay	3:1
21.6.	Verona	Spanien – Belgien	2:1
21.6.	Udine	Uruguay – Südkorea	1:0

	Team	G U V	Tore	Punkte
1.	Spanien	2 1 0	5:2	5:1
2.	Belgien	2 0 1	6:3	4:2
3.	Uruguay	1 1 1	2:3	3:3
4.	Südkorea	0 0 3	1:6	0:6

Gruppe F

11.6.	Cagliari	England – Irland	1:1
12.6.	Palermo	Ägypten – Holland	1:1
16.6.	Cagliari	England – Holland	0:0
17.6.	Palermo	Ägypten – Irland	0:0
21.6.	Cagliari	England – Ägypten	1:0
21.6.	Palermo	Holland – Irland	1:1

	Team	G U V	Tore	Punkte
1.	England	1 2 0	2:1	4:2
2.	Irland*	0 3 0	2:2	3:3
3.	Holland*	0 3 0	2:2	3:3
4.	Ägypten	0 2 1	1:2	2:4

* Platzierung durch Los ermittelt Kolumbien, Uruguay, Holland und Argentinien als beste Gruppendritte im Achtelfinale

228

WM 1994 IN DEN USA
WELTMEISTER BRASILIEN

ELFERHELD BREHME
Sergio Goycochea fliegt noch, als der von Andy Brehme aus elf Metern geschossene Ball bereits die Torlinie überschreitet. 1:0 für Deutschland in der 85. Minute des Endspiels gegen Argentinien. Wenige Minuten später ist der dritte WM-Titel einer deutschen Mannschaft perfekt

FREUD UND LEID
Nur wenige Meter trennen Roberto Baggio (l.) und Claudio Taffarel (Nr. 1), doch ihr Seelenleben könnte kaum unterschiedlicher sein. Der Italiener verzweifelt, gerade hat er den letzten Elfmeter über das Tor von Brasiliens Torwart gejagt und das WM-Finale entschieden. Brasilien siegt 3:2 i. E.

Achtelfinale

3.6.	Neapel	Kamerun – Kolumbien	2:1 n. V.
3.6.	Bari	Tschechoslowakei – Costa Rica	4:1
4.6.	Turin	Argentinien – Brasilien	1:0
4.6.	Mailand	Deutschland – Holland	2:1
5.6.	Genua	Irland – Rumänien	0:0 n. V., 5:4 i. E.
5.6.	Rom	Italien – Uruguay	1:0
5.6.	Verona	Jugoslawien – Spanien	2:1 n. V.
6.6.	Bologna	England – Belgien	1:0 n. V.

Viertelfinale

0.6.	Florenz	Argentinien – Jugoslawien	0:0 n. V., 3:2 i. E.
0.6.	Rom	Italien – Irland	1:0
7.	Mailand	Deutschland – Tschechoslowakei	1:0
7.	Neapel	England – Kamerun	3:2 n. V.

Halbfinale

7.	Neapel	Argentinien – Italien	1:1 n. V., 4:3 i. E.
7.	Turin	Deutschland – England	1:1 n. V., 4:3 i. E.

Spiel um Platz 3

7.	Bari	Italien – England	2:1

Finale

Deutschland – Argentinien 1:0 (0:0)
Juli 1990, Stadio Olimpico, Rom
Deutschland: Illgner – Augenthaler – Buchwald, Kohler, Brehme – Berthold (74. Reuter), Häßler, Matthäus, Littbarski – Völler, Klinsmann
Trainer: Franz Beckenbauer
Argentinien: Goycoechea – Simón – Sensini, Serrizuela, Ruggeri (46. Monzón) – Troglio, Burruchaga (53. Calderón), Basualdo, Lorenzo – Dezotti, Maradona
Trainer: Carlos Bilardo
Zuschauer: 73 603
Schiedsrichter: Codesal Méndez (Mexiko)
Linienrichter: Listkiewicz (Polen), Pérez (Kolumbien)
Tor: 1:0 Brehme (85., Foulelfmeter)
Besonderes Vorkommnis: Platzverweise für Monzón nach grobem Foul (65.) und Dezotti nach Tätlichkeit (87.)

Gruppe A

18.6.	Detroit	USA – Schweiz	1:1
18.6.	Los Angeles	Rumänien – Kolumbien	3:1
22.6.	Los Angeles	USA – Kolumbien	2:1
22.6.	Detroit	Schweiz – Rumänien	4:1
26.6.	Los Angeles	Rumänien – USA	1:0
26.6.	San Francisco	Kolumbien – Schweiz	2:0

	Team	G U V	Tore	Punkte
1.	Rumänien	2 0 1	5:5	6
2.	Schweiz	1 1 1	5:4	4
3.	USA	1 1 1	3:3	4
4.	Kolumbien	1 0 2	4:5	3

Gruppe B

19.6.	Los Angeles	Kamerun – Schweden	2:2
20.6.	San Francisco	Brasilien – Russland	2:0
24.6.	San Francisco	Brasilien – Kamerun	3:0
24.6.	Detroit	Schweden – Russland	3:1
28.6.	San Francisco	Russland – Kamerun	6:1
28.6.	Detroit	Brasilien – Schweden	1:1

	Team	G U V	Tore	Punkte
1.	Brasilien	2 1 0	6:1	7
2.	Schweden	1 2 0	6:4	5
3.	Russland	1 0 2	7:6	3
4.	Kamerun	0 1 2	3:11	1

Gruppe C

17.6.	Chicago	Deutschland – Bolivien	1:0
17.6.	Dallas	Spanien – Südkorea	2:2
21.6.	Chicago	Deutschland – Spanien	1:1
23.6.	Boston	Südkorea – Bolivien	0:0
27.6.	Chicago	Spanien – Bolivien	3:1
27.6.	Dallas	Deutschland – Südkorea	3:2

	Team	G U V	Tore	Punkte
1.	Deutschland	2 1 0	5:3	7
2.	Spanien	1 2 0	6:4	5
3.	Südkorea	0 2 1	4:5	2
4.	Bolivien	0 1 2	1:4	1

Gruppe D

21.6.	Boston	Argentinien – Griechenland	4:0
21.6.	Dallas	Nigeria – Bulgarien	3:0
25.6.	Boston	Argentinien – Nigeria	2:1
26.6.	Chicago	Bulgarien – Griechenland	4:0
30.6.	Boston	Nigeria – Griechenland	2:0
30.6.	Dallas	Bulgarien – Argentinien	2:0

	Team	G U V	Tore	Punkte
1.	Nigeria	2 0 1	6:2	6
2.	Bulgarien*	2 0 1	6:3	6
3.	Argentinien*	2 0 1	6:3	6
4.	Griechenland	0 0 3	0:10	0

Gruppe E

18.6.	New York	Irland – Italien	1:0
19.6.	Washington	Norwegen – Mexiko	1:0
23.6.	New York	Italien – Norwegen	1:0
24.6.	Orlando	Mexiko – Irland	2:1
28.6.	New York	Irland – Norwegen	0:0
28.6.	Washington	Italien – Mexiko	1:1

	Team	G U V	Tore	Punkte
1.	Mexiko	1 1 1	3:3	4
2.	Irland*	1 1 1	2:2	4
3.	Italien*	1 1 1	2:2	4
4.	Norwegen	1 1 1	1:1	4

Gruppe F

19.6.	Orlando	Belgien – Marokko	1:0
20.6.	Washington	Holland – Saudi-Arabien	2:1
25.6.	New York	Saudi-Arabien – Marokko	2:1
25.6.	Orlando	Belgien – Holland	1:0
29.6.	Orlando	Holland – Marokko	2:1
29.6.	Washington	Saudi-Arabien – Belgien	1:0

	Team	G U V	Tore	Punkte
1.	Holland*	2 0 1	4:3	6
2.	Saudi-Arabien*	2 0 1	4:3	6
3.	Belgien	2 0 1	2:1	6
4.	Marokko	0 0 3	2:5	0

* direkter Vergleich entschied über Platzierung. USA, Italien, Belgien und Argentinien als beste Gruppendritte im Achtelfinale

Achtelfinale

2.7.	Chicago	Deutschland – Belgien	3:2
2.7.	Washington	Spanien – Schweiz	3:0
3.7.	Dallas	Schweden – Saudi-Arabien	3:1
3.7.	Los Angeles	Rumänien – Argentinien	3:2
4.7.	Orlando	Holland – Irland	2:0
4.7.	San Francisco	Brasilien – USA	1:0
5.7.	Boston	Italien – Nigeria	2:1 n. V.
5.7.	New York	Bulgarien – Mexiko	1:1 n. V., 3:1 i. E.

Viertelfinale

9.7.	Boston	Italien – Spanien	2:1
9.7.	Dallas	Brasilien – Holland	3:2
10.7.	New York	Bulgarien – Deutschland	2:1
10.7.	San Francisco	Schweden – Rumänien	2:2 n. V., 5:4 i. E.

Halbfinale

13.7.	New York	Italien – Bulgarien	2:1
14.7.	Los Angeles	Brasilien – Schweden	1:0

Spiel um Platz 3

16.7.	Los Angeles	Schweden – Bulgarien	4:0

Finale

Brasilien – Italien 0:0 n.V., 3:2 i.E.
17. Juli 1994, Rose Bowl, Los Angeles/Pasadena
Brasilien: Taffarel – Aldair, Marcio Santos, Mauro Silva – Jorginho (21. Cafú), Dunga, Branco – Mazinho, Zinho (106. Viola) – Bebeto, Romário
Trainer: Carlos Alberto Parreira
Italien: Pagliuca – Mussi (34. Apolloni), Maldini, Baresi, Benarrivo – Donadoni, Albertini, D. Baggio (95. Evani), Berti – R. Baggio, Massaro
Trainer: Arrigo Sacchi
Zuschauer: 94 194
Schiedsrichter: Puhl (Ungarn)
Linienrichter: Zárate Vázquez (Paraguay), Fanaei (Iran)
Elfmeterschießen: Baresi – drüber, Márcio Santos – gehalten, 0:1 Albertini, 1:1 Romário, 1:2 Evani, 2:2 Branco, Massaro – gehalten, 3:2 Dunga, Roberto Baggio – drüber

STATISTIK — DIE TURNIERE 1998 – 2006

WM 1998 IN FRANKREICH
WELTMEISTER FRANKREICH

ZIDANE TRIFFT ZWEIMAL
Im Finale gegen Brasilien zeigt Frankreichs Superstar Zinedine Zidane sein bestes Turnierspiel, sorgt mit zwei Kopfballtoren in der 27. und 45. Minute (l.) für den 2:0-Halbzeitstand. Die Partie endet 3:0

Gruppe A

Datum	Ort	Spiel	Ergebnis
10.6.	Saint-Denis	Brasilien – Schottland	2:1
10.6.	Montpellier	Marokko – Norwegen	2:2
16.6.	Bordeaux	Schottland – Norwegen	1:1
16.6.	Nantes	Brasilien – Marokko	3:0
23.6.	St-Etienne	Marokko – Schottland	3:0
23.6.	Marseille	Norwegen – Brasilien	2:1

	Team	G U V	Tore	Punkte
1.	Brasilien	2 0 1	6:3	6
2.	Norwegen	1 2 0	5:4	5
3.	Marokko	1 1 1	5:5	4
4.	Schottland	0 1 2	2:6	1

Gruppe B

Datum	Ort	Spiel	Ergebnis
11.6.	Bordeaux	Italien – Chile	2:2
11.6.	Toulouse	Kamerun – Österreich	1:1
17.6.	St-Etienne	Chile – Österreich	1:1
17.6.	Montpellier	Italien – Kamerun	3:0
23.6.	Nantes	Chile – Kamerun	1:1
23.6.	Saint-Denis	Italien – Österreich	2:1

	Team	G U V	Tore	Punkte
1.	Italien	2 1 0	7:3	7
2.	Chile	0 3 0	4:4	3
3.	Österreich	0 2 1	3:4	2
4.	Kamerun	0 2 1	2:5	2

Gruppe C

Datum	Ort	Spiel	Ergebnis
12.6.	Lens	Dänemark – Saudi-Arabien	1:0
12.6.	Marseille	Frankreich – Südafrika	3:0
18.6.	Toulouse	Südafrika – Dänemark	1:1
18.6.	Saint-Denis	Frankreich – Saudi-Arabien	4:0
24.6.	Bordeaux	Südafrika – Saudi-Arabien	2:2
24.6.	Lyon	Frankreich – Dänemark	2:1

	Team	G U V	Tore	Punkte
1.	Frankreich	3 0 0	9:1	9
2.	Dänemark	1 1 1	3:3	4
3.	Südafrika	0 2 1	3:6	2
4.	Saudi-Arabien	0 1 2	2:7	1

Gruppe D

Datum	Ort	Spiel	Ergebnis
12.6.	Montpellier	Paraguay – Bulgarien	0:0
13.6.	Nantes	Nigeria – Spanien	3:2
19.6.	Paris	Nigeria – Bulgarien	1:0
19.6.	St-Etienne	Spanien – Paraguay	0:0
24.6.	Toulouse	Paraguay – Nigeria	3:1
24.6.	Lens	Spanien – Bulgarien	6:1

	Team	G U V	Tore	Punkte
1.	Nigeria	2 0 1	5:5	6
2.	Paraguay	1 2 0	3:1	5
3.	Spanien	1 1 1	8:4	4
4.	Bulgarien	0 1 2	1:7	1

Gruppe E

Datum	Ort	Spiel	Ergebnis
13.6.	Lyon	Mexiko – Südkorea	3:1
13.6.	Saint-Denis	Holland – Belgien	0:0
20.6.	Bordeaux	Belgien – Mexiko	2:2
20.6.	Marseille	Holland – Südkorea	5:0
25.6.	St-Etienne	Holland – Mexiko	2:2
25.6.	Paris	Belgien – Südkorea	1:1

	Team	G U V	Tore	Punkte
1.	Holland	1 2 0	7:2	5
2.	Mexiko	1 2 0	7:5	5
3.	Belgien	0 3 0	3:3	3
4.	Südkorea	0 1 2	2:9	1

Gruppe F

Datum	Ort	Spiel	Ergebnis
14.6.	St-Etienne	Jugoslawien – Iran	1:0
15.6.	Paris	Deutschland – USA	2:0
21.6.	Lens	Deutschland – Jugoslawien	2:2
21.6.	Lyon	Iran – USA	2:1
25.6.	Montpellier	Deutschland – Iran	2:0
25.6.	Nantes	Jugoslawien – USA	1:0

	Team	G U V	Tore	Punkte
1.	Deutschland	2 1 0	6:2	7
2.	Jugoslawien	2 1 0	4:2	7
3.	Iran	1 0 2	2:4	3
4.	USA	0 0 3	1:5	0

Gruppe G

Datum	Ort	Spiel	Ergebnis
15.6.	Marseille	England – Tunesien	2:0
15.6.	Lyon	Rumänien – Kolumbien	1:0
22.6.	Montpellier	Kolumbien – Tunesien	1:0
22.6.	Toulouse	Rumänien – England	2:1
26.6.	Saint-Denis	Rumänien – Tunesien	1:1
26.6.	Lens	England – Kolumbien	2:0

	Team	G U V	Tore	Punkte
1.	Rumänien	2 1 0	4:2	7
2.	England	2 0 1	5:2	6
3.	Kolumbien	1 0 2	1:3	3
4.	Tunesien	0 1 2	1:4	1

Gruppe H

Datum	Ort	Spiel	Ergebnis
14.6.	Toulouse	Argentinien – Japan	1:0
14.6.	Lens	Kroatien – Jamaika	3:1
20.6.	Nantes	Kroatien – Japan	1:0
21.6.	Paris	Argentinien – Jamaika	5:0
26.6.	Bordeaux	Argentinien – Kroatien	1:0
26.6.	Lyon	Jamaika – Japan	2:1

	Team	G U V	Tore	Punkte
1.	Argentinien	3 0 0	7:0	9
2.	Kroatien	2 0 1	4:2	6
3.	Jamaika	1 0 2	3:9	3
4.	Japan	0 0 3	1:4	0

Achtelfinale

Datum	Ort	Spiel	Ergebnis
27.6.	Marseille	Italien – Norwegen	1:0
27.6.	Paris	Brasilien – Chile	4:1
28.6.	Lens	Frankreich – Paraguay	1:0 G. G.*
28.6.	Saint-Denis	Dänemark – Nigeria	4:1
29.6.	Montpellier	Deutschland – Mexiko	2:1
29.6.	Toulouse	Holland – Jugoslawien	2:1
30.6.	Bordeaux	Kroatien – Rumänien	1:0
30.6.	St-Etienne	Argentinien – England	2:2 n. V., 4:2 i. E.

*Golden Goal in der Verlängerung

Viertelfinale

Datum	Ort	Spiel	Ergebnis
3.7.	Saint-Denis	Frankreich – Italien	0:0 n. V., 4:3 i. E.
3.7.	Nantes	Brasilien – Dänemark	3:2
4.7.	Marseille	Holland – Argentinien	2:1
4.7.	Lyon	Kroatien – Deutschland	3:0

Halbfinale

Datum	Ort	Spiel	Ergebnis
7.7.	Marseille	Brasilien – Holland	1:1 n. V., 4:2 i. E.
8.7.	Saint-Denis	Frankreich – Kroatien	2:1

Spiel um Platz 3

Datum	Ort	Spiel	Ergebnis
11.7.	Paris	Kroatien – Holland	2:1

Finale

Frankreich – Brasilien 3:0 (2:0)
12. Juli 1998, Stade de France, Saint-Denis
Frankreich: Barthez – Thuram, Leboeuf, Desailly, Lizarazu – Karembeu (60. Boghossian), Deschamps, Petit – Zidane – Djorkaeff (75. Vieira), Guivarc'h (66. Dugarry)
Trainer: Aimé Jacquet
Brasilien: Taffarel – Cafú, Júnior Baiano, Aldaír, Roberto Carlos – César Sampaio (74. Edmundo), Dunga – Leonardo (46. Denílson), Rivaldo – Ronaldo, Bebeto
Trainer: Mario Zagallo
Zuschauer: 75 000
Schiedsrichter: Belqola (Marokko)
Linienrichter: Warren (England), Salie (Südafrika)
Tore: 1:0 Zidane (27.), 2:0 Zidane (45.), 3:0 Petit (90.)
Besonderes Vorkommnis: Gelb/Rot für Desailly (68.)

WM 2002 IN SÜDKOREA UND JAPAN
WELTMEISTER BRASILIEN

Gruppe A

Datum	Ort	Spiel	Ergebnis
31.5.	Seoul	Senegal – Frankreich	1:
1.6.	Ulsan	Dänemark – Uruguay	2:
6.6.	Daegu	Dänemark – Senegal	1:
6.6.	Busan	Frankreich – Uruguay	0:
11.6.	Incheon	Dänemark – Frankreich	2:
11.6.	Suwon	Senegal – Uruguay	3:

	Team	G U V	Tore	Punkte
1.	Dänemark	2 1 0	5:2	
2.	Senegal	1 2 0	5:4	
3.	Uruguay	0 2 1	4:5	
4.	Frankreich	0 1 2	0:3	

Gruppe B

Datum	Ort	Spiel	Ergebnis
2.6.	Busan	Paraguay – Südafrika	2:
2.6.	Gwangju	Spanien – Slowenien	3:
7.6.	Jeonju	Spanien – Paraguay	3:
8.6.	Daegu	Südafrika – Slowenien	1:
12.6.	Daejeon	Spanien – Südafrika	3:
12.6.	Jeju	Paraguay – Slowenien	3:

	Team	G U V	Tore	Punkte
1.	Spanien	3 0 0	9:4	
2.	Paraguay	1 1 1	6:6	
3.	Südafrika	1 1 1	5:5	
4.	Slowenien	0 0 3	2:7	

Gruppe C

Datum	Ort	Spiel	Ergebnis
3.6.	Ulsan	Brasilien – Türkei	2:
4.6.	Gwangju	Costa Rica – China	2:
8.6.	Jeju	Brasilien – China	4:
9.6.	Incheon	Costa Rica – Türkei	1:
13.6.	Suwon	Brasilien – Costa Rica	5:
13.6.	Seoul	Türkei – China	3:

	Team	G U V	Tore	Punkte
1.	Brasilien	3 0 0	11:3	
2.	Türkei	1 1 1	5:3	
3.	Costa Rica	1 1 1	5:6	
4.	China	0 0 3	0:9	

Gruppe D

Datum	Ort	Spiel	Ergebnis
4.6.	Busan	Südkorea – Polen	2:
5.6.	Suwon	USA – Portugal	3:
10.6.	Daegu	Südkorea – USA	1:
10.6.	Jeonju	Portugal – Polen	4:
14.6.	Incheon	Südkorea – Portugal	1:
14.6.	Daejeon	Polen – USA	3:

	Team	G U V	Tore	Punkte
1.	Südkorea	2 1 0	4:1	
2.	USA	1 1 1	5:6	
3.	Portugal	1 0 2	6:4	
4.	Polen	1 0 2	3:7	

Gruppe E

Datum	Ort	Spiel	Ergebnis
1.6.	Niigata	Irland – Kamerun	1:
1.6.	Sapporo	Deutschland – Saudi-Arabien	8:
5.6.	Ibaraki	Deutschland – Irland	1:
6.6.	Saitama	Kamerun – Saudi-Arabien	1:
11.6.	Shizuoka	Deutschland – Kamerun	2:
11.6.	Yokohama	Irland – Saudi-Arabien	3:

	Team	G U V	Tore	Punkte
1.	Deutschland	2 1 0	11:1	
2.	Irland	1 2 0	5:2	
3.	Kamerun	1 1 1	2:3	
4.	Saudi-Arabien	0 0 3	0:12	

Gruppe F

Datum	Ort	Spiel	Ergebnis
2.6.	Ibaraki	Argentinien – Nigeria	1:
2.6.	Saitama	England – Schweden	1:
7.6.	Kobe	Schweden – Nigeria	2:
7.6.	Sapporo	England – Argentinien	1:
12.6.	Miyagi	Schweden – Argentinien	1:
12.6.	Osaka	Nigeria – England	0:

	Team	G U V	Tore	Punkte
1.	Schweden	1 2 0	4:3	
2.	England	1 2 0	2:1	
3.	Argentinien	1 1 1	2:2	
4.	Nigeria	0 1 2	1:3	

230

DEUTSCHLAND GESCHLAGEN
Ronaldo zirkelt den Ball zum 2:0 ins Tor. Oliver Kahn (l.) ist machtlos, Brasilien zum 5. Mal Weltmeister

Gruppe G
6.	Niigata	Mexiko – Kroatien	1:0
6.	Sapporo	Italien – Ecuador	2:0
6.	Ibaraki	Kroatien – Italien	2:1
6.	Miyagi	Mexiko – Ecuador	2:1
.6.	Oita	Mexiko – Italien	1:1
.6.	Yokohama	Ecuador – Kroatien	1:0

Team	G	U	V	Tore	Punkte
Mexiko	2	1	0	4:2	7
Italien	1	1	1	4:3	4
Kroatien	1	0	2	2:3	3
Ecuador	1	0	2	2:4	3

Gruppe H
6.	Saitama	Japan – Belgien	2:2
6.	Kobe	Russland – Tunesien	2:0
5.	Yokohama	Japan – Russland	1:0
.6.	Oita	Tunesien – Belgien	1:1
.6.	Osaka	Japan – Tunesien	2:0
.6.	Shizuoka	Belgien – Russland	3:2

Team	G	U	V	Tore	Punkte
Japan	2	1	0	5:2	7
Belgien	1	2	0	6:5	5
Russland	1	0	2	4:4	3
Tunesien	0	1	2	1:5	1

Achtelfinale
.6.	Seogwipo	Deutschland – Paraguay	1:0
.6.	Niigata	England – Dänemark	3:0
.6.	Oita	Senegal – Schweden	2:1 G. G.*
.6.	Suwon	Spanien – Irland	1:1 n. V., 3:2 i. E.
.6.	Jeonju	USA – Mexiko	2:0
.6.	Kobe	Brasilien – Belgien	2:0
.6.	Miyagi	Türkei – Japan	1:0
.6.	Daejeon	Südkorea – Italien	2:1 G. G.*

Viertelfinale
.6.	Shizuoka	Brasilien – England	2:1
.6.	Ulsan	Deutschland – USA	1:0
.6.	Gwangju	Südkorea – Spanien	0:0 n. V., 5:3 i. E.
.6.	Osaka	Türkei – Senegal	1:0 G. G.*

*Golden Goal in der Verlängerung

Halbfinale
.6.	Seoul	Deutschland – Südkorea	1:0
.6.	Saitama	Brasilien – Türkei	1:0

Spiel um Platz 3
.6.	Daegu	Türkei – Südkorea	3:2

Finale
Brasilien – Deutschland 2:0 (0:0)
0. Juni 2002, International Stadium, Yokohama
Brasilien: Marcos – Lúcio, Edmílson, Roque Júnior – Cafú, Iberto Silva, Roberto Carlos – Kléberson, ivaldo – Ronaldo (90. Denílson), Ronaldinho
5. Juninho Paulista)
Trainer: Luiz Felipe Scolari
Deutschland: Kahn – Linke, Ramelow, Metzelder – Frings, ...amann, Jeremies (77. Asamoah), Bode
.4. Ziege) – Schneider – Klose (74. Bierhoff), Neuville
Trainer: Rudi Völler
...uschauer: 69 029
Schiedsrichter: Collina (Italien)
...nienrichter: Sharp (England), Lindberg (Schweden)
...ore: 1:0 Ronaldo (67.), 2:0 Ronaldo (79.)

WM 2006 IN DEUTSCHLAND
WELTMEISTER ITALIEN

LETZTER SCHUSS DER WM
Italiens Linksverteidiger Fabio Grosso, bereits im Halbfinale gegen Deutschland Torschütze zum 1:0, verwandelt den letzten Elfmeter im Finale gegen Frankreichs Torwart Fabien Barthez zum 6:4-Sieg

Gruppe A
9.6.	München	Deutschland – Costa Rica	4:2
9.6.	Gelsenkirchen	Polen – Ecuador	0:2
14.6.	Dortmund	Deutschland – Polen	1:0
15.6.	Hamburg	Ecuador – Costa Rica	3:0
20.6.	Berlin	Ecuador – Deutschland	0:3
20.6.	Hannover	Costa Rica – Polen	1:2

	Team	G	U	V	Tore	Punkte
1.	Deutschland	3	0	0	8:2	9
2.	Ecuador	2	0	1	5:3	6
3.	Polen	1	0	2	2:4	3
4.	Costa Rica	0	0	3	3:9	0

Gruppe B
10.6.	Frankfurt	England – Paraguay	1:0
10.6.	Dortmund	Trinidad/Tobago – Schweden	0:0
15.6.	Nürnberg	England – Trinidad/Tobago	2:0
15.6.	Berlin	Schweden – Paraguay	1:0
20.6.	Köln	Schweden – England	2:2
20.6.	Kaiserslautern	Paraguay – Trinidad/Tobago	2:0

	Team	G	U	V	Tore	Punkte
1.	England	2	1	0	5:2	7
2.	Schweden	1	2	0	3:2	5
3.	Paraguay	1	0	2	2:2	3
4.	Trinidad/Tobago	0	1	2	0:4	1

Gruppe C
10.6.	Hamburg	Argentinien – Elfenbeinküste	2:1
11.6.	Leipzig	Serbien/M. – Holland	0:1
16.6.	Gelsenkirchen	Argentinien – Serbien/M.	6:0
16.6.	Stuttgart	Holland – Elfenbeinküste	2:1
21.6.	Frankfurt	Holland – Argentinien	0:0
21.6.	München	Elfenbeinküste – Serbien/M.	3:2

	Team	G	U	V	Tore	Punkte
1.	Argentinien	2	1	0	8:1	7
2.	Holland	2	1	0	3:1	7
3.	Elfenbeinküste	1	0	2	5:6	3
4.	Serbien/M.	0	0	3	2:10	0

Gruppe D
11.6.	Nürnberg	Mexiko – Iran	3:1
11.6.	Köln	Angola – Portugal	0:1
16.6.	Hannover	Mexiko – Angola	0:0
17.6.	Frankfurt	Portugal – Iran	2:0
21.6.	Gelsenkirchen	Portugal – Mexiko	2:1
21.6.	Leipzig	Iran – Angola	1:1

	Team	G	U	V	Tore	Punkte
1.	Portugal	3	0	0	5:1	9
2.	Mexiko	1	1	1	4:3	4
3.	Angola	0	2	1	1:2	2
4.	Iran	0	1	2	2:6	1

Gruppe E
12.6.	Gelsenkirchen	USA – Tschechien	0:3
12.6.	Hannover	Italien – Ghana	2:0
17.6.	Köln	Tschechien – Ghana	0:2
17.6.	Kaiserslautern	Italien – USA	1:1
22.6.	Hamburg	Tschechien – Italien	0:2
22.6.	Nürnberg	Ghana – USA	2:1

	Team	G	U	V	Tore	Punkte
1.	Italien	2	1	0	5:1	7
2.	Ghana	2	0	1	4:3	6
3.	Tschechien	1	0	2	3:4	3
4.	USA	0	1	2	2:6	1

Gruppe F
12.6.	Kaiserslautern	Australien – Japan	3:1
13.6.	Berlin	Brasilien – Kroatien	1:0
18.6.	Nürnberg	Japan – Kroatien	0:0
18.6.	München	Brasilien – Australien	2:0
22.6.	Dortmund	Japan – Brasilien	1:4
22.6.	Stuttgart	Kroatien – Australien	2:2

	Team	G	U	V	Tore	Punkte
1.	Brasilien	3	0	0	7:1	9
2.	Australien	1	1	1	5:5	4
3.	Kroatien	0	2	1	2:3	2
4.	Japan	0	1	2	2:7	1

Gruppe G
13.6.	Frankfurt	Südkorea – Togo	2:1
13.6.	Stuttgart	Frankreich – Schweiz	0:0
18.6.	Leipzig	Frankreich – Südkorea	1:1
18.6.	Dortmund	Togo – Schweiz	0:2
23.6.	Köln	Togo – Frankreich	0:2
23.6.	Hannover	Schweiz – Südkorea	2:0

	Team	G	U	V	Tore	Punkte
1.	Schweiz	2	1	0	4:0	7
2.	Frankreich	1	2	0	3:1	5
3.	Südkorea	1	1	1	3:4	4
4.	Togo	0	0	3	1:6	0

Gruppe H
14.6.	Leipzig	Spanien – Ukraine	4:0
14.6.	München	Tunesien – Saudi-Arabien	2:2
19.6.	Hamburg	Saudi-Arabien – Ukraine	0:4
19.6.	Stuttgart	Spanien – Tunesien	3:1
23.6.	Kaiserslautern	Saudi-Arabien – Spanien	0:1
23.6.	Berlin	Ukraine – Tunesien	1:0

	Team	G	U	V	Tore	Punkte
1.	Spanien	3	0	0	8:1	9
2.	Ukraine	2	0	1	5:4	6
3.	Tunesien	0	1	2	3:6	1
4.	Saudi-Arabien	0	1	2	2:7	1

Achtelfinale
24.6.	München	Deutschland – Schweden	2:0
24.6.	Leipzig	Argentinien – Mexiko	2:1 n. V.
25.6.	Stuttgart	England – Ecuador	1:0
25.6.	Nürnberg	Portugal – Holland	1:0
26.6.	Kaiserslautern	Italien – Australien	1:0
26.6.	Köln	Schweiz – Ukraine	0:0 n. V., 0:3 i. E.
27.6.	Dortmund	Brasilien – Ghana	3:0
27.6.	Hannover	Spanien – Frankreich	1:3

Viertelfinale
30.6.	Berlin	Deutschland – Argent.	1:1 n. V., 4:2 i. E.
30.6.	Hamburg	Italien – Ukraine	3:0
1.7.	Gelsenkirchen	England – Portugal	0:0 n. V., 1:3 i. E.
1.7.	Frankfurt	Brasilien – Frankreich	0:1

Halbfinale
4.7.	Dortmund	Deutschland – Italien	0:2 n. V.
5.7.	München	Portugal – Frankreich	0:1

Spiel um Platz 3
8.7.	Stuttgart	Deutschland – Portugal	3:1

Finale
Italien – Frankreich 1:1 n. V., 5:3 i. E.
9. Juli 2006, Olympiastadion, Berlin
Italien: Buffon – Zambrotta, Cannavaro, Materazzi, Grosso – Camoranesi (86. Del Piero), Pirlo, Gattuso, Perrotta (61. Iaquinta) – Totti (61. De Rossi) – Toni
Trainer: Marcello Lippi
Frankreich: Barthez – Sagnol, Thuram, Gallas, Abidal – Vieira (56. Diarra), Makélélé – Ribéry (100. Trézéguet), Zidane, Malouda – Henry (105. Wiltord)
Trainer: Raymond Domenech
Zuschauer: 69 000
Schiedsrichter: Elizondo (Argentinien)
Linienrichter: Garcia, Otero (beide Argentinien)
Tore: 0:1 Zidane (7., Foulelfmeter), 1:1 Materazzi (19.)
Elfmeterschießen: 1:0 Pirlo, 1:1 Wiltord, 2:1 Materazzi, Trézéguet verschossen, 3:1 de Rossi, 3:2 Abidal, 4:2 Del Piero, 4:3 Sagnol, 5:3 Grosso
Besonderes Vorkommnis: Rot für Zidane (Tätlichkeit, 110.)

231

STATISTIK — DAS TURNIER 2010

WM 2010 IN SÜDAFRIKA

WELTMEISTER SPANIEN

Gruppe A

Datum	Ort	Spiel	Ergebnis
11.6.	Johannesburg	Südafrika – Mexiko	1:1
11.6.	Kapstadt	Uruguay – Frankreich	0:0
16.6.	Pretoria	Südafrika – Uruguay	0:3
17.6.	Polokwane	Frankreich – Mexiko	0:2
22.6.	Rustenburg	Mexiko – Uruguay	0:1
22.6.	Bloemfontein	Frankreich – Südafrika	1:2

	Team	G	U	V	Tore	Pkt.
1.	Uruguay	2	1	0	4:0	7
2.	Mexiko	1	1	1	3:2	4
3.	Südafrika	1	1	1	3:5	4
4.	Frankreich	0	1	2	1:4	1

Gruppe B

Datum	Ort	Spiel	Ergebnis
12.6.	Port Elizabeth	Südkorea – Griechenland	2:0
12.6.	Johannesburg	Argentinien – Nigeria	1:0
17.6.	Johannesburg	Argentinien – Südkorea	4:1
17.6.	Bloemfontein	Griechenland – Nigeria	2:1
22.6.	Durban	Nigeria – Südkorea	2:2
22.6.	Polokwane	Griechenland – Argentinien	0:2

	Team	G	U	V	Tore	Pkt.
1.	Argentinien	3	0	0	7:1	9
2.	Südkorea	1	1	1	5:6	4
3.	Griechenland	1	0	2	2:5	3
4.	Nigeria	0	1	2	3:5	1

Gruppe C

Datum	Ort	Spiel	Ergebnis
12.6.	Rustenburg	England – USA	1:1
13.6.	Polokwane	Algerien – Slowenien	0:1
18.6.	Johannesburg	Slowenien – USA	2:2
18.6.	Kapstadt	England – Algerien	0:0
23.6.	Port Elizabeth	Slowenien – England	0:1
23.6.	Pretoria	USA – Algerien	1:0

	Team	G	U	V	Tore	Pkt.
1.	USA	1	2	0	4:3	5
2.	England	1	2	0	2:1	5
3.	Slowenien	1	1	1	3:3	4
4.	Algerien	0	1	2	0:2	1

Gruppe D

Datum	Ort	Spiel	Ergebnis
13.6.	Pretoria	Serbien – Ghana	0:1
13.6.	Durban	Deutschland – Australien	4:0
18.6.	Port Elizabeth	Deutschland – Serbien	0:1
19.6.	Rustenburg	Ghana – Australien	1:1
23.6.	Johannesburg	Ghana – Deutschland	0:1
23.6.	Nelspruit	Australien – Serbien	2:1

	Team	G	U	V	Tore	Pkt.
1.	Deutschland	2	0	1	5:1	6
2.	Ghana	1	1	1	2:2	4
3.	Australien	1	1	1	3:6	4
4.	Serbien	1	0	2	2:3	3

Gruppe E

Datum	Ort	Spiel	Ergebnis
14.6.	Johannesburg	Holland – Dänemark	2:0
14.6.	Bloemfontein	Japan – Kamerun	1:0
19.6.	Durban	Holland – Japan	1:0
19.6.	Pretoria	Kamerun – Dänemark	1:2
24.6.	Rustenburg	Dänemark – Japan	1:3
24.6.	Kapstadt	Kamerun – Holland	1:2

	Team	G	U	V	Tore	Pkt.
1.	Holland	3	0	0	5:1	9
2.	Japan	2	0	1	4:2	6
3.	Dänemark	1	0	2	3:6	3
4.	Kamerun	0	0	3	2:5	0

Gruppe F

Datum	Ort	Spiel	Ergebnis
14.6.	Kapstadt	Italien – Paraguay	1:1
15.6.	Rustenburg	Neuseeland – Slowakei	1:1
20.6.	Bloemfontein	Slowakei – Paraguay	0:2
20.6.	Nelspruit	Italien – Neuseeland	1:1
24.6.	Johannesburg	Slowakei – Italien	3:2
24.6.	Polokwane	Paraguay – Neuseeland	0:0

	Team	G	U	V	Tore	Pkt.
1.	Paraguay	1	2	0	3:1	5
2.	Slowakei	1	1	1	4:5	4
3.	Neuseeland	0	3	0	2:2	3
4.	Italien	0	2	1	4:5	2

Gruppe G

Datum	Ort	Spiel	Ergebnis
15.6.	Port Elizabeth	Elfenbeinküste – Portugal	0:0
15.6.	Johannesburg	Brasilien – Nordkorea	2:1
20.6.	Johannesburg	Brasilien – Elfenbeinküste	3:1
21.6.	Kapstadt	Portugal – Nordkorea	7:0
25.6.	Durban	Portugal – Brasilien	0:0
25.6.	Nelspruit	Nordkorea – Elfenbeinküste	0:3

	Team	G	U	V	Tore	Pkt.
1.	Brasilien	2	1	0	5:2	7
2.	Portugal	1	2	0	7:0	5
3.	Elfenbeinküste	1	1	1	4:3	4
4.	Nordkorea	0	0	3	1:12	0

Gruppe H

Datum	Ort	Spiel	Ergebnis
16.6.	Nelspruit	Honduras – Chile	0:1
16.6.	Durban	Spanien – Schweiz	0:1
21.6.	Port Elizabeth	Chile – Schweiz	1:0
21.6.	Johannesburg	Spanien – Honduras	2:0
25.6.	Pretoria	Chile – Spanien	1:2
25.6.	Bloemfontein	Schweiz – Honduras	0:0

	Team	G	U	V	Tore	Pkt.
1.	Spanien	2	0	1	4:2	6
2.	Chile	2	0	1	3:2	6
3.	Schweiz	1	1	1	1:1	4
4.	Honduras	0	1	2	0:3	1

Achtelfinale

Datum	Ort	Spiel	Ergebnis
26.6.	Port Elizabeth	Uruguay – Südkorea	2:1
26.6.	Rustenburg	USA – Ghana	1:2 n. V.
27.6.	Bloemfontein	Deutschland – England	4:1
27.6.	Johannesburg	Argentinien – Mexiko	3:1
28.6.	Durban	Holland – Slowakei	2:1
28.6.	Johannesburg	Brasilien – Chile	3:0
29.6.	Pretoria	Paraguay – Japan	0:0 n. V., 5:3 i. E.
29.6.	Kapstadt	Spanien – Portugal	1:0

Viertelfinale

Datum	Ort	Spiel	Ergebnis
2.7.	Port Elizabeth	Holland – Brasilien	2:1
2.7.	Johannesburg	Uruguay – Ghana	1:1 n. V., 4:2 i. E.
3.7.	Kapstadt	Argentinien – Deutschland	0:4
3.7.	Johannesburg	Paraguay – Spanien	0:1

Halbfinale

Datum	Ort	Spiel	Ergebnis
6.7.	Kapstadt	Uruguay – Holland	2:3
7.7.	Durban	Deutschland – Spanien	0:1

Spiel um Platz 3

Datum	Ort	Spiel	Ergebnis
10.7.	Port Elizabeth	Uruguay – Deutschland	2:3

Finale

Holland – Spanien   0:1 n. V. (0:0)

11. Juli 2010, Soccer-City-Stadion, Johannesburg

Holland: Stekelenburg – van der Wiel, Heitinga, Mathijsen, van Bronckhorst (105. Braafheid) – van Bommel, de Jong (99. van der Vaart) – Robben, Sneijder, Kuyt (71. Elia) – van Persie
Trainer: Bert van Marwijk
Spanien: Casillas – Ramos, Piqué, Puyol, Capdevila – Busquets, Xabi Alonso (87. Fàbregas) – Pedro (60. Jesus Navas), Xavi, Iniesta – Villa (116. Torres)
Trainer: Vicente Del Bosque
Zuschauer: 84 490
Schiedsrichter: Webb (England)
Assistenten: Cann, Mullarkey (beide England)
Tor: 0:1 Iniesta (116.)
Besonderes Vorkommnis: Gelb/Rot für Heitinga (wiederholtes Foulspiel, 109.)

232

GOLDENES TOR
Hollands Kapitän Rafael van der Vaart rutscht zu spät in die Schussbahn, Andrés Iniesta (l.) trifft mit Vollspann in der 116. Minute. Spanien ist erstmals Weltmeister

DIE EWIGE WM-TABELLE

	Land	WM-Titel	Teilnahmen	Spiele	Siege	Remis	Niederlagen	Tore	Punkte (nach 3-Punkte-Regel)
1.	Brasilien	5	20	104	70	17	17	221:102	227
2.	Deutschland	4	18	106	66	20	20	224:121	218
3.	Italien	4	18	83	45	21	17	128:77	156
4.	Argentinien	2	16	77	42	14	21	131:84	140
5.	Spanien	1	14	59	29	12	18	92:66	99
6.	England	1	14	62	26	20	16	79:56	98
7.	Frankreich	1	14	59	28	12	18	106:71	96
8.	Holland	0	10	50	27	12	11	86:48	93
9.	Uruguay	2	12	51	17	10	17	80:71	72
10.	Schweden	0	11	46	16	13	17	74:69	61
11.	Russland/Sowjetunion	0	10	40	17	7	16	66:47	61
12.	Jugoslawien	0	9	37	16	8	13	60:46	57
13.	Mexiko	0	15	53	14	14	25	57:92	56
14.	Belgien	0	12	41	14	9	18	52:66	51
15.	Polen	0	7	31	15	5	11	44:40	50
16.	Ungarn	0	9	32	15	3	14	87:57	48
17.	Portugal	0	6	26	13	4	9	43:29	43
18.	Tschechien/Tschechoslowakei	0	9	33	12	5	16	47:49	41
19.	Österreich	0	7	29	12	4	13	43:47	40
20.	Chile	0	9	33	11	7	15	40:49	40
21.	Schweiz	0	10	33	11	6	16	45:59	39
22.	Paraguay	0	8	27	7	10	10	30:38	31
23.	USA	0	10	33	8	6	19	37:62	30
24.	Rumänien	0	7	21	8	5	8	30:32	29
25.	Dänemark	0	4	16	8	2	6	27:24	26
26.	Südkorea	0	9	31	5	9	17	31:67	24
27.	Kroatien	0	4	16	7	2	7	21:17	23
28.	Kolumbien	0	5	18	7	2	9	26:27	23
29.	Costa Rica	0	4	15	5	4	6	17:23	19
30.	Schottland	0	8	23	4	7	12	25:41	19
31.	Kamerun	0	7	23	4	7	12	18:43	19
32.	Nigeria	0	5	18	5	3	10	20:26	18
33.	Bulgarien	0	7	26	3	8	15	22:53	17
34.	Türkei	0	2	10	5	1	4	20:17	16
35.	Japan	0	5	17	4	4	9	14:22	16
36.	Ghana	0	3	12	4	3	5	13:16	15
37.	Peru	0	4	15	4	3	8	19:31	15
38.	Irland	0	3	13	2	8	3	10:10	14
39.	Nordirland	0	3	13	3	5	5	13:23	14
40.	Ecuador	0	3	10	4	1	5	10:11	13
41.	Algerien	0	4	13	3	3	7	13:19	12
42.	Elfenbeinküste	0	3	9	3	1	5	13:14	10
43.	Südafrika	0	3	9	2	4	3	11:16	10
44.	Marokko	0	4	13	2	4	7	12:18	10
45.	Norwegen	0	3	8	2	3	3	7:8	9
46.	Australien	0	4	13	2	3	8	11:26	9
47.	Senegal	0	1	5	2	2	1	7:6	8
48.	DDR	0	1	6	2	2	2	5:5	8
49.	Griechenland	0	3	10	2	2	6	5:20	8
50.	Saudi-Arabien	0	4	13	2	2	9	9:32	8
51.	Ukraine	0	1	5	2	1	2	5:7	7
52.	Tunesien	0	4	12	1	4	7	8:17	7
53.	Wales	0	1	5	1	3	1	4:4	6
54.	Iran	0	4	12	1	3	8	7:22	6
55.	Slowakei	0	1	4	1	1	2	5:7	4
56.	Slowenien	0	2	6	1	1	4	5:10	4
57.	Kuba	0	1	3	1	1	1	5:12	4
58.	Nordkorea	0	2	7	1	1	5	6:21	4
59.	Bosnien & Herzegowina	0	1	3	1	0	2	4:4	3
60.	Jamaika	0	1	3	1	0	2	3:9	3
61.	Serbien/Montenegro	0	2	6	1	0	5	4:13	3
62.	Neuseeland	0	2	6	0	3	3	4:14	3
63.	Honduras	0	3	9	0	3	6	3:14	3
64.	Angola	0	1	3	0	2	1	1:2	2
65.	Israel	0	1	3	0	2	1	1:3	2
66.	Ägypten	0	2	4	0	2	2	3:6	2
67.	Kuwait	0	1	3	0	1	2	2:6	1
68.	Trinidad/Tobago	0	1	3	0	1	2	0:4	1
69.	Bolivien	0	3	6	0	1	5	1:20	1
70.	Irak	0	1	3	0	0	3	1:4	0
71.	Togo	0	1	3	0	0	3	1:6	0
72.	Kanada	0	1	3	0	0	3	0:5	0
73.	Niederl. Indien	0	1	1	0	0	1	0:6	0
74.	Vereinigte Arabische Emirate	0	1	3	0	0	3	2:11	0
75.	China	0	1	3	0	0	3	0:9	0
76.	Haiti	0	1	3	0	0	3	2:14	0
77.	Zaire/DR Kongo	0	1	3	0	0	3	0:14	0
78.	El Salvador	0	2	6	0	0	6	1:22	0

233

Der Tanz der Weltmeister: Arm in Arm springen die deutschen Nationalspieler um den Weltpokal wie um das goldene Kalb, Matthias Ginter (Nr. 3) betet die Trophäe gar an. Miroslav Klose hat seine beiden Zwillingssöhne Noah und Luan in den Kreis mitgenommen, wie der Papa tragen sie das Nationaltrikot mit der Nummer 11

235

Die größte Chance in der regulären Spielzeit des Endspiels: Benedikt Höwedes (r.) köpft in der Nachspielzeit der ersten Halbzeit den Ball nach Ecke von Toni Kroos an den Pfosten. In der Mitte zieht Javier Mascherano Miroslav Klose am Trikot, vorn lauert André Schürrle. Weit ab vom eigentlichen Geschehen klebt Argentiniens Torwart Sergio Romero auf der Torlinie. Er kann noch einmal durchatmen

Die beiden berühmtesten Bauwerke in Rio de Janeiro ziehen ihre Besucher in den Bann. Die inklusive Sockel 38 Meter hohe Christus-Statue auf dem Berg Corcovado wurde am 12. Oktober 1931 eingeweiht. Von der Plattform aus erschließt sich den Besuchern ein gigantischer Blick über Rio mit dem weltberühmten Maracanã-Stadion. Bei seiner Fertigstellung 1950 fasste die Arena rund 200 000 Zuschauer, beim Finale der 20. Fußball-WM bot sie 74 738 Fans Platz

Fröhliche Gastgeber nur bis zum Halbfinale: Die brasilianischen Fan machten die WM in ihren Nationalfarben zu einem bunten Fest. Vom Schock des 1:7 gegen Deutschland erholten sie sich nicht mehr